Oldenbourg

Oldenbourg Lehrbücher für Ingenieure

Herausgegeben von
Prof. Dr.-Ing. Helmut Geupel

Die fachliche und didaktische Qualität der Ingenieurausbildung wird zunehmend an internationalen Maßstäben gemessen. Dieser Herausforderung hat sich ein Autorenteam zusammen mit dem Oldenbourg Wissenschaftsverlag gestellt und die Buchreihe „Oldenbourg Lehrbücher für Ingenieure" geschaffen. Zentrales Anliegen dabei ist, dem Studenten mit anschaulich geschriebenen Texten für das jeweilige Fach ein grundlegendes Verständnis zu vermitteln.

Der Praxiseinsatz der ersten Bücher dieser Reihe hat gezeigt, dass es in der Tat den Studenten damit leichter fällt, sich in das neue Stoffgebiet einzufinden, dass sogar Teile davon selbständig angeeignet werden können. Nicht zuletzt wird dadurch die Eigeninitiative der Studenten trainiert – eine Fähigkeit, die Voraussetzung für die ständige Weiterbildung im Berufsleben ist – und mehr Raum für das Verarbeiten des Lehrstoffes im Unterricht gewonnen.

In der Reihe Oldenbourg Lehrbücher für Ingenieure sind bereits erschienen:

Bruno Assmann	Technische Mechanik, Band 1: Statik
Bruno Assmann	Technische Mechanik, Band 2: Festigkeitslehre
Bruno Assmann	Technische Mechanik, Band 3: Kinematik und Kinetik
Bruno Assmann	Aufgaben zur Kinematik und Kinetik
Bruno Assmann	Aufgaben zur Festigkeitslehre
Axel Böttcher, Franz Kneißl	Informatik für Ingenieure. Grundlagen und Programmierung in C
Joachim Erven, Dietrich Schwägerl	Mathematik für Ingenieure
Jürgen Gobrecht	Werkstofftechnik – Metalle
Hubert Hinzen	Maschinenelemente 1
Hubert Hinzen	Maschinenelemente 2
Fritz Tröster	Steuerungs- und Regelungstechnik für Ingenieure
Norbert Weichert, Michael Wülker	Messtechnik und Messdatenerfassung
Herbert Windisch	Thermodynamik

Vorwort

Der Anteil der Software-Erstellung an der Ingenieurstätigkeit hat sich in den letzten Jahren dramatisch erhöht. Heute besteht die Wertschöpfung bei vielen technischen Produkten zum großen Teil aus der Entwicklung von Software – typischerweise in der Programmiersprache C oder objektorientierten Sprachen wie C++ und JAVA.

Weniger dramatisch geändert hat sich in den meisten Studiengängen der Anteil der Informatik an der Gesamtstundenzahl. Um Stoff für aktuelle Themen und Anforderungen unterzubringen, müssen bisherige bewährte Inhalte reduziert werden.

In vielen Fachbereichen bedeutet dies nicht nur die Reduktion von Grundlagen wie z. B. „Geschichte der Datenverarbeitung" – auch Inhalte, die didaktisch besonders erprobt waren, fallen der Anpassung zum Opfer. Hierunter ist z. B. der Erstunterricht in einer für den Einstieg günstigen Programmiersprache wie PASCAL zu rechnen.

Der schwierigere Einstieg etwa über die Sprache C wird in den ersten Semestern durch ein weiteres Problem verstärkt: die Inhomogenität der Vorkenntnisse, die die Studierenden aus ihrer schulischen und beruflichen Ausbildung mitbringen. Wir haben uns daher entschlossen, ein Buch auf den Markt zu bringen, das dieser Problematik begegnet.

Inhaltlich geschieht dies durch die Konzentration auf aktuelle Themen, deren Kenntnis heute von jedem Ingenieur verlangt wird. Dazu gehört vor allem die Programmierung in C – nicht nur wegen der weiten Verbreitung – auch weil späterer Unterricht in Programmiersprachen wie C++ oder JAVA darauf aufbauen kann. Grundbegriffe der Computertechnik Zahlendarstellung und Codes werden als nötiges Hintergrundwissen für die Programmierung vermittelt. Anwendungsorientierte Algorithmen und Beispiele bilden das nötige Anschauungsmaterial.

Durch eine stark ausgearbeitete Aufbereitung wollen wir den Einstieg erleichtern. Vor allem ist damit die durchgängige Strukturierung in kleine, überschaubare Lernschritte gemeint, sorgfältige Auswahl der Darstellungsmittel wie z. B. durchgängige Verwendung von Syntaxdiagrammen, viele Fragen und Aufgaben und nicht zuletzt viele Tips zum professionellen Arbeiten und zur Vermeidung typischer Fehler.

Unterstützend legen wir dem Buch eine CD bei, die die Voraussetzungen bietet, um alle Beispiele und Aufgaben aus dem Buch nachzuvollziehen. Enthalten ist der Borland®- C bzw. C++ Compiler 5.5 sowie ein passender Freeware-Editor. Damit steht dem Leser eine Entwicklungsumgebung, zur Verfügung, mit der sich alle Aufgaben und Beispiele aus dem Buch programmieren lassen (einschließlich der Grafik-Anwendungen) – für Anfänger ein ideales Startset.

Entstanden ist das Buch auf der Basis von Vorlesungen und Praktika am Fachbereich Elektrotechnik der Fachhochschule Regensburg, die dort in den ersten zwei Semestern gehalten werden. Es vermittelt das gemeinsame Basiswissen der Ingenieurinformatik, das in allen technischen Fächern benötigt wird. Damit zielt es in gleicher Weise auf die Informatikaus-bildung anderer Fachbereiche bzw. überhaupt auf Anfänger, die in C und Informatik für Ingenieure einsteigen wollen.

Wo die Studienordnung über die Inhalte des Buches hinaus Platz für Informatik bietet, ist es für den Einstieg vorgesehen, dem später weitere Vorlesungen und Praktika folgen sollen. Zum Beispiel ist es als Basis gedacht, auf der Themen wie objektorientierte Programmie-rung in C++ oder JAVA, Einsatz von Klassenbibliotheken, Software Engineering, betriebs-systemnahe Themen, Datenbanken oder Internet-Themen aufbauen können.

Für die Unterstützung während der Arbeiten sind wir zu besonderem Dank verpflichtet

– unseren Familien, denen wir auch dieses Buch widmen. Sie haben es während der gan-zen Zeit geduldig ertragen, dass uns das Buchprojekt stark absorbiert hat,

– Herrn Prof. Dr. Oechslein, der das Projekt unterstützt hat,

– Herrn Prof. Dr. Geupel, der das Projekt verlagsseitig betreut hat,

– dem Lektorat des Oldenbourg-Verlags, das unsere Ideen unterstützte.

Zur Zweiten Auflage

Gegenüber der ersten ist die zweite Auflage vollständig durchgesehen und fehlerbereinigt. Wir danken an dieser Stelle für die vielen Rückmeldungen von unseren Lesern und Rezen-senten.

Die CD wurde überarbeitet. Statt der Cygnus® – Umgebung ist die für Anfänger etwas einfacher zu handhabende Entwicklungsumgebung mit dem Borland C++ Compiler 5.5 aufgenommen worden sowie ein passender Freeware- Editor für Programme, der Zeilen-nummern und Syntax-Highlighting von Schlüsselworten beherrscht.

Die Grafikpakete auf der CD wurden vereinheitlicht und um Funktionen erweitert, die von Lesern der 1. Auflage gewünscht wurden.

Axel Böttcher, Franz Kneißl

Inhalt

1 Grundbegriffe der Computertechnik

1.1 Einführung

In den vergangenen Jahrzehnten hat die Computertechnik eine rasante Entwicklung durchgemacht.

- Die Hardware hat sich hinsichtlich Geschwindigkeit, Kapazität und Komplexität alle 1,5 Jahre nahezu verdoppelt.
- Betriebssysteme unterstützen jeden PC-Besitzer mit Eigenschaften, die es früher nur bei Großrechnern oder teuren Workstations gab.
- In der Anwendungssoftware entstanden Produkte, die von jedermann intuitiv zu bedienen sind und die nützliche Funktionen für jedermann bieten.
- Die Verbreitung des Internet ist explosionsartig gestiegen. Computer in Firmen sind ohne Vernetzung gar nicht mehr vorstellbar.

Tabelle 1.1-1 zeigt Meilensteine und Entwicklungen, auf die in den folgenden Kapiteln Bezug genommen wird.

Auf Grund dieser Entwicklungen sind Computer auf breiter Basis in jeden Lebensbereich und in alle Winkel der Welt vorgedrungen. Der stärkste Motor dieser Entwicklung war natürlich der PC – der Computer für jeden – der die massenhafte Verbreitung getragen hat[1]. Wachsende Stückzahlen ermöglichten immer komplexere Prozessoren zu immer geringeren Kosten. Damit einher ging ein starker Druck zur Standardisierung. Heute stellen nur noch wenige Firmen komplexe Prozessoren her und auch die Anzahl der Anbieter von Chipsätzen, die um die Prozessoren herum benötigt werden, ist überschaubar geworden.

Der weitaus überwiegende Teil der Ingenieure, die heute mit Computern zu tun haben, entwirft daher keine neuen Computersysteme, sondern ist mit der Erstellung von Software beschäftigt. Aus diesem Grund wird in den folgenden Kapiteln der Hardware-Teil relativ kurz behandelt.

---

[1] Deswegen und wegen des wahrscheinlich hohen Anteils der PC-Besitzer unter den Lesern sind im vorliegenden Kapitel die Entwicklungen und Meilensteine vorwiegend aus der PC-Perspektive dargestellt.

Tabelle 1.1-1: Zeittafel mit verschiedenen Meilensteinen und Entwicklungen der letzten 30 Jahre

	Anwendungs-software	Betriebssysteme	Hardware	Internet
1970	1969 Programmier-sprachen bilden die Schnittstelle des Anwenders zum Computer 1980 XEROX Smalltalk 80	Großrechnersysteme 1969 UNIX V1 1980 XEROX Mesa 1980 CP/M	1970 niedriger Integ-rationsgrad 1970 VLSI Technik verfügbar 1975 Intel 8080	1969 ARPA Net 1972 eMail
1980	PC-Anwendungen - Tabellenkalkulat. - Textverarbeitung - Finanzverwaltung - Datenbank - Taschenrechner - Spiele etc.	1981 MS-DOS 1990 Windows 3.0	1980 Intel 8086 1980 0,1 MIPS 1981 IBM-PC mit 8086 und MS DOS 1985 Intel 80286 1987 Intel 80386 1990 Intel 80486	1980 TCP/ IP
1990 2000	Integrierte Anwendungen Grafische Oberflächen Internet-Anwendungen Multimedia Componentware	1994 Linux 1.0 1994 OS/2 1994 Windows NT 1995 Windows 95 1998 Windows 98 2000 Windows 2000	1990 10 MIPS 1993 Intel Pentium 1995 Pentium Pro 1997 Pentium II 1999 Pentium III 2000 100 MIPS	1991 WWW, HTML 1992 Mosaic, Net-scape, Explorer 1995 Java 1999 Jini

Für den Ingenieur von besonderer Bedeutung ist die breite Durchdringung von technischen Produkten durch Computer. Unser heutiger technologischer Standard ist ohne Einsatz von Computertechnik gar nicht denkbar. Als Beispiele seien nur einige wenige Bereiche ge-nannt:

- Fahrzeugtechnik: In einem Fahrzeug werden alle sicherheitsrelevanten Funktionen durch embedded controls gesteuert. Dazu gehören die Airbagsteuerung, Antiblockier-systeme oder elektronische Differentialsperren. Ferner werden bald elektronische Na-vigationssysteme zur Standardausstattung für Kraftfahrzeuge gehören.

- Produktionstechnik

- In Flugzeugen ist das sog. "Fly-by-wire" Stand der Technik. Dabei erkennen intelligen-te Sensoren die Aktionen des Piloten, übertragen die Informationen auf elektronischem Weg zu den gesteuerten Systemen und steuern die betroffenen Komponenten.

- Moderne Umweltmesssysteme stützen sich auf Computertechnik zur Sammlung und Auswertung der Messdaten von Umweltsensoren.

- Telekommunikation: umfangreiche Programme steuern die Mobilfunknetze und Han-dies und alle anderen Telekommunikationssysteme, die uns viele Annehmlichkeiten bringen.

Mit dieser Entwicklung hat sich der Anteil der Software-Erstellung an der Ingenieurstätigkeit dramatisch erhöht. Heute besteht etwa die Wertschöpfung bei Telekommunikationsprodukten zum überwiegenden Teil aus der Entwicklung von Software.

In der Entwicklung von technischen Anwendungen haben die Programmiersprache **C** und objektorientierte Sprachen wie **C++** oder Java heute weite Verbreitung. Nachdem **C++** und Java auf **C** aufbauen, ist heute die Programmierung in der Sprache **C** unabdingbares Basiswissen, das sich jeder angehende Ingenieur aneignen muss.

Die Programmiersprache **C** macht daher den größten Teil dieses Buches aus. Zuvor werden in den Kapiteln „Grundbegriffe der Computertechnik", „Zahlendarstellung" und „Zeichencodes" Grundkenntnisse vermittelt, die als Hintergrundwissen für die Programmierung notwendig sind.

1.2   Anwendungsprogramme

> „Anwendungssoftware (application software), auch Applikationssoftware genannt, ist Software, die Aufgaben des Anwenders mit Hilfe eines Computersystems löst."
> [Balzert 1996]

Die umwälzenden Veränderungen auf dem Gebiet der Anwendungssoftware sind vor allem auf geänderte Vorstellungen davon zurückzuführen, was ein Anwender ist.

Bis Ende der siebziger Jahre waren dies Institutionen oder Organisationen, die sich zur Wahrnehmung ihrer Aufgaben elektronischer Datenverarbeitungsanlagen bedienten. Dort wurden Spezialisten beschäftigt, die mit der DV-Anlage umgehen konnten. Die wichtigste Schnittstelle zum Computer waren damals Programmiersprachen.

Wenn damals z. B. das Problem $\sqrt{sin(1.7)}$ zu lösen war, schrieb der Programmierer ein Programm, übersetzte und startete es und bekam das Ergebnis ausgedruckt. Für die Bedienschritte war das Eintippen einer Reihe von kryptisch aussehenden Kommandozeilen nötig, wie man sie später auch noch während der Ära des DOS-PC kannte.

Bewegung kam durch die Arbeiten am XEROX Palo Alto Research Center in die Szene. Dort wurde Ende der siebziger Jahre erforscht, wie man Computer allgemein zugänglich machen kann. Eine Fragestellung dabei war, wie man die Bedienung gestalten muss, um sie für Jedermann handhabbar zu machen.

Das Ergebnis waren die Einführung von Dingen, die heute jedem selbstverständlich sind: Einsatz von Grafik- statt Text-orientierten Bildschirmen, fensterorientierte grafische Bedienoberflächen, Maus, das WYSIWYG-Prinzip („What You See Is What You Get") usw[2].

XEROX hat aus diesen bahnbrechenden Arbeiten selbst nicht den kommerziellen Erfolg machen können, den später andere Firmen (z. B. Apple oder Microsoft) damit hatten.

Ein großer Teil des Umsatzes mit Computern wird heute mit privaten Anwendern gemacht – die Utopie vom Computer für Jedermann ist damit weitgehend verwirklicht.

---

[2]   Ein gutes Bild über die damalige Aufbruchsstimmung kann man sich durch die Darstellung im Sonderheft zu Smalltalk 80 der Zeitschrift Byte, Jahrgang 1980, machen.

Ein entscheidender Schritt auf diesem Weg war die Entwicklung einer bis dahin völlig neuen Art von Software, die sich um die Bedürfnisse von privaten Kunden bemüht.

Wenn heute ein PC-Besitzer wissen will, wieviel $\sqrt{sin(1.7)}$ ist, dann startet er einfach die Taschenrechner-Anwendung auf seinem Desktop und tippt `1.7 sin √` , wonach `0,9958236844203` erscheint.

Die wichtigsten Kategorien von PC-Anwendungen finden sich in Tabelle 1.1-1.

In den neunziger Jahren haben sich neue Trends abgezeichnet:

- Integrierte Anwendungen
- Componentware
- Client/ Server-Anwendungen
- Multimedia

„**Integrierte Anwendungen**" bedeutet, dass mehrere Anwendungen zusammenarbeiten. Man setzt heute z. B. voraus, dass Ergebnisse der Tabellenkalkulation mit der Maus in ein Textdokument gezogen werden können.

„**Componentware**" bedeutet, dass nicht nur kleine Funktionen aus einer Standardbibliothek (vgl. Kapitel „Standardbibliothek") verfügbar sind, sondern dass komplette Anwendungen in das eigene Programm eingebunden werden können. So kann man z. B. in ein kleines Programm zur Auswertung von Daten, das man selbst schreibt, eine komplette Datenbank als Bestandteil einbinden.

Client/ Server-Anwendungen laufen nur zum Teil auf dem Computer des Benutzers (Client). Durch Kommunikation über das Netz tauscht Client Information mit der Server-Seite aus und kann so Dienstleistungen des Servers auf dem Computer des Benutzers erbringen.

Multimedia-Anwendungen beziehen Geräusche, synthetische oder echte Musik, Zeichnungen, Photos, berechnete Szenen und Videos in die Anwendung mit ein. Der Erlebnis-Charakter der PC-Welt wird damit dem Film und Fernsehen noch ähnlicher – und der erreichbare Kreis von potentiellen Benutzern noch größer.

Für Benutzer von Computern bringen die obengenannten Errungenschaften eine kolossale Steigerung des Handhabungs-Komforts. Nicht so gut sieht die Sache für den Programmierer aus. Er benutzt zwar integrierte Entwicklungsumgebungen, wo er fast unbemerkt zwischen unzähligen Tools – vom Texteditor bis zum Debugger – grafisch fensterorientiert navigiert, aber sein wesentliches Kommunikationsmedium ist eine Programmiersprache. Insofern erinnert seine Tätigkeit an die Ära vor dem PC.

Programme, die grafische Bedienoberflächen realisieren, sind wesentlich komplexer, als Programme im Textmodus. Letztere sind daher für den Einstieg in die Programmierung didaktisch zu bevorzugen. Für Einsteiger in die Programmierung kommt daher noch eine kleine Enttäuschung hinzu: die Übungsprogramme arbeiten „nur" mit Text-Ein/ -Ausgabe.

In diesem Buch ist zwar nicht Platz für richtige Windows-Applikationen, aber wir wollen zumindest eine Brücke zur Welt der Grafik schlagen. In Kapitel „Algorithmen: Grafikausgabe", werden wir wenigstens das Zeichnen mit Grafik-Primitiven kennen lernen und in verschiedenen Übungen und Aufgaben davon Gebrauch machen. Zu diesem Zweck gibt es als Material zum Buch ein Grafik-Paket für die Borland- und die Microsoft-Entwicklungsumgebungen.

1.3   Betriebssysteme

Ein Benutzer greift nicht direkt auf seinen Computer zu, sondern mit Hilfe eines Anwendungsprogramms. Ähnlich greift das Anwendungsprogramm nicht direkt auf die Hardware zu, sondern mit Hilfe des Betriebssystems.

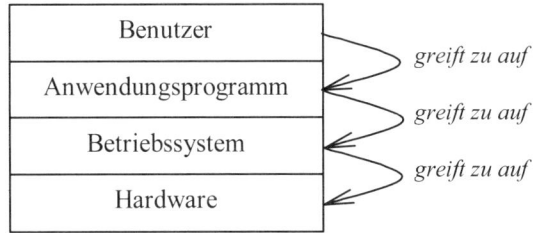

Abbildung 1.3-1: Schichtenmodell: Benutzer/Anwendung/ Betriebssystem/Hardware

Programme können die Dienste, die sie vom Betriebssystem benötigen, über sogenannte „system calls" aufrufen. Die verfügbaren system calls sind für das jeweilige Betriebssystem vorgegeben und als dessen API (Application Programming Interface) definiert.

Betriebssysteme leisten die folgenden Dienste

- Systemhochlauf
  - Hardware-Test
  - „Bootstrap" Laden des Betriebssystems
  - Registrierung der Hardware- und Ein-/Ausgabe-Geräte-Konfiguration
- Kommandoausführung
  - Kommandozeilen-Interpretation (z. B. DOS-Box, Shell)
  - Ausführung der Programme, die die Kommando-Funktionen realisieren
  - Grafische Bedienoberflächen mit Desktop, Fenstern, Menüs, Dialogen etc.
- Programmabwicklung
  - Start/ Beenden von Programmen
  - Zuteilung des Prozessors an laufende Programme
- Betriebsmittelverwaltung
  - Arbeitsspeicher
  - Dateisystem
  - Zugang zu angeschlossenen Ein-/Ausgabe-Geräten
  - Zugang zum Internet/ lokalen Netz
- Hardwareanpassung
  - Kommunikation mit den physikalischen Ein-/Ausgabe-Geräten
  - Bearbeitung von Unterbrechungsanforderungen von Geräten

Es wird unterschieden, ob Betriebssysteme Umgebungen (Einstellungen, Verzeichnisse, Berechtigungen etc.) für einen oder für mehrere Benutzer verwalten können. Entsprechend wird das System als multi user- (z. B. LINUX) oder single user- (z. B. DOS) System bezeichnet.

Hinsichtlich der Programmabwicklung unterscheidet man multi tasking und single tasking-Betriebssysteme. Die Eigenschaft gibt an, ob das Betriebssystem mehrere Programme simultan laufen lassen kann (z. B. Windows NT, LINUX) oder nur eines (z. B. DOS). Ein in Ausführung befindliches Programm wird auch als „task" oder „Prozess" bezeichnet.

In jedem Fall wird jedem Anwendungsprogramm eine Umgebung geboten, als ob es alleine auf dem Computer liefe[3]. Bei nur einer Task entspricht die Umgebung der physikalischen Maschine. Wenn mehrere Tasks gleichzeitig aktiv sind, spricht man von einer „virtuellen Maschine", die für jede Task bereitgestellt wird. Die Betriebsmittel der physikalischen Maschine müssen – unmerklich für die Tasks – vom Betriebssystem reihum abwechselnd allen Tasks zugeteilt werden.

Anfang der siebziger Jahre hatte jeder große Computerhersteller (damals gab es noch mehr als heute) sein eigenes Betriebssystem. Meist waren dies multi tasking-Großrechnersysteme, später auch Multi-User fähig.

Mit dem Aufkommen von Mikroprozessoren (vgl. Kapitel 1.4) begann ein neuer Zweig in der Evolution der Betriebssysteme. Die neuen Computer waren anfangs nur mit sehr schwacher Hardware ausgestattet und nur für jeweils einen Benutzer gedacht. Daher entwickelte man einfache single tasking/ Single user Betriebssysteme.

1980 hatte die Firma Digital Research mit CP/ M die Nase bei den Mikroprozessor-Betriebssystemen vorne. Trotzdem erhielt Microsoft den Zuschlag für das IBM-PC-Betriebssystem und so startete die PC-Ära 1981 mit MS-DOS – einem single tasking/ single user System mit textbasierter Bedienung[4].

1981 hatte die Avantgarde bei XEROX mit ihrem Mesa-System bereits gezeigt, wie ein Betriebssystem aussehen musste, das fensterorientierte grafische Bedienung besonders unterstützte – es war natürlich mit Multitasking ausgestattet. Trotzdem dauerte es noch etwa 15 Jahre, bis sich auf dem PC-Massenmarkt mit Windows NT, OS/2 oder LINUX „echte" multi tasking Systeme durchsetzten.

Als Vorstufe schaffte 1990 Microsoft Windows 3.0 den Durchbruch. Diese Version hatte erst sehr eingeschränkte Multitasking-Fähigkeiten. Aber immerhin wurde die textbasierte Oberfläche von DOS durch fensterorientierte grafische Bedienung abgelöst.

Die größte Verbreitung haben heute 3 Linien von PC-Betriebssystemen:

- Windows 9x als populäre Zwischenformen auf dem Weg von Windows 3.x zu Windows NT

- Windows NT als Vertreter des PC-Zweigs der Multitasking/Multiuser-Betriebssysteme

- LINUX als später Nachfolger[5] der Großrechnersysteme – inzwischen sind dort natürlich ebenfalls fensterorientierte grafische Bedienoberflächen verfügbar.

---

[3]   bis auf eine etwaige Verlangsamung, wenn der Rechner mehrere Programme gleichzeitig abwickelt

[4]   Es geht die Legende, daß ein Digital Research Repräsentant namens Gary Kildall wegen seinem Fliegerei-Hobby Gespräche mit IBM-Vertretern verpaßte und so Bill Gates zu dessen Chance verhalf. Wie wir wissen, hat dieser sie sehr gut genutzt ...

[5]   Neuimplementierung durch Linus Torvalds

1.4   Hardware

Die bisher geschilderte Entwicklung wäre gar nicht möglich gewesen, wenn nicht die Hardware ca. alle 2 Jahre ihre Geschwindigkeit und Kapazität verdoppelt hätte. Von 0,1 MIPS[6] 1980 ist man im Jahr 2000 bis zu 100 MIPS fortgeschritten.

Diese Steigerung bei fallenden Preisen wurde durch den Einstieg in eine Technik ermöglicht, die um 1970 die nötige Reife erlangt hatte: VLSI („Very Large Scale Integration"), also die Technik, große Mengen von Schaltkreisen auf einen einzigen Silizium-Chip aufzubringen. Der Urvater 8080 der Intel-Familie war einer der frühen Prozessoren auf VLSI-Basis, die in großen Stückzahlen hergestellt wurden.

Die Zeittafel in Tabelle 1.1-1 zeigt die Intel-Linie. Von Generation zu Generation „wanderten" immer mehr Bausteine aus den Chipsätzen, die auf der Hauptplatine den Prozessor umgeben, auf das Prozessor-Chip selbst.

Damit sind die Prozessoren sehr komplex geworden. Bei mehr als 10 Millionen Transistoren ist es nicht mehr möglich, einen Prozessor komplett auf einem Schaltplan darzustellen.

Um Prozessoren zu betrachten, muss man sich daher auf verschiedenen Abstraktionsniveaus bewegen. Abbildung 1.4-1 zeigt fünf gebräuchliche Betrachtungsebenen.

Auf jeder Ebene werden bestimmte Elemente dargestellt, und wie diese miteinander in Verbindung stehen. Dabei wird von den Details abstrahiert, die auf niedrigeren Ebenen gezeigt werden. Anders ausgedrückt: jede Ebene stellt dar, wie die Elemente der darüberliegenden „von innen" aussehen bzw. funktionieren.

Prozessoren, Busse, Speicher	Die Ebene stellt dar, welche Hauptelemente das System besitzt, und wie diese miteinander verbunden sind
Befehle	Die Ebene stellt den Satz von Befehlen (Maschineninstruktionen) dar, den der Prozessor beherrscht
Register-Transfer	Die Ebene stellt die Register[7] dar, wie diese mit ihrer Umgebung verbunden sind und welche Verknüpfungen vorgesehen sind, um den Befehlssatz zu realisieren.
Logik	Die Ebene stellt Gatter[8] und Flipflops[9] dar und wie diese verbunden sind, um Register, Verknüpfungen und Transfers zu realisieren.
Hardware-Realisierung	Die Ebene stellt Bauteile (z. B. Transistoren, Kondensatoren etc.) dar und wie diese verbunden sind, um Gatter oder Flipflops zu realisieren

Abbildung 1.4-1: Betrachtungsebenen

---

[6]   MIPS = Millionen Maschinen-Instruktionen pro Sekunde

[7]   Ein n Bit breites Register besteht aus n Flipflops, die jeweils ein Bit speichern können. Die Flipflops sind so mit ihrer Umgebung verschaltet, dass vorgesehene Transfers oder Verknüpfungen möglich sind.

[8]   Schaltungen zum Verknüpfen von Bits

[9]   Schaltungen zum Speichern von Bits

1.5   Prozessoren, Busse und Speicher

In diesem Abschnitt werfen wir einen kurzen Blick auf die einzelnen Komponenten eines Computers. Wir beschränken uns dabei vornehmlich auf die Darstellung der weit verbreiteten Personal Computer.

1.5.1   Das Bussystem

Zentraler Bestandteil eines Computers ist das Bussystem. Es verbindet alle Komponenten des Computers untereinander und ermöglicht den Transport von Informationen zwischen ihnen. Ferner können über das Bussystem Verbindungen zur Außenwelt hergestellt werden. Ein Bus besteht primär aus Leitungen zur Übertragung elektrischer Signale zwischen den angeschlossenen Komponenten. Die elektrischen Signale repräsentieren die zu übertragende Information. Busleitungen, die zum Datenaustausch dienen, heißen Datenleitungen. Sind mehr als zwei Komponenten angeschlossen – was die Regel ist – so verfügt ein Bus auch über einen Mechanismus, der es der sendenden Komponente erlaubt, eine andere als Empfänger anzugeben. Jede angeschlossene Komponente erhält dazu eine Adresse. Die Adresse der jeweils angesprochenen Komponente wird über die sog. Adressleitungen des Busses übertragen. Daneben verfügt jeder Bus auch über Steuerleitungen, über die Kontrollinformation ausgetauscht wird. Diese kann etwa dem Empfänger der Information mitteilen, was er damit zu tun hat. Typische Geräte, die an Busse angeschlossen werden, sind Steuergeräte (Controller) für Tastatur und Maus, Festplatten und Diskettenlaufwerke sowie Grafik- und Netzwerkkarten,

Heute übliche Bussysteme sind international standardisiert. Damit haben viele verschiedene Hersteller die Möglichkeit, Komponenten zu liefern, die am jeweiligen Bussystem betrieben werden können. Komponenten gleicher Funktionalität können beliebig gegeneinander ausgetauscht werden. Für jede Anwendung existiert eine breite Palette von Angeboten, die auf unterschiedliche Bedürfnisse und Erfordernisse zugeschnitten sind. So gibt es kostengünstige Angebote, die speziell den Massenmarkt der Heimanwender bedienen bis hin zu solchen Angeboten, die auf spezielle professionelle Anwendungen zugeschnitten sind und sich preislich in der Größenordnung eines Kleinwagens bewegen.

Abbildung 1.5-1 gibt stark vereinfacht einen Überblick über die heute gängigen Bussysteme. Die wesentlichen Bustypen sind:

- X-Bus
  Dies ist der älteste der noch verwendeten Busse. Seinen Namen verdankt er dem IBM PC/XT, dem Urvater unserer heutigen PCs. Mit ihm werden alle historischen Komponenten, wie Uhr, Tastatur und Maus angesteuert.
- ISA-Bus (Industry Standard Architecture)
  Der ISA-Bus ist ein langsamer Bus, der hauptsächlich noch aus Kompatibilitätsgründen für ältere Einsteckkarten verwendet wid.
- PCI-Bus (Peripheral Component Interconnect)
  Dies ist der derzeit übliche Standard-Bus, der über 32 Adress- und 32 Datenleitungen verfügt und hohe Übertragungsgeschwindigkeiten ermöglicht.

- SCSI-Bus (Small Computer Systems Interface)
  Der SCSI-Bus wird insbesondere für Geräte für professionelle Anwendungen eingesetzt.

- USB (Universal Serial Bus)
  Der USB ist als Allzweck- Bus für ein weites Spektrum von Externgeräten gedacht, die
  bisher typischerweise über die serielle oder parallel- Schnittstelle angeschlossen waren.

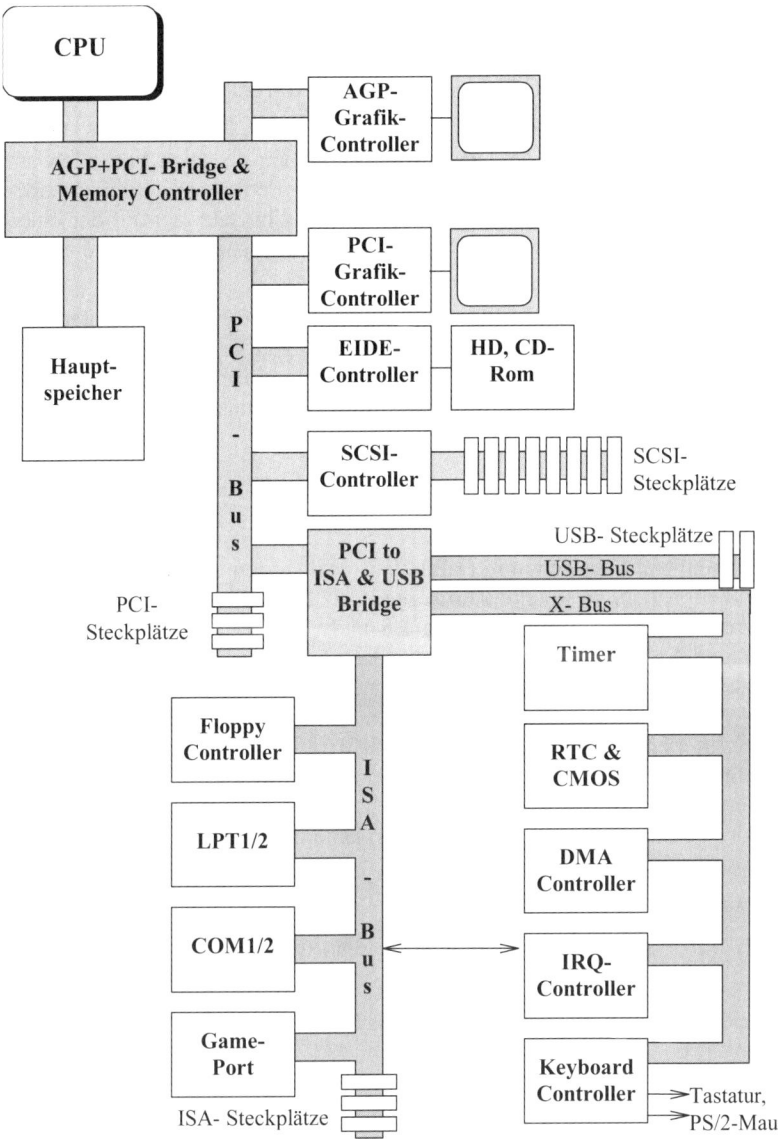

Abbildung 1.5-1: PC mit den gängigen Bussystemen und der damit verbundenen Peripherie

1.5.2 Der Prozessor

Kernstück jedes Rechners ist der Prozessor[10] (Central Processing Unit, kurz CPU). Er ist das zentrale Organ zur Manipulation von Daten. Der Teil des Bussystems, der direkt mit dem Prozessor verbunden ist, heißt Prozessorbus. Der Prozessorbus ist auf die Verbindung des Prozessors mit dem Speicher zugeschnitten. Die Anzahl der Adress- und Datenleitungen bei modernen Prozessorbussen beträgt stets ein Vielfaches von acht. Üblich sind heute bis zu 64 Leitungen.

Aus dem Hauptspeicher liest der Prozessor Instruktionen ein. Er interpretiert diese Instruktionen und führt sie aus. Die Ausführung von Instruktionen bedeutet meist, Daten zu manipulieren. Dazu sind die entsprechenden Daten einzulesen, zu verändern und zurückzuschreiben.

Der Prozessor kann Daten sowohl aus dem Hauptspeicher holen als auch von allen am Bussystem angeschlossenen Komponenten. Die Verbindung zur Peripherie wird über sogenannte „Bridges" hergestellt. Die AGP- und PCI-bridge ist ein Chipsatz, der auf der einen Seite wie Speicher angesprochen wird und auf der anderen die Signale für das jeweilige Bussystem zur Verfügung stellt.

Ein Prozessor verfügt ferner über spezielle Steuerleitungen, über die er zur Unterbrechung seiner Arbeit aufgefordert werden kann. Diese Unterbrechungen heißen Interrupts. Als Folge eines Interrupts unterbricht der Prozessor seine momentane Befehlsausführung, um etwa eine wichtigere Aufgabe zu übernehmen und nach deren Abschluss zur ursprünglichen Aufgabe zurückzukehren.

1.5.3 Der Speicher

Unter Speicher verstehen wir hier den mit Halbleitern realisierten Hauptspeicher eines Computers, nicht Disketten oder Festplattenlaufwerke. Letztere zählen in unserer kurzen Übersicht zu den Peripheriegeräten (vgl. Abbildung 1.5-1). In Abbildung 1.5-2 ist das Prinzip des Zugriffs auf den Speicher dargestellt. Die Adresse des Speicherwortes, auf das zugegriffen werden soll wird über den Adressbus in das Adressregister geschrieben (A). Soll ein Datum unter dieser Adresse gespeichert werden, so wird es über den Datenbus in das Datenregister geschrieben (D). Über Steuerleitungen wird dem Speicher mitgeteilt, ob Lese- oder Schreibzugriff gewünscht wird (R/W). Entsprechend wird entweder das Datum aus dem Datenregister an die durch das Adressregister bezeichnete Speicherzelle geschrieben, oder der Inhalt der Speicherzelle ausgelesen und im Datenregister zur Abholung bereit gestellt.

Es werden zwei Klassen von Speichern unterschieden.

- Festspeicher auch Nur-Lese-Speicher oder englisch Read-Only Memory, abgekürzt mit ROM.

- Schreib-Lese-Speicher oder englisch Random Access Memory, abgekürzt RAM.

---

[10] Ein Rechner kann auch mehrere Prozessoren umfassen, Wir beschränken unsere Darstellung auf Einprozessorsysteme.

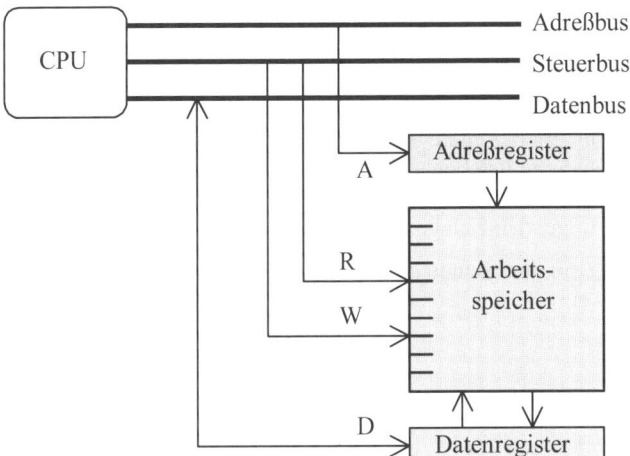

Abbildung 1.5-2: Prinzipdarstellung des Zugriffs auf den Speicher

Random Access bedeutet übersetzt „wahlfreier Zugriff", was hier soviel bedeutet, als dass auf den Speicher jederzeit beliebig lesend oder schreibend zugegriffen werden kann. Bei den ROM-Speichern gibt es verschiedene Arten, darunter auch solche, die sich löschen und wieder beschreiben lassen. Bei diesen Speichern ist das (Wieder-) Beschreiben ein aufwendiger Vorgang und es kann nicht zu jeder Zeit beliebig gelesen oder geschrieben werden. Tabelle 1.5-1 gibt einen Überblick über die verschiedenen Arten von Speichern.

Tabelle 1.5-1: Verschiedene Arten von Speichern

Speicherklasse	Speichertyp	Name und Beschreibung
Schreib-/Lesespeicher	SRAM	Statisches RAM. Diese Speicher sind sehr schnell, erfordern aber den Einsatz von sechs Transistoren je gespeichertem Bit.
	DRAM	Dynamisches RAM. Dynamische RAMs lassen sich mit weniger Aufwand realisieren, als SRAMs (ein Transistor pro Bit), sind aber langsamer. Der Speicherinhalt wird in einem Kondensator gespeichert, der seine Ladung mit der Zeit verliert und daher ständig wieder aufgeladen werden muss (Refresh).
Nur-Lesespeicher (Festspeicher)	MROM	Maskenprogrammierbares ROM. Es wird mit dem Herstellungsprozess programmiert. Der Speicherinhalt lässt sich nicht mehr ändern.
	PROM	Programmierbares ROM. Diese Speicher sind vom Anwender einmalig mit einem speziellen Programmiergerät programmierbar. Der Speicherinhalt lässt sich danach nicht mehr ändern.
	EPROM	Erasable PROM. Diese Speicher sind vom Anwender mit einem speziellen Programmiergerät programmierbar. Der Speicherinhalt lässt sich durch Bestrahlung mit einer UV-Lampe wieder löschen und neu beschreiben. Bausteine, deren Inhalt sich durch Anlegen von elektrischen Signalen löschen lässt, heissen Flash- EPROM. Wenn sich nicht nur der komplette Inhalt, sondern selektiv einzelne Adressen löschen lassen, spricht man von EEPROM (Electrically Eraseable ~).

1.5.4   Peripheriegeräte

Ein Computer verfügt über verschiedene Peripheriegeräte, die mit der Außenwelt in Kontakt stehen. Wir haben sie in Abbildung 1.5-1 bereits als die an das Bussystem angeschlossenen Komponenten kennengelernt. Eine weitere Möglichkeit ist der indirekte Anschluss über eine der dafür vorgesehenen Schnittstellen (Tastaturschnittstelle, Mausschnittstelle, Parallel-Schnittstelle (LPTn), serielle Schnittstelle (COMn) und USB- Schnittstelle). Man kann Peripheriegeräte grob in die folgenden Kategorien einteilen.

* Peripherie zur Kommunikation mit dem Benutzer

    - Grafikkarte

    - Maus, Tastatur

    - Soundkarte

    - Gameport

* Peripherie zur Daten- Ein/ Ausgabe

    - Drucker

    - Scanner

    - Digitalkamera

* Speicherperipherie

    - Festplatten

    - Diskettenantriebe

    - CD-, DVD- Antriebe und -Brenner

    - Wechselplattenantriebe

    - Datenstreamer

* Peripherie zur Kommunikation mit anderen Computern oder Informationstechnologie-Geräten

    - Modem, ISDN- Karten

    - Netzwerkkarte

1.6   Die Befehlsebene

Wir werden nun die Befehlsebene näher betrachten. Wir werden uns also damit beschäftigen, wie ein Prozessor Befehle abarbeitet. Die Befehle, die ein Prozessor abarbeitet sind immer Ergebnis eines Programmiervorgangs. Wir werden in diesem Buch zwar nicht behandeln, wie man einen Computer direkt auf seiner Befehlsebene programmiert. Vielmehr werden wir uns eines Anwendungsprogramms bedienen (der sog. Compiler), um die in späteren Kapiteln des Buches entwickelten C-Programme in Prozessorbefehle umzusetzen und ablaufen zu lassen. Aber auch wenn wir uns mit einer höheren Programmiersprache beschäftigen, ist ein gewisses Verständnis für die Abläufe auf Ebene der Prozessorbefehle erforderlich. Für tiefere Einblicke sei auf die entsprechende Fachliteratur verwiesen, etwa [Hennessy 1990].

Die Aufgabe des Prozessors besteht darin, ständig Befehle aus dem Speicher zu holen und diese auszuführen. Dieser Vorgang wiederholt sich ohne Unterbrechung bis zum Abschalten des Computers. Was dabei im Einzelnen abläuft werden wir nun näher betrachten.

Ein elementarer Befehl kann etwa darin bestehen, zwei Zahlen aus dem Speicher zu lesen, zu addieren und das Ergebnis in den Speicher zu schreiben. Ein wesentliches Merkmal eines Computers ist, dass die zu bearbeitenden Daten im selben Speicher stehen können, wie die auszuführenden Befehle. Es gibt auch kein äußerliches Unterscheidungsmerkmal für Befehle und Daten. Allein durch den Programmablauf ist festgelegt, welche Speicherinhalte in den Prozessor geholt und als Befehle interpretiert werden.

In Abbildung 1.6-1 ist das Modell eines einfachen Prozessors und seines Arbeitsspeichers dargestellt. An diesem Modell wollen wir die einzelnen Komponenten eines Prozessors und seine Arbeitsweise verdeutlichen.

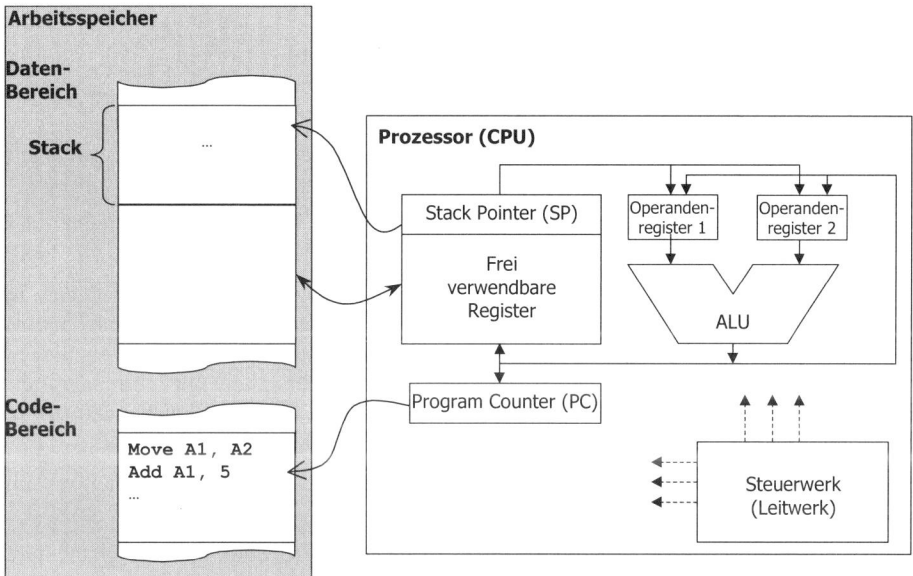

Abbildung 1.6-1: Modell eines einfachen Prozessors

Jeder Prozessor verfügt über mehrere Register, in denen er Operanden oder Ergebnisse zwischenspeichern, oder auch oft benutzte Daten oder Speicheradressen direkt vor Ort halten kann. Register bieten Speicherplatz für n Bits, die zur Weiterverarbeitung zur Verfügung stehen, oder zu anderen Teilen der CPU bzw. über den Bus nach außen transportiert werden können. Der Zugriff auf Register ist deutlich schneller, als der Zugriff auf Informationen im Hauptspeicher, da kein Transfer über den Prozessorbus erforderlich ist. Ein wesentliches Register ist der Befehlszähler (englisch: program counter, abgekürzt PC). Der Befehlszähler enthält immer die Adresse des nächsten zu bearbeitenden Befehls. Er ist in Abbildung 1.6-1 mit einem Zeiger dargestellt, der in den Bereich des Speichers zeigt, in dem die Befehle stehen, der sog. Code-Bereich. Nach Abarbeitung eines Befehls wird der Befehlszähler auf den nächsten Befehl im Speicher positioniert. Ein weiterer Bereich des Speichers wird als sog. Kellerspeicher (auch Stapelspeicher, englisch: Stack) genutzt. Der Stack dient hauptsächlich dazu, bei Unterprogrammaufrufen die Adresse für den Rücksprung aus dem Unterprogramm zu sichern und Parameter an das Unterprogramm zu übergeben. Wir werden darauf im Kapitel über Unterprogramme detaillierter eingehen. Auf den Stapelspeicher wird stets nur nach ganz bestimmten Vorschriften zugegriffen. Die auf dem Stapelspeicher gespeicherten Daten müssen in umgekehrter Reihenfolge wieder entnommen werden, in der sie dort abgelegt wurden. Das zuletzt abgelegte Datum muss also zuerst wieder entnommen werden. Ein spezielles Prozessorregister – der Stack-Pointer – zeigt auf die Stelle im Stapelspeicher, an die aktuell geschrieben werden darf.

Ein großer Teil des Prozessors dient der Verarbeitung von Daten. Dieser „Datenpfad" genannte Teil ist in der Abbildung auf eine Einheit zur Durchführung arithmetischer und logischer Operationen beschränkt:

Diese Komponente heißt Arithmetisch-Logische Einheit (englisch: Arithmetic and Logical Unit, abgekürzt ALU). Sie ist hier so dargestellt, dass sie bis zu zwei Operanden verknüpfen und ein Ergebnis liefern kann. Sie kann die üblichen arithmetischen Operationen durchführen, aber auch Werte vergleichen.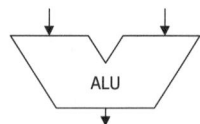

Der ALU vorgelagert sind zwei Register, in denen die Operanden zwischengespeichert werden können, bis die ALU ihre Operation ausführt.

Meist stehen noch weitere Register zur Verfügung, die zur Programmierung mehr oder weniger frei benutzt werden können.

Wir wollen uns nun der Befehlsausführung zuwenden. Typische Befehlsarten sind in Tabelle 1.6-1 angegeben. Arithmetische Befehle enthalten über den Befehlscode hinaus Angaben darüber, wo die zu verknüpfenden Daten stehen bzw. wo das Ergebnis abzulegen ist. In Frage kommen für diese Angaben Register oder Speicherstellen. Oft wird auch indirekt adressiert, das bedeutet, dass die Angaben bei den Befehlen auf Register verweisen, welche dann ihrerseits die Speicheradressen der eigentlichen Operanden enthalten.

Ein Beispiel über das Zusammenwirken von Befehlen in einem Programm werden wir im Abschnitt über Operatoren und Ausdrücke sehen.

Wenn etwa ein Additionsbefehl ausgeführt wird, so führt der Prozessor mehrere elementare Operationen aus: zuerst müssen die Operanden herangeschafft werden. Kommen beide Operanden aus dem Speicher, so müssen sie nacheinander geholt werden, da über den Prozessorbus zu einem Zeitpunkt lediglich ein Datum transportiert werden kann. Nun stehen die Operanden in den Operandenregistern bereit. Danach wird die eigentliche Addition ausgeführt. Das Ergebnis steht dann in einem speziellen Register[11] und muss von diesem ggf. noch an das eigentliche Ziel transportiert werden.

---

[11] Dieses Register hieß früher, als Prozessoren noch über ganz wenige Register verfügten, Akkumulator-Register, kurz Akku.

Tabelle 1.6-1: Verschiedene Arten von Befehlen

Befehlsart	Beschreibung
Befehle zum Transfer von Daten	Zum übertragen eines Datums zwischen zwei Stellen im Speicher (ohne es zu verändern), oder zwischen Speicher und Register bzw. zwischen zwei Registern.
Arithmetische Befehle	Diese Befehle führen arithmetische Operationen, wie Addition, Subtraktion oder Multiplikation aus.
Vergleichsbefehle	Vergleichen zwei Werte miteinander. Das Ergebnis wird in einem speziellen, sog. Flag-Register gespeichert, so dass es danach weiter verwendet werden kann, etwa für bedingte Sprungbefehle.
Befehle zur Beeinflussung des Programmablaufs (Sprungbefehle)	Bewirken Fortsetzung des Programms nicht mit dem unmittelbar nächsten Befehl im Speicher, sondern an einer im Befehl angegebenen Speicheradresse. Diese Befehle bewirken damit ein Überschreiben des Programmzählers mit einem neuen Wert. Der Sprung kann dabei unbedingt erfolgen, oder von einer Bedingung abhängen (etwa Ergebnis der vorangegangenen Operation, z. B. einer logischen Vergleichsoperation).
Spezialbefehle	Hierzu zählen Stackoperationen, Ein-/Ausgabebefehle oder Befehle zum Auslösen von Programmunterbrechungen bzw. zum Anhalten des Prozessors.

Zur Ausführung eines Befehls sind also innerhalb des Prozessors viele elementare Operationen zu koordinieren. Dafür sorgt ein Teil des Prozessors, der Steuerwerk heißt. Das Steuerwerk ist über spezielle Leitungen, die Steuerleitungen, mit allen anderen Komponenten der CPU verbunden und steuert diese entsprechend an, wie in Abbildung 1.6-2 angedeutet.

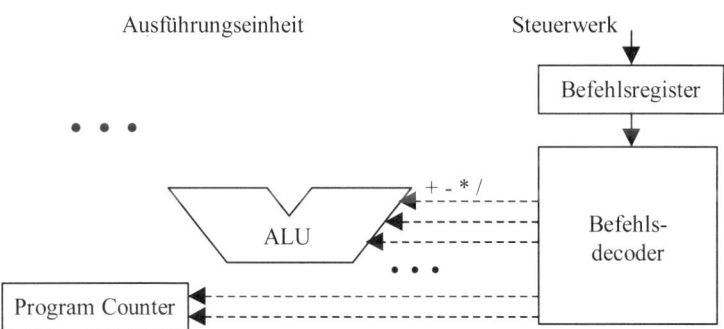

Abbildung 1.6-2: Das Steuerwerk beeinflusst alle Komponenten der Ausführungseinheit über Steuerleitungen.

Das Steuerwerk ist verantwortlich für die Durchführung des Befehlszyklus, jene Schleife in der permanent Befehle aus dem Speicher geholt und ausgeführt werden. Der Befehlszyklus umfasst folgende Phasen:

1. Holphase
   In dieser Phase wird der nächste auszuführende Befehl aus dem Speicher in das Befehlsregister des Steuerwerks gebracht.

2. Dekodierphase:
   Diese Phase dient dem Entschlüsseln und interpretieren des Befehls. Der Teil des Be-
   fehls, der über die Art der Operation Auskunft gibt, wird von dem Teil getrennt, der die
   Quelle der Operanden beschreibt.

3. Ausführungsphase
   Mit Hilfe logischer Schaltungen werden Operanden geholt, Verknüpfungen durchgeführt und die Ergebnisse gespeichert. Auch wird, falls erforderlich, der Befehlszähler
   beeinflusst. Er wird im Normalfall erhöht, so dass er auf den nächsten Befehl zeigt. Bei
   einem Sprungbefehl wird er ggf. mit der im Sprungbefehl angegebenen Zieladresse ü-
   berschrieben.

Diese Sicht auf die Befehlsebene eines Prozessors aus der Perspektive der einzelnen Prozessorregister heißt auch Register-Transfer-Ebene. In Abbildung 1.6-3 ist ein 8086-
Prozessor auf Register-Transfer-Ebene gezeigt. Der 8086 ist zwar ein recht alter Prozessor,
aber auch in modernen Pentium-Prozessoren sind die gezeigten Elemente immer noch vorhanden. Sie wurden mittlerweile durch ausgeklügelte Komponenten ergänzt, die den Prozessor schneller und effizienter machen. Eine Diskussion aller Einheiten eines Pentium-
Prozessors würde den Rahmen dieses einleitenden Kapitels sprengen.

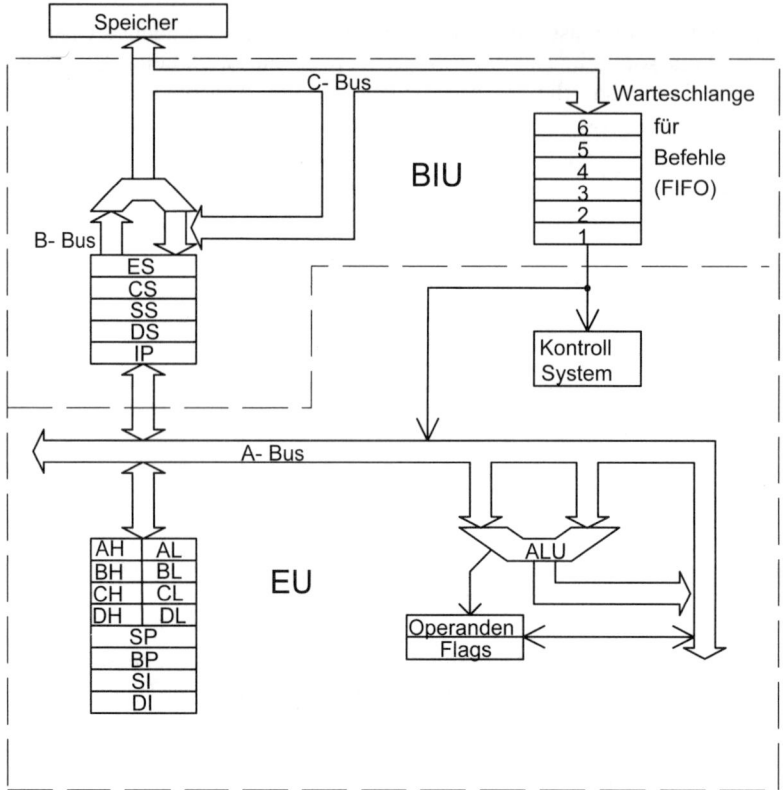

Abbildung 1.6-3: Struktur des 8086-Prozessors (Register-Transfer-Ebene)

Dieses Bild ist ein original-Blockdiagramm zum 8086-Prozessor, es enthält keinerlei didaktische Vereinfachungen. Es sind auch innerhalb des Prozessors mehrere Busstrukturen zu sehen, die teilweise als Prozessorbus herausgeführt sind. Im unteren Teil des Bildes sind die ALU und die allgemein verwendbaren Register zu sehen, die in
Abbildung 1.6-1 besprochen wurden. Der obere Teil des Bildes zeigt den Teil des Prozessors, der Instruktionen und Adressen behandelt. Hier ist eine weitere ALU zu sehen, die ausschließlich zur Berechnung von Adressen dient. Auch sind dort Register angebracht, die exklusiv zur Speicherung von Adressen verwendet werden, z. B. der Befehlszähler.

Die Ausführung eines Befehls läuft etwa folgendermaßen ab: Befehle werden aus dem Speicher über den mit C-Bus bezeichneten internen Bus in einen speziellen Befehlsspeicher geladen. Es handelt sich dabei um eine Warteschlange, durch welche die Befehle durchgeschoben werden (nach dem FIFO-Prinzip: First-In First-Out) um den Befehlszyklus zu beschleunigen. Es können bereits neue Befehle geholt werden, während vorangegange Befehle dekodiert oder ausgeführt werden. Das Kontrollsystem enthält den Befehlsdecoder. Über den A-Bus werden die Operanden aus dem Speicher geholt und in die Register der Ausführungseinheit (Execution Unit, abgekürzt EU) geschrieben.

1.7   Die Logikebene

Wir wollen uns nun noch den Bausteinen zuwenden, aus denen die im vorigen Abschnitt besprochenen Komponenten wie ALU, Register oder Befehlsdecoder aufgebaut sind. Anwender von Computern und auch Programmierer finden kaum je Berührung mit dieser Ebene ihres Computers. Beschäftigung mit dieser Ebene fällt in das Fachgebiet der Digitaltechnik. Die praktische Anwendung ist fast ausschließlich in der Hand von Entwicklern von Prozessoren und anderen integrierten Schaltungen. Die Bausteine dieser Ebene sind Logikschaltungen, die zwei unterscheidbare Zustände erkennen und manipulieren können (binäre Darstellung). Diese beiden Zustände werden üblicherweise durch die logischen Werte falsch/wahr oder Null/Eins beschrieben bzw. in elektrischen Schaltungen auch durch zwei unterschiedliche Spannungswerte z. B. 0Volt/5Volt repräsentiert.

Ein Grundelement ist das Flipflop, das einen solchen logischen Wert speichern kann. Ein logischer Wert kann eingeschrieben und später bei Bedarf wieder ausgelesen werden. Ein solcher Wert ist die kleinste speicherbare Informationseinheit. Diese wird Bit genannt (Abkürzung für **Bi**nary Digi**t**).

Schaltungen, die logische Werte verknüpfen und manipulieren können, heißen Gatter. Das einfachste Gatter ist der Inverter. Er wandelt eine Null in Eins und eine Eins in Null um. Zwei kompliziertere Beispiele solcher Gatter, die zwei logische Werte miteinander verknüpfen, sind das UND- bzw. das ODER-Gatter. Vereinfachend kann man sich vorstellen, dass die zu manipulierenden Werte A und B je einen von zwei verbundenen Schaltern steuern. Das Verhalten des Gatters ist dann beschrieben durch die elektrische Leitfähigkeit der entstehenden Verbindung. Eine elektrische leitende Verbindung bedeutet, dass das Ergebnis der Verknüpfung "wahr" (Eins) ist:

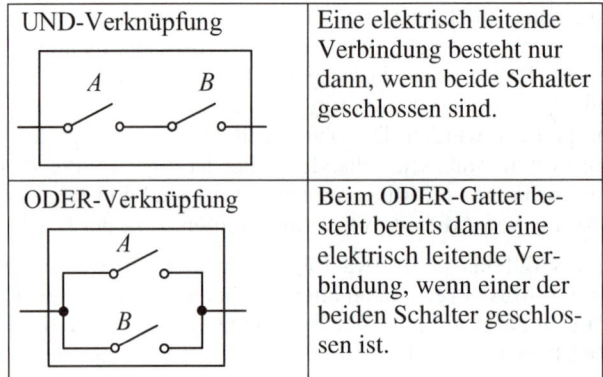

UND-Verknüpfung	Eine elektrisch leitende Verbindung besteht nur dann, wenn beide Schalter geschlossen sind.
ODER-Verknüpfung	Beim ODER-Gatter besteht bereits dann eine elektrisch leitende Verbindung, wenn einer der beiden Schalter geschlossen ist.

All diese Logikschaltungen sind aus einzelnen Transistoren aufgebaut. Der Transistor ist ein elektrisches Bauteil mit drei Anschlüssen Basis, Kollektor und Emitter. Durch die an der Basis anliegende elektrische Spannung wird sein elektrischer Widerstand zwischen Kollektor und Emitter beeinflusst. Das Material, aus dem ein Transistor aufgebaut ist (üblich sind Silizium und Gallium-Arsenid), lässt sich in seiner elektrischen Leitfähigkeit weitgehend verändern. Der Bereich geht von guter Leitfähigkeit bis zur Nicht-Leitfähigkeit (Isolation). Deshalb spricht man von *Halbleitermaterial*. Um dies zu erreichen, werden in den Halbleiterkristall durch physikalische und chemische Prozesse Fremdatome eingepflanzt. Je nach verwendetem Material (beispielsweise Bor oder Arsen), entstehen Zonen mit Elektronenüberschuss oder Elektronendefizit. Dieser Prozess heißt Dotierung und die entstehenden Zonen heißen n-dotiert oder p-dotiert. Der Transistoreffekt entsteht an den Grenzflächen zwischen zwei unterschiedlich dotierten Zonen:

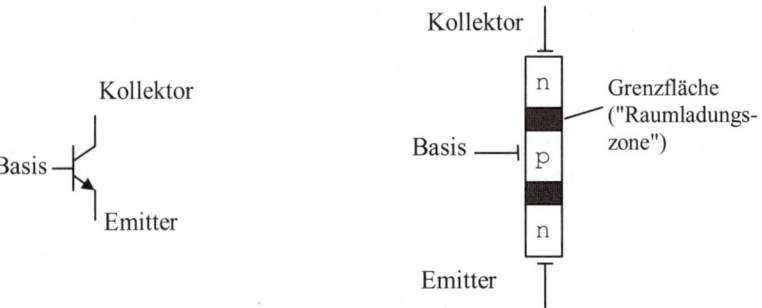

Symbol im Schaltplan: Physikalische Realisierung:

Die Transistoren kann man sich als Schalter vorstellen. Die Schalterstellungen repräsentieren wiederum einen binären Wert:

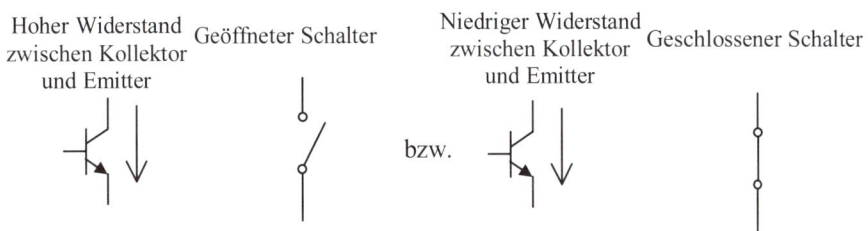

Die Transistoren heutiger höchstintegrierter Schaltungen weisen eine Größe von 0,35 Mikrometer (10^{-6}m) auf (ein menschliches Haar hat einen Durchmesser von 10 Mikrometer). Dadurch ist die Integration extrem vieler Transistoren auf kleinstem Raum möglich (der Fachbegriff dafür lautet VLSI als Abkürzung für "Very Large Scale Integration"). Die Realisierung solcher Strukturen erfordert spezielle Technologien und Spezialisten, die damit umgehen können. Das eigenständige Fachgebiet der Schaltungsintegration beschäftigt sich mit den erforderlichen Prozessen.

Wir sind nun bei der kleinsten Einheit angelangt, aus der alle Prozessoren und andere Bausteine eines Computers aufgebaut sind. Von hier aus können wir den Blick zurück werfen, auf die oberste Ebene und ansehen, wie viele Transistoren nötig sind, um einen Prozessor zu bauen:

Flipflop	Speichert ein Bit	6 Transistoren
Gatter (UND/ODER)	Verknüpft zwei binäre Werte	4 Transistoren
Addierer	Addiert 32-Bit-breite Worte[12]	Über 200 Transistoren
Datenpfad	Komplettes Rechenwerk mit Puffern	Über 100.000 Transistoren
Pentium II	Ganzer Prozessor	4,5 Millionen Transistoren
Pentium 4	Ganzer Prozessor	42 Millionen Transistoren

Es wird hier nochmals deutlich, dass es nicht möglich ist, alle Transistoren eines Prozessors komplett auf einem Schaltplan darzustellen.

---

[12] Siehe dazu das Kapitel über Zahlendarstellung.

2   Zahlendarstellung

In diesem Kapitel behandeln wir die Darstellung von Zahlen im Computer. Zuerst beschäftigen wir uns mit verschiedenen Zahlensystemen und danach werden wir das erarbeitete Wissen anwenden auf die geeignete Kodierung von Zahlen für die computerinterne Darstellung.

2.1   Zahlensysteme für ganze Zahlen

Wir sind es gewohnt, Zahlen als eine Folge von Ziffern zu schreiben. Dabei verwenden wir stillschweigend immer die Darstellung zur Basis zehn, d. h. wir schreiben an den einzelnen Positionen die Einer, Zehner, Hunderter usw. Das heißt beispielsweise für die Zahl 275:

$$275 = 5 \cdot 1 + 7 \cdot 10 + 2 \cdot 100 \, .$$

Das Dezimalsystem ist aber nur ein Beispiel eines Zahlensystems. Wir können zu jeder Zahl $B \geq 2$ – die *Basis* genannt wird – ein Stellen- oder Positionssystem (auch polyadisches Zahlensystem) angeben. Die Ziffernwerte in einem solchen System sind $0,\dots,B\text{-}1$. Ein Zahlwort schreiben wir als Folge von Ziffern $z_n z_{n-1} \dots z_1 z_0$. Die Wertigkeit der Ziffer z_i

ist B^i, also ist der Wert einer Zahl gegeben durch

$$z_n B^n + z_{n-1} B^{n-1} + \dots + z_0 B^0 = \sum_{i=0}^{n} z_i B^i \, . \tag{2.1}$$

An jeder Position wird das Produkt aus dem Ziffernwert und dem Stellenwert gebildet. Diese Produkte werden aufsummiert. Zur Darstellung von Zahlen zu einer Basis größer als zehn, reicht unser gewöhnlicher Ziffernvorrat $0,\dots,9$ nicht mehr aus. Wir bedienen uns dann zusätzlich der Buchstaben: 'A' für die Wertigkeit 10, 'B' für 11, 'C' für 12 usw.

Da Informationen in Computern binär dargestellt werden, ist das Dualsystem, also das zur Basis $B=2$ mit den beiden einzigen Ziffern 0 und 1, von besonderer Bedeutung. Häufig gebraucht werden darüber hinaus oft das Oktalsystem ($B=8$, Ziffern $0,\dots,7$) und das Hexadezimalsystem ($B=16$, Ziffern $0,\dots,9,A,\dots,F$). Jede Zahl lässt sich in jedem Zahlensystem darstellen. Wenn nicht eindeutig erkennbar ist, welches Zahlensystem gerade gemeint ist, so wird die Basis (in dezimaler Darstellung) als Index an das Zahlwort angefügt:

- 42_{10} ist eine Dezimalzahl

- $2A_{16}$ ist die gleiche Zahl, aber hexadezimal dargestellt

- 52_8 ist wieder die gleiche Zahl, nur in oktaler Darstellung

- 101010_2 ist nochmal die gleiche Zahl, diesmal dual geschrieben

Bevor wir uns ansehen, wie Zahlen zwischen den Zahlensystemen umgewandelt werden können, befassen wir uns als Grundlage zuerst mit dem Rechnen mit Potenzen.

2.2   Rechnen mit Potenzen

Mit einer festen Stellenzahl von n Stellen lassen sich im Zahlensystem zur Basis B insgesamt B^n verschiedene Zahlen darstellen. Der Zahlenbereich erstreckt sich von 0 bis B^n-1. Es gilt:

Regel 1:

> $B^n = 10...0_B$, also eine Eins mit n Nullen
>
> B^n-1 $= zz...z_B$, also n mal die größte Ziffer $z=B$-1 im Zahlensystem zur Basis B.

Im Speicher eines Computers werden alle Informationen binär dargestellt. Eine binäre Stelle heißt *Bit* (vom englischen **Bi**nary di**git**). Werden $2^3=8$ binäre Stellen zu einer Einheit zusammen gefasst so entsteht ein *Byte*. Die Speicherung von Information im Speicher eines Computers wird heute stets in *Worten* organisiert, die Vielfache von Bytes sind. Jedes der gespeicherten Worte erhält eine eigene Adresse. Adressen werden wiederum binär kodiert. Somit lassen sich mit n Bit breiten Adressen insgesamt 2^n Speicherworte adressieren. Für $n=16$ ergibt sich folgender Adressraum:

$$
\left.
\begin{array}{rcl}
0000\ 0000\ 0000\ 0000 &=& 0 \\
0000\ 0000\ 0000\ 0001 &=& 1 \\
\cdots && \\
1111\ 1111\ 1111\ 1110 &=& 65534 \\
1111\ 1111\ 1111\ 1111 &=& 65535
\end{array}
\right\}
\begin{array}{l}
2^{16} = 65536 \\
\text{Adressen}
\end{array}
$$

Regel 2:

$$x^a x^b = x^{a+b} \tag{2.2}$$

Aus dieser Regel können wir den wichtigen Sachverhalt ableiten, dass die Multiplikation einer Zahl mit einer Potenz B^n der Basis einem Verschieben der Ziffern um n Stellen nach links und Anfügen von n Nullen entspricht:

$$xB^n = \left(\sum_{i=0}^{a} x_i B^i\right) B^n = \sum_{i=0}^{a} x_i B^i B^n = \sum_{i=0}^{a} x_i B^{i+n}$$

Beispiel:

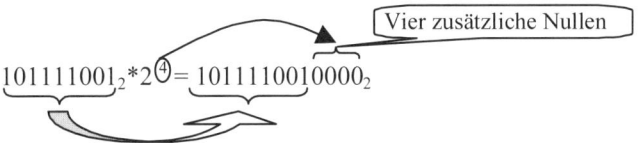

Folgende Einheiten für die Angabe der Größe von Speichern werden verwendet:

Kilobyte (Einheit KB): 2^{10} Byte = 1.024 Byte

Megabyte (Einheit MB): 2^{20} Byte = 1.048.576 Byte

Gigabyte (Einheit GB): 2^{30} Byte = 1.073.741.824 Byte

Diese Einheiten entsprechen nicht den aus der Physik bekannten Einheiten, die auf dem Dezimalsystem basieren. Dort entspricht die Einheit "kilo" 10^{3} und die Einheit wird als kleines "k" geschrieben. Es gilt lediglich $10^{3} \approx 2^{10}$.

Die Regel 2 können wir nun auch anwenden, um auszurechnen, wie viele Speicherworte in den genannten Einheiten sich mit einer bestimmten Adressbreite adressieren lassen:

16 Bit Adressraum: $2^{16} = 2^{10}2^{6} = 2^{10} \cdot 64 = 64$ Kilobyte

32 Bit Adressraum: $2^{32} = 2^{20}2^{10}2^{2} = 2^{30} \cdot 4 = 4$ Gigabyte

Ferner gilt noch:

Regel 3:

$$\left(x^{a} \right)^{b} = x^{ab}$$

(2.3)

Die obige Berechnung des Adressraumes könnten wir auch so zerlegen:

32 Bit Adressraum: $2^{32} = 2^{10 \cdot 3 + 2} = (2^{10})^{3} \cdot 2^{2} = 4$ Gigabyte.

2.3   Umwandlung zwischen Zahlensystemen

Eine Zahl, die in verschiedenen Zahlensystemen durch unterschiedliche Zahlwörter dargestellt wird, bleibt natürlich unverändert immer die gleiche Zahl. Wir Menschen sind von frühester Kindheit an das Dezimalsystem gewöhnt und können auch nur in diesem sinnvoll rechnen. Wir lernen nun zwei Möglichkeiten kennen, zwischen verschiedenen Zahlensystemen umzuwandeln. Eine davon ist besonders gut geeignet, vom Dezimalsystem aus in ein anderes umzurechnen. Das andere Verfahren ist dann besonders geeignet, in das Dezimalsystem umzuwandeln. Bei der Wandlung zwischen beliebigen nicht-dezimalen Systemen geht man am besten den Umweg über das Dezimalsystem. Die Darstellung aus (2.1) kann durch wiederholtes Ausklammern leicht umgestellt werden, wodurch das sog. *Hornerschema* entsteht:

$$\sum_{i=0}^{n} z_i B^i = \left(\left(\left(z_n B + z_{n-1}\right)B + \dots + z_2\right)B + z_1\right)B + z_0 \qquad (2.4)$$

2.3.1 Zielverfahren: Multiplikationsmethode

Daraus lässt sich zuerst das Zielverfahren, auch Multiplikationsverfahren genannt, ableiten, bei dem alle Berechnungen im Zielsystem durchgeführt werden. Daher eignet sich dieses Verfahren besonders zur Umwandlung in das Dezimalsystem. Es werden die Ziffern (mit ihren Wertigkeiten im Zielsystem) in das Hornerschema (2.4) eingesetzt und die Multiplikationen schrittweise durchgeführt.

Beispiel: Umwandlung der Zahl $AFFE_{16}$ in das Dezimalsystem:

$$\left(\left(A_{16} \cdot 16_{10} + F_{16}\right) \cdot 16_{10} + F_{16}\right) \cdot 16_{10} + E_{16} =$$
$$= \left(\left(10_{10} \cdot 16_{10} + 15_{10}\right) \cdot 16_{10} + 15_{10}\right) \cdot 16_{10} + 14_{10} =$$
$$= \left(175_{10} \cdot 16_{10} + 15_{10}\right) \cdot 16_{10} + 14_{10} = 2815_{10} \cdot 16_{10} + 14_{10} = 45054_{10}$$

In diesem Fall könnten wir alternativ auch die Wertigkeiten der Stellen mit den Ziffernwerten der jeweiligen Stelle multiplizieren und die so erhaltenen Werte addieren:

i	3	2	1	0	
Wertigkeit B^i	4096_{10}	256_{10}	16_{10}	1_{10}	
Ziffern z_i	$A_{16}=10_{10}$	$F_{16}=15_{10}$	$F_{16}=15_{10}$	$E_{16}=14_{10}$	Summe
Produkt $z_i B^i$	40960_{10}	3840_{10}	240_{10}	14_{10}	45054_{10}

2.3.2 Quellverfahren: Divisionsmethode

Als zweites Verfahren können wir aus dem Hornerschema das Quell- oder Divisionsverfahren ableiten, bei dem im Quellsystem gerechnet wird. Damit ist dieses Verfahren besonders gut geeignet für Umrechnungen aus dem Dezimalsystem in ein anderes System. Gegeben ist der Wert einer Zahl q im Quellsystem. Im Zielsystem zur Basis B besitzt diese Zahl die Darstellung $z_n B^n + z_{n-1} B^{n-1} + \dots + z_1 B + z_0$ mit noch unbekannten Ziffern z_i. Wenn wir q durch B dividieren, so ist der Divisionsrest in jedem Fall z_0, also der Wert der ersten gesuchten Ziffer im Zielsystem. Sukzessive Division mit Rest liefert damit alle gesuchten Ziffern:

$$\frac{\left(\left(z_n B + z_{n-1}\right)B + \dots + z_1\right)B + z_0}{B} = \left(\left(z_n B + z_{n-1}\right)B + \dots + z_2\right)B + z_1 \qquad \text{Rest } z_0$$

$$\frac{\left(\left(z_n B + z_{n-1}\right)B + \dots + z_2\right)B + z_1}{B} = \left(z_n B + z_{n-1}\right)B + \dots + z_2 \qquad \text{Rest } z_1$$

usw.

$$\frac{z_n}{B} = 0 \qquad\qquad \text{Rest } z_n$$

Beispiel: Umwandlung der Zahl 41651_{10} in das Hexadezimalsystem:

41651	:	16 =	2603	Rest 3
2603	:	16 =	162	Rest 11
162	:	16 =	10	Rest 2
10	:	16 =	0	Rest 10

11 im Dezimalsystem ist die hexadezimale Ziffer B

10 im Dezimalsystem ist die Ziffer A

Dabei ist zu beachten, dass die Ziffern in umgekehrter Reihenfolge anfallen. Die Zahl im Hexadezimalsystem lautet also A2B3.

Für die Arbeit mit Computern sind das Oktal- und das Hexadezimalsystem von besonderer Bedeutung, da Zahlen in diesen Systemen deutlich kürzere, also handlichere Darstellungen besitzen, als im Dualsystem. Darüber hinaus ist die Umwandlung zwischen diesen Systemen und dem Dualsystem besonders einfach:

1. Einer Ziffer im Oktalsystem entsprechen genau drei Dualziffern

$$714_8 = \underbrace{1\,1\,1}_{7}\,\underbrace{0\,0\,1}_{1}\,\underbrace{1\,0\,0}_{4}{}_2$$

der Ziffernwert der acht Ziffern im Oktalsystem ist natürlich jeweils der selbe wie im Dezimalsystem.

2. Einer Ziffer im Hexadezimalsystem entsprechen genau vier Dualziffern

$$AFFE_{16} = \underbrace{1\,0\,1\,0}_{\substack{A\\10_{10}}}\,\underbrace{1\,1\,1\,1}_{\substack{F\\15_{10}}}\,\underbrace{1\,1\,1\,1}_{\substack{F\\15_{10}}}\,\underbrace{1\,1\,1\,0}_{\substack{E\\14_{10}}}{}_2$$

2.4 Rechnen im Dualsystem

Mit Dualzahlen wird prinzipiell genauso gerechnet, wie mit dezimalen. Um für die Behandlung der rechnerinternen Darstellung ganzer Zahlen gerüstet zu sein, reicht es aus, wenn wir uns mit der Addition zweier Dualzahlen mit den Ziffern $x_n...x_0$ bzw. $y_n...y_0$ beschäftigen:

$$
\begin{array}{rccccccc}
 & x_n & x_{n-1} & \cdots & x_i & \cdots & x_0 \\
+ & y_n & y_{n-1} & \cdots & y_i & \cdots & y_0 \\
\hline
 & z_n & z_{n-1} & \cdots & z_i & \cdots & z_0
\end{array}
$$

Zwei Dualzahlen werden ziffernweise addiert, wobei mit der kleinsten Ziffer begonnen wird. Dabei können Überträge auftreten, die bei der folgenden Ziffer zu berücksichtigen sind:

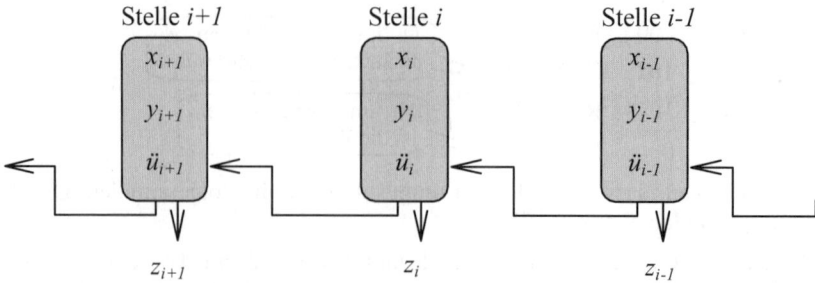

Stelle $i+1$	Stelle i	Stelle $i-1$
x_{i+1}	x_i	x_{i-1}
y_{i+1}	y_i	y_{i-1}
$\ddot{u}_{i+1}$	$\ddot{u}_i$	$\ddot{u}_{i-1}$
z_{i+1}	z_i	z_{i-1}

Für jede Stelle muss die Stellenbilanz erfüllt sein:

$$x_i + y_i + \ddot{u}_i = z_i + 2\ddot{u}_{i+1}{}^1.$$

Bei gegebenen Stellen x_i und y_i, sowie dem von der letzten Stelle herrührenden Übertrag $\ddot{u}_i$ berechnet sich die Ergebnisstelle z_i sowie der Übertrag für die nächste Stelle wie folgt[2]:

x_i	y_i	$\ddot{u}_i$		$\ddot{u}_{i+1}$	z_i
0	0	0		0	0
0	0	1		0	1
0	1	0		0	1
0	1	1		1	0
1	0	0		0	1
1	0	1		1	0
1	1	0		1	0
1	1	1		1	1

Beispiel: Berechnung von $111100010_2 + 11010110_2$

x_i	111100010
y_i	+ 11010110
$\ddot{u}_i$	1110001100
z_i	1010111000

---

[1]   Der Übertrag wird mit 2 multipliziert, da er in die Stelle mit der nächsthöheren Wertigkeit eingeht.

[2]   Dies ist die Wahrheitstabelle eines sog. *Volladdierers* mit drei Eingängen x_i, y_i und $\ddot{u}_i$ sowie zwei Ausgängen z_i und $\ddot{u}_{i+1}$.

2.5 Rechnerinterne Darstellung von ganzen Zahlen

Bisher haben wir Zahlen zwischen Zahlensystemen umgerechnet. Nun müssen wir uns damit beschäftigen, wie Zahlen im Rechner gespeichert werden können. Jede Zahl muss auf eine reihe von Bits abgebildet werden. Daher ist die Darstellung von Zahlen im Dualsystem die Voraussetzung für eine sinnvolle Abbildung von Zahlen auf Speicherworte. Zu beachten ist, dass entsprechend der zur Speicherung einer Zahl verwendeten Wortbreite lediglich eine begrenzte Menge von Stellen pro Zahl gespeichert werden kann. Zudem muss für negative Zahlen das Vorzeichen mit gespeichert werden können. Die Abbildung einer Zahl auf ein Speicherwort nennen wir auch *Interndarstellung* der Zahl.

Der erste Versuch bestünde darin, das Vorzeichen in das erste Bit zu kodieren, wobei null für ein positives und eins für ein negatives Vorzeichen steht. Die duale Darstellung des Betrags der Zahl könnte dann in die verbleibenden Stellen kodiert werden.

Es gibt jedoch Möglichkeiten, Zahlen so zu speichern, dass zur Subtraktion nicht eine Zahl von der anderen mit einem eigenen Subtraktionswerk abgezogen werden muss, sondern dass die Interndarstellungen der Zahlen einfach addiert werden können: die *Komplementdarstellungen*. Ein Addierer muss in jedem Fall im Rechenwerk vorhanden sein. Ein Invertierer – der zur Bildung des Komplements auch benötigt wird – ist einfach zu realisieren und gehört darüber hinaus auch zur Grundausstattung eines Rechenwerks.

Betrachten wir die Subtraktion einer Zahl y von B^n-1, so stellen wir fest, dass diese sehr einfach ist, weil keine Borger auftreten:

Beispiel:

$B=10, n=3, y=937$

```
  999
- 937
  062
```

noch einfacher ist der Fall im Dualsystem:

Beispiel:

$B=2, n=4, y=0110$

```
  1111
- 0110
  1001
```

> Die Stellen des Subtrahenden werden invertiert

Hierbei findet lediglich eine Inversion des Subtrahenden statt, das heißt bezogen auf die n Stellen wird jede Null durch eine Eins ersetzt und umgekehrt. Jede Subtraktion $x-y$ können wir durch eine einfache Erweiterung um ein paar Terme ganz einfach so umschreiben:

$$x - y = x + (K - y) - K \qquad (2.5)$$

Dabei wird K auch als *Komplement-Minuend* bezeichnet. Wir werden zunächst mit zwei werten für K arbeiten:

1. Mit $K=B^n$-1 heißt $\overline{y} = K - y$ auch B-1-Komplement von y

2. Mit $K=B^n$ heißt $\overline{\overline{y}} = K - y$ das B-Komplement von y

Da wir die Komplemente nur für binäre Darstellungen bestimmen, sprechen wir nur vom Eins- bzw. Zwei-Komplement. Bei allen folgenden Überlegungen betrachten wir jeweils eine feste Zahl von n Stellen, die zur Darstellung der Zahlen zur Verfügung steht.

2.5.1   Das Eins-Komplement

Rechnen wir mit dem Eins-Komplement einer Dualzahl, so wird (2.5) zu

$$x - y = x + \left(2^n - 1 - y\right) - \left(2^n - 1\right) \qquad\qquad (2.6)$$

Die rechte Seite von (2.6) lässt sich ohne eigentliche Subtraktion ausrechnen:

Rechenschritte	Beispiel 1	Beispiel 2
	$n=4$ $x=7_{10}=\ \ 0111_2,$ $y=5_{10}=\ \ 0101_2$	$n=4$ $x=3_{10}=\ \ 0011_2,$ $y=5_{10}=\ \ 0101_2$
1. Berechne das Eins-Komplement $\overline{y} = 2^n - 1 - y$, von y, wozu die Bits von y lediglich zu invertieren sind.	$\overline{y} =\ \ \ \ \ 1010$	$\overline{y} =\ \ \ \ \ 1010$
2. Berechne nun $z = x + \overline{y}$, also eine Addition	$z=0111+1010$ $=\ \ \ \ \ \ 10001$	$z=0011+1010$ $=\ \ \ \ \ \ 1101$
3. Berechne schließlich $x - y = z - \left(2^n - 1\right)$. Hier gibt es zwei Fälle zu unterscheiden:		
4. $z \geq 2^n$ es ist $z - \left(2^n - 1\right) = z - 2^n + 1$, und um 2^n von z zu subtrahieren, müssen wir das Bit mit der Wertigkeit 2^n in z löschen.	$1 0001 - 2^4$ $= 0001$ 0001 $+\ \ \ \ 1$ $= 0010$	Dieser Vorgang heißt Einer-rücklauf
5. $z < 2^n$ Wenn $z<2^n$ ist, dann ist das Ergebnis $x - y = z - \left(2^n - 1\right)$ negativ. Wegen $z - \left(2^n - 1\right) = -\left(\left(2^n - 1\right) - z\right)$ ist die Berechnung durch Inversion zu erledigen (negatives Vorzeichen beim Ergebnis beachten).	Invertieren Vorzeichen anfügen, da es sich um negative Zahl handelt.	1101 $\Downarrow$ 0010 -0010

Im Fall $z<2^n$ (dritter Schritt, Teil b) handelt es sich bei z um eine negative Zahl, die zurück-komplementiert werden muss, um auf die eigentliche Zahl schließen zu können. Soll später mit z weiter gerechnet werden, so ist die Rückkomplementierung nicht erforderlich. Dass es sich um eine negative Zahl handelt ist daran zu erkennen, dass das erste Bit eins ist.

Durch die Komplementdarstellung kann eine Subtraktion ausgeführt werden, durch ausschließliche Anwendung der Operationen Inversion und Addition.

Wir können nun all die positiven Zahlen und ihre Eins-Komplemente angeben, die sich mit einer gegebenen Wortbreite n darstellen lassen. Als Beispiel betrachten wir den Fall $n=4$:

Dez.-zahl	Binär mit $n=4$		Eins-Komplement	Dez.-zahl
0	0000		1111	0
1	0001		1110	−1
2	0010	Komplement-bildung	1101	−2
...	...		...	...
6	0110		1001	−6
7	0111		1000	−7
8	1000		0111	
...	...		...	...

> Es gibt eine positive und eine negative Null!

> Ab hier treten Mehrdeutigkeiten bei der Darstellung auf!

Mit $n=4$ lassen sich insgesamt 16 verschiedene Werte eindeutig darstellen. Bei Darstellung im Eins-Komplement können wir den symmetrischen Zahlenbereich von $-2^{n-1}...+2^{n-1}$ abbilden. Wir können die 2^n binären Zahlworte im Kreis anordnen, dem sog. Zahlenkreis, wie er in Abbildung 2.5-1 für $n=4$ gezeigt ist. Wir sehen dort außen alle binären Werte mit vier Bit, im schraffierten Bereich die positiven Zahlen, die damit dargestellt werden können, wenn kein Eins-Komplement verwendet wird. Innen stehen die negativen Zahlen, die dargestellt werden können, wenn das Eins-Komplement verwendet wird.

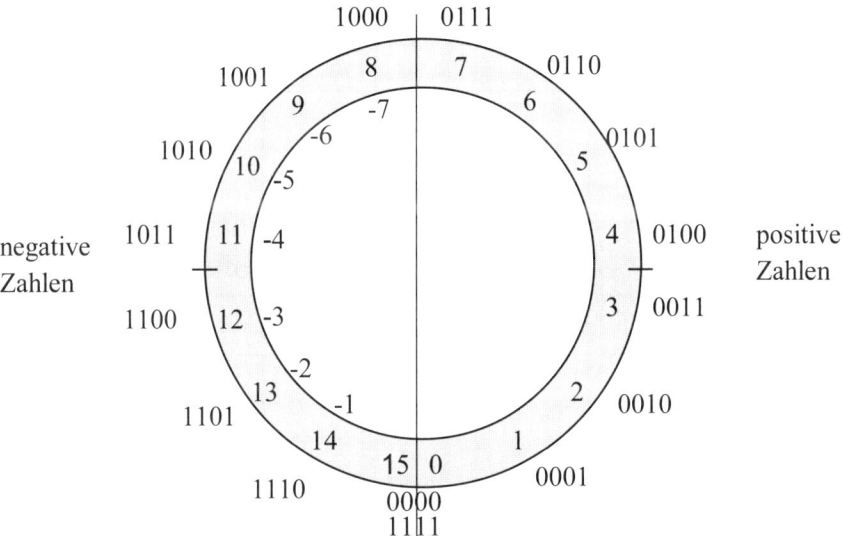

Abbildung 2.5-1: Der Zahlenkreis des Eins-Komplements für n = 4 Stellen

Alle negativen Zahlen sind daran erkennbar, dass ihr erstes Bit eine Eins ist. Jede Addition (und damit auch jede Subtraktion) von Zahlen auf dem Zahlenkreis liefert wieder eine Zahl auf dem Zahlenkreis. Dies müssen wir insbesondere dann beachten, wenn wir mit solchen

Zahlen auf dem Computer arbeiten. Die Addtition 7+1 liefert bei Eins-Komplement-Darstallung als Ergebnis den Wert -7.

Ein wesentlicher Nachteil dieser Darstellung ist, dass die Null zwei mal auftritt; einmal als positive Null und einmal als deren Komplement, als negative Null. Beim Programmieren ist später bei allen Abfragen ob ein Wert Null ist diese Mehrdeutigkeit zu berücksichtigen, also zwei Abfragen durchzuführen, eine für die positive und eine für die negative Null. Daher hat sich die Eins-Komplement-Darstellung nicht durchgesetzt. Vielmehr wird von allen modernen Computern intern die *Zwei-Komplement*-Darstellung verwendet.

2.5.2   Das Zwei-Komplement

Rechnen wir mit dem Zwei-Komplement einer Dualzahl, so wird (2.6) zu

$$x - y = x + \left(2^n - y\right) - 2^n \qquad\qquad (2.7)$$

Wir haben in 2.5.1 gesehen, dass zur Bildung des Eins-Komplements $\overline{y}$ einer Zahl deren Stellen invertiert werden müssen. Zur Bildung des Zwei-Komplements $\overline{\overline{y}}$ ist zu diesem Wert lediglich noch eins zu addieren. Die rechte Seite von (2.7) lässt sich wieder ohne eigentliche Subtraktion ausrechnen:

Rechenschritte	Beispiel 1	Beispiel 2
	$n=4$	$n=4$
	$x=7_{10}= 0111_2,$ $y=5_{10}= 0101_2$	$x=3_{10}= 0011_2,$ $y=5_{10}= 0101_2$
1. Berechne das Zwei-Komplement $\overline{\overline{y}} = \overline{y} + 1$, von y, wozu die Bits von y zu invertieren und eins zu addieren ist.	$\overline{\overline{y}} =$ 1011	$\overline{\overline{y}} =$ 1011
2. Berechne nun $z = x + \overline{\overline{y}}$, also eine Addition	$z=0111+1011$ = 10010	$z=0011+1011$ = 1110
3. Berechne schließlich $x - y = z - 2^n$. Hier gibt es wieder zwei Fälle zu unterscheiden:		

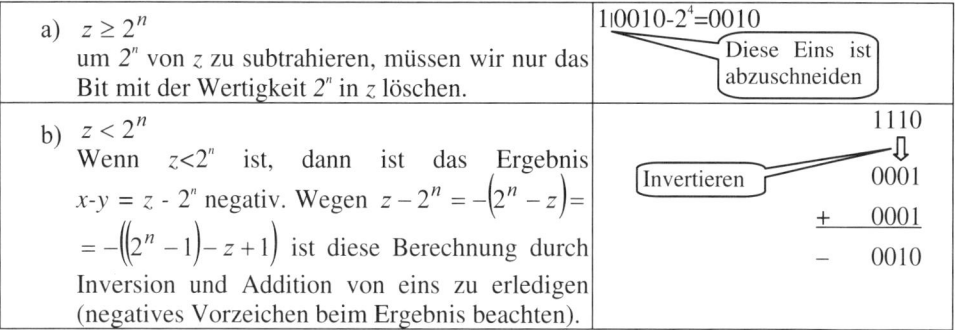

a) $z \geq 2^n$ um 2^n von z zu subtrahieren, müssen wir nur das Bit mit der Wertigkeit 2^n in z löschen.	$1\,0010 - 2^4 = 0010$ Diese Eins ist abzuschneiden
b) $z < 2^n$ Wenn $z < 2^n$ ist, dann ist das Ergebnis $x - y = z - 2^n$ negativ. Wegen $z - 2^n = -\left(2^n - z\right) = -\left(\left(2^n - 1\right) - z + 1\right)$ ist diese Berechnung durch Inversion und Addition von eins zu erledigen (negatives Vorzeichen beim Ergebnis beachten).	$\begin{array}{r} 1110 \\ \Downarrow \\ \text{Invertieren} \quad 0001 \\ +\quad 0001 \\ \hline -\quad 0010 \end{array}$

Im Fall $z < 2^n$ (dritter Schritt, Teil b) handelt es sich bei z um eine negative Zahl, die zurückkomplementiert werden muss, um auf die eigentliche Zahl schließen zu können. Soll später mit z weiter gerechnet werden, so ist die Rückkomplementierung nicht erforderlich.

Wir können nun all die positiven Zahlen und ihre Zwei-Komplemente angeben, die sich mit einer gegebenen Wortbreite n darstellen lassen. Als Beispiel betrachten wir den Fall $n=4$:

Dez.-zahl	Binär mit $n=4$		Zwei-Komplement	Dez.-zahl	
0	0000		0000	0	Die Darstellung der Null ist jetzt eindeutig.
1	0001		1111	−1	
2	0010	Komplementbildung	1110	−2	
...	...		...	...	
6	0110		1010	−6	
7	0111		1001	−7	Ab hier treten Mehrdeutigkeiten bei der Darstellung auf!
	1000		1000	−8	
...	...		...	...	

Die negativen Zahlen sind also genau die, die eine Eins an erster Stelle aufweisen. Das Zwei-Komplement der Null ist wieder die Null, also ist die Darstellung der Null eindeutig. Das Zwei-Komplement der binären Darstellung 1000 ist auch wieder 1000, und wird wegen der Eins an erster Stelle als -8 gewertet. Der Zahlenbereich ist somit unsymmetrisch und deckt den Bereich $-2^{n-1} \ldots +2^{n-1}-1$ ab. Formel 2.5-2 zeigt den Zahlenkreis für das Zwei-Komplement bei einer Wortbreite von $n=4$. Auffallend ist, dass die -1 durch ein Wort mit lauter Einsen repräsentiert wird. Der kleinste darstellbare negative Wert besteht aus einer Eins gefolgt von lauter Nullen. Dies gilt für jede Wortbreite.

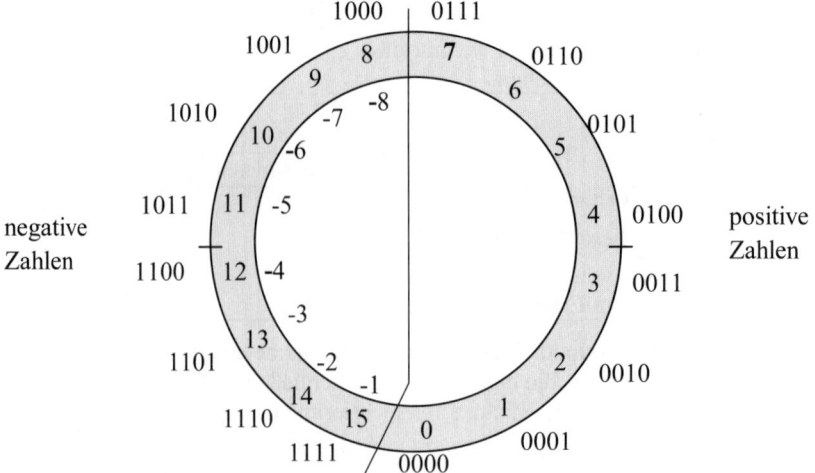

Formel 2.5-2: Der Zahlenkreis des Zwei-Komplements für n = 4 Stellen

2.6 Darstellung und Umwandlung gebrochener Zahlen

Die Zahlendarstellung aus 2.1 kann erweitert werden, so dass auch rationale Zahlen dargestellt werden können. Es werden dazu Stellenwerte mit negativen Potenzen der Basis angefügt und zur Trennung zwischen die Stellen zu B^0 und B^1 ein Komma gesetzt. Ein Zahlwort
besitzt dann die Form

$$\underbrace{z_n z_{n-1}\cdots z_1 z_0}_{}, \underbrace{z_{-1} z_{-2}\cdots z_{-r}}_{}$$

$$\text{ganzzahliger} \quad \text{gebrochener}$$
$$\text{Anteil} \quad\quad \text{Anteil}$$

und der Wert der Zahl ist gegeben durch

$$z_n B^n + z_{n-1} B^{n-1} + \ldots + z_0 B^0 + z_{-1} B^{-1} + z_{-2} B^{-2} \ldots + z_{-r} B^{-r} = \sum_{i=-r}^{n} z_i B^i \quad (2.8)$$

Analog zur Umwandlung ganzer Zahlen gibt es auch zur Umrechnung gebrochener Zahlen
zwischen verschiedenen Zahlensystemen ein Quell- und ein Zielverfahren. Beide Verfahren
basieren auf dem Hornerschema, das sich aus (2.8) ergibt (hier nur für den Nachkommateil
beschrieben):

$$z_{-1} B^{-1} + z_{-2} B^{-2} + \ldots + z_r B^{-r} = B^{-1}\left(z_{-1} + B^{-1}\left(z_{-2} + B^{-1}\left(\ldots + B^{-1} z_{-r}\right)\right)\right) \quad (2.9)$$

Wir beschränken uns hier auf die Umrechnung zwischen dem Dezimal- und dem Dualsystem.

2.6.1 Zielverfahren: Divisionsmethode

Das **Zielverfahren** ist wieder besonders gut geeignet, um Zahlen in das Dezimalsystem umzuwandeln. Bei diesem Verfahren wird nach dem Hornerschema (2.9) durch sukzessives Dividieren durch die Quellbasis der Wert im Zielsystem bestimmt.

Beispiel

Umrechnung von $0,1011_2$ in das Dezimalsystem:

Wir stellen das Hornerschema $\frac{1}{2}\left(z_{-1}+\frac{1}{2}\left(z_{-2}+\frac{1}{2}\left(z_{-3}+\frac{1}{2}z_{-4}\right)\right)\right)$ auf und rechnen

schrittweise von innen nach außen:

$$
\begin{array}{rclcl}
 & z_{-4} & = & 1,0 \\
1,0 & \div\ 2 & = & 0,5 \\
0,5 & +\ z_{-3} & = & 1,5 \\
1,5 & \div\ 2 & = & 0,75 \\
0,75 & +\ z_{-2} & = & 0,75 \\
0,75 & \div\ 2 & = & 0,375 \\
0,375 & +\ z_{-1} & = & 1,375 \\
1,375 & \div\ 2 & = & 0,6875 & \Rightarrow \quad \mathbf{0,6875_{10} = 0,1011_2}
\end{array}
$$

Bei bekannten Wertigkeiten der Stellen kann die Umwandlung auch durch Multiplikation der Ziffern mit den Wertigkeiten mit anschließendem Aufsummieren durchgeführt werden:

i	-1	-2	-3	-4	
Wertigkeit B^{-i}	$0,5_{10}$	$0,25_{10}$	$0,125_{10}$	$0,0625_{10}$	
Ziffern z_{-i}	$1_2=1_{10}$	$0_2=0_{10}$	$1_2=1_{10}$	$1_2=1_{10}$	Summe
Produkt $z_{-i}\,B^{-i}$	$0,5_{10}$	0_{10}	$0,125_{10}$	$0,0625_{10}$	$0,6875_{10}$

2.6.2 Quellverfahren: Multiplikationsmethode

Das **Quellverfahren** ist wieder besonders gut geeignet zur Umwandlung vom Dezimal- in ein anderes System. Gegeben ist eine Zahl $0,z_{-1}z_{-2}...z_{-r}$ ohne ganzzahligen Anteil im Quellsystem. Deren Ziffern im Zielsystem sind zunächst unbekannt. Wir gehen wieder vom Hornerschema aus. Multiplikation der Zahl mit der Basis B des Zielsystems liefert vor dem Komma das B-fache der ersten Nachkommastelle, insbesondere einen Wert zwischen 0 und B-1. Daher können wir die Darstellung im Zielsystem ermitteln, indem wir die Zahl wiederholt mit der Zielbasis multiplizieren und jeweils die Vorkommastellen abspalten und als Ziffer im Zielsystem anschreiben.

Beispiel

Umrechnung von $0,5625_{10}$ in das Dualsystem:

$$
\begin{array}{rcll}
0,5625 & * & 2 & = & \textcircled{1}125 \quad \rightarrow z_{-1} \\
0,125 & * & 2 & = & \textcircled{0}250 \quad z_{-2} \\
0,250 & * & 2 & = & \textcircled{0}500 \quad \rightarrow z_{-3} \\
0,5 & * & 2 & = & \textcircled{1}000 \quad \rightarrow z_{-4}
\end{array}
\quad \Bigg\} \quad \text{Ergebnis: } 0,1001_2
$$

2.7   Rechnerinterne Darstellung gebrochener Zahlen

Zur internen Darstellung von gebrochenen Zahlen gibt es zwei Alternativen:

1. **Festpunktdarstellung[3]:**

    Die Ziffern der binären Darstellung einer gebrochenen Zahl werden auf ein Speicherwort abgebildet. Das Komma steht an einer fest vereinbarten Stelle, und muss daher nicht explizit mit abgespeichert werden. Diese Darstellung wird vor allem von Spezialprozessoren, etwa Signalprozessoren verwendet.

2. **Gleitpunktdarstellung**

    Zur Gleitpunktdarstellung wird jede Zahl x in die Form $x = \pm m \cdot B^e$ mit einer *Mantisse* m und einem *Exponenten* e gebracht. Vorzeichen, Mantisse und Exponent werden dann in ein Speicherwort kodiert. Diese Darstellung wird heute bei allen PCs verwendet.

Wir beschränken uns hier auf die Behandlung des Gleitpunktformats nach dem üblichen IEEE[4]-Standard. Um eine eindeutige Darstellung $x = \pm m \cdot B^e$ zu erhalten wird zusätzlich gefordert, dass $1 \leq m < B$ gelten muss. Im Dualsystem bedeutet diese Forderung, dass m von der Art $1, z_{-1} z_{-2}...z_{-r}$ ist, also genau eine Eins vor dem Komma hat (ausgenommen für die Darstellung der Null). Diese Eins muss dann natürlich nicht gespeichert werden.

Beispiel:

$2,8125_{10} = 10,1101_2 = +1,01101 \cdot 2^1$

Abhängig von der Länge des zum speichern einer Gleitpunktzahl zur Verfügung stehenden Speicherwortes werden die Nachkommastellen der so normierten Mantisse sowie der Exponent auf bestimmte Bitpositionen abgebildet. Die genaue Darstellung werden wir im Kapitel über Datentypen kennen lernen. Es ist zu beachten, dass sich die Interndarstellung einer ganzen Zahl im Zwei-Komplement deutlich von der Interndarstellung der selben Zahl als Gleitpunktzahl nach obigem Muster unterscheidet.

---

[3]   Der Begriff Festpunkt ist direkt aus dem englischen übersetzt. Im angelsächsischen Bereich wird bei gebrochenen Zahlen der Nachkommateil durch einen Punkt abgetrennt und nicht wie bei uns üblich mit einem Komma. Wir könnten also auch von Festkomma- oder Gleitkommazahlen sprechen.

[4]   IEEE steht für "Institute of Electrical and Electronics Engineers".

2.8   Fragen

Sie lesen, dass ein Mikroprozessor über einen 24-Bit-breiten Adressbus verfügt. Wieviele Speicherworte können damit adressiert werden?

2.9   Aufgaben

1. Stellen Sie fest, ob Ihr Taschenrechner mit Dualzahlen rechnen kann. Falls ja, dann prüfen Sie, ob er zur Interndarstellung das Zwei-Komplement benutzt. Stellen Sie ferner fest, mit welcher Wortbreite er arbeitet. Sie können zusätzlich den "Rechner" prüfen, den Sie im Zubehör der Windows-Betriebssysteme finden.

2. Welche negativen Zahlen repräsentieren die folgenden Interndarstellungen im Zweier-komplement mit 16 Bit Wortbreite? (Dabei steht das niederwertigste Bit rechts).
    1000000000000001
    1000000000000000

3. Geben Sie die Zwei-Komplement-Darstellung folgender Zahlen an. Dabei soll das nie-derwertigste   Bit   (least   significant   bit)   rechts   stehen:
    -1
    -4096 (das ist -2^{12})

4. Wieviel Speicher kann man mit n-Bit breiten Adressen adressieren? Angaben in KB, MB oder GB:

n=10	adressierbar:
n=12	adressierbar:
n=20	adressierbar:
n=32	adressierbar:

5. Wandeln Sie die angegebene Zahl jeweils in die anderen Zahlensysteme

	Zahl 1	Zahl 2	Zahl 3
Dual	10101010_2		
Oktal		327_8	
Hexadezimal			CAD_{16}

6. Addieren Sie schriftlich. Tragen Sie auch die Überträge der jeweiligen Stelle ein!

Summand 1	1 1 1 1 0 0 0 1 0$_2$
Summand 2	1 1 0 1 0 1 1 0$_2$
Überträge	. . . .$_2$
Summe	. . . .$_2$

3   Zeichencodes

In den vorangegangenen Abschnitten haben wir uns mit der Interndarstellung von Zahlen in Computern beschäftigt. Zum Beispiel ist die interne Darstellung der Zahl 17_{10} in einem 16 Bit-Speicherwort die Dualzahl $0000\ 0000\ 0001\ 0001_2$.

Die Interndarstellung von Zahlen kann man als eine Codierung betrachten.

> Ein **Code** ordnet den zu codierenden Elementen einer Urbildmenge die Elemente der Bildmenge, d.h. der Menge von Codes zu.
>
> Ein Code heißt **umkehrbar eindeutig**, wenn aus der Verschiedenheit zweier Urbilder auch die Verschiedenheit der Codes folgt.

Für das Beispiel der Interndarstellung ist die Urbildmenge die Menge der Zahlen 0_{10}-65535_{10}. Die Codemenge ist durch die Menge der Dualzahlen $0000\ 0000\ 0000\ 0000_2$-$1111\ 1111\ 1111\ 1111_2$ gegeben. Durch die Codierung wird jeder Zahl die Dualzahl mit dem gleichen Zahlenwert zugeordnet.

> Ein **Zeichencode** ordnet einer Menge von Schriftzeichen (Zeichensatz) umkehrbar eindeutig eine Menge von Dualzahlen zu. Je nach der Stelligkeit der Dualzahlen spricht man von 7 Bit, 8 Bit oder 16 Bit Codes.

Mit Schriftzeichen ist hier ein Element aus einem Alphabet gemeint, nicht ein bestimmtes grafisches Abbild davon. Die Abbildung zeigt die Beziehungen am Buchstaben A.

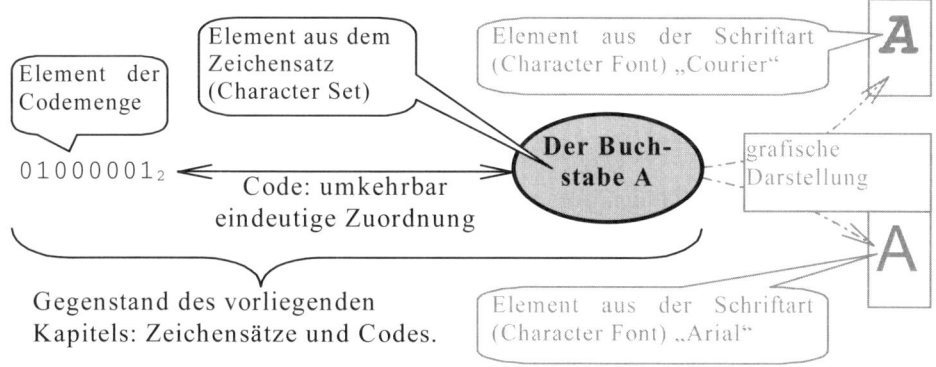

Abbildung 3.0-1 Codemenge, Zeichensatz, Schriftfamilie

Zeichencodes dienen der Externdarstellung, d.h. diese Codes werden bei der Ein-/ Ausgabe von Schriftzeichen verwendet. Wenn also etwa ein Programm einen Buchstaben A am Bildschirm erscheinen lassen möchte, dann gibt es den Code für A, also z. B. $100\ 0001_2$ aus. Umgekehrt wird bei einer Eingabe von A über die Tastatur der Code für A in den Speicherbereich des Programms übertragen.

Wenn eine Zahl auszugeben ist – z. B. 17_{10} als Ergebnis einer Berechnung – dann ist nicht die Interndarstellung der Zahl auszugeben (hier also $0000\ 0000\ 0001\ 0001_2$), sondern die Codes der Darstellung der Zahl als Schriftzeichen. Für 17 wären das die Codes für 1 und für 7. Unten werden wir sehen, dass die ASCII-Codes für diese Zeichen $011\ 0001_2$ und $011\ 0111_2$ sind.

Glücklicherweise merkt der Programmierer von der Umsetzung zwischen Codes und Schriftzeichen meist nicht viel. Die Eingabe des Programms vor der Übersetzung und die Ein-/ Ausgabe während der Benutzung des Programms geschehen auf der Basis von Schriftzeichen. Die Umsetzung zwischen Codes im Rechner und Schriftzeichen extern geschieht hierfür automatisch. Im Kap. „Formatierte Ein-/ Ausgabe" werden wir sehen, wie man die Umwandlung in der Programmiersprache C anstößt.

Für die Codierung von Schriftzeichen gibt es natürlich sehr viele verschiedene Möglichkeiten. Daher wurden Standards eingeführt. Mitte der sechziger Jahre wurden die Codes
- EBCDI
- ASCII
festgelegt.

EBCDI[1] hat vor allem in der IBM-Welt große Verbreitung gefunden. Der Code geht von einer Codierung von Ziffern durch die Dualzahlen aus, die ihren Ziffernwert repräsentieren, also 1 codiert als 0001_2, 2 als 0010_2 Ziffern, … , 9 als 1001_2. Um neben Ziffern auch andere Zeichen zu erfassen, wurden die vier Dualstellen auf acht erweitert, so dass 256 Schriftzeichen darstellbar sind.

Heute ist auf den meisten Plattformen ASCII[2] vorherrschend. Das ist auch der Code, mit dem wir in der Sprache C arbeiten. ASCII begann als 5 Bit-Code, wurde aber bald auf 7 Bit erweitert.

Im nächsten Abschnitt werden wir die Tabelle für 7 Bit ASCII kennenlernen. Erweiterungen auf 8 Bit werden im Kap. 3.2 behandelt.

3.1   7 Bit ASCII

Mit 7 Bit kann man 128 Schriftzeichen darstellen, denen die Codes $000\ 0000_2$ - $111\ 1111_2$ bzw. 0_{10} - 127_{10} bzw. 00_{16} - ff_{16} zugeordnet sind. Für die Darstellung läge es nahe, eine Tabelle mit den Spalten „Code" und „zugeordnetes Schriftzeichen" zu verwenden. Eine solche Tabelle hätte aber ein ungünstiges Format (1/8 Seite breit, mehrere Seiten hoch). Deshalb schneidet man die Codetabelle in Streifen zu je 16 Einträgen und stellt diese acht Streifen nebeneinander. Das Ergebnis zeigt Tabelle 3.1-1.

---

[1] Extended Binary Coded Decimals Interchange Code
[2] American Standard Code for Information Interchange

Wenn man die Codes als Hexadezimalzahlen betrachtet, dann wechselt gerade alle 16 Einträge die vordere Ziffer. Daher kann man die oben genannte „Streifencollage" so beschriften, dass die Spalten jeweils die gemeinsame führende Hexadezimalziffer als Überschrift erhalten. Die Zeilen sind von 0_{16} - f_{16} durchnummeriert Sie enthalten in allen Spalten das Zeichen mit der betreffenden Nummer in seinem 16er-Streifen. Diese Nummer, ist die niederwertige Hexadezimalziffer des Codes.

Tabelle 3.1-1: Die 7 Bit ASCII-Codes

	0		1		2		3		4		5		6		7	
0	NUL	0	DLE	16		32	0	48	@	64	P	80	`	96	p	112
1	SOH	1	DC1	17	!	33	1	49	A	65	Q	81	a	97	q	113
2	STX	2	DC2	18	"	34	2	50	B	66	R	82	b	98	r	114
3	ETX	3	DC3	19	#	35	3	51	C	67	S	83	c	99	s	115
4	EOT	4	DC4	20	$	36	4	52	D	68	T	84	d	100	t	116
5	ENQ	5	NAK	21	%	37	5	53	E	69	U	85	e	101	u	117
6	ACK	6	SYN	22	&	38	6	54	F	70	V	86	f	102	v	118
7	BEL	7	ETB	23	'	39	7	55	G	71	W	87	g	103	w	119
8	BS	8	CAN	24	(	40	8	56	H	72	X	88	h	104	x	120
9	HT	9	EM	25	)	41	9	57	I	73	Y	89	i	105	y	121
A	LF	10	SUB	26	*	42	:	58	J	74	Z	90	j	106	z	122
B	VT	11	ESC	27	+	43	;	59	K	75	[	91	k	107	{	123
C	FF	12	FS	28	,	44	<	60	L	76	\	92	l	108	|	124
D	CR	13	GS	29	-	45	=	61	M	77	]	93	m	109	}	125
E	SO	14	RS	30	.	46	>	62	N	78	^	94	n	110	~	126
F	SI	15	US	31	/	47	?	63	O	79	_	95	o	111	DEL	127

Die in der Tabelle aufgelisteten Schriftzeichen (fettgedruckt) haben als Code in dezimal den Wert, der klein/kursiv im gleichen Feld der Tabelle steht. Den Hexadezimalwert erhält man, indem man die Ziffern der Zeilen- und Spalten-Überschriften zum betreffenden Feld nebeneinanderstellt.

Wenn wir also z. B. „7-Bit ASCII" codieren, erhalten wir gemäß Tabelle 3.1-1:

Zeichen	7	-	B	i	t		A	S	C	I	I
Code dezimal	55	45	66	105	116	32	65	83	67	73	73
Code hexadezimal	37	2D	42	69	74	20	41	53	43	49	49

Offensichtlich enthält Tabelle 3.1-1 verschiedenartige Einträge:
– Buchstaben a-z, A-Z
– Ziffern 0-9
– Sonderzeichen, z. B. –, Leerzeichen (Code 32_{10}), # etc.
– Steuerzeichen (in der Tabelle durch Großbuchstaben kursiv/mager dargestellt)

Den Steuerzeichen sieht man noch an, dass in den sechziger Jahren mit Fernschreibern gearbeitet wurde. Einige Steuerzeichen werden aber noch immer benutzt, wenn sie heute auch die Ausgabe auf einen Bildschirm oder Laserdrucker steuern. Einige der häufiger benutzten, die auch im C-Teil des Buches vorkommen, zeigt Tabelle 3.1-2.

Tabelle 3.1-2: häufig benutzte Steuerzeichen

BEL	„Bell", Piepton aus Lautsprecher	*VT*	„Vertical Tab", vertikaler Tabulator
BS	„Backspace", Korrekturtaste	*FF*	„Form feed", Seitenvorschub
HT	„Horizontal Tab", Tabulator	*CR*	„Carriage Return", Wagenrücklauf
LF	„Line feed", Zeilenvorschub	*ESC*	„Escape", Taste links oben

3.2   8 Bit ISO 8859

Die 128 Zeichen des 7 Bit ASCII waren natürlich auf die Dauer nicht ausreichend. Nachdem alle wesentlichen Hardware-/ Software-Plattformen ohnehin mit 8 Bit Bytes arbeiteten, lag es nahe, den Standard zu erweitern.

Mit 8 Bit lassen sich 256 Zeichen codieren. Die Erweiterungen des 7 Bit ASCII Codes wurden **aufwärtskompatibel**[3] gestaltet. Das bedeutet, dass die bereits bestehenden Codes auch im erweiterten Standard ihre Zuordnung behalten und nur die neu hinzugekommenen Zeichen neue Codes bekommen.

Für die Zeichen aus Tabelle 3.1-1 erhält man also den 8 Bit ASCII Code, indem man eine führende 0 an die betreffende Dualzahl hinzufügt. Für A hat man dann z. B. $0100\ 0001_2$, also einen 8 Bit Code, der natürlich dem gleichen Zahlenwert entspricht, wie sein 7 Bit Pendant $100\ 0001_2$, nämlich 65_{10}.

Mit der globalen Verbreitung von Computern und ihrem Vordringen in alle Lebensbereiche sind aber selbst 256 verfügbare Schriftzeichen nur eine geringe Teilmenge des eigentlich benötigten Umfangs. Für die Codes 128_{10}-255_{10} ist die Situation deshalb leider nicht so einheitlich wie für den Bereich 0_{10}-127_{10}, denn es wurden unterschiedliche Standards für die Erweiterung festgelegt.

Allein für den westlichen Kulturkreis gibt es für die Anwendung in verschiedenen geografischen Bereichen mehrere Zuordnungen der Codes 128_{10}-255_{10} zu Schriftzeichen. Die Mitglieder aus der Standard-Familie ISO 8859 zeigt Tabelle 3.2-1.

---

[3]   „abwärtskompatibel" würde bedeuten, dass die neu hinzugekommenen Codes und Zeichen auch im alten Standard verwendet werden könnten. Das ist natürlich hier nicht möglich.

Tabelle 3.2-1: Die Standard-Familie ISO 8859

Bezeichnungen		Einsatz
ISO 8859-1	latin1	Westeuropa
ISO 8859-2	latin2	Osteuropa
ISO 8859-3	latin3	galizisch, türkisch, Esperanto
ISO 8859-4	latin4	estnisch, lettisch, litauisch
ISO 8859-5	cyrillic	kyrillisch
ISO 8859-6	arabic	arabisch
ISO 8859-7	greek	neugriechisch
ISO 8859-8	hebrew	hebräisch
ISO 8859-9	latin5	wie latin1, aber türkische statt isländische Zeichen

Für uns ist natürlich ISO 8859-1 alias latin1 am wichtigsten, dessen über 7 Bit ASCII hinausgehende Zeichenmenge in Tabelle 3.2-2 dargestellt ist. Zu den Codes, zu denen ein Zeichen ☐ in der Tabelle enthalten ist, gibt es kein druckbares Schriftzeichen[4].

Tabelle 3.2-2: Zeichenzuordnung zu den Codes 128-255 in ISO 8859-1

	8		9		A		B		C		D		E		F	
0	☐	128	☐	144		160	°	176	À	192	Ð	208	à	224	ð	240
1	☐	129	`	145	¡	161	±	177	Á	193	Ñ	209	á	225	ñ	241
2	,	130	'	146	¢	162	²	178	Â	194	Ò	210	â	226	ò	242
3	ƒ	131	"	147	£	163	³	179	Ã	195	Ó	211	ã	227	ó	243
4	„	132	"	148	¤	164	´	180	Ä	196	Ô	212	ä	228	ô	244
5	…	133	•	149	¥	165	µ	181	Å	197	Õ	213	å	229	õ	245
6	†	134	–	150	¦	166	¶	182	Æ	198	Ö	214	æ	230	ö	246
7	‡	135	—	151	§	167	·	183	Ç	199	×	215	ç	231	÷	247
8	ˆ	136	~	152	¨	168	¸	184	È	200	Ø	216	è	232	ø	248
9	‰	137	™	153	©	169	¹	185	É	201	Ù	217	é	233	ù	249
A	Š	138	š	154	ª	170	º	186	Ê	202	Ú	218	ê	234	ú	250
B	‹	139	›	155	«	171	»	187	Ë	203	Û	219	ë	235	û	251
C	Œ	140	œ	156	¬	172	¼	188	Ì	204	Ü	220	ì	236	ü	252
D	☐	141	☐	157		173	½	189	Í	205	Ý	221	í	237	ý	253
E	☐	142	☐	158	®	174	¾	190	Î	206	Þ	222	î	238	þ	254
F	☐	143	Ÿ	159	¯	175	¿	191	Ï	207	ß	223	ï	239	ÿ	255

---

[4] € ist jünger als ISO 8859-1. Eine späterere Festlegung ISO 8859-15 sieht den Code $A4_{16}=164_{10}$ vor. In Windows-Umgebungen wird $80_{16}=128_{10}$ benutzt. Unicode codiert € mit $20AC_{16}=8364_{10}$.

3.3   16 Bit Unicode

Die explosive Ausbreitung des Internet hat für weitere Dynamik in der Szene der Zeichencodes gesorgt. Internationalisierung, die jeden Winkel der Welt erreicht, ist jetzt gefragt. Dazu gehört insbesondere auch, dass Dokumente, die Zeichen aus verschiedenen Kulturkreisen enthalten, genau so einfach zu handhaben sind, wie Dokumente in einem der ISO 8859 Standards.

Die diversen Standard-Ansätze zu vereinigen und alle wesentlichen Sprachen der Welt in einem einzigen Zeichensatz zu erfassen, hat sich das **Unicode**[5]-Projekt zum Ziel gesetzt. Mitte der neunziger Jahre standardisierte man einen 16 Bit Code, in dem Platz für 65536 Zeichen ist.

Unicode ist eine aufwärtskompatible Erweiterung von ISO 8859-1. Wie ISO 8859 den 7 Bit ASCII Code unter Beibehaltung der Codes 0_{10}-127_{10} erweitert, bleiben im Unicode die Zuordnungen von ISO 8859-1 gültig. Der Dualdarstellung wurden acht führende Nullen vorangestellt. Hinzugefügt wurden die Codes 256_{10}-65535_{10}. Enthalten sind Abschnitte für alle wichtigen Sprachen sowie Sonderzeichen für verschiedenste Zwecke.

Tabelle 3.3-1 stellt die Codes 7 Bit ASCII, ISO 8859-1 und Unicode für die Zeichenkette „Gruß ЯΞЖ" gegenüber. Wenn ein Feld leer ist, bedeute dies, dass das Zeichen in dem betreffenden Code nicht darstellbar ist.

Tabelle 3.3-1 7 Bit ASCII, ISO 8859-1 und Unicode gegenübergestellt

Zeichen	7 Bit ASCII	ISO 8859-1	Unicode
G	$100\ 0111_2$	$0100\ 0111_2$	$0000\ 0000\ 0100\ 0111_2$
r	$111\ 0010_2$	$0111\ 0010_2$	$0000\ 0000\ 0111\ 0010_2$
u	$111\ 0101_2$	$0111\ 0101_2$	$0000\ 0000\ 0111\ 0101_2$
ß		$1101\ 1111_2$	$0000\ 0000\ 1101\ 1111_2$
	$010\ 0000_2$	$0010\ 0000_2$	$0000\ 0000\ 0010\ 0000_2$
Я			$0000\ 0100\ 0010\ 1111_2$
Ξ			$0000\ 0011\ 1001\ 1110_2$
Ж			$0000\ 0100\ 0001\ 0110_2$

Die Buchstaben G, r, u und Leerzeichen sind im ASCII-Basis-Zeichensatz enthalten. Mit ISO 8859-1 kann man auch das ß darstellen. Я und Ж sind kyrillisch und Ξ ist neugriechisch. Dafür bräuchte man statt ISO 8859-1 die Standards ISO 8859-5 bzw. ISO 8859-7. Mit Unicode als Obermenge dieser Standards sind all diese Zeichen mit einem einzigen Standard darstellbar.

---

[5]   nähere Informationen und Codetabellen findet man unter http://www.unicode.org

Das Beispiel demonstriert, wie Unicode die Forderung nach Internationalisierung, die jeden Winkel der Welt erreicht, bestens unterstützt.

Neuere Programmiersprachen wie Java definieren Zeichenketten von vornherein auf Unicode-Basis. Für die älteren Programmiersprachen ist Anpassungsaufwand zu treiben. Vorhut bei der Anwendung von Unicode sind hier die APIs[6] von Betriebssystemen (z. B. von Windows NT), die stark auf Internationalität angewiesen sind. Auf lange Sicht ist eine vollständige Einarbeitung von Unicode in die Programmiersprachen und Standardbibliotheken zu erwarten. Heute gibt es in den höheren Sprachen zumindest die Möglichkeit, Zeichenketten als Anordnungen von Elementen zu realisieren, die jeweils ein Unicode-Zeichen aufnehmen können[7].

Für den Einbau von Unicode in 8 Bit-Code-Umgebungen gibt es die Möglichkeit, Unicode-Zeichen speziell zu codieren. Das Format HTML, das für Seiten benutzt wird, die durch Web-Browser angezeigt werden, verfährt ab Version 4 auf diese Weise[8].

Der normale Text wird in HTML nach ISO 8859-1 codiert. Wenn ein Zeichen vorkommt, das nicht in diesen Code-Bereich fällt, dann wird es durch eine Folge von ISO 8859-Zeichen zwischen & und ; dargestellt.

Das Wort „Grüße" wird in HTML-Dokumenten z. B. als „Grüße" übermittelt.

3.4   Fragen

Benutzen Sie die ASCII-Tabelle oben!

a)   Gegeben sei der Inhalt von fünf Bytes im Speicher eines Computers:

| 01001000 | 01100001 | 01101100 | 01101100 | 01101111 |

Welchen Text repräsentieren diese fünf Bytes, wenn sie nach der ASCII-Codetabelle in Zeichen umgesetzt werden sollen?   Text:

b)   Als Ergebnis einer Rechnung sind ganzzahlige Werte angefallen, die als 16 Bit-Worte im Speicher stehen. Diese Werte sollen ausgegeben werden. Dabei wird von der Intern- in eine Extern-Darstellung gewandelt, die auf dem ASCII-Code basiert. Geben Sie die Interndarstellungen sowie die zugehörigen Externdarstellungen an!

Wert	Interndarstellung		Externdarstellung	
	höherwertiges Byte	niederwertiges Byte	1. Ausgabebyte	2. Ausgabebyte
10_{10}				
10_{16}				
-5_{10}				

[6]   API heißt „Application Programming Interface", d.h. die Schnittstelle die definiert, welche Betriebssystem- Aufrufe einem Anwendungsprogramm zur Verfügung stehen.

[7]   in C ist das der Datentyp `wchar_t`, vgl. Kap. „Standard- Bibliothek"

[8]   Vgl. hierzu insbesondere auch die Aufgabe im Anschluss an Kap. „Algorithmen: Reaktive Programme, Automaten"

4 Einführung in das Programmieren in C

Nachdem die grundlegenden Konzepte des Rechneraufbaus, der Informationsverarbeitung und der Darstellung von Information bekannt sind, wenden wir uns nun der Praxis der Programmierung zu. Der Rest des Buches dient dazu, die Grundkenntnisse für das Programmieren in der Programmiersprache C zu vermitteln. Außerdem werden wir beispielhaft einige Problemstellungen mit geeigneten Lösungsmöglichkeiten besprechen, die vor allem für Ingenieure von großer praktischer Bedeutung sind.

4.1 Zur Geschichte von C

In Abbildung 4.1-1 ist die Entwicklung der höheren Programmiersprachen dargestellt. Die Programmiersprache C ist im Verhältnis zu den schnellen Innovationszyklen, denen die gesamte Branche der Datenverarbeitung unterliegt, heute schon eine relativ alte Sprache. C wurde bereits 1972 an den Forschungslaboratorien der amerikanischen Firma Bell entwickelt, eng verknüpft mit der Entwicklung des Betriebssystems *Unix*. Der Abbildung 4.1-1 können wir auch entnehmen, dass zu den Vorgängern von C Sprachen wie Pascal und PL/1 gehören, wovon für C insbesondere das Konzept der strukturierten Programmierung übernommen wurde. Allerdings finden sich in C auch einige Konzepte, die einer Assemblersprache nicht ganz unähnlich sind (etwa die Möglichkeit, Speicherwerte zu inkrementieren), was auf den Einsatz von C zur Programmierung von Betriebssystemen zurückzuführen ist.

Aufbauend auf C wurden die Programmiersprachen C++ sowie JAVA entwickelt. Diese drei Sprachen zusammen haben heute die größte praktische Bedeutung. Dieses Buch behandelt ausschließlich die Sprache C und stellt damit die unverzichtbare Grundlage für das Erlernen objektorientierter Sprachen wie C++ und JAVA dar. Auch für den Einstieg in die Programmierung im Umfeld grafischer Bedienoberflächen (Windows-Programmierung) – die in diesem Buch nicht behandelt wird – sind solide Kenntnisse der Sprache C unabdingbar.

C ist grundsätzlich eine sog. höhere Programmiersprache. Höhere Programmiersprachen unterscheiden sich von den hardware-orientierten Assemblersprachen in mehrfacher Hinsicht. Einmal müssen hochsprachliche Programme nicht als Folge einzelner Maschinenbefehle für eine spezielle Hardware eingegeben werden, sondern in einer von der Hardware unabhängigen fest vorgegebenen Form. Ferner stehen Möglichkeiten zur Verfügung, den Programmablauf auf einem hohen Abstraktionsniveau zu beschreiben. Schließlich ist die

Verwaltung von Daten im Speicher einfacher. All diese Konzepte werden wir im Folgenden ausführlich besprechen.

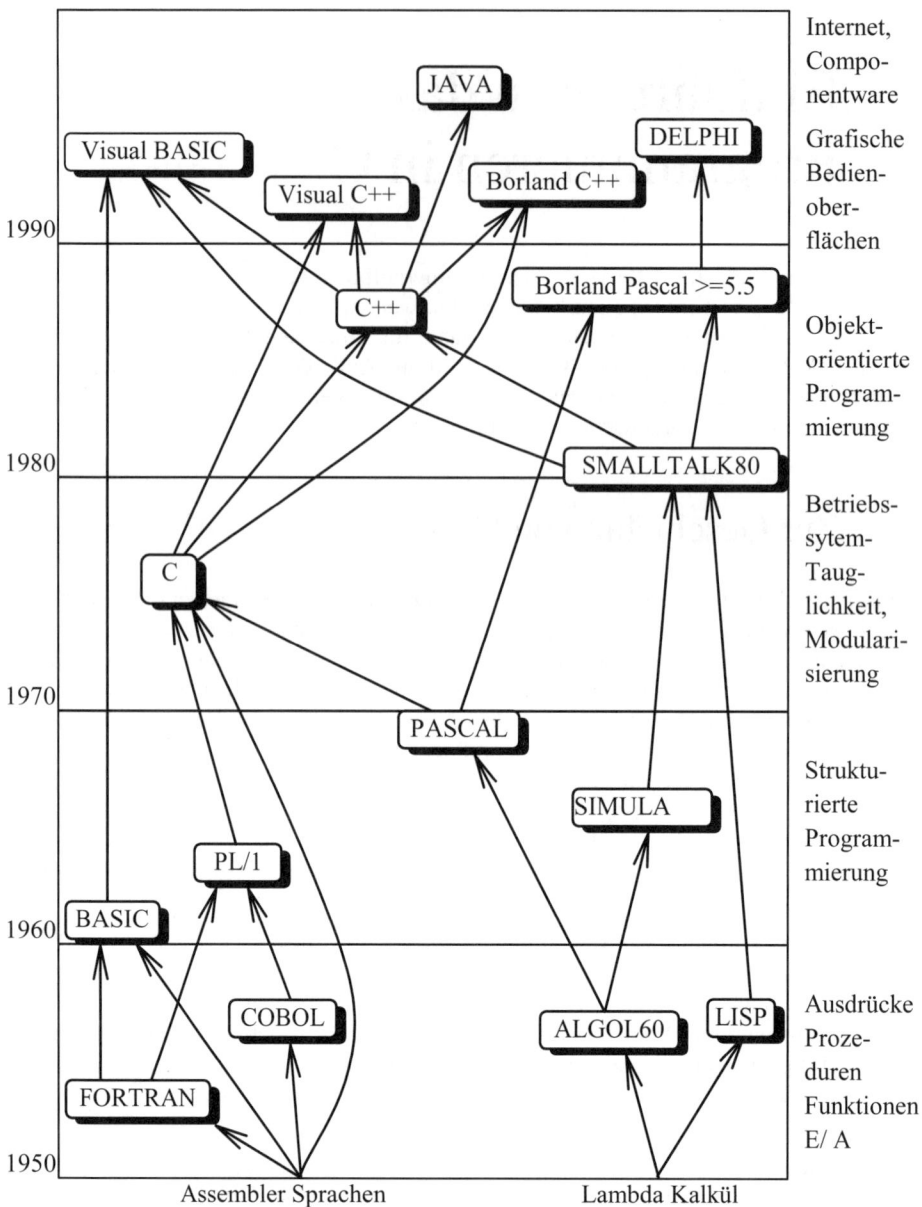

Abbildung 4.1-1: Stammbaum der Programmiersprachen

4.2   Erste Schritte

Programmieren zu lernen heißt, selbst Anwendungsprogramme zu schreiben. Der Umgang mit Standardsoftware ist uns heute bestens vertraut. Wir nutzen allenthalben Internetbrowser um uns im World-Wide Web umzusehen, elektronische Post zu versenden und zu empfangen, und um Informationen zu beschaffen. Ebenso nutzen wir Textverarbeitungsprogramme, um Briefe oder Berichte zu verfassen. All diese Programme wurden von Anwendungsprogrammierern entwickelt und so gestaltet, dass möglichst viele Anwender ihre unterschiedlichen Aufgaben damit erledigen können. Wenn wir selbst programmieren, dann wechseln wir gewissermaßen die Perspektive und schlüpfen selbst in die Rolle des Anwendungsprogrammierers.

Um eigene Windows-Anwendungen schreiben zu können, ist erheblich mehr Wissen erforderlich, als in diesem Buch zur Verfügung gestellt werden kann. Dieses Buch ist als Material für eine einsemestrige Einführungsvorlesung konzipiert. Daher sind auch fast alle Beispiele für Ein- und Ausgabe im Textmodus gedacht. An einigen Stellen werden wir die Ausgabe einfacher Grafiken in Fenster benötigen. Dafür werden wir dann Rahmenprogramme bereit halten, die uns die eigentliche Windows-Programmierung abnehmen und die Details verbergen, so dass wir uns auf die Grundlagen der Programmiersprache **C** beschränken können.

Bevor wir in die Programmierung mit **C** einsteigen, wollen wir uns klar machen, was Programmieren bedeutet. Programmieren bedeutet zunächst, Programme zu formulieren, die von einem Computer ausgeführt werden können. Jedes Programm besteht aus einer Folge von Anweisungen. Diese Anweisungen müssen so formuliert sein, dass sie vom Computer auch verstanden werden können. Dazu sind genaue Regeln einzuhalten, welche die *Syntax*[1] der Sprache beschreiben. In den folgenden Kapiteln dieses Buches werden wir die Regeln für alle vorkommenden Anweisungen ausführlich behandeln. Die Syntaxdiagramme, die wir dazu benutzen, werden im Abschnitt 4.3 vorgestellt.

Die Anweisungen eines Programms werden in einer genau definierten, vom Programmierer festzulegenden Reihenfolge ausgeführt. Ebenso wichtig, wie die Kenntnis der syntaktischen Regeln, ist es daher, zu wissen, wie die formulierten Anweisungen den Ablauf eines Programms beeinflussen. Man spricht von *Semantik*, der Lehre von der Bedeutung sprachlicher Zeichen.

Betrachten wir als Beispiel ein Programm, das eine Näherung der Eulerschen Zahl e bestimmt, gemäß

$$e \approx \sum_{i=0}^{N} \frac{1}{i!}.$$

Wir benötigen dazu zunächst Platz im Speicher des Computers, an dem wir den aktuellen Wert von i sowie den Wert der jeweils zu bestimmenden Fakultät speichern können, und einen Platz, an dem wir der Reihe nach den Kehrwert der Fakultät aufsummieren können. In einer höheren Programmiersprache, wie **C**, müssen wir uns nicht darum kümmern, wo dieser Platz im Speicher bereit gestellt wird. Vielmehr werden dazu *Variablen* verwendet.

---

[1]   Vom griechischen Wort syntaxis: Zusammenordnung, Lehre vom Satzbau.

Variablen kann man sich vorstellen, wie Container, die Werte enthalten, welche sowohl ausgelesen und weiter verwendet werden, als auch geändert, d. h. mit neuen Werten überschrieben werden können. Diese Container müssen vor dem ersten Gebrauch durch sog. *Deklaration* bestellt werden. Für unser Beispiel könnten die Variablendeklarationen folgendermaßen aussehen:

```
int i;
long double e=1.0, nFak = 1;
```

Bei dieser Bestellung ist ein Name für die Variable anzugeben, sowie ein Typ, der darüber Auskunft gibt, welche Art von Daten gespeichert werden sollen. Insbesondere wird damit festgelegt, wieviele Bytes für die interne Darstellung verwendet und wie die zu speichernden Daten binär codiert werden (siehe dazu Kapitel über Informationsdarstellung). Wo die in den Variablen hinterlegten Werte im Speicher abgelegt werden, muss den Programmierer nicht interessieren:

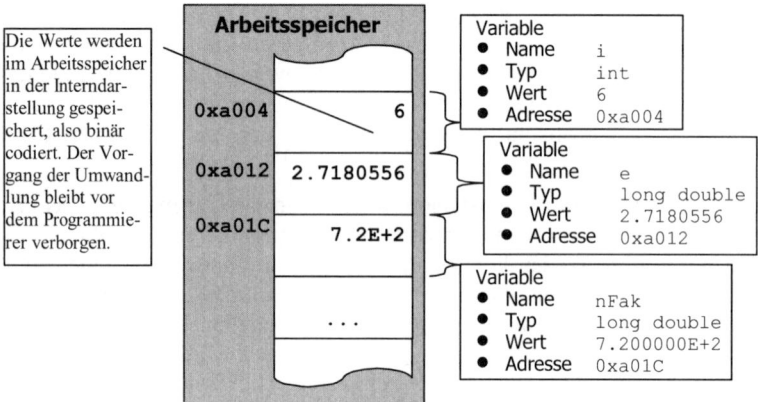

Genaueres über Variablen und deren Datentypen werden wir im Kapitel „Variablen und Konstanten" lernen. In den Anweisungen des Programms können dann die Werte der Variablen benutzt oder verändert werden. In der folgenden Anweisung wird etwa zu dem bisherigen Wert von e der Kehrwert der aktuellen Wertes von nFak addiert:

```
e = e + 1.0/nFak;
```

Neben dem Manipulieren der Daten stellt die Sprache C Konstrukte zur Verfügung, die den Ablauf des Programms beeinflussen. Damit lassen sich bedingte Verzweigungen oder Laufschleifen formulieren. So muss zur Berechnung der Näherung für die Eulersche Zahl N mal hintereinander $i!$ bestimmt und der Kehrwert zur aktuellen Näherung hinzu addiert werden (die Eins vom Term für $i=0$ haben wir als Startwert für die Variable e eingesetzt):

```
for(i=1; i<=N; i++){
    nFak = nFak * i;
    e = e + 1.0/nFak;
}
```

Die Anweisungen zwischen den geschweiften Klammern {...} werden in einer Schleife N mal hintereinander ausgeführt.

Bei dieser Laufschleife wird zunächst der Variablen i der Wert 1 zugewiesen. Dann wird die nachfolgende Anweisung ausgeführt, solange der Wert von i kleiner oder gleich dem Wert von N ist. Anschließend wird der Wert von i um Eins erhöht. Für die Prüfung, ob i<=N gilt, ist ein Vergleich zweier Werte erforderlich und die Möglichkeit, das Programm abhängig vom Ergebnis des Vergleichs an unterschiedlichen Stellen fortzusetzen. Ist nämlich das Ergebnis des Vergleichs "wahr", also `i<=N` erfüllt, so sind die Anweisungen der Schleife auszuführen, ansonsten die nächste Anweisung nach dem Ende der Schleife.

Schließlich haben wir noch die Anweisungen zur Ein- und Ausgabe. Um den errechneten Näherungswert für *e* auszugeben benutzen wir die Funktion `printf` zur formatierten Ausgabe. Diese Funktion kann die Interndarstellung von Daten in eine für Menschen sinnvoll lesbare Externdarstellung – etwa in dezimaler Form – bringen und am Bildschirm ausgeben:

```
printf("%.16Lf\n", e);
```
Mit der formatierten Ein-/Ausgabe werden wir uns ausführlich in einem eigenen Kapitel befassen.

Ein komplettes Programm, das die besprochenen Einzelteile enthält, könnte so aussehen:

```
#include <stdio.h>
#define N 20
void main()
{
  int i;
  long double e=1.0, nFak = 1;
  for(i=1; i<=N; i++){
    nFak = nFak * i;
    e = e + 1.0/nFak;
  }
  printf("%.16Lf\n", e);
}
```

4.3 Syntaxdiagramme

Zur Darstellung der **C**-Syntax verwenden wir im ganzen Buch Syntaxdiagramme. Mit diesem Hilfsmittel kann die **C**-Syntax beschrieben werden und ebenso lässt sich damit ein Programm auf syntaktische Korrektheit prüfen, da ein Programm genau dann korrekt ist, wenn es mit dem Durchlaufen von Syntaxdiagrammen nachvollzogen werden kann. Die Diagramme sind aus mehreren Grundelementen aufgebaut:

⟶	Pfeile, die angeben, wie ein Diagramm durchlaufen werden kann. Dabei können Verzweigungen auftreten, an denen jedem der Wege gefolgt werden kann. Verschiedene Wege können sich auch wieder vereinigen.
◯	Einzelne Zeichen, die beim Durchlaufen des Sytaxdiagramms an der Stelle ihres Auftretens genau so im Programm stehen müssen.
(main)	Schlüsselwörter, die genau so im Programm stehen müssen.
Bezeichner	Syntaxelemente, für die es wiederum ein eigenes Syntaxdiagramm zur Beschreibung gibt.

Trifft man beim Durchlaufen eines Syntaxdiagramms auf ein Syntaxelement, gibt es zu diesem Element ein eigenes Diagramm, das die Syntax dieses Elements beschreibt. Dies lässt sich stets so weit verfeinern, bis alles auf die Angabe einzelner Zeichen oder Schlüsselworte zurückgeführt ist.

Beispiel:

Wir wollen ein Sytaxdiagramm angeben, mit dem alle Telefonnummern beschrieben werden können, die mit 0130 beginnen und danach eine Ziffernfolge mit mindestens einer Ziffer aufweisen. Ein zugehöriges Syntaxdiagramm könnte etwa so aussehen:

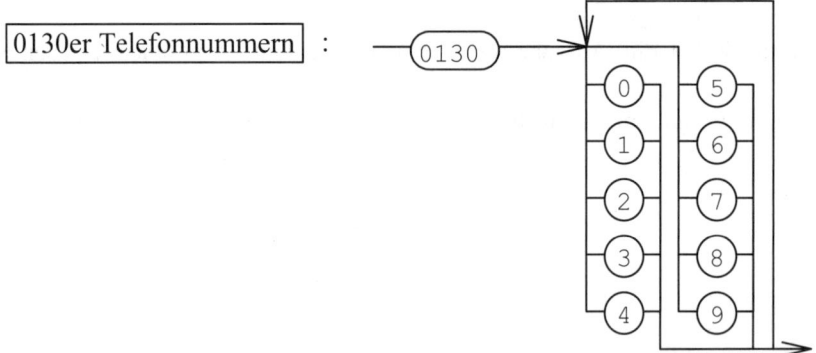

Beim Durchlaufen des Diagramms stoßen wir zuerst auf das Schlüsselwort 0130, mit dem die Nummern beginnen müssen. Danach können wir eine der Ziffern 0 bis 9 angeben (Durchlauf durch den entsprechenden Kreis). Anschließend haben wir die Wahl, das Diagramm sofort zu verlassen, oder noch beliebig viele weitere Ziffern hinzuzufügen. Häufig wiederkehrende Konstrukte lassen sich zu einem weiteren Syntaxelement zusammen fassen und weiter verwenden, was das Angeben von Diagrammen erheblich vereinfacht. Beispielsweise werden wir häufig ein Syntaxdiagramm für "Dezimalziffer" benötigen, das sich im Diagramm für die 0130er Telefonnummern folgendermaßen verwenden lässt:

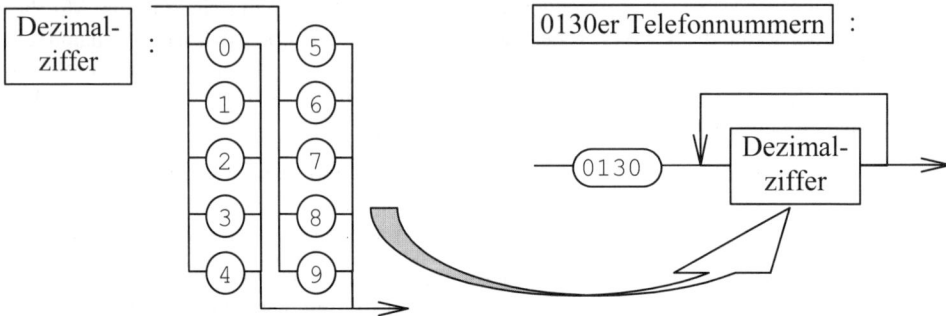

4.4   Praxis des Programmierens

Das Programmieren lässt sich nicht ausschließlich theoretisch erlernen. Es ist wichtig, zu jedem Kapitel praktische Übungen durchzuführen. Dazu können entweder die verwendeten Beispiele modifiziert oder die angegebenen Aufgaben umgesetzt werden. Am meisten lässt sich sicher lernen am Versuch, von Anfang an eigene Ideen umzusetzen. Um selbst Programme erstellen und ablaufen lassen zu können, sind einige Werkzeuge erforderlich, mit deren Bedienung man sich vertraut machen muss. Diese sind heutzutage in Entwicklungsumgebungen zusammengefasst. Das sind Programme, die unter einer grafischen Oberfläche bequeme Bedienung aller notwendigen Handgriffe erlauben.

Es gibt eine Fülle von Herstellern, die Entwicklungsumgebungen für die verschiedensten Betriebssysteme anbieten. Aus Sicht desjenigen, der die ersten Schritte in **C** macht und noch keine Programme mit aufwendiger eigener grafischer Bendienoberfläche erstellt, spielt es keine große Rolle, mit welcher Entwicklungsumgebung gearbeitet wird. Für Programme, die grafische Ausgaben erledigen, stehen auf der in der Einleitung angegebenen Internetseite kleine Programmpakete für mehrere Entwicklungsumgebungen zur Verfügung, die ganz einfach benutzt werden können, ohne dass wir in die Windows-Programmierung selbst einsteigen müssen. Wenn wir grafische Ausgaben programmieren wollen, dann passen wir einfach einen kleinen Teil aus diesem Programmpaket an.

Jedes Programm muss zunächst mit einem Texteditor eingegeben und als Datei mit der Endung ".c" gespeichert werden. Dieser Editor kann Teil der Entwicklungsumgebung, oder ein eigenständiges Anwendungsprogramm sein. Typischerweise präsentiert sich der Texteditor so, wie nebenstehend abgebildet:

```
Programmer's File Editor - [e.c]
File   Edit   Options   Template   Execute
Macro   Window   Help

#include <stdio.h>
#define N 20
void main()
{
    int i;
    long double e=1., nFak = 1;
    for(i=1; i<=N; i++){
        nFak = nFak * i;
        e = e + 1./nFak;
    }
    printf("%.16Lf\n", e);
}
```

Ln 9 Col 1   12   WR   Rec Off No Wrap

Nach der Eingabe des Programms im Texteditor muss dieses unbedingt abgespeichert werden. Danach wird durch ein Kommando an die Entwicklungsumgebung (per Mausklick, oder Tastatur) ein Übersetzer (englisch: Compiler) gestartet, der das Programm auf syntaktische Korrektheit prüft und im Falle der Fehlerfreiheit Maschinencode erzeugt. Entdeckte Fehler im Programm werden mit einem Hinweis auf die Nummer der entsprechenden Programmzeile gemeldet. Wenn wir im Beipielprogramm Fehler einbauen, etwa den Strichpunkt zum Abschließen einer Anweisung vergessen, oder eine Variable nicht deklarieren, erhalten wir etwa folgende Fehlermeldungen:

```
#include <stdio.h>
#define N 20
void main()
{
    long double e=1.0, nFak = 1;

    for(i=1; i<=N; i++){
        nFak = nFak * i;
        e = e + 1.0/nFak
    }
    printf("%.16Lf\n", e);
}
```

> Fehlermeldung:
> undefined symbol i

> Fehlermeldung:
> Statement missing ;

Die Fehler sind auszubessern und der Compiler erneut zu starten. Der Compiler erzeugt im Erfolgsfall eine sog. Objektdatei (Endung ".obj"), die ein Maschinenproramm enthält, welches jedoch noch nicht lauffähig ist. An der Stelle, an der wir die vordefinierte Funktion printf benutzen, fügt der Compiler lediglich einen Vermerk darüber in das Maschinenprogramm ein. Die Funktion selbst steht damit noch nicht zur Verfügung.

Um aus der Objektdatei ein ausführbares Programm zu erzeugen (Endung ".exe") gibt es ein weiteres Systemprogramm, den sog. Binder, meist mit dem englischen Wort Linker bezeichnet. Wenn wir einen weiteren Fehler in das Programm einbauen, etwa den Namen der Funktion printf verändern, was leicht durch einen Tippfehler entstehen kann, so erhalten wir folgende Fehlermeldung des Linkers:

```
rintf("%.16Lf\n", e);
```

> Fehlermeldung:
> Linker Error: undefined symbol _rintf

Hier versucht der Linker, eine Funktion namens rintf zu finden, was aber mißlingt. Denn diese Funktion ist weder in der Menge der vordefinierten Funktionen vorhanden, noch wurde eine eigene Funktion dieses Namens vom Programmierer dem Projekt hinzugefügt.

Bei den meisten Entwicklungsumgebungen können durch ein Kommando sowohl Compiler als auch anschließend sofort Linker gestartet werden, ohne dass der Programmierer sieht, dass es sich hierbei um zwei getrennte Vorgänge handelt. Der Linker tritt in jedem Fall erst dann in Aktion, wenn der Compiler seine Aufgabe erfolgreich erledigt hat. Die Fehlermeldung des Linkers wird also erst sichtbar, wenn alle syntaktischen Fehler ausgemerzt sind.

4.5   Aufgaben

1. Geben Sie ein Syntaxdiagramm an, mit dem sich alle Ziffernfolgen angeben lassen, die mindestens einmal die Ziffer 3 enthalten.

2. Machen Sie sich mit einer Entwicklungsumgebung vertraut und bringen Sie das Beispielprogramm dieses Kapitels zu Laufen. Bauen Sie bewusst Fehler in das Programm ein und probieren Sie aus, was dabei passiert.

5 Grundelemente, Variablen, Konstanten, Datentypen

Im vorangegangenen Kapitel haben wir gesehen, dass Programme im Wesentlichen Folgen von Anweisungen enthalten, die angeben, wie die CPU mit den Werten von Variablen verfahren soll.

Im vorliegenden Kapitel werden wir den grundsätzlichen Aufbau von **C**-Programmen kennen lernen, sowie die Grundlagen zu Konstanten, Variablen und Datentypen.

5.1 Übersicht

Für den Programmierer ist natürlich wesentlich, dass er formulieren kann, welche Variablen und Anweisungen es in seinem Programm geben soll. Dazu muss er einen bestimmten Programmaufbau wie im Beispiel einhalten und die korrekten Schreibweisen für alle Elemente seines Programms kennen.

Das folgende ist ein Beispielprogramm, das die Funktion $sin(2\pi x)$ tabelliert.

```/* Beispielprogramm in Datei tabelle.c, */```	*Programmkopf, Kommentar*

```#include <stdio.h>```
```#include <math.h>```
 	
```#define VON 0.0```
```#define SCHRITT 0.1```
```#define ANZAHL 5```
	Präprozessor-Anweisungen

```const double Pi = 3.14;```	*Deklarationen*
```double Sin2PiX(double X)``` ```{ return sin(2*Pi*X); }```	*Funktionsdefinition Sin2PiX*

```main()```
```{ int i;```
`   double x, y;`
 	
`   x = VON;`
 	
`   for(i=0; i<ANZAHL; i++)`
`   { y = Sin2PiX(x);`
`     printf("%i %f %f\n", i, x, y);`
`     x = x + SCHRITT;`
`   }`
`}`
	Funktionsdefinition main

Unter anderem sind für den Programmierer folgende Fragestellungen relevant:

- Aus welchen Teilen baut er sein **C**-Programm auf? (Abschnitt 5.2)
- Welche Regeln für Schreibweisen muss er einhalten? (Abschnitt 5.3)
- Wie macht er dem **C**-Compiler bekannt, welche Variablen und Konstanten in seinem Programm vorkommen? (**Abschnitt 5.4.1**)
- Wie kann er angeben, für welche Werte-Typen die Variablen ausgelegt werden sollen? (Abschnitt „elementare Datentypen")

5.2   Programmstruktur

Jedes **C**-Programm besteht aus einer Folge von Modulen. „Modul" ist ein anderer Name für „Übersetzungseinheit" oder „Quelldatei" -d.h. für eine Datei, in die der Programmierer den Programmtext tippt und die er dann dem Compiler zum Übersetzen übergibt.

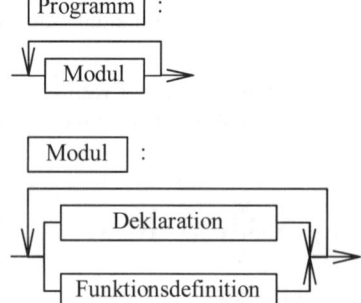

Das Beispielprogramm, das die Funktion *sin(2 πx)* tabelliert, besteht aus einem einzigen Modul. Die Datei könnte etwa `tabelle.c` heißen. Nach Kommentar im Programmkopf und Präprozessor-Anweisungen folgen Deklarationen und Funktionsdefinitionen.

Wie **Kommentare** aussehen und wo man sie einfügen darf, ist in 5.3.2 angegeben. Wozu man den Präprozessor benutzt, beschreibt das Kapitel „Präprozessor". Vorab benutzen wir die `#include < … >` Direktiven, um Zugriff auf bestimmte vorgegebene Standard-Routinen zu erhalten, wie z. B. die Funktion `sin(…)` durch Inklusion von `math.h` oder `printf(…)` mit `stdio.h`. Näheres zu Standard-Routinen findet sich in Kapitel „Standard Bibliothek".

Im Kapitel 5.4.1 werden wir uns vor allem mit **Deklarationen** beschäftigen, also damit, wie man dem **C**-Compiler bekanntmacht, welche Variablen und Konstanten im Programm vorkommen und für welche Typen von Daten die Variablen benutzbar sein sollen.

Die Anweisungen eines **C**-Programms finden sich innerhalb von **Funktionsdefinitionen**. Davon kann es mehrere geben – im vorliegenden Beispiel `Sin2PiX` und `main`. Jedes **C**-Programm muss genau eine Funktion `main` in irgendeinem seiner Module enthalten. Das ist das Hauptprogramm, das sich von anderen Funktionen nur dadurch unterscheidet, dass es die Anweisungen von `main` sind, mit denen das **C**-Programm startet.

Bis zum Kapitel „Unterprogramme" werden wir nur mit der Funktion `main` arbeiten und dort unsere Deklarationen und Anweisungen einfügen.

Wodurch sich Variablen und Konstanten, die „auf Modulebene", d.h. außerhalb von Funktionsdefinitionen deklariert sind, von denen unterscheiden, die am Anfang von `main` oder einer anderen Funktion deklariert sind, werden wir im Kapitel über Unterprogramme kennen lernen.

5.3 Lexikalische Grundvoraussetzungen

Zur Darstellung der korrekten Schreibweise von **C**-Programmteilen benutzen wir meist Syntaxdiagramme. Im vorliegenden Kapitel finden sich grundlegende Regeln, die in den Diagrammen der restlichen Kapitel vorausgesetzt werden.

Es gibt auch verschiedene Sachverhalte, die sich schlecht in Syntaxdiagrammen darstellen lassen oder diese unnötig aufblähen würden, so dass wir sie vorab behandeln.

5.3.1 Zeichensätze

ANSI-**C** unterscheidet zwischen Quell-Zeichensatz und Ausführungs-Zeichensatz. Der Quell-Zeichensatz enthält die Zeichen, die der Compiler im Quellprogramm akzeptiert. Ausführungs-Zeichensätze enthalten die Zeichen, die das übersetzte Programm zur Laufzeit hantieren kann.

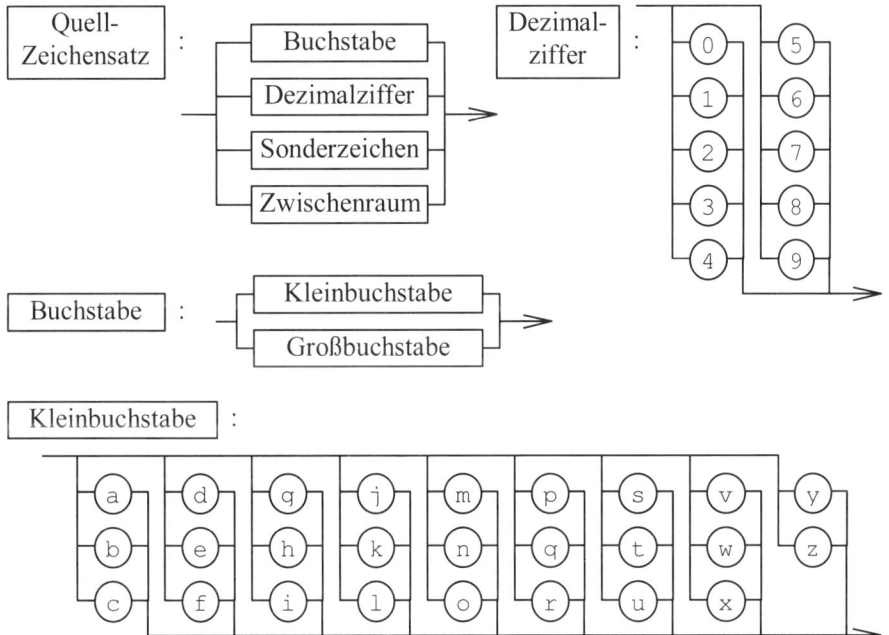

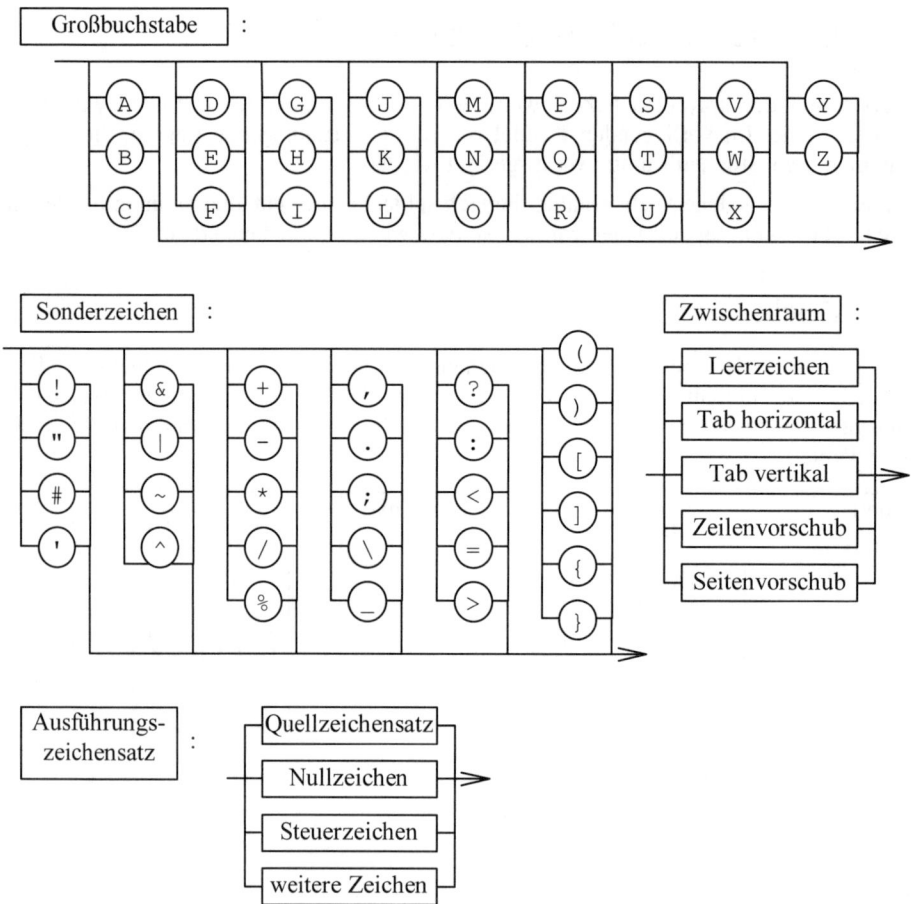

C-Compiler vertragen in der Programmquelle nur eine Teilmenge der Zeichen, die sich auf der Tastatur befinden. Etwas toleranter sind die meisten bei Zeichen innerhalb von Kommentaren (s. unten) oder innerhalb von Zeichenkettenkonstanten (s. Kapitel „Datentypen").

Das Nullzeichen ist das Zeichen, das als binäre Null intern dargestellt wird (alle Bits auf 0). Es wird benutzt, um das Ende von Zeichenketten zu markieren (s. Kapitel „Datentypen").

Unter „weitere Zeichen" fallen insbesondere Steuerzeichen (s. Kapitel „Formatierte Ein/Ausgabe") sowie die nationalen Sonderzeichen, wie z. B. Ö, ä oder ß.

5.3.2   Formatfreie Schreibweise

In natürlichen Sprachen ist die Aufteilung von zusammengesetzten Wörtern nicht eindeutig. Beim Wort „Vollast" z. B. muss man wissen, ob es sich um Forstwirtschaft (Voll-Ast) oder um Automobiltests (Voll-Last) handelt.

Compiler zerlegen den Eingabe-Zeichenstrom während der lexikalischen Analyse in einzelne Teile. Um Eindeutigkeit bei der Aufteilung zu erreichen, ist für **C** festgelegt, dass zwei Worte durch beliebig viele Elemente aus den Kategorien

– Zwischenräume

– Sonderzeichen

– Kommentar

getrennt werden.

Dies heißt andersherum interpretiert, dass innerhalb eines Wortes keines dieser Elemente vorkommen darf.

Formatfrei heißt die Schreibweise deshalb, weil Programmteile nicht zu Zeilen oder Spalten zugeordnet werden (wie z. B. in Assemblersprachen). Die optische Gestaltung des Programms ist frei – zwischen zwei Worten können beliebig viele Zwischenräume eingefügt werden. Die folgenden zwei Programmteile sind also äquivalent:

```
double Sin2PiX(double X)          double Sin2PiX(double X) {
{ return sin(2*Pi*X); }           /* Berechnet Sinus zwo pi X */
                                     return sin (2 * Pi * X);
                                  /* und tschüs */
                                  }
```

Diese Gestaltungsmöglichkeit wird neben rein ästhetischen Zwecken insbesondere auch dazu benutzt, um die Verschachtelungstiefe von Anweisungen durch Einrückung zu kennzeichnen (siehe Kapitel „Kontrollstrukturen").

Kommentar dient dazu, dass der Programmierer etwas im Programm vermerken kann, was der Compiler ignoriert. Die Schreibweise von Kommentar ist

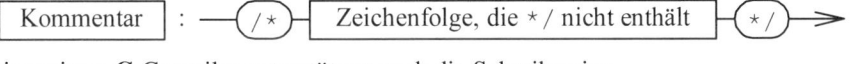

Die meisten **C**-Compiler unterstützen auch die Schreibweise

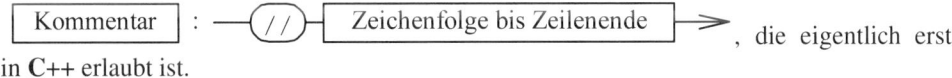

, die eigentlich erst in **C++** erlaubt ist.

5.3.3 Bezeichner

Bezeichner sind Namen von Variablen, Funktionen etc., die der Programmierer vergibt. Die Namensvergabe ist aber nicht völlig frei, sondern es ist die Syntax einzuhalten, die das Diagramm angibt.

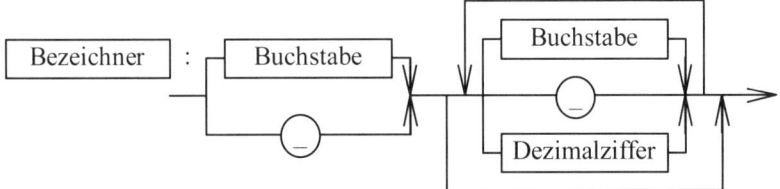

Insbesondere folgt aus dem Diagramm, dass

1. nur Zeichen in Frage kommen, die in einer Teilmenge des Quell-Zeichensatzes enthalten sind, also keine Sonderzeichen (außer Unterstrich)

2. ein Bezeichner mit einem Buchstaben oder einem Unterstrich (Underscore) beginnen muss

3. zur optischen Gliederung höchstens Unterstrich, aber keine Leerzeichen oder Kommentare innerhalb von Bezeichnern erlaubt sind.

Beispiele:

falsch	Verstoß gegen Nr.	richtig
`Öltemp`	1	`Oeltemp`
`flußX`	1	`flussX`
`2Pi`	2	`PiMal2` oder `ZweiPi`
`586Klamath`	2	`Klamath586`
`Sin 2 Pi X`	3	`Sin2PiX` oder `Sin_2_Pi_X`
`Sin-2-Pi-X`	1	`Sin_2_Pi_X`
`-1`	1, 2	`Minus1` oder `_1`

    In C wird unterschiedliche Groß-/ Kleinschreibung unterschieden

`Sin2PiX` ist also verschieden von `sin2PiX` und dies wiederum von `sin2pix`.

5.3.4   Einschränkungen

Für die Vergabe von Bezeichnern gibt es noch weitere Einschränkungen, die sich aber nicht für eine Darstellung in Form von Syntaxdiagrammen eigenen:

– Bezeichner dürfen zwar beliebig lang sein, d.h. in der Regel nur die ersten 31 Zeichen.

– Falls Bezeichner für den Export in andere Module benutzt werden, dann sollten sie so gewählt werden, dass sie sich in den ersten acht Zeichen unterscheiden.

– In **C** gibt es eine Reihe von Schlüsselworten. Mit keinem von diesen darf ein Bezeichner übereinstimmen

Schlüsselworte in C:

```
auto          double        int           struct
break         else          long          switch
case          enum          register      typedef
char          extern        return        union
const         float         short         unsigned
continue      for           signed        void
default       goto          sizeof        volatile
do            if            static        while
```

5.4 Variablen und Konstanten

Anders als in der Mathematik stellt man sich bei der Programmierung Variablen und Konstanten eher als Container vor, die Werte aufnehmen können. Ob eine Größe konstant oder Variabel ist, bestimmt die Möglichkeiten für Schreib- oder Lese- Zugriffe zur Laufzeit des Programms.

Für die Erstellung und Anwendung eines Programms kann man verschiedene Phasen unterscheiden: Compilezeit, Ladezeit, Laufzeit. Die folgenden Abschnitte stellen die interessierenden Aspekte von Variablen und Konstanten in der jeweiligen Phase dar.

5.4.1 Variablen und Konstanten zur Compilezeit, Deklaration

Zur Compilezeit existiert das Programm bereits als Quelltext. Modulweise bekommt der Compiler die Quelltexte wie etwa `tabelle.c` aus dem Beispiel am Anfang des Kapitels zur Übersetzung.

Mit Variablen und Konstanten hat der Programmierer in zweierlei Hinsicht zu tun:

– Variablen und Konstanten werden dem Compiler bekanntgemacht (Deklaration)

– Variablen und Konstanten werden für Berechnungen benutzt (Ausdrücke)

Wenn Variablen in einem Ausdruck, z. B. `y = Sin2PiX(x)` vorkommen, dann muss der Compiler Code erzeugen, der später, zur Laufzeit des Programms, auf den Wert der betreffenden Variablen zugreift.

Im Beispiel muss Code erzeugt werden, der den aktuellen Wert der Variablen `x` aus dem Speicher holt, die Funktion `Sin2PiX` auf den Wert anwendet und das Ergebnis schließlich als neuen Wert der Variablen `y` ablegt. (Einzelheiten findet man in Kapitel „Operatoren und Ausdrücke").

Dazu benötigt der Compiler Information über die verwendeten Variablen oder Konstanten. Diese bezieht er aus der Deklaration.

 Variablen und Konstanten müssen vor der ersten Verwendung im Programm deklariert werden

Die Zeilen

```
const double Pi = 3.14;  oder
int i;                   oder
double x, y;
```

aus dem Beispiel am Anfang des Kapitels zeigen, wie der Programmierer die Deklaration des **Typ**s, **Bezeichner**s und ggf. **Wert**es seiner Variablen bzw. Konstanten formulieren kann.

Der allgemeine Aufbau der Deklaration ist[1]

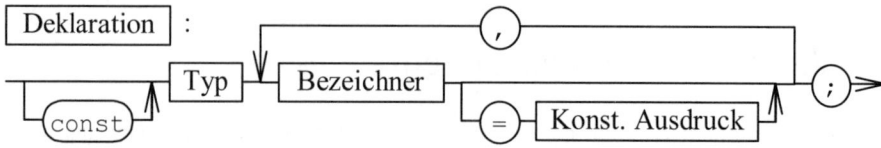

Beispiele:

Mit `const double Pi = 3.14;` deklariert man eine Konstante, die sich mit dem Bezeichner `Pi` ansprechen lässt. Sie hat den Wert `3.14`. Der Wert hat den Typ `double`.

`double x, y;` ist die Deklaration von zwei Variablen `x` und `y`. Sie sollen Werte vom Typ double aufnehmen können.

`int i;` deklariert eine Variable i des Typs int (ganzzahlig).

Für Konstanten (Kennzeichnung `const`) wie `Pi` bekommt man bei der Übersetzung eine Fehlermeldung, wenn man in einer Anweisung versucht, den Wert zu ändern.

Welche Typen dem **C**-Programmierer zur Verfügung stehen, findet sich in Kapitel "Elementare Datentypen".

5.4.2   Variablen und Konstanten zur Ladezeit

Zur Ladezeit liegt das Programm in einer übersetzten und lauffähigen Fassung vor. Im Beispiel vom Anfang des Kapitels z. B. in der Datei `tabelle.exe`.

In dieser Datei haben Compiler und Linker nicht nur Befehle für die CPU hinterlassen, sondern auch – für den Lader – zusätzliche Beschreibungen von Variablen und Konstanten.

Der Lader ist ein Bestandteil des Betriebssystems, unter dem das Programm laufen soll. Beim Programmstart ordnet er ausführbaren Anweisungen, Variablen und Konstanten Platz im Arbeitsspeicher[2] zu.

Für den Lader wichtige Informationen über variable und konstante Größen sind

---

[1]   Dies ist einer der Zweige des allgemeineren Syntaxdiagramms im Kapitel „Vektoren". Dort werden wir sehen, daß man statt „Bezeichner" auch Deklarationsausdrücke einsetzen kann. Als weitere Verallgemeinerung werden wir im Kapitel „Unterprogramme" die Angabe von Speicherklassen (z.B. `static`) kennen lernen.

[2]   Später werden wir Variablen kennen lernen, die erst beim Ablauf des Programms angelegt werden. Von diesen weiß der Lader natürlich nichts.

- der benötigte Platz, der für die betreffende Größe zu reservieren ist

- für Größen, die mit 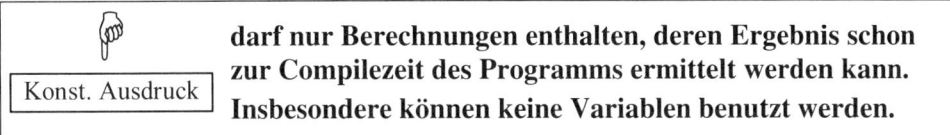 deklariert wurden, benötigt der Lader das Bitmuster des Initialwerts, mit dem der Platz vor dem Programmstart zu belegen ist

> **Konst. Ausdruck** **darf nur Berechnungen enthalten, deren Ergebnis schon zur Compilezeit des Programms ermittelt werden kann. Insbesondere können keine Variablen benutzt werden.**

5.4.3 Variablen und Konstanten zur Laufzeit

Zur Laufzeit haben die vom Lader angelegten Variablen und Konstanten ihren festen Platz im Speicher. Aus den Befehlen, die jetzt ablaufen wird auf Variable und Konstanten über ihre **Speicheradresse** zugegriffen.

Mit Lesezugriffen werden Werte aus dem Speicher geholt. Schreibzugriffe ersetzen den bisher unter einer Variablen gespeicherten Wert durch einen neuen. Schreibzugriffe gibt es natürlich nur auf Variablen, nicht auf Größen, die mit const deklariert sind.

Abbildung 5.4-1 zeigt ein Speicher-Layout, das zum Beispielprogramm tabelle.exe passen könnte. Man erkennt, dass die vereinbarten Größen bestimmten Speicheradressen zugeordnet sind. Je nach ihrem Typ nehmen sie verschieden viel Platz ein. double Größen benötigen 8 Byte, int Größen 4 Byte.

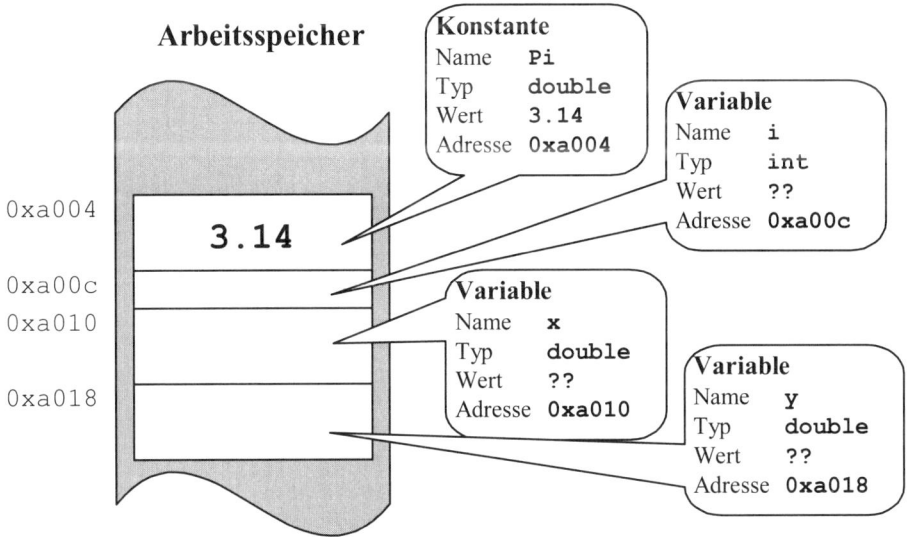

Abbildung 5.4-1: Speicherlayout zum Beispielprogramm

Vor der Ausführung der ersten Anweisung des Programms besitzen nur die Größen einen definierten Wert, die im Programm mit einem Initialwert versehen wurden. Im Beispiel hat der Lader für `Pi` den Wert `3.14` eingetragen. Nicht initialisierte Größen haben als Anfangswert 0 (alle Bits der Interndarstellung 0) bzw. für lokale Größen in Unterprogrammen das zufällige Bitmuster, das bei ihrer Entstehung im Arbeitsspeicher vorliegt.

An anderer Stelle im Arbeitsspeicher wird der Maschinencode zum Programm abgelegt.

Für die Anweisung `x = x + SCHRITT;` könnte das z. B. so aussehen (etwas vereinfacht):

```
0x401084    fld  [x]        lade x in Gleitpunktregister
0x401087    fadd 0.1        addiere 0.1 auf Gleitpunktregister
0x40108d    fstp [x]        speichere Gleitpunktregister nach x
```

Oder für die Anweisung `i=0`, die Teil der `for(…)`-Anweisung ist:

```
0x401037    mov  [i],00000000    0 nach i speichern
```

Für die Variable `x`, die mit dem Typ `double` deklariert wurde, werden Gleitpunktbefehle benutzt. `i` hat den Typ `int`, daher werden für `i` Instruktionen benutzt, die für ganze Zahlen geeignet sind.

5.4.4   Verschiedene Konstanten-Begriffe

Der Begriff „Konstante" wird im Kontext der höheren Programmiersprachen nicht einheitlich benutzt.

Es sind zu unterscheiden

1. **benannte Konstanten**
    Das sind Konstanten, die mit

    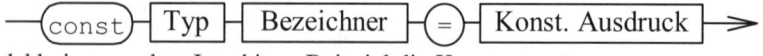

    deklariert wurden. Im obigen Beispiel die Konstante `Pi`.

2. **Literalkonstanten**
    Das sind feste Werte, die der Programmierer im Programm hinschreibt. Im Beispielprogramm z. B. die 0 in der Anweisung `for(i=0; i<ANZAHL; i++)…` .

    Frage: Woher weiß eigentlich der Compiler, dass hier eine ganzzahlige 0 benötigt wird und nicht eine Gleitpunkt-0 - intern als Gleitpunktzahl dargestellt?

    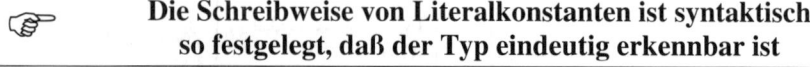

    Wenn im Beispiel eine Gleitpunkt-0 gemeint wäre, dann könnte man etwa `0.0E0` schreiben oder für den `long`-Datentyp `0L`.

3. **konstante Ausdrücke**
    An die Stelle von Literalkonstanten kann man bei Bedarf auch konstante Ausdrücke einsetzen. In einer frühen Phase des Übersetzungslaufs berechnet dann der Compiler die Werte dieser Ausdrücke – statt des Programmierers. Wesentlich für konstante Ausdrücke ist, dass die Auswertung zur Compilezeit erfolgen kann – dass also insbesondere keine Variablen benutzt werden dürfen.

Für die Konstante `Pi` hätten wir also auch schreiben können:

```
const double Pi = 2.0 + 1.14;
```

4. symbolische Konstanten
Damit sind Symbole (Namen) gemeint, die der Präprozessor vor dem eigentlichen Compilerlauf durch Werte ersetzt. Dies wird durch `#define` ... Anweisungen gesteuert, die wir im Kapitel "Präprozessor" kennen lernen werden.

5.5   Elementare Datentypen

Im vorigen Kapitel wurden Variablen und Konstanten eingeführt. Der Programmierer überlegt sich zu jeder Größe die er im Programm verwenden will, welche **Wertemenge** für die jeweilige Variable in Frage kommt bzw. welchen Wert die Konstante haben soll.

Wenn z. B. eine Größe für die Summe einer Rechnung benötigt wird, könnte man sich etwa für eine Gleitpunkt-Variable entscheiden, die mit dem Initialwert `0.0` vorbelegt ist. Die Deklaration könnte dann so aussehen:

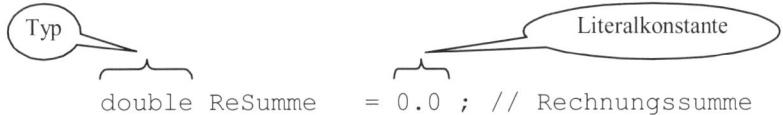

In diesem Kapitel werden die in **C** verfügbaren elementaren Datentypen dargestellt.

Was muss der Programmierer zu jedem Datentyp kennen?

1. Typangabe in der Deklaration
    Die folgenden Abschnitte enthalten Syntaxdiagramme, die für alle elementaren Typen angeben, wie sich Größen des betreffenden Typs deklarieren lassen.

2. Schreibweise von Literalkonstanten des Typs
    Literalkonstanten werden an vielen Stellen eines Programms benötigt. Bei der Angabe ist wichtig, dass der Compiler den richtigen Typ erkennen kann. Es ist z. B. zwischen einer Ganzzahl-`0` und einer Gleitpunkt-`0` zu unterscheiden. Die folgenden Abschnitte geben Auskunft, wie sich die Literalkonstanten der verschiedenen Typen in der Schreibweise unterscheiden.

3. Wertemenge des Typs
    Jeder Typ bedeutet eine Wertemenge. Die Wertemengen sind so konstruiert, dass sie zu bestimmten Klassen von Maschineninstruktionen passen. Eine Variable eines bestimmten Typs nimmt zu jedem Ablauf-Zeitpunkt genau einen Wert aus dieser Menge an. Im Folgenden sind zu den elementaren Typen die Wertemengen angegeben.

4. Interndarstellung von Werten des Typs
    Interndarstellungen muss der Programmierer kennen, um Aussagen hinsichtlich des Platzbedarfs seiner Variablen treffen zu können oder um sich eine Vorstellung über die Rechengeschwindigkeit oder Rechengenauigkeit seines Programms zu machen. Im Folgenden werden zu jedem elementaren Typ Angaben über die Interndarstellung gemacht. Weil sich hierbei Unterschiede auf verschiedenen Plattformen ergeben, sind Darstellungen zu 32-Bit und 16-Bit Modellen enthalten.

Das Syntaxdiagramm gibt eine Übersicht über die elementaren Datentypen. In den folgenden Abschnitten werden wir zuerst die vorgegebenen Standardtypen für Zahlen kennen lernen. In Kapitel 5.5.4 „Benutzerdefinierte Typen" wird dann gezeigt, wie man eigene Typen durch Aufzählung (enum) oder typedef-Anweisungen kreieren kann, die dann über ihre Typnamen in Deklarationen verwendet werden können.

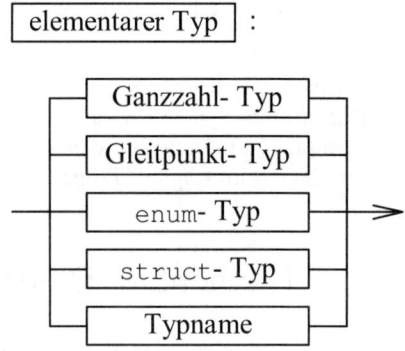

Die Typen, die wir hier kennen lernen heißen deshalb „elementar", weil sie sich zu komplexeren Typen zusammensetzen lassen. Im Kapitel über Vektoren wird gezeigt, wie Deklarationsoperatoren verwendet werden, um Vektor-, Zeiger- und Unterprogramm-Typen zu konstruieren.

struct Typen werden erst später im Kapitel „Structs und komplexe Datenstrukturen" behandelt.

5.5.1 Ganzzahlige Datentypen

Für ganze Zahlen gibt es zwei Grundtypen: char und int. Durch verschiedene Modifikatoren lässt sich einstellen, wie das Vorzeichenbit behandelt wird und wieviele Bytes für einen Wert des betreffenden Typs benutzt werden.

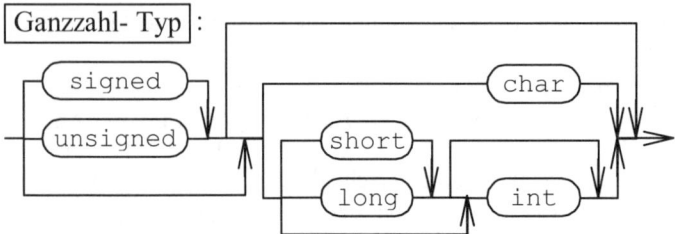

Abbildung 5.5-1: Übersicht über Typangaben für ganzzahlige Typen

Abbildung 5.5-1 stellt eine Übersich über die Schreibweisen aller ganzzahligen Typen dar. In den folgenden Abschnitten wird jeweils das Teil-Diagramm für den betreffenden Typ gezeigt.

5.5.1.1 Integer
Beispiel für die Deklaration einer ganzzahligen Variablen
```
int    Anz;              // Stückzahl
```

Syntaxdiagramm für die Typangabe in Deklarationen

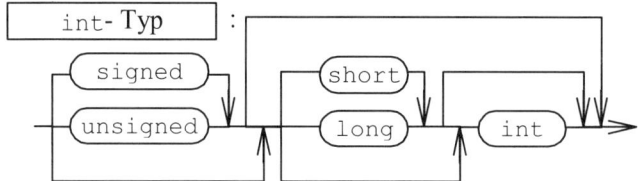

Schreibweise für Literalkonstanten

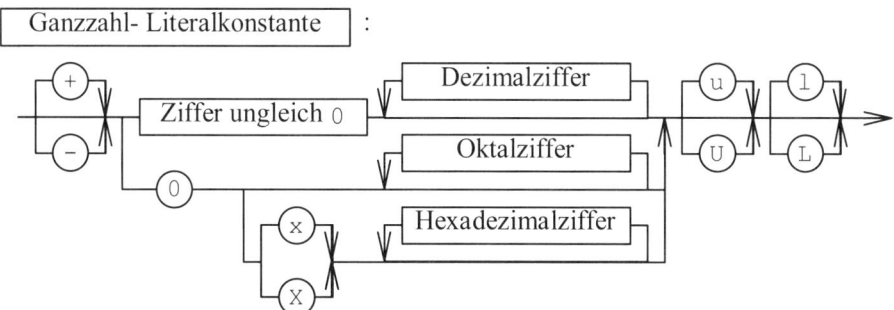

Beispiele: 0xa 0L 0uL 012 0xFaul

Wertemenge für 16- und 32-Bit-Plattformen auf PCs

	short (2 Bytes)	int (2 oder 4 Bytes)	long (4 Bytes)
signed (16)	–32768...32767	–32768...32767	–2147483648... 2147483647
(32)	–32768...32767	–2147483648... 2147483647	–2147483648... 2147483647
unsigned 16)	0...65535	0...65535	0...4294967295
(32)	0...65535	0...4294967295	0...4294967295

Der Platzbedarf von int hängt von der Plattform ab. Programme sind daher portabler, wenn man short oder long statt int benutzt. Nach dem ANSI-Standard müssen C-Entwicklungsumgebungen nur gewährleisten, dass

sizeof(char) $\leq$ sizeof(short) $\leq$ sizeof(int) $\leq$ sizeof(long int)[3]

Interndarstellung der Werte

Wert ohne Vorzeichen	Dualzahl
Wert mit Vorzeichen	Dualzahl in Zwei-Komplement-Darstellung

Beispiele: 1024_{10} wird in einem short als 0000 0100 0000 0000_2 dargestellt
-1024_{10} wird in einem short als 1111 1100 0000 0000_2 dargestellt

---

[3] sizeof(...) gibt den Platzbedarf einer Variablen oder eines Datentyps an.

5.5.1.2   char

Beispiel für die Deklaration einer `char` Variablen für ein Zeichen

```
char    Kommando;          // f: fertig, drucken
```

Syntaxdiagramm für die Typangabe in Deklarationen

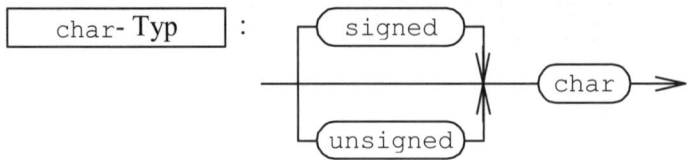

Schreibweise für Literalkonstanten

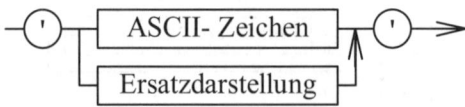

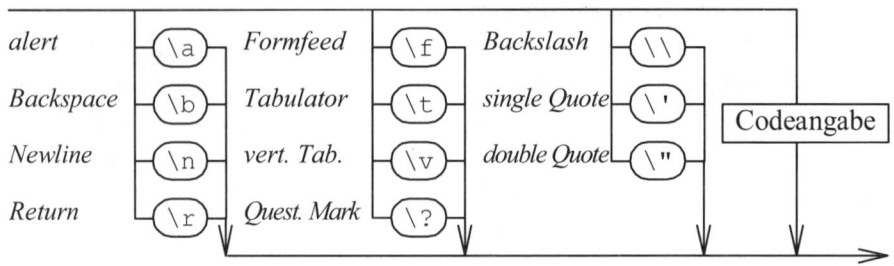

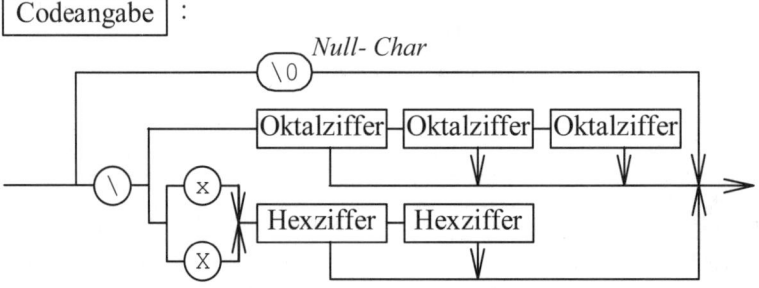

Beispiele: 'a', '\a', 'X', '\X7a', '\n', '\007'

Wertemenge:

1-Byte-ASCII-Zeichen des Quellzeichensatzes. Die meisten Compiler vertragen hier aber auch Zeichen des Ausführungszeichensatzes. Zur ASCII-Codierung siehe auch die ASCII-Tabelle im Kapitel "Zeichencodes".

Interndarstellung der Werte:

`char`-Werte werden intern als das Bitmuster des betreffenden ASCII-Zeichens in einem Byte gespeichert.

5.5.1.3   Zeichenketten

Zeichenketten in **C** sind Vektoren und damit keine elementaren, sondern abgeleitete Datentypen. Die ausführliche Darstellung findet sich im Kapitel „Vektoren". Da es kaum Programme gibt, die ganz ohne Zeichenketten auskommen, werden hier schon Schreibweisen und Interndarstellung behandelt.

Beispiel für die Deklaration einer Zeichenkette:

```
char    Datum[16];        // Rechnungsdatum
```
Hier wird eine Zeichenketten-Variable `Datum` deklariert, die maximal 16 Bytes fassen kann. Ein Byte wird als Abschlusszeichen (s. unten) benutzt, so dass die Variable maximal 15 Druckzeichen aufnimmt, was für eine Datumsangabe auch ausreicht.

Beispiel für die Verwendung von Zeichenketten:

```
printf("ReNr. und Datum eingeben\n");
scanf("%d %s", &ReNr, Datum);
```
`printf` macht eine Ausgabe. Zwischen den Doublequotes "..." ist als Literalkonstante die auszugebende Zeichenkette angegeben.

`scanf` liest die Werte der zwei Variablen `ReNr` und `Datum` ein. Der Einlesevorgang wird durch die Literalkonstante `"%d %s"` gesteuert. Ihre Bedeutung ist, dass `ReNr` als Dezimalzahl (`%d`) und `Datum` als Zeichenkette (`%s`, string) eingelesen werden soll. Man sieht auch, dass Zeichenketten bei `scanf` ohne `&` angegeben werden, Variablen, die elementare Typen haben jedoch mit `&`.

Schreibweise für Literalkonstanten

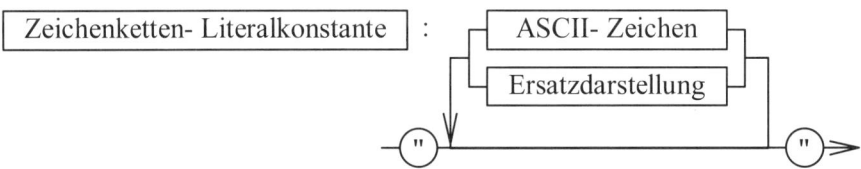

Interndarstellung der Werte

Zeichenketten werden als Folge von Bytes mit den betreffenden ASCII-Codes gespeichert. In **C** wird zu einer Zeichenkette nicht die Zeichen-Anzahl abgespeichert. Stattdessen wird das Ende der Zeichenkette in der Interndarstellung durch `'\0'` (einen Null-`char`) markiert. Dies dient dazu, dass Programme erkennen können, wieviele Bytes im Arbeitsspeicher zur Zeichenkette gehören.

 Der C-Compiler fügt am Ende einer Zeichenketten-Literalkonstante automatisch einen Null-`char` ein

---

5.5.2   Gleitpunkttypen

Beispiel `double GesPreis;`   `// Gesamtpreis`

Syntaxdiagramm für die Typangabe in Deklarationen

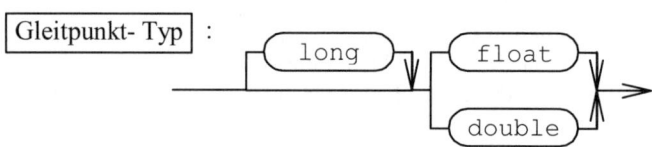

Schreibweise für Literalkonstanten

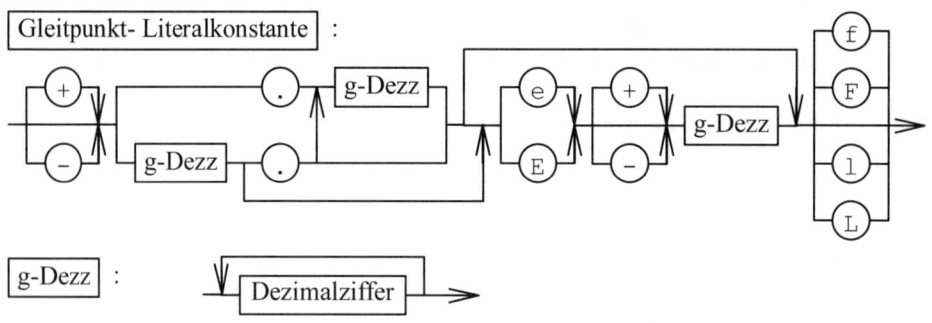

Beispiele:

```
0.5 .5 5. .33f 3.3L 3.14e0 .314e1 1E4L 1.0e-3
```

Wertemenge für 16- und 32-Bit-Plattformen auf PCs

	float	long float	double	long double
Genauigkeit	3.4E +/- 38 (7 Stellen)	1.7E +/- 308 (15 Stellen)	1.7E +/- 308 (15 Stellen)	1.2E +/- 4932 (19 Stellen)

Interndarstellung der Werte

Mit den verschiedenen Gleitpunkttypen kann man Gleitpunktvariablen verschiedener Genauigkeit realisieren. Höhere Genauigkeit bedeutet natürlich auch höheren Speicherbedarf. Nach dem ANSI-Standard gilt für **C** generell, dass

`sizeof(float)` ≤ `sizeof(long float)` ≤ `sizeof(double)` ≤ `sizeof(long double)`

Für 16- und 32-Bit-Plattformen (Borland, Microsoft) auf PCs findet man z. B.:

	float	long float	double	long double
size-of(...)	4	8	8	10

Die Bits von Gleitpunktvariablen werden auf PCs vom Gleitpunkt-Coprozessor der CPU verarbeitet. Dessen Spezifikation bestimmt deshalb auch die Interndarstellung von Gleitpunktzahlen.

Interndarstellung von float-Werten:

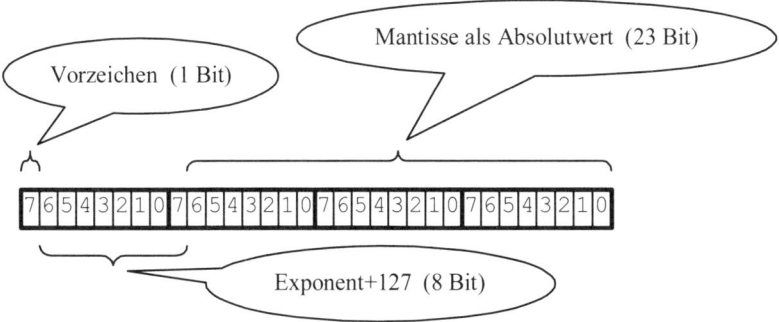

Abbildung 5.5-2: Interndarstellung einer Zahl vom Typ float

Die Abbildung zeigt, wie die Bits in den vier Bytes eines Float-Wertes genutzt werden. Der Exponent ist in einer Exzess-127-Charakteristik dargestellt, d.h. um den eigentlichen Wert des Exponenten zu erhalten, muss man seine 8 Bit als Dualzahl interpretieren und vom Ergebnis 127 subtrahieren. Die Mantisse ist nicht, wie bei Ganzzahlen üblich, als Zwei-Komplement codiert, sondern als 23-Bit Dualzahl des Absolutwertes und 1-Bit Vorzeichen, das separat gespeichert wird.

Ähnlich sind double und long double Werte aufgebaut. Hier werden mehr Bits für Mantisse bzw. Exponent benutzt:

	Exponent	Mantisse
double	11 Bit (Exzess 1023)	52 Bit
long double	15 Bit (Exzess 16383)	64 Bit

5.5.3 Beispielprogramm

Das folgende Beispielprogramm druckt Rechnungen. Es benötigt folgende Typen: ganze Zahlen, Zeichen, Zeichenketten und Gleitpunktzahlen. In einer Schleife werden die Verkaufsposten eingelesen, zu denen jeweils der Einzelpreis, die verkaufte Anzahl und die Artikelbezeichnung erhoben werden. Am Ende jedes Postens wird ein Kommandobuchstabe eingegeben, der besagt, ob noch weitere Posten folgen. Zu jedem Posten wird eine Zeile in die Rechnung gedruckt, die die erhobenen Daten des Postens und den Preis mit aufgeschlagener Mehrwertsteuer enthält. Wenn das Zeichen 'f' eingegeben wird, dann bedeutet das „fertig" und die Rechnungssumme wird ausgegeben, wobei die Mehrwertsteuer ausgewiesen wird.

Beispielausgabe des Programms:

```
Rechnung 4711 vom 11.11.1999

10 Schrauben                    1.00        11.60
50 Scheiben                     0.10         5.80
10 Muttern                      1.50        17.40
============================================
                                            34.80

Inklusive 16% MwSt DM 4.80
```

Programm:

```c
/* Datentypen, Beispielprogramm */

#include <stdio.h>

const int MwSt = 16;        // Mehrwertsteuer

main()
{ int    ReNr;              // Rechnungsnummer
  char   Datum[16];         // Rechnungsdatum
  double MwStSumme = 0.0;   // MwSt insgesamt
  double ReSumme   = 0.0;   // Rechnungssumme

  char   Kommando;          // p=neuer Posten f=fertig
  char   ArtBez[16];        // Artikelbezeichnung
  int    Anz;               // Stückzahl
  double EzPreis;           // Einzelpreis
  double GesPreis;          // Gesamtpreis
  double EzMwst;            // MwSt Einzelposten
/* Ueberschrift ueber die Rechnung */
  printf("ReNr. und Datum eingeben\n");
  scanf("%d %s", &ReNr, Datum);
  printf("Rechnung %d vom %s\n\n", ReNr, Datum);

  do  //Schleife bis while (...);
  { printf("Stück Artikel Einzelpreis Kommando eingeben\n");
    scanf("%d %s %lf %c", &Anz, ArtBez, &EzPreis, &Kommando);
/*   Berechnungen fuer alle Posten */
    GesPreis = EzPreis    * Anz;
    EzMwst   = GesPreis   * MwSt / 100.0;
    GesPreis = GesPreis   + EzMwst;
    MwStSumme= MwStSumme  + EzMwst;
    ReSumme  = ReSumme    + GesPreis;
```

```
/*  eine Zeile fuer jeden Posten */
    printf("%4d %-16s %10.2f", Anz, ArtBez, EzPreis);
    printf("%10.2f\n", GesPreis);
  } while (Kommando!='f');
/* Abschliessende Ausgaben am Ende der Rechnung */
  printf("=====================================\n");
  printf("%40.2f\n\n", ReSumme);
  printf("Inklusive %d%% MwSt DM %.2f\n",MwSt, MwStSumme);
}
```

5.5.4   Benutzerdefinierte Typen

Im vorangegangenen Kapitel haben wir die elementaren Standardtypen kennen gelernt.
Über die Verwendung von Standardtypen hinaus haben **C**-Programmierer die Möglichkeit,
eigene Typen zu kreieren. Im einfachsten Fall geschieht dies durch Definition eines alias-
Namens zu einem Typ (typedef), der dann für weitere Variablendeklarationen verwendet
werden kann. Eine weitere Möglichkeit ist, einen Typ durch Aufzählung (enumeration) der
Wertemenge zu definieren. Die dritte Variante ist die Kreation eines eigenen Typs durch
Zusammensetzung aus bestehenden Typen. Eine Übersicht über diese Möglichkeit, abgeleitete Typen zu bilden, findet sich im Kapitel „Vektoren/ Abgeleitete Typen in **C**".

5.5.4.1   typedef

Was hätte wohl ein Programmierer davon, einen anderen Namen für einen Datentyp einzu-
führen? Nehmen wir einmal an, im Programmbeispiel oben soll die Mehrwertsteuer von 16
auf 17 Prozent erhöht werden. Dann würde man eine Zeile des Programms ändern:

```
   const int MwSt = 17;       // Mehrwertsteuer
```

Wenn aber der Gesetzgeber auf die Idee käme, eine Erhöhung auf 17.5% durchzuführen,
dann müsste der Datentyp der Variablen MwSt angepasst werden, z. B. auf den Typ float. Und nicht nur das: das komplette Programm müsste durchgesehen werden, ob es nicht
noch eine Variable für die Mehrwertsteuer gibt, die vom Typ int nach float umzustel-
len ist.

Mit systematischen Änderungen von Datentypen ist oft zu rechnen, wenn man ein Programm auf eine andere Hardware-Plattform portieren will, wo die CPU mit einer anderen
Wortbreite arbeitet.

In solchen Fällen hat man es leicht, wenn der umzustellende Typ an einer einzigen Stelle
im Programm geändert werden kann. Dies kann man erreichen, indem man eine Typdefiniti-
ons-Anweisung benutzt, z. B.

```
   typedef int MwstTyp;
```

Alle Variablen im Programm, die die Mehrwertsteuer aufnehmen sollen, werden dann mit
diesem speziellen Typ für die Mehrwertsteuer deklariert, z. B.

```
const MwstTyp MwSt = 17;       // Mehrwertsteuer
```

Wenn jetzt der Typ aller Mehrwertsteuer-Variablen auf float umgestellt werden soll, dann
braucht man nur die Zeile mit der Typdeklaration zu ändern:

```
typedef float MwstTyp;
```

Allgemein gilt für die Syntax einer Typdefinition:

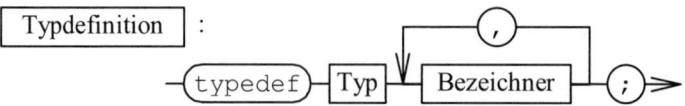

 mit `typedef` wird ein neuer Bezeichner für einen *Datentyp* eingeführt. *Variablen* werden erst in folgenden Deklarationen unter Benutzung des neuen Typ-Bezeichners deklariert.

Beispiele:

falsch:	richtig:

```
typedef double DblTyp;        typedef double DblTyp;
DblTyp = 1.7;                 DblTyp dblVar;
                              dblVar = 1.7;
```

Oft werden in **C** Deklarationen sehr komplex. Eine häufige Anwendung von Typdefinitionen ist, solche Fälle durch die Verwendung von Typnamen zu vereinfachen.

5.5.4.2   enum

Stellen Sie sich vor, Ihr Chef gibt Ihnen ein Programm, aus dem der folgende Abschnitt stammt, mit den Worten „ändern Sie das Programm so, dass auch bei Schwarzweißbildschirm 80x25 zwei Zeilen ausgegeben werden! Außerdem sollte die Rückfrage in rot kommen!"

```
...
  int Vmod;
...
  Vmod = GetVideoModus();
  if (Vmod!=3) textcolor(2);
  cprintf("%s", "Biosdaten schreiben?");
  if (Vmod==1) printf("\n");
  cprintf("%s", "j oder n eingeben");
```

Das Problem ist, dass es hier Codierungen des Videomodus und von Farben gibt, die durch die DOS-Bios-Umgebung vorgegeben sind. Aber was ist z. B. die Farbe mit Nummer 2? Ist 1 der Videomodus Schwarzweiß, 80x25? Das sieht nach einem längeren Ausflug in die Handbücher aus!

Besser wäre ein Programm, das wenigstens einen Kommentar enthielte, z. B.

```
/* Videomodus: SW80x25=3,F40x25=1, F80x25=2, Kein=0 */

/* Color: black=0, blue=1, green=2,
          cyan=3, red=4, magenta=5, brown=6, lightGray=7 */
```
Jetzt könnte man sich helfen.

Noch einfacher geht die Sache, wenn man die Bezeichner und Codierungen dem Compiler überlässt und im Progamm dann nur noch mit Bezeichnern arbeitet. Das erreicht man durch Aufzählungstypen (enumerations):

```
enum Videomodus { SW80x25=3,F40x25=1, F80x25=2, Kein=0 };
enum Color { black=0, blue=1, green  =2,
             cyan =3, red= 4, magenta=5,
             brown=6, lightGray=7        };
```

enum Videomodus und enum Color sind damit als Typen deklariert, die

- kompatibel zu int sind, deren Wertemenge aber nur die aufgezählten ganzzahligen Werte enthält

- deren Literalkonstanten durch ihre Bezeichner angegeben werden dürfen

Damit lässt sich das obige Programm so schreiben:

```
enum Videomodus Vmod;

...
  Vmod = GetVideoModus();
  if (Vmod!=SW80x25) textcolor(green);
  cprintf("%s", " Biosdaten schreiben?");
  if (Vmod==F40x25) printf("\n");
  cprintf("%s", "j oder n eingeben ");
...
```

Jetzt werden Sie mühelos erraten, wie man das Programm den Wünschen des Chefs anpassen kann.

Generell gilt für die Syntax von Aufzählungstypen:

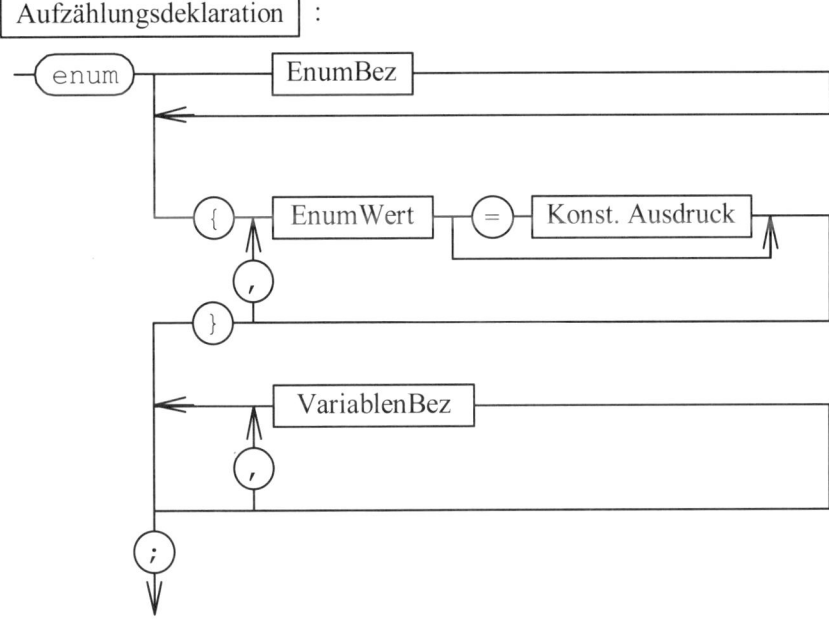

Mit einer Aufzählungsdeklaration kann man zwei Kategorien von Dingen gleichzeitig deklarieren:

- **Datentypen** mit der Bezeichung enum *EnumBez*

- **Variablen** zum Typ enum *EnumBez* mit der Bezeichnung *VariablenBez*

Für *EnumBez* und *VariablenBez* ist natürlich der jeweilige Bezeichner einzusetzen.

In unserem Beispiel sind nur Datentypen, nämlich enum Videomodus und enum Color deklariert worden. Eine Variable wird im obigen Beispiel weiter unten mit der Deklaration enum Videomodus Vmod; eingeführt. Beides könnte man in einer einzigen Deklaration erledigen:

```
enum Videomodus {SW80x25=3,F40x25=1, F80x25=2, Kein=0} Vmod;
```

Falls kein Initialisierer (= *KonstAusdruck*) angegeben ist, erhält der *EnumWert* den Wert seines linken Nachbarn plus eins. Der erste *EnumWert* wird bei Fehlen eines Initialisierers der Zahl 0 zugeordnet. Damit hätten wir einfacher schreiben können:

```
enum Videomodus {Kein, F40x25, F80x25, SW80x25};

enum Color {black, blue,    green, cyan,
            red,    magenta, brown, lightGray };
```

Enum-Typen findet man sehr häufig in professionellen Programmen. Das liegt vor allem daran, dass ein Profi weiß, dass ihm früher oder später sein Programm wieder begegnet (oder einem anderen Programmierer, was noch schlimmer ist!). Daher versucht er, Ergebnisse aus Suchvorgängen in Handbüchern möglichst im Programmcode zu konservieren.

5.6   Fragen

1. Markieren Sie alle Fehler in den folgenden Programmfragmenten und beschreiben Sie rechts in Stichworten den Fehlergrund.

`int rotgrün, union, sonstige;`	
`int mo, di, mi, do, fr;`	
`int 586Klamath, 386;`	
`int Klassen, 1a, 1b, 3c;`	
`double e, pi, 2Pi, -1, Null;`	

2. Richtig oder falsch?

   (✓ oder *f* in rechte Spalte eintragen)

`0xa`	
`0941`	
`0xFaul`	
`-1x0`	
`+037777777777UL`	

3. Geben Sie an, welcher Datentyp zum Wert auf der linken Seite der Tabelle passt.

Wert	passender Datentyp
Familienname	
Wieviele Zahlen einen Lottotip ergeben	
Körpertemperatur	
Wieviele verschiedene Lottotips es gibt	
sin(x)	
Anfangsbuchstabe Ihres Vornamens	
extrem genaue astronomische Entfernung	
Zahl der Stockwerke eines Einfamilienhauses	

5.7 Aufgaben

Gegeben ist das Fragment eines Programms, das die Exponentialreihe bis zum Glied n berechnet

$$e_n = \sum_{i=0}^{n} \frac{1}{i!}$$

Ergänzen Sie das Programm um die Deklaration der Variablen.

```c
#include <stdio.h>

main()
{
```

Deklaration der ganzzahligen Variablen

Deklaration der Gleitpunkt-Variablen; höchste Genauigkeit, Initialwert jeweils 1.0

```c
    printf("Berechnen bis n=?\n");
    scanf("%d", &n);

    for(i=1; i<=n; i=i+1)
    { Nenner = Nenner / i;
      Summe = Summe + Nenner;
      printf("e%d =\t%-20.18lg\n", i, Summe);
    }
}
```

6   Formatierte Ein- und Ausgabe

Um von Anfang an sinnvolle Programme schreiben zu können, muss eine Möglichkeit vorhanden sein, das Programm mit dem Benutzer kommunizieren zu lassen. Die einfachste Möglichkeit dazu besteht darin, dass das Programm Text auf dem Bildschirm ausgibt und vom Anwender Eingaben über die Tastatur erfragt. Die Daten werden dabei von der Intern- in die Externdarstellung gewandelt. Man spricht daher auch von formatierter Ein- bzw. Ausgabe[1].

6.1   Formatierte Ausgabe

Zur formatierten Ausgabe können wir die Funktion `printf()` benutzen. Damit der Compiler diese Funktion kennt, ist es erforderlich, die Headerdatei für die Standardein- und Ausgabe einzubinden, mittels `#include <stdio.h>`, wie wir das in allen bisherigen Beispielen schon getan haben. Als Argumente der `printf()`-Funktion ist zuerst ausnahmslos immer ein sog. Formatstring anzugeben, das ist eine Zeichenkette, die angibt, was in welcher Form ausgegeben werden soll. Danach sind die aktuellen Argumente anzugeben, die von der Intern- in die Externdarstellung zu wandeln sind. Wir haben dies im letzten Kapitel bereits benutzt:

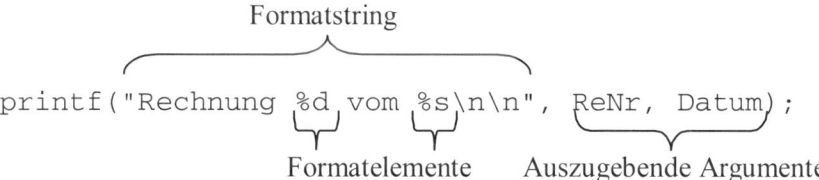

Der Formatstring enthält Text, der unverändert ausgegeben wird, etwa das Wort "Rechnung". Daneben enthält er Formatelemente, die angeben, welche Daten wie in die Externdarstellung zu wandeln sind. Im Beispiel sind das `%d` für die Ausgabe eines `int`-Wertes sowie `%s` für die Ausgabe einer Zeichenkette. Am Ende steht das Steuerzeichen `'\n'` für die Erzeugung eines Zeilenvorschubs. Weitere Aus- oder Eingaben werden danach von einer neuen Bildschirmzeile aus vorgenommen. Da ein `int`-Wert sowie eine Zeichenkette ausgegeben werden soll, müssen anschließend auch entsprechende Argumente angegeben

---

[1]   Die in diesem Kapitel beschriebenen Funktionen zur Ein- und Ausgabe sind nicht für allgemeine Windows-Applikationen verwendbar, sondern nur für Anwendungen, die Textmodus unterstützen (DOS-Anwendungen, Konsolen-Anwendungen für Windows oder auch Borland EasyWin).

werden. In diesem Fall sind die Variablen `ReNr` und `Datum` angegeben, so dass deren aktueller Wert ausgegeben wird:

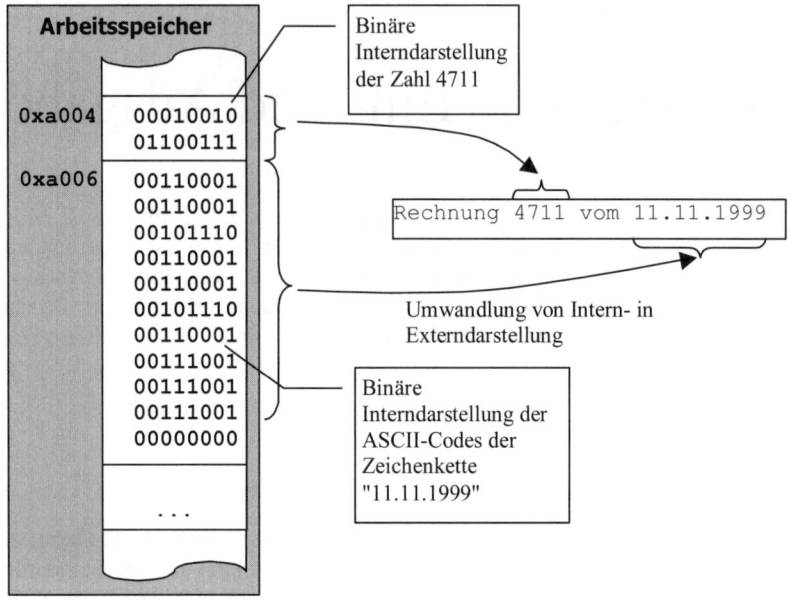

6.1.1   Die Formatelemente für formatierte Ausgabe

Das Syntaxdiagramm für die allgemeine Form eines Formatelements ist in Abbildung 6.1-1 dargestellt.

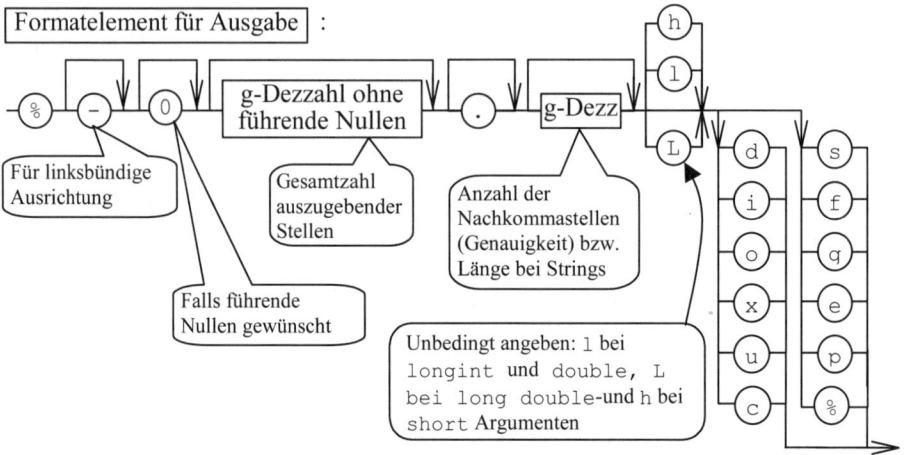

Abbildung 6.1-1: Syntaxdiagramm für ein Formatelement zur formatierten Ausgabe

Daraus ist ersichtlich, dass ein Formatelement stets durch das Prozentzeichen eingeleitet und durch einen der Buchstaben abgeschlossen wird. Alle anderen Elemente sind optional. Der Buchstabe spezifiziert den Typ des auszugebenden Wertes. Diese Typangaben bedeuten im Einzelnen:

d, i	Integer, dezimale Darstellung (entweder d oder i möglich)
o	Integer, oktale Darstellung
x	Integer, hexadezimale Darstellung
u	Integer, erstes Bit wird nicht als Vorzeichen interpretiert (unsigned)
c	Zeichen
s	Zeichenkette, nullterminiert (String)
f	Gleitpunktzahl, Format [-]vv.nnnnnn
e, E	Gleitpunktzahl, Format mit Exponent (wissenschaftliche Darstellung)
g, G	Gleitpunktzahl, Format automatisch kürzere Darstellung f oder g
p	Zeiger (Pointer) als Adresse: segment:offset
%	Ausgabe eines Prozentzeichens

Die Ausgabe von Bitmustern ist leider nicht möglich.

Es lassen sich also sehr viele verschiedene Formatelemente angeben, von denen nur einige auswendig parat sein sollten:

%c   für ein einzelnes Zeichen

%s   für eine Zeichenkette

%d   für eine int-Zahl

%f   für float und double

Werden im Formatstring mehrere Formatelemente angegeben, so muss die gleiche Anzahl Argumente des zum jeweiligen Formatelement passenden Typs folgen:

```
printf("%4d %-16s %10.2f", Anz, ArtBez, EzPreis);
```

dabei muss Anz vom Typ int sein, ArtBez muss ein String sein und EzPreis vom Typ float, was im Beispiel des vorigen Kapitels der Fall war.

6.1.2   Beispiele

6.1.2.1   Ausgabe von Zeichen und Text

	Ausgabe	Kommentar
`char c = 'x';` `printf("%c\n", c);`	x	Ausgabe eines einzelnen Zeichens, keine Angabe zur Formatierung
`printf("%5c\n", c);`	x	Ausgabe mit Feldbreite fünf, rechtsbündig
`printf("Wort\n");`	Wort	Ausgabe von nur-Text im Formatstring
`printf("%s\n",` `"Wort");`	Wort	Ausgabe von nur-Text als Argument mit String-Formatierung %s

6.1.2.2   Ausgabe ganzer Zahlen

	Ausgabe	Kommentar
`int i = 4711;` `printf("%d\n", i);`	4711	Keine Angaben zur Formatierung
`printf("%8d\n", i);`	4711	Vier führende Leerzeichen um auf acht Stellen aufzufüllen
`printf("%08d\n", i);`	00004711	Ausgabe mit acht Stellen und führenden Nullen
`printf("%X\n", i);`	1267	Ausgabe in hexadezimaler Darstellung
`printf("%o\n", i);`	11147	Ausgabe in oktaler Darstellung

6.1.2.3   Ausgabe von Gleitpunktzahlen:

	Ausgabe	Kommentar
`float x = 5./3;` `printf("%f\n", x);`	1.666667	Keine Angaben zur Formatierung: Verfügbare Genauigkeit wird verwendet
`printf("%10f\n", x);`	1.666667 10 Stellen	Zwei führende Leerzeichen um auf 10 Stellen aufzufüllen
`printf("%10.2f\n", x);`	1.67 10 Stellen	Insgesamt zehn Stellen, davon zwei nach dem Komma
`printf("%1.2f\n", x);`	1.67 2 Stellen	Genauigkeit: zwei Nachkommastellen. Verwendet, um minimale Stellenzahl bei angegebener Genauigkeit auszugeben
`printf("%e\n", x);`	1.666667e+000	Darstellung mit Exponent
`printf("%g\n", x);`	1.66667	Wie %f weil in diesem Fall die kürzere Darstellung ist

6.1.3   Fehlerquellen

Es wird nicht überprüft, ob die Anzahl und der Typ der angegebenen Argumente die Erfordernisse erfüllen. Es werden ggf. irgendwelche Werte aus dem Speicher genommen und entsprechend interpretiert, d. h. es werden unsinnige Werte ausgegeben:

| ```
#include <stdio.h>
void main()
{ int   i = -1;
  long l = 100000;
  float x = 1.0;
``` | Die Variable `l` hat den Wert *100.000*, also einen höheren, als der höchste mit `int` darstellbare Wert; daher wird Typ `long` verwendet. |
|---|---|
`  printf("%d %d\n", i);`	Fehler: nur ein Argument
`  printf("%d\n", f);`	Fehler: Argument vom falschen Typ
`  printf("%u\n", i);`	Vorzeichenlose Zahl erwartet, gibt *65535* aus
`  printf("%d\n", l);` `}`	%d statt %ld: gibt *-31072* aus

Weitere Ausgabefunktionen finden sich im Kapitel über die Standardbibliothek.

6.2   Formatierte Eingabe

Für die formatierte Eingabe steht die Funktion `scanf` zur Verfügung, die wir im vorigen Kapitel schon verwendet haben:

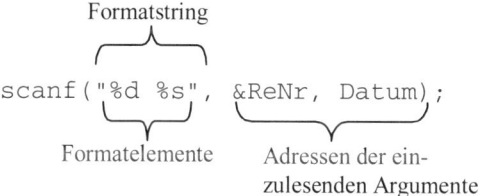

Der Formatstring gibt wiederum an, welche Werte eingelesen werden sollen. Das Syntaxdiagramm zur Bildung der Formatelemente ist in

Abbildung 6.2-1 dargestellt. Die wichtigsten Formatelemente stimmen mit denen für die Ausgabe überein (zumindest `%c`, `%s`, `%d` und `%f`). Als Argumente sind **Adressen** anzugeben, d. h. bei Variablen ist der Operator "&" voranzustellen. Eine Ausnahme bilden Zeichenketten. Der Name der Zeichenkette wird automatisch in die Anfangsadresse gewandelt (siehe Kapitel Pointer). Anzahl und Typ der Argumente muss wie bei `printf` zu den Formatelementen passen.
```

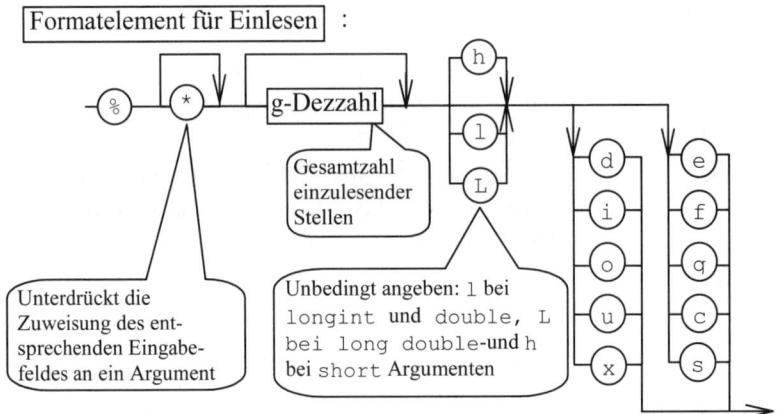

Abbildung 6.2-1: Syntaxdiagramm für ein Formatelement zur formatierten Eingabe

Beim Lesen der Eingabe werden Leerzeichen, Tabulatoren oder Zeilenvorschübe (return) verwendet um mehrere Eingaben zu trennen. Eine Ausnahme bildet das Format %c zum Einlesen eines Zeichens. Auch Zeichenketten werden so getrennt, d. h. dass mit dem Format %s nur bis zu einem auftretenden Leerschritt oder Tabulator aber längstens bis zum Zeilenende gelesen wird.

Text, der im Formatstring vorkommt wird exakt so in der Eingabe erwartet[2].

6.2.1   Beispiel zur formatierten Eingabe:

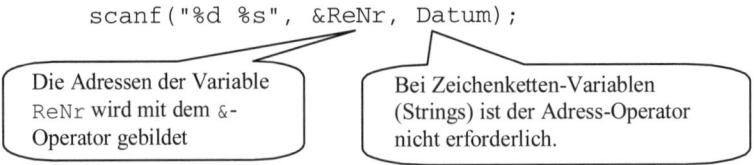

6.2.2   Besonderheiten und Fehlerquellen:

• Nicht gelesene Zeichen bleiben in einem Eingabepuffer stehen und werden beim nächsten Aufruf von **scanf** gelesen:

Anweisung	Tastatureingabe	für i gelesener Wert
`scanf("%2d", &i);`	123	12
`scanf("%d", &i);`		3

---

[2]   Dies bedeutet insbesondere, dass `scanf("Bitte geben Sie Ihren Namen ein %s", name);` **nicht** die Wirkung des `Input`-Befehls von Basic hat, den Text auszugeben und dann den Wert einzulesen!

- Es wird insbesondere nicht überprüft, ob die erfolgte Eingabe dem erwarteten Format entspricht. Kann das eingegebene Zeichen nicht interpretiert werden, so wird keine Fehlermeldung erzeugt (wie z. B. in Pascal). Soll etwa eine ganze Zahl eingelesen werden (scanf("%d", &i);) und gibt der Benutzer des Programms einen Text ein, so wird nichts gelesen. Der Wert der Variablen i ist danach undefiniert.

Anweisung	Tastatur-eingabe	gelesener Wert
scanf("%d %d", &i, &j);	1x2	i: 1, j nicht gelesen, der Rück-gabewert von scanf ist 1
scanf("%c", &c);		c: 'x'

Am Rückgabewert der **scanf**-Funktion kann festgestellt werden, wie viele Formatfelder tatsächlich gelesen wurden:

```
if (scanf("%d %d", &i, &j) != 2) printf("Fehler bei der
Eingabe...\n");
```

- Das Format %s ist mit Vorsicht zu genießen, da keine Prüfung stattfindet, ob die als Argument angegebene Zeichenkettenvariable genügend Platz bietet, um die Eingabe aufzunehmen. Abhilfe siehe im Kapitel über Dateien.

- Eine Möglichkeit festzustellen, ob etwas gelesen wurde, ist der Rückgabewert der scanf()-Funktion. Dieser gibt nämlich an, wieviele Formatelemente korrekt gelesen wurden.

- Die im folgenden Programmfragment angegebenen typischen Programmierfehler bei der Verwendung von scanf() führen fast sicher zum Absturz des Programms. Warum das so ist, wird in den Kapiteln über Funktionen und über Pointer klar werden.

int i; double d;	
scanf("%d");	Argument vergessen
scanf("%d", i);	Adressoperator (&) vergessen
scanf("%f", d);	long-Angabe vergessen (%lf)

Weitere Eingabefunktionen finden sich im Kapitel über die Standardbibliothek.

6.3   Aufgaben

1   Welche Ausgabe gehört zu welcher Programmzeile? Das Symbol '□' steht dabei für ein Leerzeichen.

Programm	Ausgabe
```#include <stdio.h>#include <conio.h>main(){ int i = 4711; char c = 'x'; float f = 123.; printf("%d\n", i); printf("%10d\n", i); printf("%d\n", c); printf("%c\n", c); printf("%f\n", f); printf("%e\n", f); printf("%10.3f\n", f); printf("%0.3E\n", f);}```	x1.230000e+024711□□□123.000123.000000□□□□□□47111.230E+02120

7 Operatoren und Ausdrücke

In diesem Kapitel lernen wir das wichtigste Handwerkszeug kennen, um Berechnungen durchführen und Daten manipulieren zu können: Operatoren und Ausdrücke. Ausdrücke kommen an sehr vielen Stellen in einem C-Programm vor. Daher ist es wichtig, genau zu wissen, was unter einem Ausdruck zu verstehen ist. Ausdrücke entstehen durch die Verknüpfung von Operanden mit Operatoren.

7.1 Ein erstes Beispiel

Als Beispiel wollen wir einen Ausdruck betrachten, der eine der Nullstellen eines quadratischen Polynoms $ax^2 + bx + c$ bestimmt, nach der Formel

$$x_{1/2} = \frac{-b \pm \sqrt{b^2 - 4ac}}{2a} .$$

Das folgende Programm löst die Aufgabe. Es enthält einen Ausdruck, der eine der Nullstellen des Polynoms $4x^2 + 5x + 1$ berechnet und ausgibt. Es wird dabei noch nicht untersucht, ob es wirklich eine reelle Lösung gibt.

```
#include <stdio.h>
#include <math.h>
void main()
{
   double a = 4., b = 5., c = 1., x;
   x = (-b + sqrt(b * b - 4. * a * c)) / (2. * a);
   printf("%f\n", x);
}
```

Dieses Beispiel enthält bereits alle Bestandteile, aus denen Ausdrücke zusammengesetzt werden können:

- Operatoren: im Beispiel kommen die arithmetischen Operatoren +, –, * und / vor sowie der Operator – zur Vorzeichenumkehr. Weitere Operanden werden wir in den folgenden Kapiteln kennen lernen. Eine Übersicht findet sich im hinteren Einbanddeckel dieses Buches.

- Operanden: als Operanden kommen im Beispiel Variablen vor, deren Werte in den Ausdruck eingesetzt werden sowie Literalkonstanten. Ferner wird ein Funktionsaufruf verwendet, im Beispiel die Funktion sqrt() zur Berechnung der Quadratwurzel.

- Klammern: sie werden – wie in der Mathematik – zur Steuerung der Reihenfolge der Auswertung eingesetzt

Im Einzelnen ist das für obiges Beispiel in Abbildung 7.1-1 gezeigt.

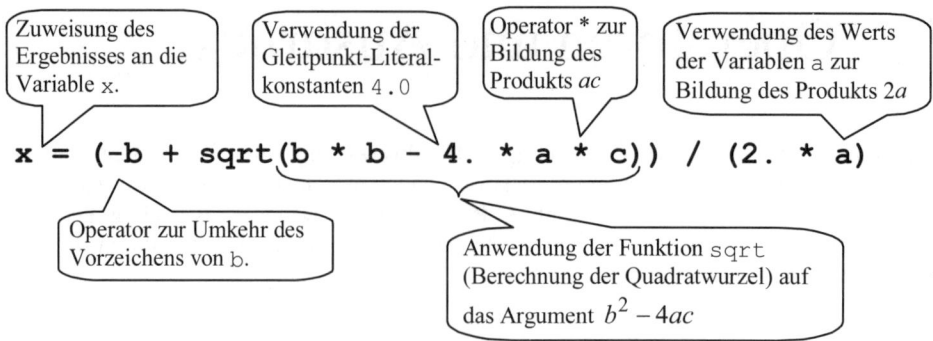

Abbildung 7.1-1: Bestandteile eines Ausdrucks.

Was muss nun der Programmierer zu jedem Ausdruck kennen?

1. Jeder Ausdruck besitzt einen **Datentyp**, der durch die Typen der verwendeten Terme und Operatoren bestimmt ist. Wie der Typ eines Ausdrucks bestimmt wird, werden wir in den folgenden Abschnitten sehen.
2. Ferner besitzt jeder Ausdruck einen **Wert**. Dieser Wert wird bestimmt, wenn der Ausdruck ausgewertet wird.

Ausdrücke dürfen nicht mit Anweisungen verwechselt werden. Anweisungen werden durch Strichpunkt abgeschlossen. Ein Ausdruck wird ausgewertet, wenn im Programm die Anweisung ausgeführt wird, in welcher der entsprechende Ausdruck vorkommt[1]. Auswerten bedeutet, dass zunächst die aktuellen Werte der im Ausdruck auftretenden Variablen und Konstanten eingesetzt werden. Unter Anwendung der Operatoren und durch Aufrufen der Funktionen mit deren aktuellen Argumentwerten wird der Wert des Ausdrucks bestimmt. Dabei wird eine Rangfolge (Priorität) der Operatoren eingehalten. Es gilt auch hier die aus der Mathematik bekannte Punkt-vor-Strich-Regel, d. h. Multiplikation und Division werden vor Addition und Subtraktion ausgeführt. Durch das Setzen von Klammern kann die Reihenfolge beeinflusst werden. Die Reihenfolge, in welcher der Ausdruck aus Abbildung 7.1-1 ausgewertet wird, ist in Abbildung 7.1-2 dargestellt. Es ist zu erkennen, dass Zwischenergebnisse gespeichert werden müssen, bis andere Teilergebnisse vorliegen. Genauso müßte vorgegangen werden, wenn der Ausdruck von Hand auszuwerten wäre.

---

[1] Eine Ausnahme bilden Ausdrücke, die lediglich Konstanten enthalten. Deren Wert wird bereits vom Compiler bestimmt und entsprechend eingesetzt.

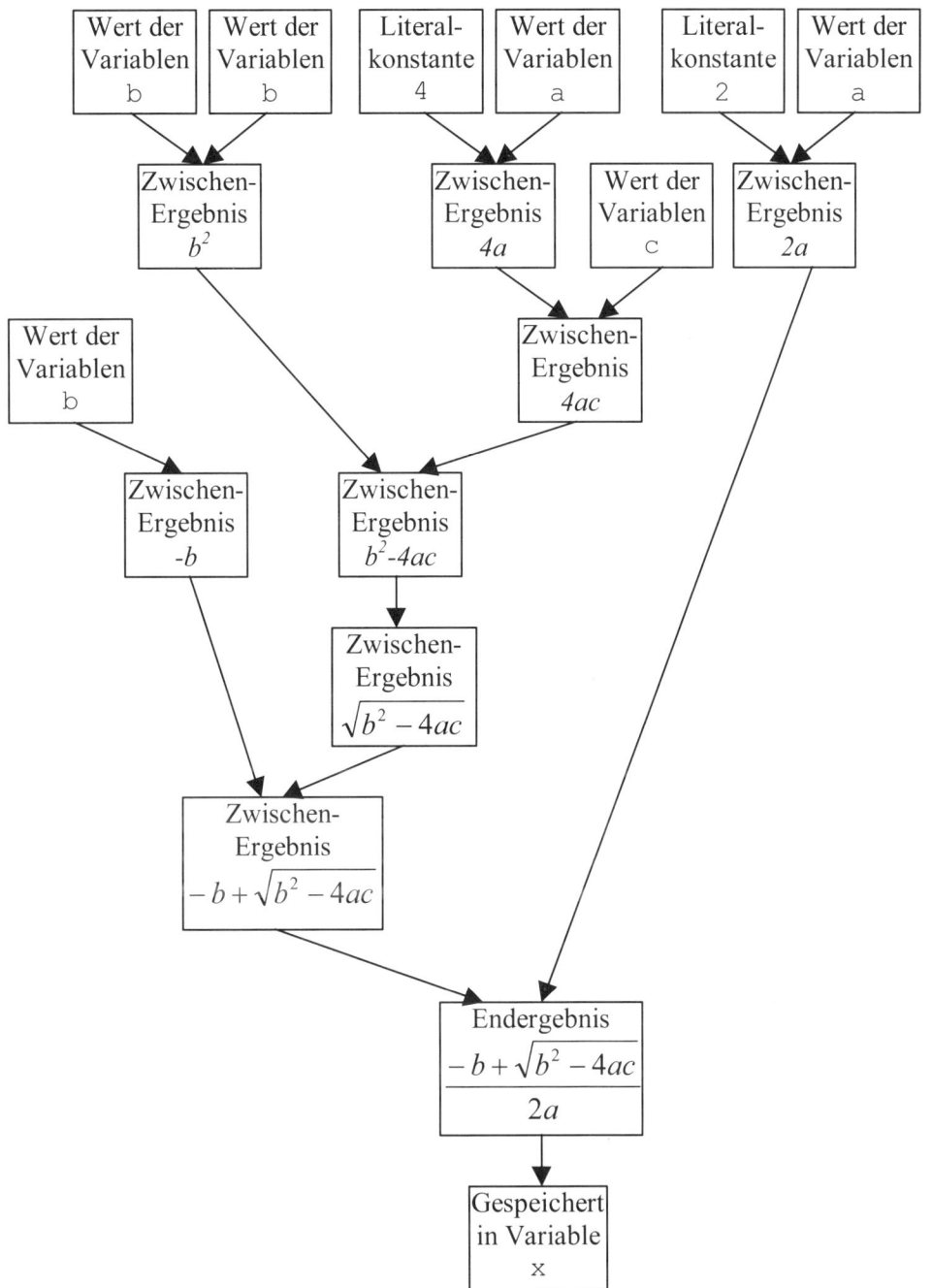

Abbildung 7.1-2: Reihenfolge der Auswertung des Ausdrucks von Abbildung 7.1-1

Es wird hier sehr deutlich, wie komfortabel sich mit Ausdrücken umfangreiche Berechnungen formulieren lassen, ohne dass sich die Programmiererin um die Details der Auswertung kümmern muss. In Abbildung 7.1-3 sind – etwas vereinfacht – die vom Compiler generierten Befehle (sog. Assembler-Code) gezeigt, die vom Prozessor schließlich abgearbeitet werden, wenn der Ausdruck aus Abbildung 7.1-1 ausgewertet wird.

```
fld    qword ptr [b]
fmul   qword ptr [b]
fld    dword ptr DATA:s@
fmul   qword ptr [a]
fmul   qword ptr [c]
fsub
sub    sp,8
fstp   qword ptr [bp-42]
fwait
call   far ptr _sqrt
add    sp,8
fld    qword ptr [b]
fchs
fadd
fld    dword ptr DATA:s@+8
fmul   qword ptr [a]
fdiv
fstp   qword ptr [x]
```

b^2 berechnen: b laden und mit b multiplizieren

Konstante *4* laden und mit a und c multiplizieren

Differenz b^2-4ac bilden

Argument für die Wurzelfunktion auf den Stack legen und Funktion `sqrt` aufrufen.

$-b$ addieren

Konstante *2* laden, mit a multiplizieren und dividieren

Ergebnis als x speichern

Abbildung 7.1-3 Vom Compiler generierter Assembler-Code zum Ausdruck aus Abbildung 7.1-1

7.2   Arithmetische Ausdrücke

In **C** gibt es die üblichen arithmetischen Operatoren für die vier Grundrechenarten. Der Typ eines arithmetischen Ausdrucks hängt von den Typen der beteiligten Operanden ab. Folgende Tabelle gibt eine Übersicht über die Ergebnistypen arithmetischer Ausdrücke mit zwei Operanden für die Grundrechenarten +, −, * und /:

2. Operand

		Ganzzahliger Typ	**Gleitpunkttyp**
1. Operand	**Ganzzahliger Typ**	Ganzzahliger Typ	Gleitpunkttyp
	Gleitpunkttyp	Gleitpunkttyp	Gleitpunkttyp

Sobald einer der beteiligten Operanden eine Gleitpunktzahl ist, so gilt dies auch für das Ergebnis. Zu beachten ist allerdings, dass das Ergebnis von Operationen mit ganzen Zahlen wieder eine ganze Zahl ist. Dies ist insbesondere bei der Division von Bedeutung, welche den ganzzahligen Anteil des Quotienten liefert:

```
float f = 9/4;
```

```
printf("%f\n", f);
```

druckt 2.00000 aus. Dabei wird die Operation ganzzahlig durchgeführt und erst danach in eine Gleitpunktzahl gewandelt. Die zunächst intuitiv erwartete Zahl 2.500 erhält man durch die Angabe eines Operators als Gleitpunktzahl, also im Fall der Angabe einer Konstante durch Anfügen des Dezimalpunkts

```
float f = 9./4;
printf("%f\n", f);
```

oder durch explizite Typumwandlung mit dem cast-Operator '(Typ)', die wir in einem späteren Kapitel behandeln werden:

```
float f = (float)9/4;
printf("%f\n", f);
```

Darüberhinaus gibt es den Operator '%' zur Bildung des Divisionsrestes (Modulus) ganzer Zahlen:

> Druckt:
> 9 = 2 * 4 Rest 1

```
int dividend = 9, divisor = 4;
printf("%d = %d mal %d Rest %d \n", dividend, divisor,
        dividend/divisor, dividend%divisor);
```

Kommen mehrere Operatoren in einem Ausdruck vor, so muss festgelegt sein, welche Operation zuerst, d. h. mit höchster Priorität ausgeführt wird. Insgesamt gibt es in C 15 Prioritätsstufen. Zum Nachschlagen befindet sich eine Vorrangtabelle im hinteren Einbanddeckel dieses Buches.

Achtung: Es gibt in **C** keinen Operator zum Potenzieren. Dazu kann die Funktion pow() benutzt werden, die im Kapitel über die Standardbibliothek beschrieben ist.

7.3   Der Zuweisungsoperator

Der Zuweisungsoperator ist der erste Operator, den wir kennen lernen, der einer Variablen einen neuen Wert zuweisen kann. Das Syntaxdiagramm einer Zuweisung ist einfach:

Dabei müssen die Datentypen auf beiden Seiten verträglich sein. Idealerweise stimmt der Typ des Ausdrucks auf der rechten Seite mit dem Typ der Variablen überein. Wenn dies nicht der Fall ist, so kann es immer noch sein, dass der Typ automatisch angepasst wird. Es ist zum Beispiel kein Problem einen ganzzahligen Wert an eine Gleitpunkt-Variable zuzuweisen. Der umgekehrte Fall ist jedoch nicht mehr in jedem Fall problemlos möglich.

Im Gegensatz zu den meisten anderen Programmiersprachen ist die Zuweisung ein Operator. Damit wird jede Zuweisung ein Ausdruck und kann überall dort stehen, wo Ausdrücke stehen dürfen, auch wiederum auf der rechten Seite einer Zuweisung. Damit sind verkettete Zuweisungen möglich, die teilweise allerdings zu unübersichtlichen Programmen führen können:

```
i = j = k = 0;   /* das ist noch ganz übersichtlich */
i = j / (k = 3); /* dies ist nicht mehr übersichtlich */
```

7.4   Zusammengesetzte Operatoren

Für alle arithmetischen Operatoren gibt es eine weitere Variante von Operatoren, die neben der arithmetischen Operation noch eine Zuweisung ausführen. Diese können oft verwendet werden, wenn die Variable, an welche die Zuweisung erfolgt, auch auf der rechten Seite der Zuweisung steht. Die allgemeine Schreibweise für diese zusammengesetzten Operatoren lautet:

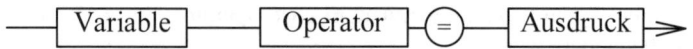

damit können folgende Schreibweisen abgekürzt werden:

Variable = Variable + Ausdruck	Variable += Ausdruck
Variable = Variable - Ausdruck	Variable -= Ausdruck
Variable = Variable * Ausdruck	Variable *= Ausdruck
Variable = Variable / Ausdruck	Variable /= Ausdruck

Der Ausdruck wird dabei implizit geklammert, also x *= y - 4 ist äquivalent zu x = x * $(y-4)$ etc.

7.5   Unitäre arithmetische Operatoren

Bisher haben wir Operatoren für zwei Operanden besprochen. Es gibt auch Operatoren für nur einen Operanden. Dabei sind zunächst die Operatoren zur Angabe von Vorzeichen: '+' und '-' zu nennen.

Ferner gibt es die wichtigen Operatoren '++' und '--' um den Wert einer Variablen um eins zu erhöhen (inkrement), oder zu erniedrigen (dekrement). Wird der jeweilige Operator **vor** die Variable gestellt, so wird die entsprechende Operation ausgeführt, bevor der Wert der Variablen für die weitere Auswertung des Ausdrucks verwendet wird (pre-inkrement bzw. pre-dekrement). Wird der Operator **hinter** die Variable gestellt, so wird die Operation danach ausgeführt (post-inkrement bzw. post-dekrement). Neben dem Zuweisungsoperator sind dies die einzigen Operatoren, die den Wert einer Variablen verändern können.

Beispiele:
```
int i = 3;
printf("%d\n", ++i); /* druckt 4, i hat danach den Wert 4 */
i = 3;
printf("%d\n", i++); /* druckt 3, i hat danach den Wert 4 */
i = 3;
printf("%d\n", --i); /* druckt 2, i hat danach den Wert 2 */
i = 3;
printf("%d\n", i--); /* druckt 3, i hat danach den Wert 2 */
```
Anwendung insbesondere bei Laufschleifen, siehe Kapitel über Kontrollstrukturen.

Es ist nur garantiert, dass diese „Seiteneffekte" nach Auswertung des kompletten Ausdrucks berücksichtigt sind. Wird ein Objekt mehrfach verändert, oder verändert benutzt, so ist das Verhalten der Seiteneffekte **undefiniert**, wie etwa bei:

```
i = i++;
printf("%d\n", i++ * i++);
```
Undefiniert heißt, dass zwar ein Wert geliefert wird, dieser aber vom jeweiligen Compiler abhängt.

7.6 Der Kommaoperator

Ausdrücke können durch Kommas voneinander abgetrennt werden. Dadurch entsteht ein neuer Ausdruck. Auswertung erfolgt von links nach rechts. Typ und Wert dieses Ausdrucks ist durch den letzten durch Komma getrennten Ausdruck gegeben.

```
a = 3, b = 4, c = 5;
x = (a = 3, b = 5, a*b);
```
Die Hauptanwendung des Kommaoperators, nämlich die Initialisierung mehrerer Variablen in einer for-Anweisung, werden wir im Kapitel über Kontrollstrukturen behandeln.

7.7 Wahrheitswerte und logische Ausdrücke

Oft ist es wichtig, Bedingungen zu überprüfen, und den weiteren Programmablauf vom Ergebnis solcher Prüfungen abhängig zu machen. Soll etwa die Steuerung für eine Heizungsanlage mit einem Mikrocontroller realisiert werden, so ist das Ein- und Ausschalten des Brenners von mehreren Bedingungen abhängig, die ständig überprüft werden müssen. Diese Bedingungen sind beispielsweise die Außentemperatur, die aktuelle Wassertemperatur im Kessel, oder der Sollwert der Vorlauftemperatur im Heizkreislauf. Wie solche bedingten Verzweigungen programmiert werden, ist Gegenstand eines späteren Kapitels. Hier soll zunächst dargestellt werden, wie sich Bedingungen formulieren lassen.

Wahrheitswerte werden benötigt, um anzugeben oder zu prüfen, ob gewisse Bedingungen erfüllt sind oder nicht, und um davon abhängig entsprechend zu reagieren. Es gibt in **C** keinen Datentyp für Wahrheitswerte, so wie es in vielen anderen Programmiersprachen einen Typ "boolean" gibt. Zur Darstellung von Wahrheitswerten wird ebenfalls der Typ int verwendet. Dabei gelten folgende Regeln:

- Jeder in einem logischen Ausdruck angegebene von Null verschiedene Wert wird als „wahr" interpretiert. Die Null wird als "falsch" interpretiert.

- Jeder Vergleich in **C** ist ein Ausdruck vom Typ int, der den Wert 1 („wahr") oder 0 („falsch") liefert. Wenn ein logischer Wert von einem eingebauten Operator erzeugt wird, so ist dieser also zuverlässig 0 oder 1.

Zur Formulierung von Aussagen stehen folgende Operatoren zur Verfügung:

Operator	Operation
<	kleiner als
<=	kleiner oder gleich als
>	größer als
>=	größer oder gleich als
==	**gleich (nicht „=")**
!=	ungleich

Mit diesen Operatoren können Aussagen formuliert werden, indem die Werte von numerischen Ausdrücken verglichen werden. Zum Beispiel soll angenommen werden, dass die gemessene Außentemperatur in einer Variablen `ATemp` gespeichert ist und die Aussage "die Außentemperatur ist unter 5 Grad abgefallen" zu formulieren ist:

$$ATemp < 5$$

Der Ausdruck `ATemp` wird hier verglichen mit dem konstanten Ausdruck 5. Aussagen können immer nur "wahr" oder "falsch" sein. Zur Darstellung des Wahrheitsgehalts einer Aussage werden in **C** ganze Zahlen verwendet. Der Wert Null ("0") gibt an, dass eine Aussage falsch ist und ein von Null verschiedener Wert zeigt an, dass eine Aussage wahr ist. Somit stellt jede ganze Zahl implizit auch immer einen Wahrheitswert dar. Bei der Bewertung von Aussagen durch ein Programm wird als Wert für "wahr" immer die Eins generiert.

Eine logische Aussage stellt also wieder einen Ausdruck dar, einen sog. "logischen Ausdruck", mit ganzzahligem Typ:

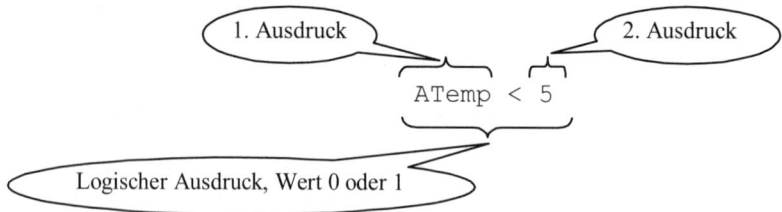

Beispiel: Ausgabe der Wahrheitswerte verschiedener Aussagen über die Variable ATemp:

```
#include <stdio.h>
void main()
{
int ATemp = 7;
printf("Wahrheitswert der Aussage ATemp < 5: %d\n", ATemp<5);
printf("Wahrheitswert von ATemp > 7:\t%d\n", ATemp > 7);
printf("Wahrheitswert von ATemp >= 7:\t%d\n", ATemp >= 7);
printf("Wahrheitswert von ATemp != 0:\t%d\n", ATemp != 0);
printf("Wahrheitswert von ATemp == 5:\t%d\n", ATemp == 5);
}
```

druckt:

```
Wahrheitswert der Aussage ATemp < 5:   0
Wahrheitswert von ATemp > 7:           0
Wahrheitswert von ATemp >= 7:          1
Wahrheitswert von ATemp != 0:          1
Wahrheitswert von ATemp == 5:          0
```

> Zur Prüfung auf Gleichheit müssen zwei Gleichheitszeichen geschrieben werden, da der "="-Operator für Zuweisungen verwendet wird!

Wir müssen noch die Priorität der Vergleichsoperatoren betrachten. In Frage steht etwa, was bei folgendem Ausdruck zuerst ausgewertet wird, wenn ATemp wieder den Wert 7 hat?

$$ATemp + 5 < 12$$

Wird zuerst 5<12 bewertet, was als Ergebnis 1 liefert, und wird erst dann ATemp +1 berechnet; oder wird zuerst ATemp +5 berechnet und das Ergebnis mit 12 verglichen, was in diesem Fall eine 0 liefert? Um diese Frage beantworten zu können, muss die Priorität des Vergleichsoperators < bekannt sein, die mit den Prioritäten aller anderen Operatoren auf der dritten Umschlagseite angegeben ist. Daraus ist ersichtlich, dass die arithmetischen Operatoren stärker binden, als die Vergleichsoperatoren. Der Wert des obigen Ausdrucks ist daher 0 (die Aussage ATemp +5<12 ist somit falsch). Im Zweifelsfall sollten Klammern gesetzt werden, die auch dann nicht schaden, wenn die Priorität bekannt ist, da die Lesbarkeit des Programms erhöht wird:

$$(ATemp + 5) < 12$$

7.8 Der konditionale Operator

Der konditionale Operator ist der einzige Operator in **C** mit drei Argumenten.

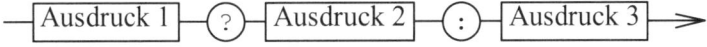

Ein solcher Ausdruck wird wie folgt ausgewertet:

1. Bewertung von Ausdruck1, Interpretation als Wahrheitswert.

2. Falls „wahr", Auswertung von Ausdruck2, sonst Auswertung von Ausdruck3. Dieser Wert ist dann der Wert des gesamten Ausdrucks.

Beispiel: Betragsbildung

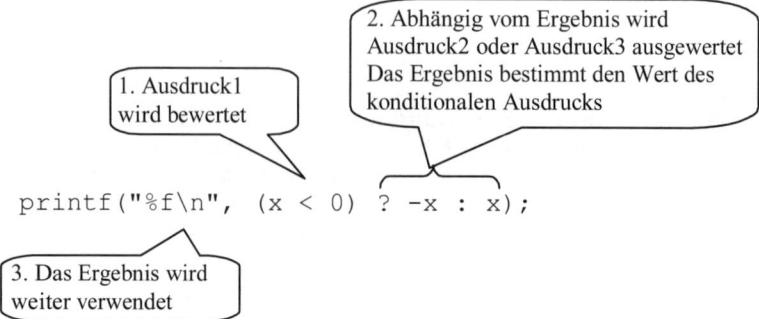

7.9   Aufgaben

1. Welche Werte druckt das folgende Programm aus?

Programm	Ausgabe
| ```
#include <stdio.h>
main()
{ int i=3, j=4, k;
  k = j + i;  printf("%d\n", k);
  k = j * i;  printf("%d\n", k);
  k = j / i;  printf("%d\n", k);
  k = j % i;  printf("%d\n", k);
  k = j |i;   printf("%d\n", k);
  k = j || i; printf("%d\n", k);
  k = j & i;  printf("%d\n", k);
  k = j && i; printf("%d\n", k);
  k=i; k += 3;  printf("%d\n", k);
  k=i; k*=3;  printf("%d\n", k);
  k=i; k /= 3;  printf("%d\n", k);
  k=i; printf("%d\n", k++);
  k=i; printf("%d\n", ++k);
  k=i; printf("%d\n", k--);
  k=i; printf("%d\n", --k);
  k = (i==j) ? 1 : 2; printf("%d\n", k);
}
``` |  |

2. In welcher Reihenfolge werden die Operatoren angewandt? Setzen Sie Klammern!

     Ergebnis = - 12 * -- temp + 0X10 % 3 - 1   ;
     Welchen Wert hat danach Ergebnis, wenn temp vorher 11 war?
```

3. Interpolation

Die nebenstehende Skizze beschreibt eine Interpolationsaufgabe. Gegeben sind (z. B. aus einer Tabelle) die Werte x_1, y_1, x_2, y_2 sowie x_i. Gesucht ist der Wert y_i.

Die Interpolation erfolgt nach der Formel

$$y_i = y_1 + \frac{(y_2 - y_1)(x_i - x_1)}{x_2 - x_1}$$

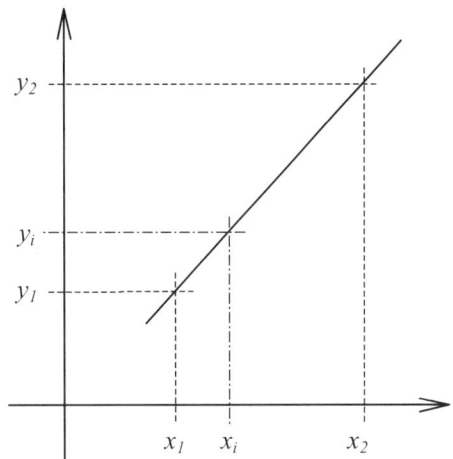

Ergänzen Sie das Programmfragment so, dass es sich übersetzen lässt und die Interpolationsaufgabe löst!

```
#include <stdio.h>

main()
{
   double x1, x2, y1, y2, xi, yi;

   printf("x1, y1, x2, y2 und xi eingeben\n");
   scanf("%lf %lf %lf %lf %lf", &x1, &y1, &x2, &y2, &xi);



   printf("y=%lf and der Stelle xi=%lf\n", yi, xi);
}
```

4. Schreiben Sie ein Programm, das eine Uhrzeit (Startzeit) einliest **und zwar die Werte für** Stunden , Minuten und Sekunden in drei int-Variablen izh, izm und izs. Ferner soll eine Zeitdauer eingelesen werden, wiederum in Stunden, Minuten und Sekunden in drei int-Variablen idh, idm und ids. Das Programm soll die korrekte Zeit nach Ablauf der gegebenen Zeitdauer berechnen und ausgeben. Also aus der Eingabe der Startzeit 20 45 30 und der Dauer 8 26 50 wird der Endzeitpunkt 5:12:20. Dabei sollen keine Kontrollstrukturen und nur die Operatoren ‚+', ‚/' sowie ‚%' verwendet werden.

5. Geben Sie die Wahrheitswerte der folgenden logischen Ausdrücke nach dem Muster in
   der ersten Zeile an:

Logischer Ausdruck	Wahrheitswert
7 > 3	Wahr (1)
9 < 5	
5 != 9	
i	
j	
i > j	
j == i	
j = i	

```
int i=1,
j=0;
int i=1,
j=0;
int i=1,
j=0;
int i=1,
j=0;
int i=1,
j=0;
```

8 Logische und bitweise Operatoren

Wir haben bisher numerische Operatoren und Ausdrücke sowie Wahrheitswerte und logische Operatoren kennen gelernt. In diesem Kapitel werden wir uns zuerst mit Ausdrücken beschäftigen, die Wahrheitswerte manipulieren und mit solchen Operatoren, die direkt die Interndarstellung von ganzen Zahlen beeinflussen.

8.1 Logische Verknüpfungen

Mit den im letzten Kapitel gezeigten Vergleichsoperatoren können wir einfache Bedingungen formulieren. Oft sind jedoch komplexe Bedingungen zu formulieren, für die Heizungssteuerung etwa, ob die Temperatur nicht nur einen gewissen Wert über- oder unterschreitet, sondern ob sie in einem bestimmten Bereich liegt. Um solche komplexen Bedingungen formulieren zu können, gibt es in **C** drei logische Operatoren (auch Boolesche Operatoren genannt):

- Negation, Operatorsymbol: !

- UND-Verknüpfung, auch Disjunktion genannt; Operatorsymbol: &&

- ODER-Verknüpfung, auch Konjunktion genannt; Operatorsymbol: | |

Da logische Ausdrücke nur die Werte "wahr" und "falsch" annehmen können, lassen sich die sog. Wahrheitstafeln aller Operandenwerte und Ergebnisse leicht angeben. Dabei ist wieder zu beachten, dass jeder von Null verschiedene Wert (in der Wahrheitstabelle durch "≠0" symbolisiert) als wahr interpretiert wird; als Ergebnis einer Verknüpfung kann jedoch nur 0 oder 1 entstehen. Für die UND und die ODER-Verknüpfung gilt folgende Wahrheitstabelle:

Operanden		Ergebnis	
a	b	a||b	a&&b
≠0	≠0	1	1
≠0	0	1	0
0	≠0	1	0
0	0	0	0

Für die Negation gilt:

a	!a
0	1
≠0	0

Beispiel: Das folgende Programm gibt die obige Wahrheitstabelle aus:

```
#include <stdio.h>
main()
{
  printf("| a | b |a||b|a&&b|\n");
  printf("| 1 | 1 | %d | %d |\n", 1||1, 1&&1);
  printf("| 1 | 0 | %d | %d |\n", 1||0, 1&&0);
  printf("| 0 | 1 | %d | %d |\n", 0||1, 0&&1);
  printf("| 0 | 0 | %d | %d |\n", 0||0, 0&&0);
}
```

> Statt 1 könnte jeder von 0 verschiedene Wert stehen!

druckt:

```
| a | b |a||b|a&&b|
| 1 | 1 | 1 | 1 |
| 1 | 0 | 1 | 0 |
| 0 | 1 | 1 | 0 |
| 0 | 0 | 0 | 0 |
```

Bei der Verknüpfung mehrerer logischer Ausdrücke ist folgendes zu beachten: Die Auswertung erfolgt von links nach rechts. Sie wird beendet, sobald das Ergebnis fest steht. Bei einer UND-Verknüpfung wird also nach dem ersten "falsch" beendet, da das Ergebnis dann in jedem Fall "falsch" ist, auch wenn alle folgenden Terme "wahr" sind. Bei einer ODER-Verknüpfung wird nach dem ersten "wahr" beendet, da das Ergebnis dann in jedem Fall "wahr" ist. Dies ist insbesondere deshalb von Bedeutung, da in jedem der zu verknüpfenden Ausdrücke Zuweisungen oder Seiteneffekte (Operatoren ++ und −−) erfolgen können.

8.2   Bitweise Operatoren

Das zweite Thema dieses Kapitels sind die bitweisen Operatoren, also Operatoren, die direkt die Interndarstellung von ganzen Zahlen beeinflussen. Diese spielen in der praktischen technischen Anwendung eine sehr große Rolle. Oft werden Daten so kodiert, dass jedes einzelne Bit eines Wertes eine spezielle Bedeutung hat.

Beispielsweise ist im Dateisystem zu jeder Datei der Zeitpunkt gespeichert, wann sie kreiert worden ist. Diese Information wird in zwei 16 Bit langen Worten gespeichert. Mit geeigneten Systemaufrufen kann man sich diese Information in int-Variablen holen (Interrupt 21 unter DOS, bzw. Aufruf von GetFileTime() unter Win32, siehe Begleitmaterial zu diesem Buch). Die Variablen enthalten dann die Information, die wie in Abbildung 8.2-4 angegeben kodiert ist.

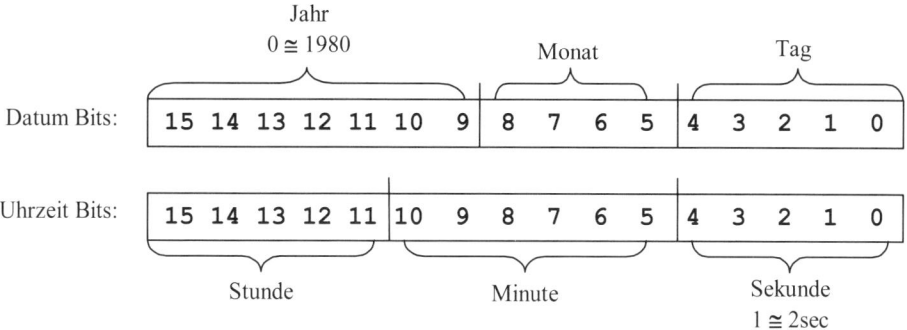

Abbildung 8.2-4: Bitweise kodierte Darstellung von Datum und Zeit

Betrachten wir die Kodierung für den Monat näher: mit den vier Bit für den Monat lassen sich 16 Werte kodieren, was ausreichend ist. Zu beachten dabei ist nur, dass die Wertigkeit des niederwertigsten Bit der Kodierung für den Monat, also Bit Nummer 5, bei der Umrechnung $2^0=1$ ist und nicht 2^5. Hat man sich zu einer bestimmten Datei die Information mit einem Systemaufruf beschafft, dann will man diese in vernünftig lesbare Form wie etwa "15.10.1998" bringen. Dazu müssen die einzelnen Bits ausgewertet werden. Die Operatoren, mit denen dies bewerkstelligt werden kann, lernen wir in diesem Abschnitt kennen.

Analog den Verknüpfungen für Wahrheitswerte gibt es Operationen, die für Operanden mit `int`-Typ bitweise die Negation, bzw. UND- und ODER-Verknüpfungen durchführen. Die bitweise Negation heißt auch Einerkomplement; der Operator dafür ist das Zeichen "~". Dieser Operator benötigt lediglich einen Operanden. Die Schreibweise der anderen Operatoren ist "&" für die bitweise UND-Verknüpfung sowie "|" für die bitweise ODER-Verknüpfung. Es wird also nur ein Symbol & bzw. | geschrieben, anstatt zweier Symbole für die Verknüpfung von Wahrheitswerten. Darüberhinaus gibt es noch den Operator "^" für die bitweise EXOR-Verknüpfung (Exklusiv-ODER). Die Operatoren "&", "|" und "^" benötigen zwei Operanden. Die Wahrheitstabelle für diese drei Operatoren sieht für jede Bitposition wie folgt aus:

Operanden		Ergebnis		
		|	&	^
1	1	1	1	0
1	0	1	0	1
0	1	1	0	1
0	0	0	0	0

Auch hier gibt es verkürzte Schreibweisen: statt a = a | b kann a |= b geschreiben werden, statt a = a & b kann a &= b und statt a = a ^ b; kürzer a ^= b geschrieben werden.

Beispiel:

`#include <stdio.h>`
`void main()`
`{  int dat = 0x254F;`
	0x254F hat das Bitmuster
	
	0010010101001111

`/* UND-Verknüpfung */`
`printf("%04X\n", dat & 0x01E0);`
`/* druckt 0140 */`
	dat 0010010101001111
	0x01E0 0000000111100000
	
	& 0000000101000000

`/* ODER-Verknüpfung */`
`printf("%04X\n", dat | 0x01E0);`
`/* druckt 25EF */`
	dat 0010010101001111
	0x01E0 0000000111100000
	
	| 0010010111101111

`/* EXOR-Verknüpfung */`
`printf("%04X\n", dat ^ 0x01E0);`
`/* druckt 24AF*/`
	dat 0010010101001111
	0x01E0 0000000111100000
	^ 0010010010101111

`/* Einerkomplement*/`
`printf("%04X\n", ~dat);`
`/* druckt DAB0 */`
 	
`}`
	dat 0010010101001111
	~dat 1101101010110000

Zur Übung sollten die markierten Bitpositionen anhand der Wahrheitstabelle überprüft werden!

Darüber hinaus gibt es noch zwei Operatoren, die verwendet werden können, um das Bitmuster nach links oder rechts zu schieben. Diese Operatoren benötigen zwei Operanden:

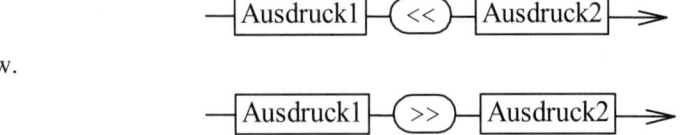

—| Ausdruck1 |—(<<)—| Ausdruck2 |—>

bzw.

—| Ausdruck1 |—(>>)—| Ausdruck2 |—>

Alle Bits von Ausdruck 1 werden dabei um die durch Ausdruck 2 angegebene Anzahl Stellen nach links (<<) bzw. rechts (>>) verschoben. Beim Schieben nach links werden dabei Nullen nachgezogen und beim Schieben nach rechts wird ein Wert entsprechend dem des Vorzeichenbits nachgezogen. In verkürzter Schreibweise kann hier a<<=b statt a = a << b und a >>=b statt a = a >> b geschrieben werden.

Als Beispiel betrachten wir den Ausdruck 0x254F >> 5, also das Schieben um fünf Bits nach rechts:

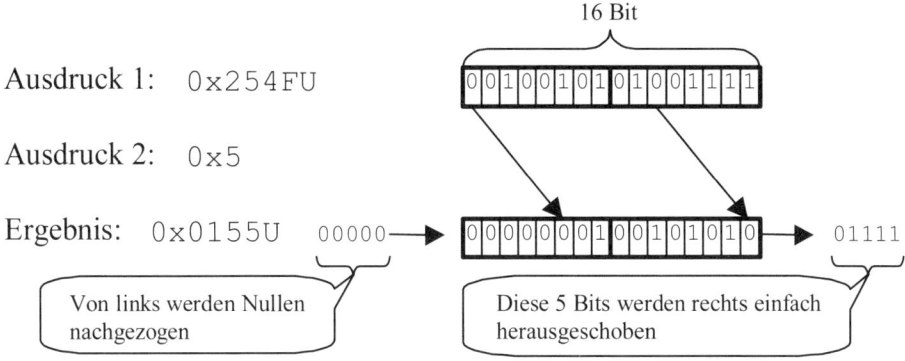

Das Schieben nach links funktioniert analog, nur in der anderen Richtung.

Anwendungsbeispiel:

Als Material zu diesem Buch ist ein Programm verfügbar, in dem der oben erwähnte Systemaufruf verwendet wird, zum Abfragen des Zeitpunkts, zu dem eine Datei kreiert wurde[1]. Dies steht in zwei Versionen sowohl für Windows (ftimewin) als auch für DOS (ftimedos) zur Verfügung. Das Datum wird in der Variablen dat bereit gestellt und die Zeit in der Variablen tim. Die Ausgabe des Datums in sinnvoll lesbarer Form erledigt folgendes Programm. Die Ausgabe der Zeit bleibt dann als Übungsaufgabe.

`include <stdio.h>`
`void main()`
`{`
`int dat = 0x254f;`
	Wir belegen hier die Variable dat einfach mit der Kodierung für den 15.10.1998 vor, ohne einen Systemaufruf zu verwenden.

`printf("%d\n", dat);`	Einfache Ausgabe des Variablenwerts liefert die nutzlose Information 9551

`printf("%d.",   dat & 0x001F);`
`printf("%d.", (dat >> 5)&0x000F);`
`printf("%d ", (dat >> 9) + 1980);`
`printf("\n");`
`}`
	`/* druckt den Tag */`
	`/* druckt Monat */`
	`/* druckt Jahr */`
	`/* Zeilenvorschub */`

Die drei Programmzeilen zur Ausgabe von Tag, Monat und Jahr wollen wir nun genauer ansehen:

Der Tag ist in den letzten fünf Bits des Wertes kodiert. Wir stellen zunächst fest, dass fünf Bits ausreichend sind, da sich damit 32 Werte darstellen lassen. Soll der Tag ausgegeben werden, so müssen die ersten 11 Bits ausgeblendet, das heißt: auf Null gesetzt werden. Man sagt auch, sie müssen *ausmaskiert* werden. Eine bitweise UND-Verknüpfung mit einem Wert, dessen Interndarstellung an den Stellen der unerwünschten Bits Nullen aufweist und an den Stellen der gewünschten Bits Einsen, liefert genau die interessierenden Bits. Der Wert, mit dem diese Verknüpfung durchgeführt wird, heißt *Maske*.

---

[1]   Zur Kodierung von Datum und Zeit siehe Abbildung 8.2-4

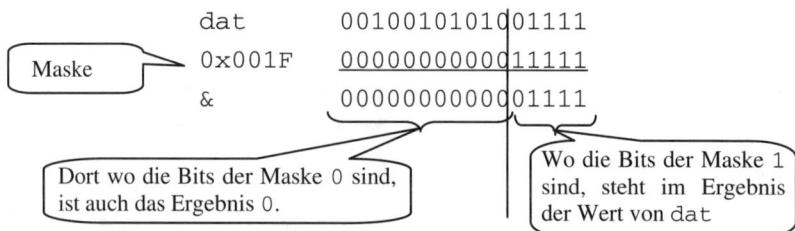

Die Tatsache, dass die Maske in hexadezimaler Darstellung angegeben wurde, hat ausschließlich den Grund, dass sich ein gegebenes Bitmuster leichter in eine hexadezimale Zahl, als in eine dezimale wandeln lässt: je vier Bits liefern eine hex-Ziffer.

printf mit der Formatierung "%d" wandelt den Wert in die entsprechende dezimale Externdarstellung, in unserem Fall 15.

Zur Ausgabe des Monats müssen die entsprechenden Bits maskiert werden. Es sind dies nun die Bits 5-8. Die Maske dafür wäre 0x01E0 (als Übung sollten Sie das nachprüfen!). Allerdings stehen nach einer UND-Verknüpfung von dat mit dieser Maske die Bits an der falschen Position: printf("%d", dat & 0x01E0) liefert in unserem Beispiel den Wert 320. Also müssen die Bits noch fünf Stellen nach rechts an die richtige Position geschoben werden. Im Beispiel wird zuerst geschoben und dann maskiert, weil es meist einfacher ist, eine Maske zu bestimmen, in der die Bits vom niederwertigsten Bit an aufwärts auf eins gesetzt sind.

Um die Bits der Jahreszahl richtig zu erhalten, reicht ein Schieben um neun Stellen nach rechts aus, da für die Bits an den Positionen 15 bis neun automatisch Nullen nachgezogen werden. Zu dem so erhaltenen Wert ist lediglich 1980 zu addieren.

Bisher haben wir uns mit der Analyse von bitweise kodierten Informationen befasst. In C lassen sich natürlich auch bitweise kodierte Werte zusammenbauen. Dies ist insbesondere für hardwarenahe Anwendungen wichtig. Dort ist es oft erforderlich, in bestimmten Speicherstellen lediglich einzelne Bits zu verändern. Als Beispiel nehmen wir den Fall an, dass wir in unserem Datum 15.10.1998 den Monat auf 12 setzen wollen, ohne Tag oder Jahr zu beeinflussen.

Wir nehmen wieder an, dass die Variable dat den Wert 0x254f (Kodierung für 15.10.1998) besitzt. An den Bitpositionen acht bis fünf müssen wir das Muster 1100 unterbringen. Dazu löschen wir zuerst diese vier Bits in der Variablen dat.

Einzelne Bits werden gelöscht mit bitweiser UND-Verknüpfung. Die Maske hat genau an den Stellen der zu löschenden Bits eine 0, sonst lauter Einsen:

Dat	0010010101001111	
Maske	1111111000011111	Also Wert von maske: 0xFE1F
dat &= maske	0010010000001111	

Hier wurde die kurze Schreibweise dat &= maske verwendet anstatt dat = dat & maske. In der Variablen dat sind diese vier Bits nunmehr zu Null gesetzt. Alle anderen Bits wurden von dieser Operation wirklich unverändert gelassen. Jetzt kann das gewünschte Bitmuster an die entsprechende Position geschrieben werden. Einzelne Bits werden gesetzt mit bitweiser ODER-Verknüpfung. Die Maske hat genau an den Stellen der zu setzenden Bits eine 1, sonst lauter Nullen:

Dat	0010010000001111	
Maske	0000000110000000	Also Wert von `maske`: 0x0180
`dat |= maske`	0010010110001111	

Diese Operationen könnten auch zu einer Anweisung zusammen gefasst werden:

`dat = (0x254f & 0xfe1f) | 0x0180;`

wobei selbst die Klammer weggelassen werden könnte, weil der `&`-Operator eine höhere Priorität hat als der `|`-Operator.

8.3 Fragen

1. Für Wahrheitswerte gibt es keinen exklusiv-ODER-Operator. Wie kann man eine solche Verknüpfung unter Verwendung von `&&`, `||` und `!` formulieren?

2. Beim Schieben mit den `<<`- und `>>`-Operatoren gehen Einsen verloren und Nullen werden nachgezogen. Manchmal benötigt man ein sog. Rotieren des Bitmusters, d. h. Einsen die links hinaus geschoben werden, sollen rechts wieder nachgezogen werden, oder umgekehrt. Wie können Sie das realisieren?

3. Ab welchem Jahr wird das Erzeugungsdatum von Dateien nicht mehr eindeutig sein, weil die oben genannte Kodierung wieder bei Null (1980) beginnt?

8.4 Aufgaben

1. Was gibt das folgende Programm aus?

```
#include <stdio.h>
main()
{ int ia=1, ib=7, ba, bb;
/* Boolesche Ausdrücke */
  printf("ia<ib:%d, ia==ib:%d\n", ia<ib, ia==ib);
/* Boolesche Variablen */
  ba=1; bb=0;
  printf("ba:%d, bb:%d, !ba:%d\n", ba, bb, !ba);
  printf("ba||bb:%d, ba && !bb:%d\n", ba||bb, ba && !bb);
/* Ergebnisse von Vergleichen speichern */
  ba=ia>ib; bb=!(ia==ib);
  printf("ba:%d, bb:%d\n", ba, bb);
}
```

2. Gegeben ist folgendes Programmfragment. In welcher Reihenfolge werden die Operatoren ausgeführt (Klammern setzen!) und welchen Wert haben die Variablen anschließend?

```
int a, b=2, c=0, d=1;
a = b >= c && !c > d;
a = b <= c || (c = !d < b);
```

3. Erweitern Sie das als Material zu diesem Buch verfügbare Programm zur Ausgabe des Zeitpunkts, zu dem eine Datei kreiert wurde. Es soll sowohl das Datum ausgegeben werden – wie oben gezeigt – als auch die Zeit. Das Programm ist sowohl für DOS verfügbar (`ftimedos`), als auch für 32-bit-Windows (`ftimewin`).

4. Schreiben Sie ein Programm, welches ein Datum im Klartext einliest und daraus einen wie angegeben kodierten Wert bildet. Zur Überprüfung der Korrektheit kann anschließend das in diesem Kapitel besprochene Programm verwendet werden.

5. Bestimmen sie (möglichst im Kopf) die hexadezimale, dezimale und oktale Darstellung, die Sie in einem C-Programm für folgende Masken angeben müssen: 10100101110000   0001001001001000   0000111100111111

9   Standardbibliothek

In allen höheren Programmiersprachen gibt es eine Anzahl vorgefertigter Funktionen, die in einer Standardbibliothek zusammengefasst sind. Eine Bibliothek ist eine Sammlung von compilierten Funktionen, die ein Anwendungsprogramm benutzen kann. Enthält das Anwendungsprogramm einen Aufruf einer solchen Funktion, dann wird diese dem Programm hinzugefügt. Entweder geschieht das durch den Binder vor dem Start (static linked library) oder durch das Betriebssystem während des Programmlaufs (dynamic linked library, dll). Die jeweilige Entwicklungsumgebung erlaubt die Einstellung, ob dynamisch oder statisch gewünscht ist, als Projekt-Option.

Wie die Benutzung von Standard-Funktionen aus der Perspektive des Programmierers aussieht, haben wir schon in den vorangegangenen Abschnitten gesehen. Im Kapitel „Operatoren und Ausdrücke" etwa haben wir die Wurzel-Funktion sqrt benutzt:

```
x = (-b + sqrt(b * b - 4. * a * c)) / (2. * a);
```

Man sollte Funktionen definieren, bevor man sie benutzt. Im angegebenen Beispiel haben wir das durch die Inklusion der passenden Headerdatei gemacht:

```
#include <math.h>
```

Für die verschiedenen Bereiche der Standardbibliothek gibt es jeweils eine Headerdatei, in der die betreffenden Funktionen, Typen, Konstanten oder Makros (vgl. Kapitel „Präprozessor") deklariert sind.

Im Folgenden werden tabellarisch Funktionen, Typen, Konstanten oder Makros aus der Standardbibliothek aufgelistet. Diese werden in folgende Bereiche eingeteilt:

- Ein/ Ausgabe
- Datei-Ein-/ Ausgabe
- Grenzwerte
- Mathematik
- Zufallszahlen
- Zeichenbehandlung

- Zeichenketten
- Konvertierung
- Speicherverwaltung
- Starten/ Beenden
- Nicht-Standardfunktionen

Die Auflistung soll eine Vorstellung über die Inhalte der Standardbibliothek vermitteln. Daneben ist sie auch als Materialsammlung zum Nachschlagen insbesondere auch für die folgenden Kapitel gedacht. Manche Einträge werden daher erst in späteren Kapiteln benötigt und erklärt werden.

Aufgeführt ist nicht der gesamte Inhalt der C-Standardbibliothek. Nur die im Buch benötigten oder ansonsten häufig gebrauchten Deklarationen werden vorgestellt.

9.1   Ein/ Ausgabe

Include	Bezeichner/ Aufruf	Argument/ Rückgabewert/ Beschreibung		
stdio.h	n=printf(f,x,…);	Formatierte Ausgabe, s. Kapitel „Formatierte Ein/ Ausgabe"		
		char *f	Formatstring
		x	Ausdruck, Typ passend zu Formatstring, variable Anzahl von Ausdrücken möglich
		int n	Anzahl der ausgegebenen Zeichen; EOF bei Fehler
stdio.h	n=scanf(f,v,…);	Formatierte Eingabe, s. Kapitel „Formatierte Ein/ Ausgabe"		
		int n	Anzahl der eingelesenen Felder; EOF bei Fehler
		char *f	Formatstring
		v	Variable, Typ passend zu Formatstring, variable Anzahl möglich
stdio.h	r=putchar(c);	Ein Zeichen ausgeben (gleich putc(c,stdout))		
		int c	auszugebendes Zeichen
		int r	ausgegebenes Zeichen, EOF bei Fehler
stdio.h	c=getchar();	ein Zeichen einlesen (gleich getc(stdin))		
		int c	eingelesenes Zeichen, EOF bei Fehler
stdio.h	r=puts(buf);	Zeichenkette ausgeben (gleich fputs(c,stdout))		
		char *buf	auszugebende Zeichenkette
		int r	positiver Wert; EOF bei Fehler
stdio.h	r=gets(buf);	Zeichenkette einlesen (gleich fgets(buf,stdin))		
		char buf[…]	Platz für einzulesende Zeichenkette
		char *r	Zeiger auf buf, Nullpointer bei Fehler
stdio.h	perror(txt);	Ausgabe des letzten Fehlers bei einem Systemaufruf als Klartext-Meldung. Vorangestellt wird die Zeichenkette txt:.		
		char *txt	voranzustellende Zeichenkette

9.2   Datei-Ein/ Ausgabe

Include	Bezeichner/ Aufruf	Argument/ Rückgabewert/ Beschreibung
stdio.h	FILE	Datentyp für Datei-Ein/ Ausgabe. Vgl. Kapitel „Dateien"
stdio.h	EOF	Ganzzahlige Konstante; negativer Wert, der als Funktionsergebnis das Ende der Datei oder Fehler anzeigt
stdio.h	SEEK_SET SEEK_CUR SEEK_END	Ganzzahlige Konstanten für das Setzen der Schreib-/ Lese-Position in einer Datei. Siehe fseek
stdio.h	size_t	Datentyp für Größenangaben (in Byte)
stdio.h	stdin stdout stderr	Konstanten vom Typ FILE*. Zeiger auf standardmäßig verfügbare und geöffnete Dateien für Ein/ Ausgabe bzw. Fehlermeldungen

`stdio.h`	`fp=fopen(f,m);`	Öffnet Datei zum Lesen oder Schreiben `char *f` Dateiname rel. oder Pfadname
`stdio.h`	`r=fclose(fp);`	Schließt offene Datei. `FILE *fp` Filepointer gibt an, welche Datei `int r` 0 falls ok; EOF bei Fehler
`stdio.h`	`n=fprintf(fp,f,` `x,…);`	Formatierte Ausgabe, wie `printf` aber in Datei fp `FILE *fp` Filepointer gibt an, in welche Datei `char *f` Formatstring `x` Ausdruck, Typ passend zu Formatstring, variable Anzahl von Ausdrücken möglich `int n` Anzahl der ausgegebenen Zeichen; EOF bei Fehler
`stdio.h`	`n=fscanf( fp,f,` `v,…);`	Formatierte Eingabe, wie `scanf` aber aus Datei `FILE *fp` Filepointer gibt an, aus welcher Datei `int n` Anzahl der eingelesenen Felder; EOF bei Fehler `char *f` Formatstring `v` Variable, Typ passend zu Formatstring, variable Anzahl möglich
`stdio.h`	`r=fputc(c,fp);` `r=putc(c,fp);`	Ein Zeichen in Datei ausgeben `int c` auszugebendes Zeichen `FILE *fp` Filepointer gibt an, in welche Datei `int r` ausgegebenes Zeichen, EOF bei Fehler
	`c=fgetc(fp);` `c=getc(fp);`	ein Zeichen aus Datei einlesen `FILE *fp` Filepointer gibt an, aus welcher Datei `int c` eingelesenes Zeichen; EOF im Fehlerfall
`stdio.h`	`r=fputs(buf,fp)` `;`	Zeichenkette in Datei ausgeben `char *buf` auszugebende Zeichenkette `FILE *fp` Filepointer gibt an, in welche Datei `int r` positiver Wert; EOF bei Fehler

`stdio.h`	`r=fgets(buf,`
	`n,`
	`fp);`
		Zeichenkette aus Datei einlesen
		`char buf[…]` Platz für einzulesende Zeichenkette
		`int n` Anzahl der maximal zu lesenden Zeichen
		`FILE *fp` Filepointer gibt an, aus welcher Datei
		`char *r` Zeiger auf `buf`, Nullpointer bei Fehler

stdio.h	`n=fread( buf,`
	`        size,`
	`        anz,`
	`        fp);`
		Binär aus Datei lesen. Vgl. Kapitel „Dateien"
		`void *buf` Zeiger auf Platz für einzulesende Bytes
		`size_t size` Größe eines Datensatzes
		`size_t anz` Anzahl der Datensätze
		`FILE *fp` Filepointer gibt an, aus welcher Datei
		`size_t n` Anzahl der gelesenen Datensätze

stdio.h	`n=fwrite( buf,`
	`         size,`
	`         anz,`
	`         fp);`
		Binär in Datei schreiben. Vgl. Kapitel „Dateien"
		`void *buf` Zeiger auf Platz für einzulesende Bytes
		`size_t size` Größe eines Datensatzes
		`size_t anz` Anzahl der Datensätze
		`FILE *fp` Filepointer gibt an, in welche Datei
		`size_t n` Anzahl der gelesenen Datensätze

stdio.h	`r=fseek( fp,`
	`         off-`
	`set,`
	`         ab);`
		Schreib-/Lese-Position in Datei versetzen.
		`FILE *fp` Filepointer gibt an, für welche Datei
		`long offset` Anzahl der Bytes, um die versetzt wird
		`int ab` von wo ab versetzt wird:
		`ab==SEEK_SET` ab Dateianfang
		`ab==SEEK_CUR` ab aktueller Position
		`ab==SEEK_END` ab Dateiende nach vorne
		`int r` 0 bedeutet ok, `!=0` Fehler

9.3   Grenzwerte

Include	Bezeichner/ Aufruf	Argument/ Rückgabewert/ Beschreibung

limits.h	`SCHAR_MIN   SCHAR_MAX`
	`UCHAR_MAX`
	`CHAR_MIN    CHAR_MAX`
	`SHRT_MIN    SHRT_MAX`
	`USHRT_MAX`
	`INT_MIN     INT_MAX`
	`UINT_MAX`
	`LONG_MIN    LONG_MAX`
	`ULONG_MAX`
		Für die ganzzahligen Typen werden jeweils der kleinste und der größte darstellbare Wert als Konstante definiert.
		Der Bezeichner der jeweiligen Konstante enthält eine Abkürzung des betreffenden Datentyps, wobei `S` für signed und `U` für unsigned steht.

9.4   Mathematik

Include	Bezeichner/ Auf-ruf	Argument/ Rückgabewert/ Beschreibung

math.h	`y=sin(x);`
	`y=cos(x);`
	`y=tan(x);`
		Trigonometrische Funktionen
		`double x` Argument im Bogenmaß
		`double y` Ergebniswert

math.h	`y=sinh(x);`
	`y=cosh(x);`
	`y=tanh(x);`
		Hyperbel-Funktionen
		`double x` Argument
		`double y` Ergebniswert

math.h	`y=asin(x);`	Arcus Sinus (Umkehrfunktion von Sinus) `double x` Argument mit $-1 \leq x \leq 1$ `double y` Ergebnis im Bogenmaß mit $-\pi/2 \leq y \leq \pi/2$
math.h	`y=acos(x);`	Arcus Cosinus. (Umkehrfunktion von Cosinus) `double x` Argument mit $-1 \leq x \leq 1$ `double y` Ergebnis im Bogenmaß mit $0 \leq y \leq \pi$
math.h	`y=atan(x);`	Arcus Tangens. (Umkehrfunktion von Tangens) `double x` Argument `double y` Ergebnis im Bogenmaß mit $-\pi/2 \leq y \leq \pi/2$
math.h	`z=atan2(y,x);` 	Arcus Tangens, Version mit 2 Argumenten. Ergebnis wie `z=atan(y/x)` falls x!=0. Wird z. B. benutzt, um den Winkel, unter dem der Punkt (x,y) erscheint, zu berechnen. `double x` Argument 1 `double y` Argument 2 `double z` Ergebnis im Bogenmaß mit $-\pi \leq y \leq \pi$

	π	π Hat man z. B. mit folgendem Programmstück zur Verfügung:
		`double Pi;`
		`Pi = 4.0*atan(1.0);  // 1. Möglichkeit`
		`Pi = atan2(0,-1);    // 2. Möglichkeit`

math.h	`z=pow(x,y);`	Potenzfunktion `double x` Argument 1 `double y` Argument 2; wenn x<0 muss y ganzzahlig sein wenn x=0, muss y positiv sein `double z` Ergebnis x^y
math.h	`y=sqrt(x);`	Quadratwurzel `double x` Radikand, es muss gelten: x≥0 `double y` Ergebnis $\sqrt{x}$

math.h	`y=exp(x);`	Exponentialfunktion `double x` Exponent `double y` Ergebnis e^x
math.h	`y=log(x);` `y=log10(x);`	Logarithmus zur Basis e und Logarithmus zur Basis 10 `double x` Argument, es muss gelten: x>0 `double y` Ergebnis $\ln(x)$ bzw. $\log_{10}(x)$
stdlib.h	`n=abs(i);`	Absolutwert einer int-Größe `int i` Argument `int n` Ergebnis: Absolutwert von i
stdlib.h	`m=labs(l);`	Absolutwert einer long-Größe `long l` Argument `long m` Ergebnis: Absolutwert von l
math.h	`y=fabs(x);`	Absolutwert einer double-Größe `double x` Argument `double y` Ergebnis: Absolutwert von x
math.h	`y=ceil(x);`	„Ceiling", Decke: Kleinste ganze Zahl größer gleich x. Zur Wandlung Gleitpunkt->Ganzzahlig. z. B. Rundung für x≥0: `y=ceil(x-0.5)` `double x` Argument `double y` Ergebnis: Kleinste ganze Zahl größer gleich x
math.h	`y=floor(x);`	„Floor", Boden: Größte ganze Zahl kleiner gleich x. Zur Wandlung Gleitpunkt->Ganzzahlig. z. B. Rundung für x<0: `y=floor(x+0.5)` `double x` Argument `double y` Ergebnis: Größte ganze Zahl kleiner gleich x

9.5   Zufallszahlen

Include	Bezeichner/ Aufruf	Argument/ Rückgabewert/ Beschreibung
stdlib.h	RAND_MAX	Konstante: Maximaler Ergebniswert der Funktion `rand()`
stdlib.h	`n=rand();`	Gleichverteilte Zufallszahlen („random number"). Vgl. Kapitel „Sortierverfahren und Zufallszahlen" `int n` Zufallszahl $0 \le n \le$ RAND_MAX
stdlib.h	`srand(n);`	Keim („seed") für Zufallszahlengenerator setzen. Für jedes n bekommt man mit den folgenden `rand()`-Aufrufen eine andere vorgegebene Zufallsfolge. `unsigned n` Keim, identifiziert gewünschte Zufallsfolge. Beispiel: `#include <time.h>`… … `time_t t; … srand((unsigned) time(&t));`

9.6 Zeichenbehandlung

Include	Bezeichner/ Aufruf	Argument/ Rückgabewert/ Beschreibung
ctype.h	b=isalpha(c);	Prüfung, ob c ein Buchstabe ist. int c das Zeichen int b 0 falls c kein Buchstabe ist, ≠0 sonst
ctype.h	b=isdigit(c);	Prüfung, ob c eine Dezimalziffer ist. int c das Zeichen int b 0 falls c keine Dezimalziffer ist, ≠0 sonst
ctype.h	b=isupper(c);	Prüfung, ob c ein Großbuchstabe ist. int c das Zeichen int b 0 falls c kein Großbuchstabe ist, ≠0 sonst
ctype.h	b=islower(c);	Prüfung, ob c ein Kleinbuchstabe ist. int c das Zeichen int b 0 falls c kein Kleinbuchstabe ist, ≠0 sonst
ctype.h	b=isspace(c);	Prüfung, ob c ein Zwischenraumzeichen (Tab, vertikaler Tab, Zeilenwechsel, Wagenrücklauf, Seitenvorschub oder Leerzeichen) ist int c das Zeichen int b 0 falls c kein Zwischenraumzeichen ist, ≠0 sonst
ctype.h	d=toupper(c);	Wandelt einen Kleinbuchstaben in den entsprechenden Großbuchstaben um, z. B. a⇒A. Andere Zeichen bleiben unverändert. int c das Zeichen int d ggf. umgewandeltes Zeichen
ctype.h	d=tolower(c);	Wandelt einen Großbuchstaben in den entsprechenden Kleinbuchstaben um, z. B. A⇒a. Andere Zeichen bleiben unverändert. int c das Zeichen int d ggf. umgewandeltes Zeichen
stddef.h	wchar_t	ganzzahliger Datentyp, der genügend Platz bietet, um z. B. ein Unicode-Zeichen zu speichern

9.7 Zeichenketten

Include	Bezeichner/ Aufruf	Argument/ Rückgabewert/ Beschreibung
`string.h`	`NULL`	Konstante für Nullzeiger
`string.h`	`n=strlen(s);`	Anzahl der Zeichen in Zeichenkette s ermitteln (ohne '\0') `char *s` Zeichenkette `size_t n` Ergebnis
`string.h`	`strcpy(sz,sq);`	Kopiert Zeichenkette sq in Zeichenvektor sz. `char *sz` Ziel-Zeichenvektor (hinreichend groß) `char *sq` Quell-Zeichenkette (mit '\0' terminiert)
`string.h`	`strcat(sz,sq);`	Hängt Zeichenkette sq an Zeichenkette sz. `char *sz` Ziel-Zeichenkette (mit '\0' terminiert); Zeichenvektor sz muss hinreichend groß sein `char *sq` Quell-Zeichenkette (mit '\0' terminiert)
`string.h`	`i=strcmp(s1,s2);`	Lexikographischer Vergleich zweier Zeichenketten `char *s1` Zeichenkette 1 (mit '\0' terminiert) `char *s2` Zeichenkette 2 (mit '\0' terminiert) `int i` Ergebnis: $\quad$ s1<s2 $\Rightarrow$ i<0 $\quad$ s1=s2 $\Rightarrow$ i=0 $\quad$ s1>s2 $\Rightarrow$ i>0
`string.h`	`p=strstr(s1,s2);`	Sucht Zeichenkette s2 in Zeichenkette s1. `char *s1` Zeichenkette 1 (mit '\0' terminiert) `char *s2` Zeichenkette 2 (mit '\0' terminiert) `char *p` Zeiger auf erstes Auftreten von s2 in s1 (Nullzeiger, falls s2 in s1 nicht vorkommt)

9.8 Konvertierung Intern-/ Extern-Darstellung

Include	Bezeichner/ Aufruf	Argument/ Rückgabewert/ Beschreibung
`stdlib.h`	`n=atoi(s);`	Wandelt Externdarstellung einer Zahl als Zeichenkette in einen `int`-Wert in Interndarstellung `char *s` Zeichenkette mit den Ziffern `int n` Ergebnis: Zahl in Interndarstellung
`stdlib.h`	`d=atof(s);`	Wandelt Externdarstellung einer Zahl als Zeichenkette in einen `double`-Wert in Interndarstellung `char *s` Zeichenkette mit den Ziffern `double d` Ergebnis: Zahl in Interndarstellung

stdio.h	n=sprintf(s, f, x, …);	Formatierte Ausgabe, s. Kapitel „Formatierte Ein/ Ausgabe" Wirkung wie printf, aber es wird in Zeichenkette s statt auf Datei oder Gerät ausgegeben.
		char *s — Zielzeichenkette für Externdarstellung
		char *f — Formatstring
		x — Ausdruck, Typ passend zu Formatstring, variable Anzahl von Ausdrücken möglich
		int n — Anzahl der in s eingefügten Zeichen
stdio.h	n=sscanf(s, f, v, …);	Formatierte Eingabe, s. Kapitel „Formatierte Ein/ Ausgabe" Wirkung wie scanf, aber es wird aus Zeichenkette s statt von Datei oder Gerät gelesen.
		char *s — Quellzeichenkette mit Externdarstellung
		int n — Anzahl der eingelesenen Felder; EOF bei Fehler
		char *f — Formatstring
		v — Variable, Typ passend zu Formatstring, variable Anzahl möglich

9.9   Speicherverwaltung

Include	Bezeichner/ Aufruf	Argument/ Rückgabewert/ Beschreibung
stdlib.h	p=malloc(n);	Reserviert einen Speicherbereich von n Bytes. s. Kapitel „Pointer"
		int n — Gewünschte Größe des Speicherblocks
		void *p — Ergebnis: Zeiger auf reservierten Bereich (Nullpointer, falls nicht genügend Platz vorhanden).
stdlib.h	free(p);	Gibt einen mit malloc reservierten Speicherbereich frei. s. Kapitel „Pointer"
		void *p — Zeiger auf freizugebenden Bereich (aus früher erfolgtem malloc-Aufruf)

9.10   Starten/ Beenden

Include	Bezeichner/ Aufruf	Argument/ Rückgabewert/ Beschreibung
`stdlib.h`	`abort();`	Bricht das Programm mit Fehler ab.
`stdlib.h`	`exit(n);`	Beendet das Programm `int n` Exit-Code, kann vom Vater-Prozess abgefragt werden. 0 Bedeutet OK.
`stdlib.h`	`r=system(s);`	Übergibt die Zeichenkette s dem Kommandozeileninterpreter des Systems. Wirkt unter Windows etwa so, als ob der Inhalt von s in die DOS-Box eingegeben würde. `char *s` Kommando-Zeichenkette `int r` Resultat: 0 bedeutet OK.

9.11   Nicht-Standardfunktionen

Include	Bezeichner/ Aufruf	Argument/ Rückgabewert/ Beschreibung
`conio.h`	`b=kbhit();`	Testet, ob seit dem letzten `getch()`-Aufruf eine Taste der Konsol-Tastatur gedrückt wurde. `int b` $\neq 0$ falls Taste gedrückt; 0 sonst
`conio.h`	`r=putch(c);`	Ein Zeichen auf den Konsol-Bildschirm ausgeben. (benutzt nicht `stdout`, kann also nicht umgeleitet werden) `int c` auszugebendes Zeichen `int r` ausgegebenes Zeichen, `EOF` bei Fehler
`conio.h`	`c=getch();`	Ein Zeichen einlesen (benutzt nicht `stdin`, kann also nicht umgeleitet werden) `int c` eingelesenes Zeichen, `EOF` bei Fehler

9.12   Aufgaben

1. Aufgabe

Das folgende Programmfragment soll dazu ertüchtigt werden, eine Tabelle der trigonometrischen Funktionen Sinus und Cosinus auszugeben. Es sollen 100 äquidistante Stützstellen zwischen den Winkeln 0 und π tabelliert werden.

Benutzen Sie zur Zuweisung an die Variable die Tatsache, dass π gleich dem Vierfachen des Arcus Tangens von 1 ist.

Füllen Sie die Kästen aus:

```
#include <stdio.h>
#include <math.h>
void main()

{ double Pi = [_____];
  int i; double x, sinx, cosx;

  for(i=0; i<100; i++)
  { x     = (Pi/100)*i;

    sinx = [_____];

    cosx = [_____];
    printf("x=%10.5f\t", x);
    printf("sin(x)=%10.5f\t cos(x)=%10.5f\n", sinx, cosx);

  }

}
```

2. Aufgabe

Testen Sie die Genauigkeit von Gleitpunkt-Funktionen aus dem Bereich math der Standardbibliothek in C. Schreiben Sie dazu ein Programm, das folgende Schritte durchführt

- Berechnung von $\sqrt[2]{2}$ mit Hilfe der Beziehung $\sqrt[n]{x} = e^{\ln(x)/n}$

- Quadrieren des Ergebnisses mit den Operatoren von **C** (ohne Funktionen der Standardbibliothek)

- Ausgabe des Ergebnisses der Quadratur auf 20 Stellen hinter dem Komma

- Berechnung von $\sqrt[2]{2}$ mit Hilfe der Beziehung $\sqrt[n]{x} = x^{1/n}$

- Quadrieren des Ergebnisses mit den Operatoren von **C** (ohne Funktionen der Standardbibliothek)

- Ausgabe des Ergebnisses der Quadratur auf 20 Stellen hinter dem Komma

Deklarieren Sie die nötigen Variablen mit dem Typ `double`. Interpretieren Sie das Ergebnis und beantworten Sie folgende Fragen:

– Wieviele Stellen des Ergebnisses sind signifikant und woran merkt man, dass es sinnlos ist, mehr Stellen hinter dem Komma auszugeben?

– Weichen die Ergebnisse der verschiedenen Rechnungswege ab? Welche Gründe (außer der beschränkten Stellenzahl bei der Rechnung) könnten in Frage kommen?

3. Aufgabe

Schreiben Sie ein komplettes **C**-Programm `degrad.c`, das eine Zahl einliest, diese als Winkel in Grad interpretiert und den zugehörigen Winkel im Bogenmaß wieder ausgibt.

10 Kontrollstrukturen

Bisher haben wir schon einfache Möglichkeiten kennen gelernt, Anweisungen zu formulieren: Ausdrucksanweisungen und die Verbundanweisung. Eine Ausdrucksanweisung entsteht, indem nach einem Ausdruck ein Strichpunkt gesetzt wird:

Der Ausdruck kann weg gelassen werden, dann entsteht eine leere Anweisung. Eine Verbundanweisung besteht aus einer Aneinanderreihung von Anweisungen innerhalb eines Paares geschweifter Klammern:

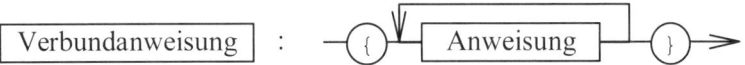

In diesem Kapitel kommen Anweisungen hinzu, die es ermöglichen, flexible Programme zu formulieren mit bedingten Verzweigungen und Laufschleifen. Ausgenutzt wird dabei die Eigenschaft eines Computers, den Programmablauf von gewissen Bedingungen abhängig zu machen, etwa vom Ergebnis einer vorherigen Operation. Alle Arten von Anweisungen, sind im folgenden Syntaxdiagramm zusammen gefasst:

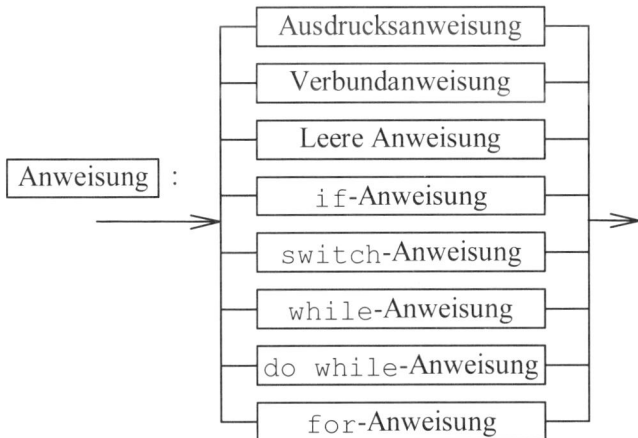

Abbildung 10.0-1: Syntaxdiagramm für alle Typen von Anweisungen

Weiterhin lernen wir in diesem Kapitel eine Möglichkeit kennen, die Struktur eines Programms darzustellen, ohne das Programm selbst zu kodieren, die *Struktogramme*[1]. Um ein Struktogramm zu zeichnen, wird jede Anweisung in einen Strukturblock eingetragen. Für Ausdrucks- oder Verbundanweisungen ist der Strukturblock ein einfacher Kasten:

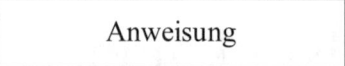

Mehrere aufeinanderfolgende Anweisungen können durch eine Aneinanderreihung von Strukturblöcken dargestellt werden:

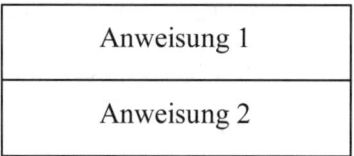

Um im Folgenden die Bedingungen für Verzweigungen und Laufschleifen zu formulieren, benötigen wir die Wahrheitswerte und logischen Verknüpfungen aus dem vorigen Kapitel.

10.1   Bedingte Verzweigung

Bedingte Verzweigungen sind besonders dann geeignet, wenn es zwei Möglichkeiten gibt, ein Programm fortzusetzen. Welche davon jeweils gewählt werden soll hängt dabei von einer Bedingung ab. Struktogramm und Syntaxdiagramm für die bedingte Verzweigung sehen folgendermaßen aus:

Struktogramm:

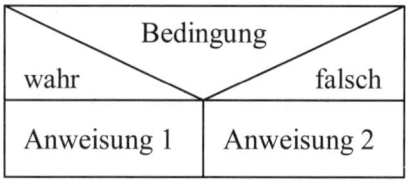

Kodierung in **C**:

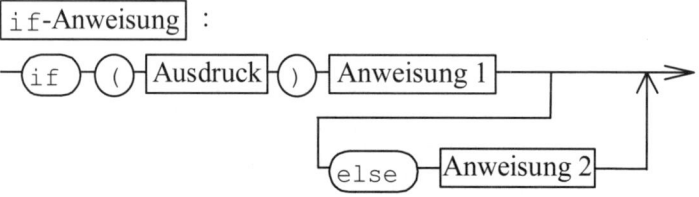

Bei der Ausführung einer bedingten Verzweigung wird zunächst der Ausdruck ausgewertet und als Wahrheitswert interpretiert. Falls das Ergebnis "wahr" ist, wird Anweisung 1 ausgeführt, ansonsten Anweisung 2. Für "Anweisung 1" und "Anweisung 2" kann wieder jede

---

[1]   Auch Nassi-Shneiderman-Diagramme genannt.

Art von Anweisung nach Syntaxdiagramm aus Abbildung 9.12-1 stehen. Der else-Teil mit Anweisung 2 kann weggelassen werden. In diesem Fall erfolgt keinerlei Aktion falls die Bedingung "falsch" ist. Dies bedeutet, dass das Programm mit der auf die bedingte Verzweigung folgenden Anweisung fortgesetzt wird.

Als Beispiel sehen wir ein Programm an, das die Einkommensteuer berechnet, die nach Einkommensteuer-Grundtarif zu entrichten ist (Stand 2001):

```
#include <stdio.h>
#include <math.h>                /* fuer die floor()-Funktion!! */
void main()/*Berechnung der Einkommensteuer nach Grundtarif*/
{
 float eink, y, z;
 long leink;
 printf("Geben Sie das zu versteuernde Einkommen an\n");
 scanf("%f", &eink);
 leink = ((long)floor(eink) / 54) * 54 + 27;
 y = (leink - 14040.) / 10000.;          Punkt hinter 14040 zur
 z = (leink - 18036.) / 10000.;          Umwandlung in float
 if (leink < 14094)
   printf("0 DM Einkommensteuer\n");
 else if (leink < 18090)
       printf("%9.2f DM Einkommensteuer",(387.89*y+1990)*y);
     else if (leink < 107568)
            printf("%9.2f DM Steuer",(142.49*z+2300)*z+857);
          else printf("%9.2f DM Steuer", leink*0.485-19299);
}
```

Das Struktogramm zu diesem Programm ist in Abbildung 9.12-1 dargestellt. Daran ist zu erkennen, wie die Strukturblöcke in einem Struktogramm ineinander geschachtelt werden können.

Das Programm als Text ist so gegliedert, dass die Strukturblöcke optisch deutlich sichtbar sind und dem Leser sofort ins Auge fallen. Die zu einem if gehörende Anweisung steht in einer oder mehreren eigenen Zeilen und ist gegenüber dem if selbst eingerückt. Folgt dem if eine Verbundanweisung, so ist die schließende Klammer } unter das zugehörige if gestellt. Das zu einem if gehörende else ist ebenfalls in eine Linie unterhalb dem if gestellt. Diese Art der optischen Gestaltung eines Programms ist empfehlenswert, da die Programmstruktur im äußerlichen Erscheinungsbild des Programms deutlich wird und vom Leser sofort erfasst werden kann.

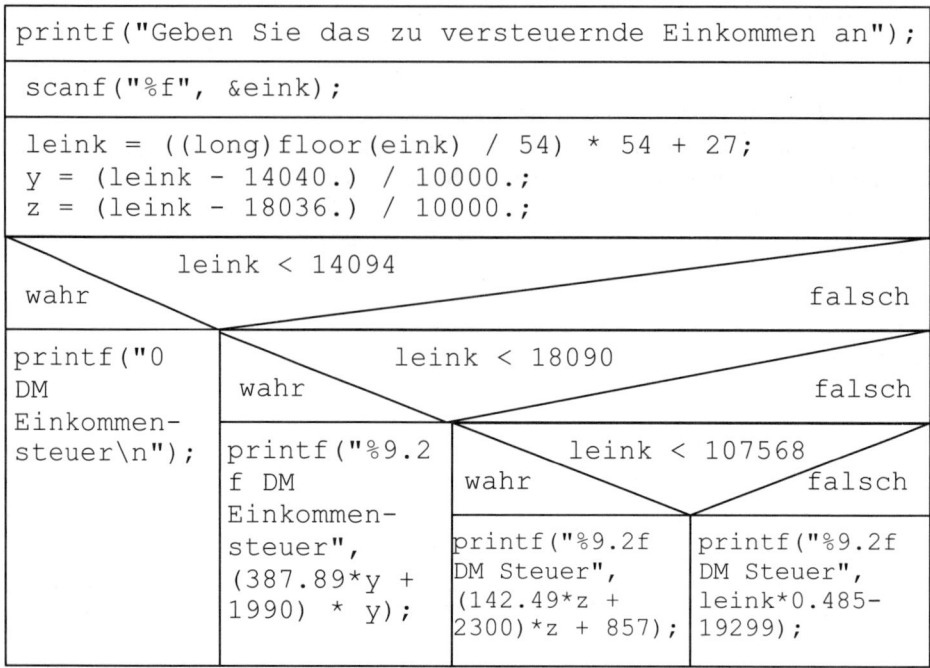

Abbildung 10.1-1: Struktogramm für das Programm zur Berechnung der Einkommensteuer.

Bei der Verwendung von bedingten Verzweigungen gibt es einige Fehlerquellen auf die ausdrücklich hingewiesen werden muss. Diese sind in Tabelle 10.1-1 zusammen gefasst.

Tabelle 10.1-1: Typische Fehler bei der bedingten Verzweigung.

`if (i!=5)  j=4` `else j=5;`	Nach `j=4` fehlt der Strichpunkt. In **C** schließt dieser eine Anweisung ab.[2]
`int i=1;` `if (i=2) printf("2");`	Der Vergleich muss korrekt lauten: `if(i==2)`... Hier wird der Variablen `i` der Wert 2 zugewiesen. Dies ist gleichzeitig der Wert des Ausducks und damit stets "wahr"!

`if (i!=5) { i=5; j=4;`
`};`
`else printf("gleich`
`5");`
	Die Anweisung nach der Bedingung (wahr-Zweig) ist eine Verbundanweisung. Der danach folgende Strichpunkt schließt eine leere Anweisung ab.

---

[2]   Diesen Fehler machen häufig Programmierer, die von PASCAL auf C umsteigen. In PASCAL darf vor dem `else` kein Strichpunkt stehen, da dieser dort Anweisungen trennt und nicht abschließt.

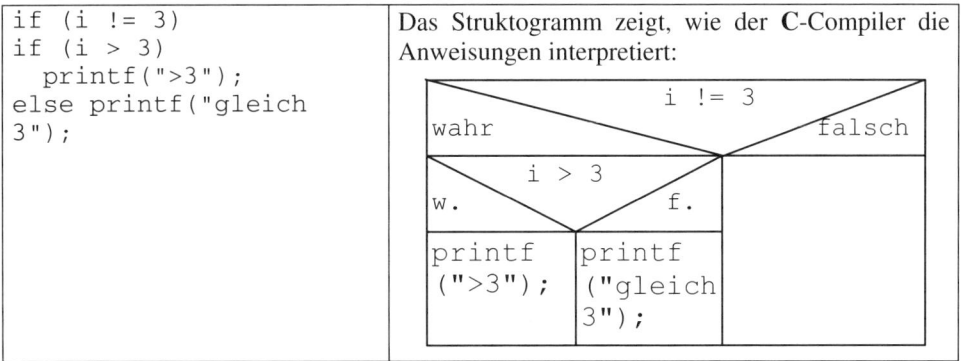

```
if (i != 3)
if (i > 3)
  printf(">3");
else printf("gleich
3");
```

Das Struktogramm zeigt, wie der **C**-Compiler die Anweisungen interpretiert:

i != 3		
wahr		falsch
i > 3		
w.	f.	
printf(">3");	printf("gleich 3");	

10.2   Auswahl (Fallunterscheidung)

Eine Auswahlanweisung wird verwendet, wenn genau eine aus mehr als zwei Möglichkeiten für die Fortsetzung des Programms in Frage kommt. Struktogramm und Sytaxdiagramm für die Fallunterscheidung sehen folgendermaßen aus:

Struktogramm:

			Ausdruck (Fallauswahl)	
Fall 1	Fall 2	Fall 3	...	Fall n
Anweisung	Anweisung	Anweisung	...	Anweisung

Kodierung in **C**:

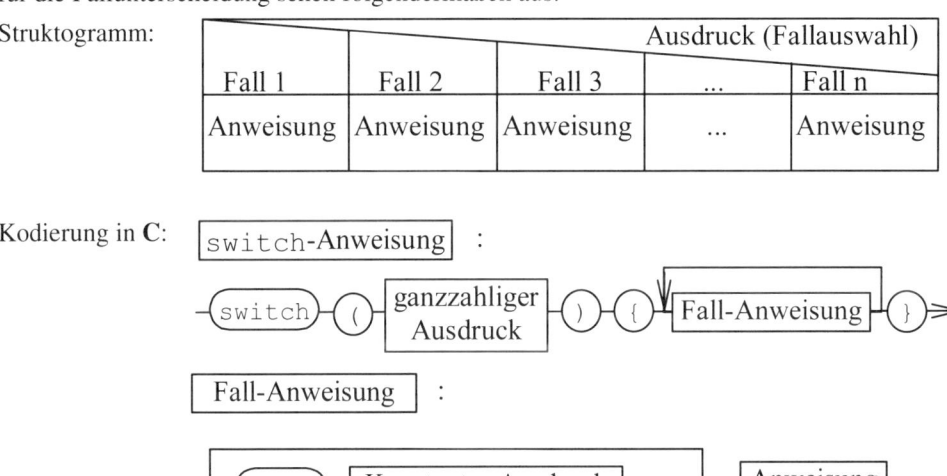

Bei der Ausführung der switch-Anweisung wird zuerst der ganzzahlige Ausdruck in den runden Klammern nach dem Schlüsselwort switch ausgewertet. Aus den angegebenen Fall-Anweisungen wird sodann diejenige gesucht, deren nach einem case angegebener konstanter Ausdruck mit dem Wert des eben ausgewerteten Ausdrucks überein stimmt. An dieser Stelle wird das Programm fortgesetzt. Wird kein passender konstanter Ausdruck gefunden, so wird das Programm nach default: fortgesetzt. Ist auch kein default vorhanden, so bleibt die Auswahlanweisung ohne Wirkung. Beim Übersetzen des Programms werden die Fälle in Adressen umgesetzt, an denen das Programm fort zu setzen ist. Daher endet das Abarbeiten der Anweisungen zu einem Fall nicht automatisch mit Erreichen der nächsten Fallanweisung. Durch Einfügen der Anweisung break; als letzte Anweisung zu einem Fall wird erreicht, dass die Fall-Anweisung dort unmittelbar beendet wird. Siehe dazu auch Abschnitt 10.4.1 und den letzten der in Tabelle 10.2-1 angegebenen typischen Fehler.

Beispiel: Auswerten eines eingegebenen Zeichens zur Realisierung von Kommandomenüs. Im folgenden Programmfragment haben die Zeichen a, b und c eine Bedeutung. Sie können jeweils als Groß- oder Kleinbuchstaben eingegeben werden. In einem realen Programm würde statt des printf("Kommando ...\n ") angegeben werden, was als Antwort auf den eingegebenen Befehl zu tun ist.

```
scanf("%c", &Kommando);
switch (Kommando)
{ case 'a': case 'A': printf("Kommando a\n "); break;
  case 'b': case 'B': printf("Kommando b\n "); break;
  case 'c': case 'C': printf("Kommando c\n "); break;
  default: printf("noch nicht implementiert\n");
}
```

Auch bei der Verwendung der Auswahlanweisung gibt es einige Fehlerquellen, vor denen gewarnt werden muss. Diese sind in Tabelle 10.2-1 zusammen gefasst.

Tabelle 10.2-1: Typische Fehler bei der Auswahlanweisung

`float r;` `switch (r) { ... }`	Der Ausdruck zum Treffen der Auswahl (`float r`) ist nicht ganzzahlig
`char Name[];` `switch (Name)...`	Der Ausdruck zum Treffen der Auswahl (`char Name[]`) ist nicht ganzzahlig

`switch (i)`
`{ case 1: printf("eins");`
`  case 2: printf("zwei");`
`  default: printf("sonstiger`
`Wert");`
`}`
	Hier fehlt die `break`-Anweisung in den Zweigen. Wenn i den Wert *1* hat, wird ausgegeben:
	
	`einszweisonstiger Wert`

10.3   Laufschleifen (Wiederholungsanweisungen)

Laufschleifen werden benutzt, um Anweisungen mehrfach ausführen zu können. Die Anzahl der Ausführungen wird durch eine Bedingung festgelegt. Diese Bedingung kann jeweils vor oder nach dem Schleifendurchlauf geprüft werden.

10.3.1 Die `while`-Anweisung

Struktogramm:

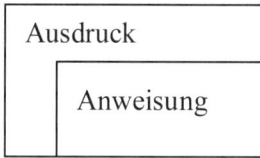

Kodierung in **C**: `while-Anweisung` :

Bei der `while`-Schleife wird die Bedingung **vor** dem Schleifendurchlauf geprüft. Das Syntaxdiagramm lässt sich am besten so lesen: "So lange der Ausdruck wahr ist, führe die Anweisung aus".

Die einfachste Möglichkeit, mit einer `while`-Anweisung eine Endlosschleife zu schreiben ist: `while(1) {...}`, da die eins stets "wahr" ist und damit ohne Ende die nachfolgende Anweisung ausgeführt wird.

Bei folgender Schleife, die wir gleich anschließend in einem Programm zur Ausgabe römischer Zahlen benötigen werden, wird eine Variable z jeweils um tausend erniedrigt und es wird der Buchstabe 'M' ausgegeben, bis z schließlich kleiner ist, als tausend:

`while (z>=1000) {printf("M"); z=z-1000; }`

War der Wert von z bereits vor der Schleife kleiner als tausend, so passiert in der Schleife gar nichts, da die Bedingung `z>=1000` von vorne herein nicht erfüllt ist.

Beispiel: Ausgabe von römischen Zahlen. Ein derartiges Programm ist in allen Textverarbeitungsprogrammen vorhanden, mit denen sich römische Zahlen für die Seitennumerierung einstellen lassen. Der Ziffernvorrat ist:

M	1000	Beliebig oft wiederholbar
C	100	Höchstens dreimal wiederholbar
X	10	Höchstens dreimal wiederholbar
I	1	Höchstens dreimal wiederholbar
D	500	Nicht wiederholbar
L	50	Nicht wiederholbar
V	5	Nicht wiederholbar

Die Regeln für die Bildung römischer Zahlen lauten: Wenn eine gleichgroße oder größere Ziffer nach einer kleineren steht, so sind deren Werte zu addieren. Wenn eine kleinere Ziffer vor einer größeren steht, so ist der Wert der kleineren von dem der größeren zu subtrahieren. Beispiele: 24=XXIV, 900=CM, 123=CXXIII, 1998=MCMXCVIII usw. Folgendes Programm liest eine Dezimalzahl von der Tastatur ein und gibt die entsprechende römische Zahl aus:

```c\n#include <stdio.h>\nvoid main()\n{ int z;\n scanf("%d", &z);\n printf("%d =", z);\n```	In die Variable z wird ein Wert gelesen. Die Ausgabe wird vorbereitet, indem z und ein Gleichheitszeichen ausgegeben werden
```c\n/* Tausender */\n while (z>=1000) {\n printf("M");\n z=z-1000; }\n```	Für jeden Tausender wird ein 'M' ausgegeben und die Zahl z um tausend vermindert.
```c\n/*z<1000: Hunderter-Behandlung*/\n switch (z / 100 * 100) {\n case 900: printf("CM");\n z=z-900; break;\n case 400: printf("CD");\n z=z-400; break;\n default: if (z>= 500) {\n printf("D");\n z=z-500;}\n while (z>=100) {\n printf("C");\n z=z-100; }\n }\n```	Jetzt ist z notwendigerweise kleiner als tausend. Da z ganzzahlig ist, ist auch z/100 ganzzahlig. Insgesamt ist dann "z/100 * 100" die nächst kleinere, durch 100 teilbare Zahl (dieser Ausdruck kann hier nur die Werte 100, 200,...,900 annehmen). Die Werte 400 und 900 werden direkt behandelt, ansonsten wird ggf. ein D für 500 ausgegeben und so viele C für Hunderter, als nötig.
```c\n/* z < 100: Zehner-Behandlung */\n switch (z / 10 * 10) {\n case 90: printf("XC");\n z=z-90; break;\n case 40: printf("XL");\n z=z-40; break;\n default: if (z>=50) {\n printf("L");\n z=z-50;}\n while (z>=10) {\n printf("X");\n z=z-10;}\n }\n```	Nun ist z in jedem Fall kleiner als hundert. Nach dem gleichen Prinzip wie bei der Behandlung der Hunderter werden die Zehner behandelt: 90 und 40 direkt, ansonsten Ausgabe von L für 50, falls erforderlich und dann soviele Zehner wie nötig. Die der erfolgten Ausgabe entsprechende Zahl wird immer von z subtrahiert.
```c\n/* z < 10 */\n switch (z) {\n case 9: printf("IX");\n z=z-9; break;\n case 4: printf("IV");\n z=z-4; break;\n default: if (z>=5) {\n printf("V");\n z=z-5;}\n while (z>=1) {\n printf("I");\n z=z-1;}\n }\n```	Ab hier ist z kleiner als zehn. Hier werden die neun und die vier gesondert behandelt.
```c\nprintf("\\n");\n}\n```	Zum Abschluss Zeilenvorschub in der Ausgabe erzeugen.

An diesem Programm ist wieder gut zu sehen, dass die Übersichtlichkeit der Programmstruktur deutlich erhöht wird, wenn die einzelnen Programmzeilen so eingerückt werden, dass die vorkommenden Kontrollstrukturen optisch herausgehoben werden.

10.3.2 Die `do-while`-Anweisung

Die `do-while`-Anweisung verhält sich analog der `while`-Anweisung, mit der Ausnahme, dass die Bedingung erst **nach** Schleifendurchlauf geprüft wird. Das bedeutet insbesondere, dass die Schleife mindestens einmal durchlaufen wird. Das folgende Syntaxdiagramm lässt sich am besten so lesen: *" Führe die Anweisung aus, bis der Ausdruck falsch wird".*

Struktogramm:

```
┌─────────────────────┐
│      ┌──────────────┤
│      │  Anweisung   │
│      │              │
├──────┴──────────────┤
│  Ausdruck           │
└─────────────────────┘
```

Kodierung in **C**:

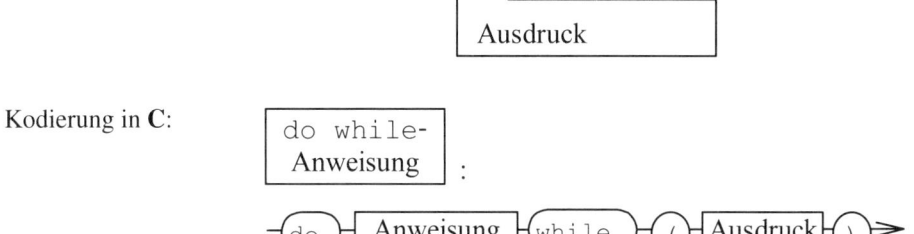

Wir wollen nun eine `do-while`-Anweisung verwenden, um ein Verfahren der numerischen Mathematik zur Bestimmung von Nullstellen einer Funktion zu demonstrieren.

10.3.3 Anwendung: Bestimmung von Nullstellen einer Funktion

Nullstellenbestimmung von Funktionen ist eine häufig benötigte Anwendung. Als Beispiel dient uns hier die Keplersche Gleichung, die für zwei gegebene Werte $0 \leq E \leq 1$ und $0 \leq M \leq 2\pi$ nach x aufzulösen ist:

$$M = x - E \sin x$$

Diese Gleichung ist u. a. wichtig, um die Position eines Satelliten zu einer gegebenen Zeit zu bestimmen, um etwa eine Antenne nachführen zu können. Es gibt keine analytische Lösung für diese Gleichung. Eine Nullstelle kann daher nur durch wiederholtes „ausprobieren" bestimmt werden. Das Verfahren von Newton und Raphson ist ein Algorithmus, zur numerischen Bestimmung einer Nullstelle.

Statt die obige Gleichung nach x aufzulösen können wir auch eine Nullstelle der Funktion

$$f(x) = x - E \sin x - M$$

bestimmen. Wir verwenden hier das Verfahren von Newton und **Raphson** 1. Ordnung. Dazu wird ein Startwert x_0 gewählt und die Funktion durch ihre Tangente im Punkt $(x_0, f(x_0))$ genähert und die Nullstelle der Tangente bestimmt. Die Nullstelle x_1 dieser Geraden wird als erste Näherung für die Nullstelle der Funktion genommen und das Verfahren wiederholt. Es ergibt sich eine Folge (x_i) von Näherungswerten für die Nullstelle von $f(x)$, wie in Abbildung 10.3-1 dargestellt.

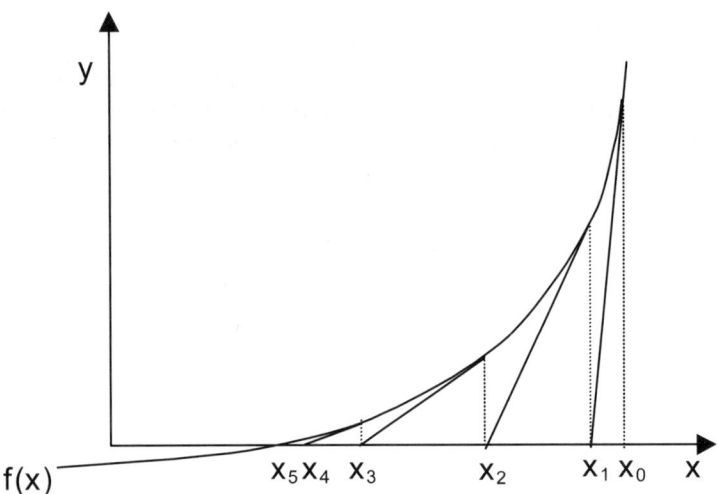

Abbildung 10.3-1: Konvergenz der Folge (x_i) gegen eine Nullstelle von $f(x)$.

Unter bestimmten Voraussetzungen, die hier nicht genau angegeben werden, konvergiert die Newtonfolge (x_i) gegen eine Nullstelle von $f(x)$.

Die Steigung der Tangente im Punkt x_i entspricht der Steigung der Funktion $f(x)$ in x_i. Die Geradengleichung der Tangente ist folglich

$$y = \underbrace{f'(x_i)x}_{\text{Steigung}} + \underbrace{f(x_i) - x_i f'(x_i)}_{\text{y-Achsenabschnitt}}$$

Somit ist folgende Gleichung nach x aufzulösen:

$$f(x_i) + (x - x_i)f'(x_i) = 0$$

Die Lösung x_i ist in vielen Fällen eine „Verbesserung" von x_{i-1}, d. h. x_1 ist näher an der Nullstelle von f, als x_0 usw.

Bei der Umsetzung in ein Programm müssen zwei Dinge beachtet werden:

1. Mathematisch gesehen umfasst die Folge (x_i) unendlich viele Variablen mit Zuordnung zu jeweils einer Stützstelle. Bei der programmtechnischen Umsetzung werden die Werte von x_i sukzessive berechnet, müssen aber nicht alle abgespeichert werden, da nur die letztlich gefundene Nullstelle von Bedeutung ist. Im folgenden Programm nimmt eine einzige Variable – xi – nacheinander die Werte der Stützstellen der Folge auf. Anders

als in der Mathematik, ist bei der Programmierung eine Variable ein Container für einen änderbaren Wert.

2. Die Nullstelle kann in der Regel nicht exakt bestimmt werden, sondern nur mit einer gewissen Genauigkeit, etwa 10^{-6} bei Verwendung von `float` oder 10^{-12} bei Verwendung von `double`. Die Iteration kann daher abgebrochen werden, wenn $|f(x_i)| < \varepsilon$ mit einer vorgegebenen Genauigkeit ε.

3. Das Verfahren muss nicht immer konvergieren. Wenn die Funktion $f(x)$ gar keine Nullstelle hat, oder nicht die Voraussetzungen für die Konvergenz erfüllt. Dann ist $|f(x_i)| < \varepsilon$ nie erfüllt. Es ist also zusätzlich dafür zu sorgen, dass die Iteration nach einer maximalen Anzahl von Schritten abgebrochen wird, um das Verweilen des Programms in einer Endlosschleife zu vermeiden.

Die Bildung des absoluten Betrags wird im folgenden Programm mit dem Präprozessormakro `ABS` durchgeführt. Makros sind Gegenstand des nächsten Kapitels, werden hier aber schon verwendet.

```c
#include <stdio.h>
#include <math.h>
#define PI 3.1415926
#define EPS 1.E-10        /* Genauigkeitsschranke */
#define E 0.2             /* Vorgegebener Wert für E */
#define M (PI/8.)         /* Vorgegebener Wert für M */
#define MAX_SCHRITTE 100 /* Nothalt: mangelnde Konvergenz */
#define ABS(x) (((x)>0) ? (x) : -(x))

void main()
{ double xi;
  int it;
  printf("Newton-Raphson 1. Ordnung\n");
  it = 0;
  xi = PI/4;
  do{
        xi = xi - (xi - E*sin(xi) - M)/(1. - E*cos(xi));
        ++it;
  }while((ABS(xi - E*sin(xi) - M) > EPS) &&
        (it < MAX_SCHRITTE));
  if (it >= MAX_SCHRITTE)
        printf("Mangelnde Konvergenz!\n");
  else{
        printf("Nullstelle bei %lf mit %d Iterationen.\n", xi,
it);
        printf("Genauigkeit: %le", xi-E*sin(xi)-M);
  }
}
```

Iterationsschritt: x_i wird durch Verwendung des vorigen Wertes neu bestimmt.

Abbruch: Genauigkeit, oder maximale Iterationszahl erreicht.

10.3.4 Die `for`-Anweisung

Die `for`-Schleife ist wiederum eine Schleife mit Prüfung der Bedingung vor Durchlauf durch die Schleife.

Struktogramm:

Ausdruck1
Solange Ausdruck2 wahr ist
Anweisung
Ausdruck3

Kodierung in **C**:

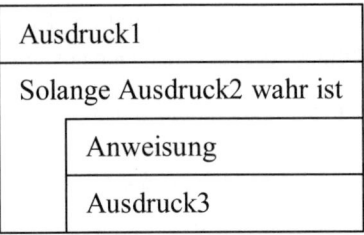

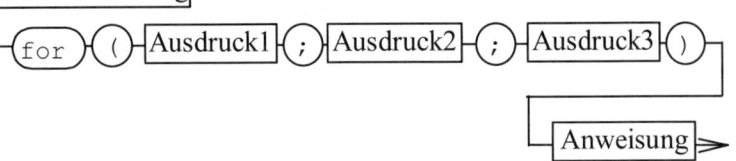

Der Ausdruck1 dient meist dazu, Initialisierungen durchzuführen. Ausdruck2 repräsentiert die Abbruchbedingung für die Laufschleife und Ausdruck3 wird am Ende der Schleife ausgewertet und wird häufig dazu benutzt, einen Schleifenzähler zu inkrementieren.

Folgendes Beispielprogramm berechnet die Summe der Zahlen 1 bis 10:

```
void main()
{
    int i, sum, n=10;
    sum = 0;
    for(i=1; i<=n; i++)
        sum += i;
    printf("Summe der Zahlen bis %d = %d\n", n, sum);
}
```

Das zugehörige Struktogramm sieht so aus:

sum = 0;
i = 1;
Solange i <= n ist
sum += i;
i++

Das Struktogramm der `for`-Anweisung weist die gleiche Struktur auf, wie das der `while`-Anweisung. Daher lässt sich jede `for`-Schleife auch als `while`-Schleife formulieren und umgekehrt. In obigem Beispiel könnten wir also auch schreiben:

```
sum = 0;
i = 1;
while(i <= n){
  sum += i;
  i++;
}
```

Der Variante mit `for` würde wohl der Vorzug gegeben, weil sie etwas kürzer ist. Die Ausdrücke in **C** sind so mächtig, dass beide Varianten noch deutlich kürzer formuliert werden können. Von diesem "Hacker-Stil" wird in der Praxis häufig Gebrauch gemacht:

```
void main()                                    void main()
{                     Leere Anweisung          {
  int i, sum, n=10;                               int i, sum, n=10;
  for(i=1, sum = 0; i<=n; sum +=                  sum = 0;
i++);                                             i = 1;
                    Zwei Initialisierungen, durch while(i <= n)
  printf(...);      den Kommaoperator getrennt.     sum += i++;
}                                                 printf(...);
                                               }
```

Bei der Initialisierung der `for`-Schleife sehen wir eine Möglichkeit zur Anwendung des Kommaoperators. Er wird hier benutzt, um zwei Initialisierungen in einem Ausdruck zusammen zu fassen.

Beide Varianten der Laufschleife benutzen den Postinkrementoperator ++ für `i` zusammen mit dem Hochzählen von `sum` in `sum += i++`.

10.4 Sprunganweisungen

10.4.1 Die `continue`- und `break`-Anweisungen

Die `break`-Anweisung ist uns schon im Abschnitt über die Auswahlanweisung begegnet. Ihre Anwendung ist allerdings nicht darauf beschränkt.

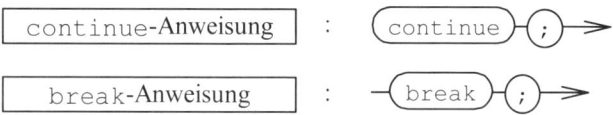

Die Anweisungen `continue;` und `break;` werden in Laufschleifen verwendet, um einzelne Schleifendurchläufe, oder die gesamte Laufschleife vorzeitig zu beenden. Die `break`-Anweisung wird darüber hinaus verwendet, um eine Auswahlanweisung nach einer Fall-Anweisung zu beenden:

continue	Der **Aktuelle** Schleifendurchlauf wird abgebrochen
	Fortsetzung mit dem **nächsten** Durchlauf durch die Schleife
break	Die **gesamte** Schleife oder Fallanweisung wird abgebrochen
	Fortsetzung mit nächster Anweisung **hinter** Schleife oder `switch`

Beispiele:

```for (i=0; i<ANZ; i++)``` `{ if (Array[i]%2==0) continue;` `  printf("ungerade Zahl enthalten;");` `  printf("Position: %d ", i);` `  printf(" Wert = %d\n ", Array[i]);` `}`	Das Feld `Array` wird auf das Vorkommen ungerader Zahlen durchsucht. Bei geraden Zahlen wird die Schleife mit dem nächsten Wert für i fortgesetzt.
```char Name[64]; int i, l;``` `scanf("%s", Name);` `l=strlen(Name);` `for (i=0; Name[i]!= '\0'; i++)` `{ if (Name[i]=='x')` `  { printf("x enthalten\n");// gefunden` `    break;` `  }` `}` `if (i>=l) printf("kein x enthalten\n");`	Der Buchstabe 'x' wird in der Zeichenkette `Name` gesucht. Sobald 'x' gefunden ist, wird die gesamte `for`-Schleife beendet.

10.4.2 Die `goto`-Anweisung

Die `goto`-Anweisung dient zur Realisierung von unbedingten Sprüngen. Sie ist mit äußerster Vorsicht zu genießen, weil damit Programme entstehen, die nicht durch Struktogramme darstellbar sind. Bei undisziplinierter Verwendung entsteht unübersichtlicher „Spaghetti-" Programmcode. Das `goto` ist nur einzusetzen, wenn unbedingt erforderlich, z. B. zum Verlassen von verschachtelten Schleifen im Fehlerfall. Vor Verwendung eines `goto` ist in jedem Fall zu prüfen, ob nicht die Möglichkeit besteht, eine der anderen in diesem Kapitel gelernten Kontrollstrukturen einzusetzen. Das Sprungziel wird mit einer markierten Anweisung angegeben. Die Marke muss den Regeln für Bezeichner genügen. Die Marke muss in der gleichen Funktion stehen wie der Sprung, es kann also nicht zwischen Funktionen gesprungen werden.

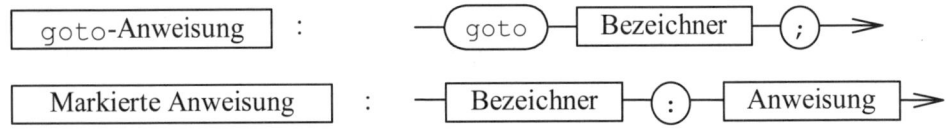

Beispiele siehe im Kapitel über Automaten.

10.4.3 Die `return`-Anweisung

Die `return`-Anweisung wird verwendet, um Funktionen zu verlassen.

Der Ausdruck wird ausgewertet und ggf. auf den Typ des Rückgabewertes der Funktion umgewandelt. Die Funktion wird verlassen; der Wert des Ausdrucks wird als Funktionswert an der Aufrufstelle weiterverwendet. Bei void- Funktionen (Prozeduren) fehlt der Ausdruck. Siehe dazu insbesondere auch das Kapitel über Funktionen.

10.5   Aufgaben

1. Zeichnen Sie ein Struktogramm für das Programm zur Ausgabe römischer Zahlen.

2. Erweitern Sie das Programm zur Ausgabe römischer Zahlen so, dass die Zahlen zwischen $n \cdot 100 + 40$ und $n \cdot 100 + 50$ sowie $n \cdot 100 + 90$ und $(n+1) \cdot 100$ korrekt ausgegeben werden ($1 \leq n \leq 9$), also MIM statt MCMXCIX, IL statt XLIX, CDIL statt CDXLIX und DIC statt DXCIC. Probieren Sie aus, welche Variante das von Ihnen verwendete Textverarbeitungsprogramm benutzt.

3. Schreiben Sie das Programm zur Bestimmung von Nullstellen so um, dass eine Nullstelle der Funktion $f(x) = 4x^3 - 5x^2 + 1$ gefunden wird.

4. Schreiben Sie ein Programm, das eine Tabelle der Vielfachen einer ganzen Zahl ausgibt. Diese Zahl soll zuerst eingelesen werden. Die Tabelle soll drei Zeilen mit je fünf Spalten umfassen. Die Überschrift soll „Die Vielfachen von n sind" lauten, wenn n die eingegebene Zahl ist.

   Beispiel: Ausgabe für die Vielfachen von 2:
   ```
   Die Vielfachen von 2 sind
   2     4     6     8    10
   12    14    16    18    20
   22    24    26    28    30
   ```

5. Schreiben Sie ein Programm, das eine Folge von Buchstaben einliest. Wenn ein abschließendes ! eingegeben wird, dann soll die Ausgabe erfolgen. Ausgegeben werden soll für jeden Vokal, wie oft er in der Eingabezeichenfolge vor dem ! enthalten war.

6. Schreiben Sie ein Programm, das eine ganze Zahl einliest. Wenn die Zahl n größer ist als 7, dann soll die Ausgabe lauten (am Beispiel $n=13$)

   ```
   13 ist größer als 7
   ```
   Für Zahlen, die zwischen 1 und 7 liegen, soll ausgegeben werden (am Beispiel $n=3$)
   ```
   3 (in Worten: drei)
   ```
   für alle anderen Zahlen soll (am Beispiel $n=-1$) ausgegeben werden
   ```
   -1 ist kleiner oder gleich Null.
   ```

11 Präprozessor

Vor dem eigentlichen Compiliervorgang führt der Präprozessor Textersetzungen an der Programmquelle durch. Dies wird von professionellen Programmierern stark genutzt, insbesondere um das Programm übersichtlicher zu machen und die Verwendung bestimmter einstellbarer Größen konsistent zu halten.

In diesem Kapitel werden Sie die wichtigsten Direktiven kennenlernen, die die Ersetzungen durch den Präprozessor steuern. Für die Beispiele benutzen wir das Newton/ Raphson-Programm `newton.c` aus dem Kapitel über die Kontrollstrukturen.

Das nebenstehende Struktogramm zeigt die Schreibweise von Präprozessor-Direktiven.

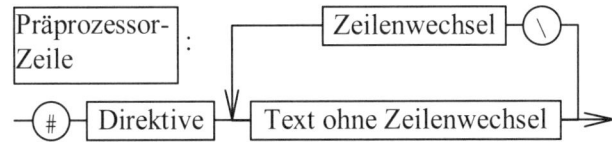

Das bedeutet, dass der Präprozessor ganze Zeilen als Direktiven interpretiert, die mit # beginnen. Wenn eine Zeile mit \ endet, dann nimmt er noch die nächste dazu.

Bei der Interpretation werden die Direktiven-Zeilen aus der Quelle entfernt.

Im Folgenden werden wir behandeln:
- `#include`-Direktive
- symbolische Konstanten
- vordefinierte Symbole
- Makros
- bedingte Compilierung

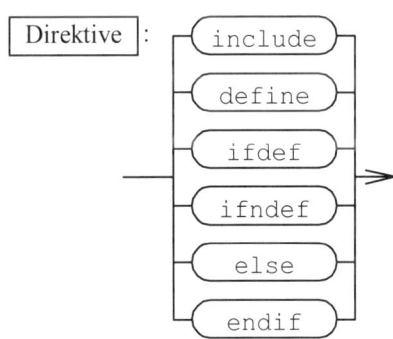

11.1 Die `#include`-Direktive

`#include` kennen wir bereits aus vielen Programmbeispielen. Wir haben es benutzt, um die nötigen Deklarationen für die Benutzung von Unterprogrammen aus der Standardbibliothek in unser Programm aufzunehmen.

Die Schreibweisen sind durch das folgende Syntaxdiagramm gegeben.

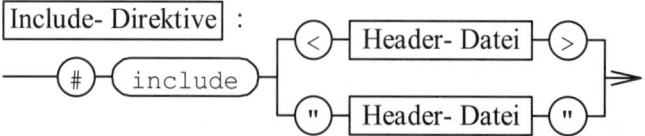

Die Direktive veranlasst den Präprozessor dazu, sie in der Programmquelle durch den Inhalt der angegebenen Datei zu ersetzen. D.h. der Inhalt der Headerdatei wird in das Quellprogramm hineinkopiert bevor der Compiler läuft. Daher kommt es, dass meist viel mehr Zeilen übersetzt werden, als der Programmierer selbst geschrieben hat.

Beispiele:

```
#include <stdio.h>
#include <math.h>
```
Durch die Einbeziehung der Headerdateien sind die nötigen Deklarationen für `printf(...)` bzw. `sin(...)` in `newton.c` verfügbar.

Ist die Headerdatei in <...> angegeben, dann sucht der Präprozessor zuerst in den vorgegebenen Verzeichnissen der Entwicklungsumgebung nach der Datei.

Headerdateien in "..." werden erst in dem Verzeichnis gesucht, in dem der Anwender auch seine Quellen hält.

In unserem Beispiel benutzen wir nur die Variante <...>, weil wir keine selbstgeschriebenen Headerdateien haben. Solche sind dann nötig, wenn man mit eigenen externen Modulen arbeitet, denn dann braucht man auch Deklarationen für den Zugriff darauf (vgl. Kapitel "Funktionsdeklarationen, Modularisierung und Headerdateien").

11.2   Symbolische Konstanten

Der Präprozessor wird häufig dazu benutzt, Symbole durch ein Stück Text zu ersetzen. Meist bezweckt man damit eine der folgenden Möglichkeiten
- automatische Konsistenz bei Änderungen
- Steuerung der bedingten Compilierung (s. Kapitel 11.5)
- übersichtlicheres Programm

Das Syntaxdiagramm gibt die Schreibweise an[1].

`define`- Direktive :

—(#)—(define)—| Name |—| Ersatztext |⟶

Für das Symbol *Name* gelten die gleichen Regeln wie für Bezeichner in **C**. Der Präprozessor ersetzt alle Vorkommen von *Name* in den nachfolgenden Zeilen der Quelle durch *Ersatztext*. Letzterer darf auch leer sein.

Wir haben davon bereits mehrfach im Beispielprogramm `newton.c` Gebrauch gemacht.

---

[1] Im Kapitel 11.4 werden wir sehen, dass dieses Syntaxdiagramm nur einen der Pfade zeigt, die im allgemeineren Diagramm für `#define` - Makros enthalten sind

Ersetzungen werden an allen Stellen der Programmquelle durchgeführt, die

− hinter `#define` kommen

− Name als ganzes Wort enthalten

− nicht wegen bedingter Compilierung entfallen (s. Kapitel 11.5)

− sich nicht in einer Literalkonstante einer Zeichenkette befinden

− sich außerhalb von Kommentar befinden

Beispiele:

```
#define PI 3.1415926
#define EPS 1.E-10        /* Genauigkeitsschranke */
#define E 0.2             /* Vorgegebener Wert für E */
#define M (PI/8.)         /* Vorgegebener Wert für M */
#define MAX_SCHRITTE 100 /* Nothalt: mangelnde Konvergenz */
```
Am Beispiel MAX_SCHRITTE kann man sehen, wie der Präprozessor für Konsistenz sorgt. Nehmen wir an, wir wollten statt 100 Schritte maximal 1000 zulassen. Dann müssen wir im Programm lediglich ändern:

```
    #define MAX_SCHRITTE 1000 /*Nothalt:mangelnde Konvergenz*/
```
Automatisch werden jetzt beide Stellen durch den Präprozessor auf Stand gebracht:

```
    do{
        …
    }while((ABS(xi - E*sin(xi) - M) > EPS) &&
            (it < MAX_SCHRITTE));

    if (it >= MAX_SCHRITTE)          1000
    {
        …                       1000
    }
```
Die Möglichkeit, dass man eine der Stellen vergisst, an der eine Änderung nötig ist, entfällt.

11.3 Vordefinierte Symbole

Einige Symbole muss man nicht definieren – wenn man sie in der Programmquelle verwendet, werden sie automatisch durch den jeweiligen Wert ersetzt. Die am häufigsten verwendeten vordefinierten Symbole zeigt Tabelle 11.3-:1.

Tabelle 11.3-:1 Häufig benutzte vordefinierte Symbole des Präprozessors

__LINE__	Wird durch die Nummer der Zeile ersetzt, in der das Symbol steht
__FILE__	Wird durch den Dateinamen der Programmquelle ersetzt
__DATE__	Wird durch das Datum der Übersetzung (als Zeichenkette) ersetzt
__TIME__	Wird durch die Zeit der Übersetzung (als Zeichenkette) ersetzt

Die __LINE__ Direktive wird für Debug-Ausgaben benutzt, um die jeweilige Ausgabe einer bestimmten Zeile im Programm zuzuordnen. Mit __FILE__, __DATE__ und

__TIME__ kann man die Version der Programmquelle für Testausgaben zugänglich machen.

In `newton.c` kann man dies z. B. für Testausgaben benutzen, wie das folgende Beispiel zeigt.

Beispiel:

```
printf("%s %d ", __FILE__, __LINE__);
```

Wenn die `printf(...)`-Anweisung in der Programmquelle `Newton.c` auf Zeile 20 steht, sieht die erzeugte Ausgabezeile so aus:

```
Newton.c 20
```

Die gleiche `printf(...)`-Anweisung in `Newton.c` auf Zeile 27 erzeugt:

```
Newton.c 27
```

11.4   Makros

Oft ist es nützlich, bei der Ersetzung von Symbolen durch Text Parameter zu verwenden. In `Newton.c` wurde definiert:

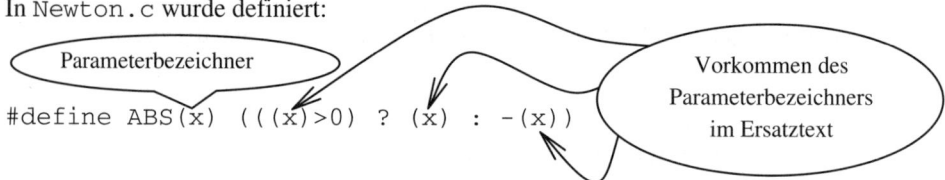

So eine Definition heißt **Makrodefinition**. ABS ist das im Beispiel definierte Makro, x sein Parameter. Wenn in den folgenden Zeilen des Programms der Makroname, gefolgt von Parametertexten in (...) steht, dann spricht man von einem Makro-Aufruf. Dieser wird durch den Ersatztext ersetzt, ähnlich wie bei symbolischen Konstanten.

Zuvor aber wird bei Makros der Ersatztext **expandiert**, d.h. alle Vorkommen von Parameterbezeichnern im Ersatztext werden durch den an der Aufrufstelle angegebenen Parametertext ersetzt.

Beispiele:

Wenn nach unserer Definition von ABS eine Zeile der Programmquelle so aussieht

```
/* Test */ printf("%d", ABS(-1));
```

dann erkennt der Präprozessor einen Aufruf des Makros ABS. Der für x angegebene Parameterwert ist für diesen Aufruf -1.

Die Expansion des Ersatztextes führt zu `(((-1)>0) ? (-1) : -(-1))`

Nach der Behandlung durch den Präprozessor sieht also die Zeile so aus:

```
/* Test */ printf("%d", (((-1)>0) ? (-1) : -(-1)));
```

Ähnlich wird in `Newton.c` der Aufruf

```
ABS(xi - E*sin(xi) - M)
```

durch den Präprozessor ersetzt durch :[2]

```
(((xi - E*sin(xi) - M)>0) ? (xi - E*sin(xi) - M) :
                          -(xi - E*sin(xi) - M))
```

Generell gilt für die Schreibweise von Makrodefinitionen:[3]

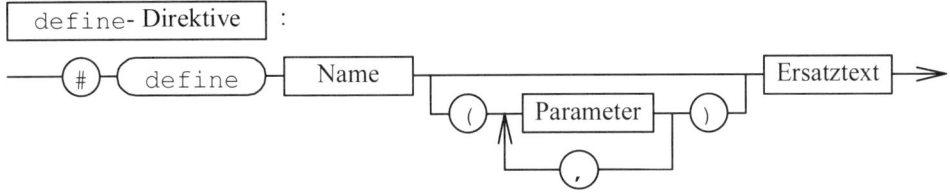

Makros können geschachtelt werden, d.h. vorher definierte Makros können im Ersatztext einer Makrodefinition benutzt werden.

Typische Fehler:

Man vergißt die Klammerung um den Ersatztext. Dann wirken sich die Operator-Prioritäten des Ersetzungs-Kontexts oft unvorhersehbar aus, wie folgendes Beispielprogramm demonstriert.

```
#include <stdio.h>

#define Quadrat(X) X*X

main()
{  printf("%d\n", 5*Quadrat(2+2)*3); }     // Druckt 20
```

11.5   Bedingte Compilierung

Bedingte Compilierung heißt die Technik, durch die Definition von symbolischen Konstanten (oder deren Unterlassung) zu steuern, ob bestimmte Zeilen in die Programmquelle aufgenommen werden sollen oder nicht. Meist wird dabei einer von zwei Zwecken verfolgt:
- für das Programm soll zwischen Varianten umgeschaltet werden können oder
- es handelt sich um ein Headerdatei und es sollen Fehler vermieden werden, wenn dieses per #include mehrfach in die Quelle aufgenommen wird.

Beispiel:

Wir erzeugen eine Testvariante unseres Beispielprogramms Newton.c, indem wir die Zeilen

```
printf("%s %d ", __FILE__, __LINE__);
printf("xi=%le f(xi)=%le\n", xi, xi-E*sin(xi)-M);
```

---

[2] Die Aufteilung in Zeilen kommt nicht vom Präprozessor, sondern ist hier nur zwecks Übersichtlichkeit von Hand eingeführt worden.

[3] Zwischen Name und (darf kein Leerzeichen stehen, sonst würde der Text von einschließlich (bis Zeilenende als Ersatztext interpretiert.

an zwei Stellen einfügen. Um zwischen der Testversion und der Produktversion hin und her schalten zu können, klammern wir diese Zeilen jeweils in geeignete Präprozessor-Direktiven:

```
#ifdef TEST
  printf("%s %d ", __FILE__, __LINE__);
  printf("xi=%le f(xi)=%le\n", xi, xi-E*sin(xi)-M);
#endif
```

Der Präprozessor prüft bei #ifdef, ob die angegebene symbolische Konstante vorher definiert wurde. Falls ja, werden die Folgezeilen bis #endif in die Programmquelle aufgenommen. Falls nicht, wird der Zeilenbereich zwischen #ifdef und #endif übersprungen und die betreffenden Zeilen werden nicht mit übersetzt.

Jetzt haben wir die Möglichkeit, durch Angabe von

```
#define TEST
```

im Programmkopf die Testversion zu erzeugen. Für die Produktversion lassen wir dieses #define weg und die Testausgaben entfallen.

Wir haben jetzt den Vorteil einer Testinstrumentierung unseres Programms, die die Produktversion weder durch höheren Speicherbedarf noch durch höhere Laufzeit oder überflüssige Ausgaben belastet.

Das Syntaxdiagramm zeigt die wichtigsten Möglichkeiten. Neben dem Test, ob das Symbol definiert ist, gibt es auch den gegenteiligen Test mit #ifndef, der dann zutrifft, wenn das Symbol nicht definiert wurde.

Ähnlich wie bei den Kontrollstrukturen der Sprache **C** selbst, kann man auch bei der bedingten Compilierung zwei alternative Zweige angeben. Der Zweig hinter #else wird in die Programmquelle aufgenommen, wenn die Bedingung bei #ifdef bzw. #ifndef *nicht* zutrifft.

Im Beispiel haben wir gesehen, wie man Varianten eines Programms in einer einzigen Quelle pflegen kann. Jetzt wollen wir noch den Schutz gegen Fehler durch Mehrfach-Inklusion kennenlernen.

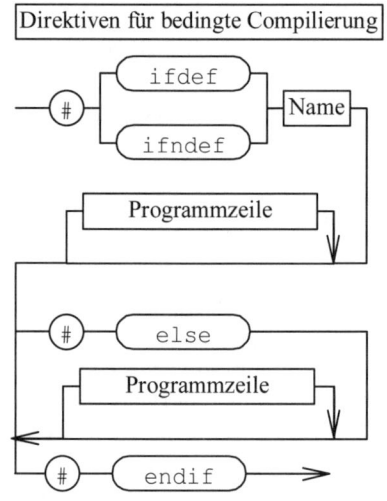

Abbildung 11.5-1: Direktiven für bedingte Compilierung

Mehrfache Inklusion einer Headerdatei kann auftreten, wenn in einem Header wieder #include-Direktiven verwendet werden – in der Praxis ein häufiger Fall.

Fehler durch mehrfache Definition von Variablen oder Funktionen kann man in solchen Fällen durch bedingte Compilierung vermeiden: Man nimmt die Headerzeilen nur in die Quelle auf, wenn eine bestimmte symbolische Konstante noch nicht definiert ist. Im Header definiert man dieses Symbol. Wird der Header ein zweites Mal inkludiert, dann ist das Symbol bereits definiert und die Headerzeilen werden nicht ein weiteres Mal in die Quelle aufgenommen.

Beispiel:

```
#ifndef __HEADX
#define __HEADX
   … // Zeilen des eigentlichen Headefiles
#endif
```

Natürlich ist darauf zu achten, dass das Symbol für den Mehrfach-Inklusionstest nicht anderweitig verwendet wird. Deshalb nimmt man meist den Namen der Headerdatei mit einem ansonsten nicht verwendeten Zusatz wie z. B. ein doppel-Underscore.

11.6   Beispielprogramm: Testversion Newton-Raphson

Jetzt sind alle Voraussetzungen für unser Beispielprogramm eingeführt:

- die #include Direktive
- #define von symbolischen Konstanten
- vordefinierte Symbole __FILE__ und __LINE__
- #define von Makros
- bedingte Compilierung zwischen #ifdef und #endif

Für die gezeigte Version ist der Test mit #define TEST eingeschaltet.

Ausgabe des Programms bei eingeschaltetem Test:

```
Newton-Raphson 1. Ordnung
Newton.c 20 xi=7.853982e-001 f(xi)=2.512777e-001
Newton.c 27 xi=4.927311e-001 f(xi)=5.425211e-003
Newton.c 27 xi=4.861454e-001 f(xi)=2.043197e-006
Newton.c 27 xi=4.861429e-001 f(xi)=2.878808e-013
Nullstelle bei 0.486143 mit 3 Iterationen.
Genauigkeit: 2.878808e-013
```

Das komplette Programm:

```c
#include <stdio.h>
#include <math.h>

#define PI 3.1415926
#define EPS 1.E-10          /* Genauigkeitsschranke */
#define E 0.2               /* Vorgegebener Wert für E */
#define M (PI/8.)           /* Vorgegebener Wert für M */
#define MAX_SCHRITTE 100 /* Nothalt: mangelnde Konvergenz */
#define ABS(x) (((x)>0) ? (x) : -(x))

#define TEST
void main()
{ double xi;
  int it = 0;

  printf("Newton-Raphson 1. Ordnung\n");
  it = 0;
  xi = PI/4;

#ifdef TEST
  printf("%s %d ", __FILE__, __LINE__);
  printf("xi=%le f(xi)=%le\n", xi, xi-E*sin(xi)-M);
#endif

  do{
      xi = xi - (xi - E*sin(xi) - M)/(1. - E*cos(xi));
      ++it;
#ifdef TEST
      printf("%s %d ", __FILE__, __LINE__);
      printf("xi=%le f(xi)=%le\n", xi, xi-E*sin(xi)-M);
#endif
  }while((ABS(xi - E*sin(xi) - M) > EPS) &&
          (it < MAX_SCHRITTE));

  if (it >= MAX_SCHRITTE)
      printf("Mangelnde Konvergenz!\n");
  else{
      printf("Nullstelle %lf mit %d Iterationen\n", xi, it);
      printf("Genauigkeit: %le", xi-E*sin(xi)-M);
  }

}
```

12 Algorithmen: Reaktive Programme, Automaten

Ein großer Anteil von CPUs arbeitet nicht in Personal Computern und ist nicht mit Tastatur, Maus und Bildschirm ausgestattet. Sogenannte „embedded controls" sind vollständig in ihre technische Umgebung integriert und steuern diese. Typischerweise handelt es sich bei diesen CPU-Typen um Mikrocontroller, die weniger komplex aufgebaut sind, als die CPU eines PCs. Dafür sind viele der Anschluss-Pins eines Mikrocontrollers für die Ein-und Ausgabe aus der bzw. in die technische Umgebung vorgesehen. Dazu gehören insbesondere Unterbrechungseingänge, digitale Ein-/ Ausgabe-Ports, über die der Controller logische Signale mit der Umgebung austauscht, Analog-Ein-/ Ausgänge und nicht zu vergessen serielle Schnittstellen.

Eine solche Steuerung reagiert auf Signale an den Eingängen und erzeugt dabei Signale an den Ausgängen, wobei ein interner Zustand berücksichtigt wird.

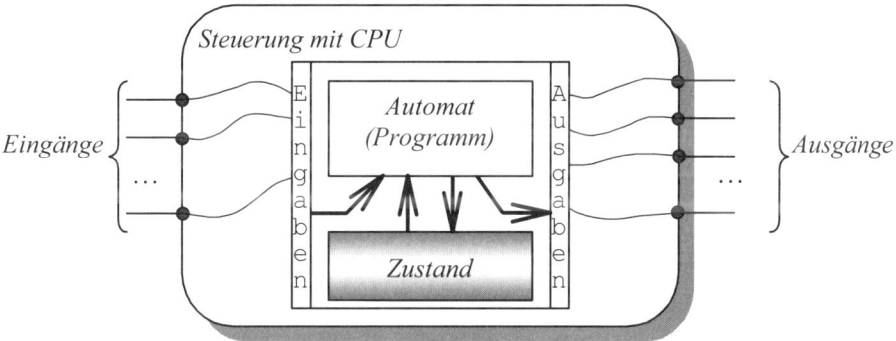

Bei Änderungen an den Eingängen der Steuerung werden Eingaben an das Programm erzeugt. Intern verwaltet das Programm einen Zustand. Je nach Eingabe und Zustand wird eine Ausgabe und ein Folgezustand berechnet. Die Ausgaben aus dem Programm werden in Signale an den Ausgängen der Steuerung umgesetzt. Der Folgezustand wird für die Bearbeitung der nächsten Eingabe als Ausgangszustand benutzt usw..

Solch ein Programm wird häufig nach einem Modell aus der Mathematik konzipiert, das mit „endlicher Automat" bezeichnet wird.

Wir betrachten im Folgenden als Beispiel die Verkaufsmaschine, die in Abbildung 11.6-1 dargestellt ist.

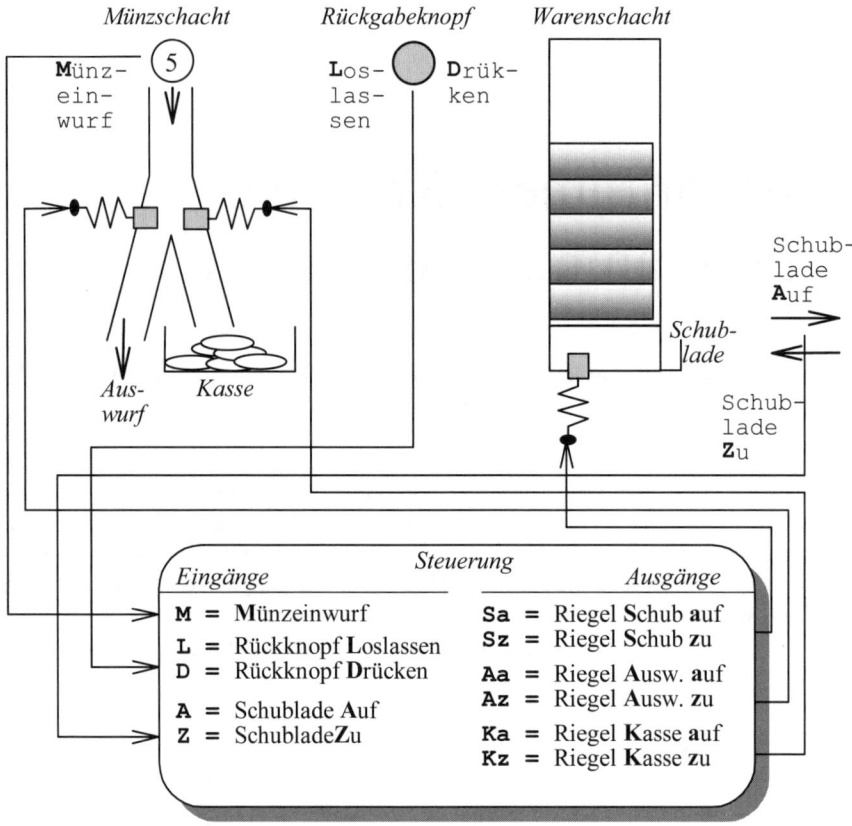

Abbildung 12.0-1: Verkaufs-Maschine

Zu dieser Maschine werden wir einen endlichen Automaten entwerfen. Auf den Entwurf wird dann ein Schema angewendet, das von einem gegebenen Automaten zu einem lauffähigen Programm führt.

Für die Eingaben des endlichen Automaten werden wir die Buchstaben M, L, D, A und Z verwenden (Bedeutung siehe Abb.).

Als Ausgaben des Automaten werden wir Kombinationen benötigen, die verschiedene Ausgänge aktivieren. Z. B. wird mit der Ausgabe SzAa der Riegel für die Schublade zugemacht sowie der Riegel für den Auswurf geöffnet. SzAa benötigt man, wenn Geldrückgabe gefordert wird.

Zusätzlich werden wir noch eine Ausgabe NoOp benötigen, die bedeutet, dass in dem betreffenden Schritt nichts ausgegeben wird ("No Operation").

12.1   Endliche Automaten

Ein Mealy-Automat ist durch (Z, z_0, E, A, T) gegeben, wobei gilt

Z	ist eine endliche nichtleere Menge von Zuständen
z_0	$z_0 \in Z$ ist der Anfangszustand
E	ist die endliche Menge der möglichen Eingaben
A	ist die endliche Menge der möglichen Ausgaben
T	ist die Menge der Transitionen[1] (Zustandsübergänge). Jede Transition $t \in T$ ordnet einem Ausgangszustand $z_a \in Z$ und einer Eingabe[2] $e \in E$ einen Folgezustand $z_f \in Z$ und eine Ausgabe $a \in A$ zu: $(z_a, e) \rightarrow (z_f, a)$

Wir entwerfen einen Mealy-Automaten, der unsere Verkaufsmaschine steuern kann. Als Menge der Eingaben nehmen wir

```
E = { M, L, D, ·A, Z }
```

Etwas weniger naheliegend ist die Festlegung der Zustände des Automaten. Bei diesem kreativen Akt muss man bereits die Menge der Transitionen im Auge haben, die die Abläufe im Automaten bestimmen. Für das Beispiel könnte man auf folgende Mengen Z und T kommen:

```
Z = { Ausgangszustand, MuenzeEingeworfen, RueckgabeGefordert,
      SchubladeGezogen }

z₀ = Ausgangszustand
```

T wird durch Tab. 12.1-1 dargestellt. Eine Tabelle, mit der man die Transitionen eines Automaten festlegt, heißt „Automatentafel". Weiter unten wird gezeigt, wie man die gleiche Menge T durch einen Graphen beschreibt.

Als Menge möglicher Ausgaben wird in Tab. 12.1-1 benutzt:

```
A = { Az, Ka, NoOp, Sa, SzAa, SzKz }
```

Wir werden jetzt am Beispiel eines Verkaufsablaufs die Funktion des Automaten überprüfen.

---

[1]   Gelegentlich werden statt Transitionen in der Definition von Automaten auch zwei Funktionen δ und η angegeben, die die Zuordnungen $(z_a, e) \rightarrow z_f$ bzw. $(z_a, e) \rightarrow a$ separat festlegen (vgl. [TbMath 1996]).

[2]   Im Unterschied hierzu ist die Ausgabe bei Moore-Automaten nur vom Zustand z_a abhängig. Statt η verwendet man dann eine Funktion μ, die jedem Zustand seine Ausgabe zuordnet: $z_a \rightarrow a$. Da man aber zeigen kann, dass es zu jedem Moore-Automaten einen Mealy-Automaten gibt, der das gleiche Verhalten hat, und umgekehrt, beschränken wir uns hier auf den letzteren Typ.

Tabelle 12.1-1: Automatentafel für Verkaufsmaschine

Zeile	T			
	z_a	e	z_f	a
1	Ausgangszustand	M	MuenzeEingeworfen	Sa
2	Ausgangszustand	L	Ausgangszustand	NoOp
3	Ausgangszustand	D	Ausgangszustand	NoOp
4	MuenzeEingeworfen	D	RueckgabeGefordert	SzAa
5	MuenzeEingeworfen	A	SchubladeGezogen	Ka
6	MuenzeEingeworfen	L	MuenzeEingeworfen	NoOp
7	RueckgabeGefordert	L	Ausgangszustand	Az
8	SchubladeGezogen	Z	Ausgangszustand	SzKz
9	SchubladeGezogen	L	SchubladeGezogen	NoOp
10	SchubladeGezogen	D	SchubladeGezogen	NoOp

– Beginn im Ausgangszustand.

– Es erfolgt die Eingabe M, d.h. der Kunde wirft eine Münze ein. Der Automat reagiert mit der Transition in Zeile 1 der Tabelle: Ausgabe Sa, der Riegel für den Schub wird aufgemacht. Die Transition schaltet den Automaten in den Folgezustand MuenzeEingeworfen.

– Der Kunde zieht die Schublade, woraufhin der Automat die Eingabe A erhält. Die Transition in Zeile 5 wird aktiviert, was zur Ausgabe von Ka führt. Der Kunde hört seine Münze in die Kasse fallen. Der Folgezustand des Automaten ist SchubladeGezogen.

– Der Kunde schließt die Schublade. Die zugehörige Eingabe ist Z. Die Transition in Zeile 8 wird aktiviert, was zur Ausgabe von SzKz führt. Daraufhin schließt die Maschine die Riegel für Schublade und Kasse.

– Der Vorgang endet wieder im Ausgangszustand, den die Transition in Zeile 8 als Folgezustand hinterlassen hat.

Jetzt kann der nächste Verkauf beginnen. Als Übung wird empfohlen, einen Vorgang „Verkaufsabbruch mit Geldrückgabe" zu verfolgen.

Natürlich müsste man alle Pfade durch die Zustandsmenge überprüfen, um sicher zu sein, dass der Automat in jeder Situation korrekt arbeitet, worauf wir aber hier verzichten.

Die oftmalige Anwendung von Transitionen aus einer Automatentafel ist recht mühsam und fehlerträchtig. Deshalb stellt man oft die Mengen Z und T als Graphen[3] dar, so dass man Abläufe durch „entlangfahren mit dem Finger" verfolgen kann.

Nach folgendem Schema erhält man zu einem endlichen Automaten den zugehörigen Graphen.

---

[3] Graphen werden ausführlich im Kapitel „Graphentheorie" behandelt.

- Jedem Zustand z∈Z wird ein Knoten (gezeichnet als Kreis) zugeordnet.
- Jeder Knoten wird mit dem Namen des zugehörigen Zustandes beschriftet.
- Jeder Transition t∈T mit t=(z_a, e, z_f, a) wird eine gerichtete Kante (gezeichnet als Pfeil) vom Zustand z_a nach Zustand z_f zugeordnet.
- Jede Transition wird mit ihrer Eingabe e und Ausgabe a beschriftet:

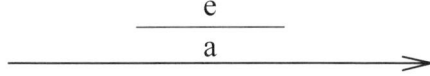

Wenn wir den Automaten aus unserem Beispiel nach diesem Schema zeichnen, bekommen wir ein Bild wie in Abbildung 12.1-1.

Jeder Zeile aus Tab. 12.1-1 entspricht ein Pfeil und jedem Zustand z aus Z ein Kreis.

Zur Übung wird empfohlen, den Verkaufsvorgang oben in diesem Graphen zu verfolgen.

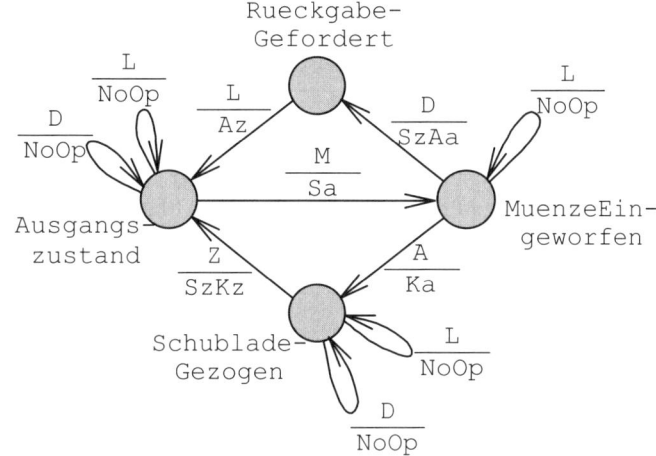

Abbildung 12.1-1: Automatengraph für Verkaufsmaschine

12.2 Direkte Implementierung von Automaten

Nach der Anweisung im Kasten oben kann man aus einem Automaten rein schematisch einen Graphen erzeugen. Ähnlich lässt sich ein Schema angeben, nach dem man ein Programm erhält, das den Automaten implementiert.

Wir interessieren uns an dieser Stelle für die *direkte* Implementierung - im Gegensatz zur *interpretativen*. „Direkt" bedeutet hier, dass unter Verwendung des Schemas unten die Zustände des Automaten direkt in die Programmstruktur umgesetzt werden.

Im Gegensatz dazu arbeitet eine interpretative Implementierung so, dass der Automat in Form von Daten beschrieben ist. Naheliegend ist ein Vektor, der die Automatentafel enthält. Das Programm, das den Automaten realisiert, liest dann jeweils die nächste Eingabe und sieht in den Daten nach, was zu tun ist. Es interpretiert die Daten als Anweisungen, den Automaten fortzuschalten. Wir werden eine interpretative Implementierung des Verkaufsautomaten-Beispiels später, im Kapitel „Algorithmen: Interpretative Implementierung von Automaten" kennenlernen.

Für die direkte Implementierung eines Automaten (Z, z_0, E, A, T) verwenden wir folgendes Schema.

- jedem Zustand $z \in Z$ wird eine Marke im Programm zugeordnet
- die erste Marke im Programm entspricht dem Ausgangszustand z_0
- hinter jeder Marke zu einem Zustand $z \in Z$ wird die Nächste Eingabe $e \in E$ eingelesen
- nach dem Lesen der Eingabe e hinter der Marke für z_a erfolgt eine Verzweigung, wobei jeder Zweig einer anwendbaren Transition $(z_a, e) \rightarrow (z_f, a)$ entspricht
- in jedem Zweig wird die Ausgabe $a \in A$ der Transition getätigt, anschließend per goto zur Marke des Folgezustands z_f gesprungen[4]

Betrachten wir den Zustand z_a = MuenzeEingeworfen. Wenn wir das Schema für diesen Zustand durchgehen, dann kommen wir auf das folgende Programmstück. Dabei haben wir die Ein-/ Ausgänge der Verkaufsmaschine vernachlässigt und arbeiten zur Vereinfachung nur mit der Buchstaben-Darstellung der Mengen E und A.

`MuenzeEingeworfen:`	Marke
`  scanf("%c"; &e);`	Eingabe einlesen
`  switch(e)`	Mehrfach-Verzweigung
`  { case 'D': printf("SzAa\n");` `            goto RueckgabeGefordert;`	Transition Zeile 4 in Tab. 12.1-1
`    case 'A': printf("Ka\n");` `            goto SchubladeGezogen;`	Transition Zeile 5 in Tab. 12.1-1

`    case 'L': printf("NoOp\n");`
`            goto MuenzeEingeworfen;`
`  }`
	Transition Zeile 6
	in Tab. 12.1-1

12.3 Beispielprogramm: Verkaufsautomat

Das Programm ist nach dem oben genannten Schema erzeugt. In drei Punkten unterscheidet es sich von dem Programmfragment das gerade erklärt wurde:

1. statt scanf(...) wurde getch() verwendet, damit auf ein eingegebenes Zeichen reagiert wird ohne dass *Return* eingegeben werden muss

2. mit toupper(...) arbeitet das Programm auch bei Eingabe von Kleinbuchstaben

3. das Programm wurde gegen Fehleingaben toleranter gemacht

---

[4] Hier wird nicht undiszipliniert im Programm herumgesprungen, das goto wird vielmehr zur direkten Abbildung der nicht hierarchischen Struktur des Automaten benutzt

```c
#include <stdio.h>
#include <stdlib.h>
#include <conio.h>

void main()
{ char e;
Ausgangszustand:
  e=getch(); e=toupper(e);
  switch(e)
  { case 'M': printf("Sa\n");    goto MuenzeEingeworfen;
    case 'L': printf("NoOp\n"); goto Ausgangszustand;
    case 'D': printf("NoOp\n"); goto Ausgangszustand;
    default : printf("Eingabefehler\n");
              goto Ausgangszustand;
  }
MuenzeEingeworfen:
  e=getch(); e=toupper(e);
  switch(e)
  { case 'D': printf("SzAa\n"); goto RueckgabeGefordert;
    case 'A': printf("Ka\n");    goto SchubladeGezogen;
    case 'L': printf("NoOp\n"); goto MuenzeEingeworfen;
    default : printf("Eingabefehler\n");
              goto MuenzeEingeworfen;
  }
RueckgabeGefordert:
  e=getch(); e=toupper(e);
  if(e=='L')
  { printf("Az\n"); goto Ausgangszustand; }
  else
  { printf("Eingabefehler\n"); goto RueckgabeGefordert;}

SchubladeGezogen :
  e=getch(); e=toupper(e);
  switch(e)
  { case 'Z': printf("SzKz\n"); goto Ausgangszustand;
    case 'L': printf("NoOp\n"); goto SchubladeGezogen;
    case 'D': printf("NoOp\n"); goto SchubladeGezogen;
    default : printf("Eingabefehler\n");
              goto SchubladeGezogen;
  }
}
```

12.4   Erkennende Automaten

Häufig wird eine spezielle Art von Automaten angewendet: *erkennende* Automaten.

Ein erkennender Automat ist durch (Z, z_0, Z_a, Z_r, E, T) gegeben, wobei gilt
Z ist eine endliche nichtleere Menge von Zuständen
z_0 $z_0 \in Z$ ist der Anfangszustand
Z_a $Z_a \subseteq Z$ ist die Teilmenge der **akzeptierenden** Zustände aus Z
Z_r $Z_r \subseteq Z$ ist die Teilmenge der **rückweisenden** Zustände aus Z
E ist das Eingabe-Alphabet bzw. der Eingabe-Code, d.h. eine endliche Menge von Eingabezeichen
T ist die Menge der Transitionen (Zustandsübergänge). Jede Transition $t \in T$ ordnet einem Ausgangszustand $z_a \in Z$ und einer Eingabe $e \in E$ einen Folgezustand $z_f \in Z$ zu: $(z_a, e) \rightarrow z_f$

Für erkennende Automaten bestehen Eingaben aus Folgen von Zeichen aus einem Alphabet bzw. Code. Eine Teilmenge der Zustände wird als Menge der akzeptierenden Zustände interpretiert. Wenn der Automat nach Eingabe einer Zeichenkette in einem solchen Zustand landet, dann sagt man „der Automat hat die Zeichenkette erkannt". Eine andere Teilmenge der Zustände wird als Menge der zurückweisenden Zustände interpretiert. Wenn der Automat nach Eingabe einer Zeichenkette in einem dieser Zustände landet, dann sagt man „der Automat hat die Zeichenkette zurückgewiesen".

Die Menge der Zeichenketten über dem Eingabealphabet, die der Automat erkennt, wird als die vom Automaten erkannte *Sprache* bezeichnet.

Beispiel:

Die zu erkennende Sprache sind Dualzahlen (also 0/1-Folgen), gefolgt von =

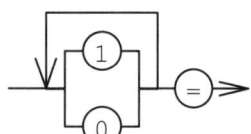

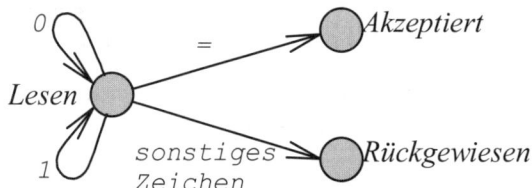

Abbildung 12.4-1 Automat, der Dualzahlen, gefolgt von = erkennt

In diesem Automaten sind

Z   =   { Lesen, Akzeptiert, Rückgewiesen }

z_0 =   { Lesen }

Z_a =   { Akzeptiert }

Z_r =   { Rückgewiesen }

E   =   { 0, 1, = } $\cup$ { x | x ist Zeichen aus ASCII-Code, außer 0, 1, = }

Zeile	z_a	e	z_f
		T	
1	Lesen	0	Lesen
2	Lesen	1	Lesen
3	Lesen	=	Akzeptiert
4	Lesen	x	Rückgewiesen

Wenn wir die Dualzahl mit dem Wert 5, gefolgt von = eingeben, also die Zeichenkette 101=, dann läuft folgendes ab:

-       Ausgangszustand ist „Lesen"
-       mit Eingabe von 1 ist der Folgezustand wieder „Lesen" (Zeile 2)
-       mit Eingabe von 0 ist der Folgezustand wieder „Lesen" (Zeile 1)
-       mit Eingabe von 1 ist der Folgezustand wieder „Lesen" (Zeile 2)
-       mit Eingabe von = ist der Folgezustand „Akzeptiert" (Zeile 3)

Weil „Akzeptiert" ein Endzustand aus der Menge Z_a ist, hat der Automat die Zeichenkette 101= akzeptiert.

Als Programm könnte der Automat so aussehen:

```c
#include <stdio.h>
#include <conio.h>
#include <stdlib.h>
void main()
{ char e;
Lesen:
  e=getch(); putch(e);
  switch(e)
  { case '1': goto Lesen;
    case '0': goto Lesen;
    case '=': goto Akzeptiert;
    default : goto Rueckgewiesen;
  }
Akzeptiert:
  printf("Zeichenkette akzeptiert\n");
  exit(0);
Rueckgewiesen:
  printf("Zeichenkette rückgewiesen\n");
  exit(1);
}
```

12.5   Aktionen in Automaten-Programmen

Oft sind neben dem eigentlichen Ablauf des Automaten in Programmen weitere Aktionen erforderlich. Man fügt dann jeweils ein Stück Programm in den Zweig der betreffenden Transition ein.

Beispiel:

Der erkennende Automat aus dem vorigen Abschnitt soll Dualzahlen nicht nur erkennen, sondern gleich in einen Dezimalwert konvertieren. Bei Eingabe eines Gleichheitszeichens soll die Dezimaldarstellung ausgegeben werden.

Zur Zahlenkonversion benutzen wir das multiplikative Zielverfahren (vgl. Kapitel „Zahlendarstellung/ Umwandlung zwischen Zahlensystemen"). Damit könnte das Programm zur Zahlenkonversion so aussehen:

```c
#include <conio.h>
#include <stdlib.h>

void main()
{ char e; int ZwiErg=0;

Lesen:
  e=getch(); putch(e);
  switch(e)
  { case '1': ZwiErg=ZwiErg*2+1;
              goto Lesen;

    case '0': ZwiErg=ZwiErg*2;
              goto Lesen;

    case '=': goto Akzeptiert;

    default : goto Rueckgewiesen;
  }
Akzeptiert:
  printf("%d\n", ZwiErg);
  ZwiErg=0;
  goto Lesen;

Rueckgewiesen:
  printf("Zeichenkette rückgewiesen\n");
  ZwiErg=0;
  goto Lesen;
}
```

Protokoll einer Sitzung mit dem Programm:

```
101=5
1100=12
19Zeichenkette rückgewiesen
```

12.6   Fragen

a) Geben Sie die **Form** und **Beschriftung** der Elemente eines Automatengraphen an, ferner deren **Bedeutung** für den zugehörigen Automaten.

   Im folgenden Kasten ist ein Programm angegeben, das einem endlichen Automaten entspricht.

```c
#include <conio.h>

void beep(void){ putch('\007');} /* Piepton */

main()
{ char cb, ce1, ce2, cp;
  be: cb=getch();
      switch (cb)
      { case 'b': goto e1;
   default: putch(cb); goto be; }
  e1: ce1=getch();
      switch (ce1)
      { case 'e': goto e2;
   default: putch(cb);putch(ce1);
   goto be; }
  e2: ce2=getch();
      switch (ce2)
      { case 'e': goto pe;
   default: putch(cb);putch(ce1);putch(ce2);
   goto be;   }
  pe: cp=getch();
      switch (cp)
      { case 'p': beep(); goto be;
   default: putch(cb); putch(ce1); putch(ce2);
       putch(cp); goto be; }
}
```

b) Zeichnen Sie zum angegebenen Programm den Automaten-Graphen inklusive aller
   Beschriftungen.

c) Was macht das Programm?

12.7 Aufgaben

12.7.1 DFÜ-Protokolle

Wenn Sie eine Verbindung über Internet herstellen, läuft ein Vorgang nach dem Prinzip ab, wie es in dieser Aufgabe dargestellt ist. Wenn Sie ein Produkt für die Telekommunikation benutzen, dann arbeitet für den Aufbau Ihrer Verbindung ein Programm, das einen endlichen Automaten realisiert, irgendwo auf einem Vermittlungsrechner. Diese Technik ist also sehr verbreitet.

In der Aufgabe wird eine etwas vereinfachte Problemstellung betrachtet, wo über die seriellen Schnittstellen zwei PCs miteinander verbunden werden, z. B. um Dateien auszutauschen. Aus Anwendersicht könnte das so aussehen, dass auf dem einen PC ein Programm Receive.exe gestartet wird, auf dem anderen ein Programm Send.exe. Letzteres erhält den Namen einer Datei, die es dann zur Gegenseite überträgt.

Die Kommunikation der beiden Programme geschieht über sog. Datagramme, d.h. Datenblöcke, die aus folgenden Teilen bestehen:

- Header (Kopf), der besagt, welche Art von Datagramm gemeint ist
- Länge des Datagramms
- die eigentlichen Nutzdaten
- Prüfsumme (zum Überprüfen auf Korrektheit bzw. fehlerfreie Übertragung)

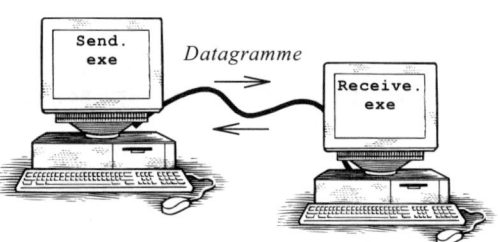

In welcher Reihenfolge sich Receive.exe und Send.exe welche Datagramme senden müssen, um einen Dateitransfer abzuwickeln, regelt ein sog. Protokoll. Im vorliegenden Beispiel könnte es etwa aussehen wie in Tabelle 12.7-1.

In der Tabelle ist ein Ablauf dargestellt, in dem keine Fehlerbedingungen auftreten. Der Automat in Abbildung 12.7-1 berücksichtigt auch Fehler. Dabei bedeuten Eingaben wie !=XmitAccept, dass eine beliebige andere, als die betreffende Eingabe erfolgt ist – entweder vom Empfangsprogramm der Gegenseite – oder auch aus der Umgebung des Sende-Programms, z. B. durch Ablauf eines Timers (Timeout).

a) Schreiben Sie ein Programm für den abgebildeten Automaten! Simulieren Sie die Datagramme der Sendeseite durch printf(…) und die Datagramme, die das Empfangsprogramm sendet, durch Tastatureingaben, die mit scanf(…) gelesen werden.

b) Entwerfen Sie den Automatengraphen für ein Empfangsprogramm, das ein zur Sendeseite passendes Protokoll realisiert! Verifizieren Sie Ihren Entwurf mit Protokollsequenzen für normale Übertragungen und solche, bei denen Probleme auftreten!

Tabelle 12.7-1: Protokoll eines einfachen Dateitransfers

Umgebung	Send.exe	Datagram	Receive.exe
Dateiname Eingabe			
	Datei öffnen		
		XmitRequest[5] →	
			Datei öffnen
		← XmitAccept	Akzeptieren
	Lesen anstoßen		
Datenblock gelesen			
		Datablock →	
			Block in Datei schreiben
		← BlockAck	Block Quittieren
	Lesen anstoßen		
Datenblock gelesen			
		Datablock →	
			Block in Datei schreiben
		← BlockAck	Block Quittieren
…	…	…	…
	Lesen anstoßen		
Dateiende (EOF)			
		XmitEnd →	
			Datei schließen
		← FileAck	Übertragung quittieren
	Beenden		

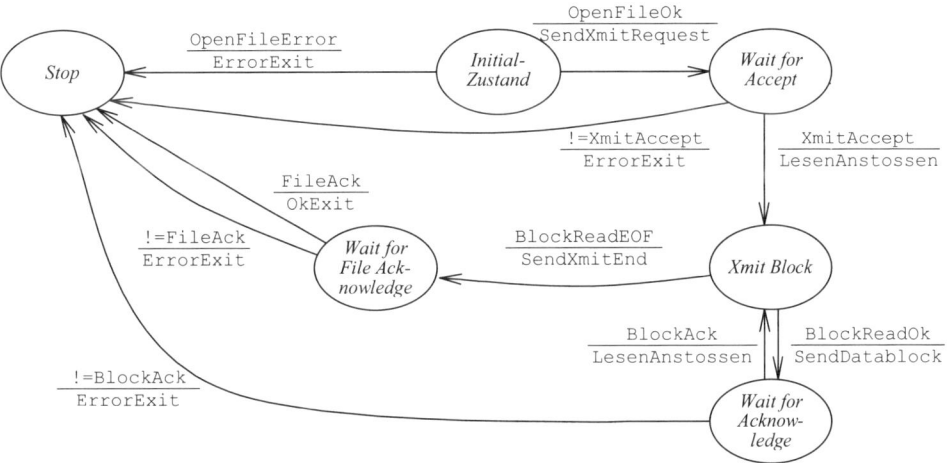

Abbildung 12.7-1 Automatengraph zum DFÜ-Protokoll/ sendeseitig

---

[5] „Xmit" wird hier als Abkürzung für „transmit", also „übertragen" benutzt

12.7.2 Filter für Escape-Sequenzen in HTML Dateien

Web-Browser interpretieren Dokumente im HTML-Format. HTML ist ein Text-Format, das mit einer beliebigen Textbearbeitungs-Anwendung bearbeitet werden kann. Wenn man die nebenstehende Seite mit einem Texteditor öffnet, erhält man etwa folgenden Inhalt:

Hanebüchener Sülz – Netscape

File Edit View Go Communicator Help

Back Forward Reload Home Search Guide

Bookmarks   Location: aterial/8Autom/hasulz.htm

ProblemSolving Literatur Wetter Banken Börse Lookup Ho

Schlüsselblumen lächeln im Nördlinger Ries.

Document: Done

```
<HTML>
<HEAD>
    <META HTTP-EQUIV="Content-Type" CONTENT="text/html;
        charset=iso-8859-1">
    <META NAME="GENERATOR" CONTENT="Mozilla/4.04 [en]
        (WinNT; I) [Netscape]">
    <META NAME="Author" CONTENT="Kneissl Franz">
    <TITLE>Haneb&uuml;chener S&uuml;lz</TITLE>
</HEAD>
<BODY>
    Schl&uuml;sselblumen l&auml;cheln im N&ouml;rdlinger Ries.
</BODY>
</HTML>
```

Man erkennt, dass die nationalen Sonderzeichen äöüß in einer Ersatzdarstellung codiert sind. HTML benutzt Unicode[6], d.h. eine 16 Bit Codierung. Damit kann man ca. 65.000 Zeichen aus den verschiedensten Sprachen von Arabisch bis Zulu codieren.

Alle Zeichen, deren Zahlenwert zwischen 0 und 127 liegt, werden wie in einer normalen ASCII-Datei codiert. Um unabhängig von Hardware/ Software-Plattformen zu sein, werden die Zeichen ab 128 (d.h. bei 16 Bit ist das Byte mit dem höheren Stellenwert ≠ 0) mit sog. Escape-Sequenzen codiert:

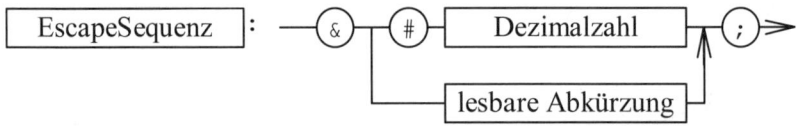

Die Codierung der Sonderzeichen äöüÄÖÜß sieht aus, wie in der Tabelle dargestellt.

---

[6] Vgl. Teil 1 des Buches: Zeichencodes

Tabelle 12.7-2: Codierung einiger deutscher Sonderzeichen in HTML ab Version 4

Sonderzeichen	Codierung als Zahl	Codierung als lesbare Abkürzung
ä	`&#228;`	`&auml;`
ö	`&#246;`	`&ouml;`
ü	`&#252;`	`&uuml;`
Ä	`&#196;`	`&Auml;`
Ö	`&#214;`	`&Ouml;`
Ü	`&#220;`	`&Uuml;`
ß	`&#223;`	`&szlig;`

Wenn man ein Programm schreiben will, das die Escape-Sequenzen „herausfiltert" und durch die Klartextdarstellung der Sonderzeichen für die aktuelle Arbeitsplattform ersetzt, dann muss dieses etwa wie folgt verfahren:

kopiere Byte für Byte von der Eingabe in die Ausgabe, bis ein & entdeckt wird. Falls ein # und eine Dezimalzahl und ein ; folgen, dann das Sonderzeichen ausgeben. Falls eine der lesbaren Abkürzungen und ein ; folgen, dann ebenfalls das zugehörige Zeichen ausgeben. Wenn kein korrekter Abschluss der Escape-Sequenz erkannt wird, dann das bisher „einbehaltene" Anfangsstück ausgeben und wieder Byte für Byte kopieren usw.

Ein vereinfachter Automatengraph für das Programm, mit dem man nur die Dezimalcodierung der Zeichen aus Tabelle 12.7-2 erfasst, könnte aussehen, wie in Abbildung 12.7-2.

x <hr> $x\ pf.$	Transitionen mit einer Beschriftung wie nebenstehend haben folgende Bedeutung: während der Automat hinter einem Fluchtsymbol & versucht, die begonnene Escape-Sequenz zu komplettieren, werden keine Ausgaben gemacht, sondern die eingegebenen Zeichen x werden in einem Puffer[7] zwischengespeichert.

Falls ein Zeichen eingegeben wird, das nicht in eine Escape Sequenz passt, dann werden alle bisher gepufferten Zeichen ausgegeben und es beginnt eine neue Suche nach dem Fluchtsymbol &.

Folgende weitere Abkürzungen werden im Automatengraphen für Transitionen benutzt:

⃠ ↑	*Zeichen, das in keiner anderen Transition* *mit diesem Anfangszustand vorkommt* <hr> *alle Zeichen im Puffer ausgeben und Puffer leeren* Zielzustand dieser Transitionen ist der mit ? bezeichnete Ausgangszustand.
; <hr> ß *ausg.*	Mit dem abschließenden ; ist eine Escape-Sequenz komplett, das Zeichen wird ausgegeben[8]. Der Pufferinhalt ist dann irrelevant und wird geleert.

---

[7] „Puffer" bedeutet hier temporärer Zwischenspeicher. *pf.* ist die Abkürzung für „puffern"

[8] „*ausg.*" wird als Abkürzung für „ausgeben und Puffer leeren" verwendet

a) Schreiben Sie ein Programm, das diesen Automaten realisiert! Testen Sie das Programm an einer Zeichenfolge ähnlich der im Browserfenster oben.

b) Geben Sie eine sinngemäße Ergänzung des Automatengraphen für eine exemplarisch ausgewählte lesbare Abkürzung (z. B. ä) an!

c) Ergänzen Sie Ihr Programm um die passenden Anweisungen zu b).

d) Finden Sie eine Möglichkeit, mehrfache Pfade für die Teilsequenzen uml; im Automaten in einem einzigen Pfad zu realisieren! Führen Sie dazu eine geeignete Aktion am Ende durch! Erweitern Sie die Lösung aus c)!

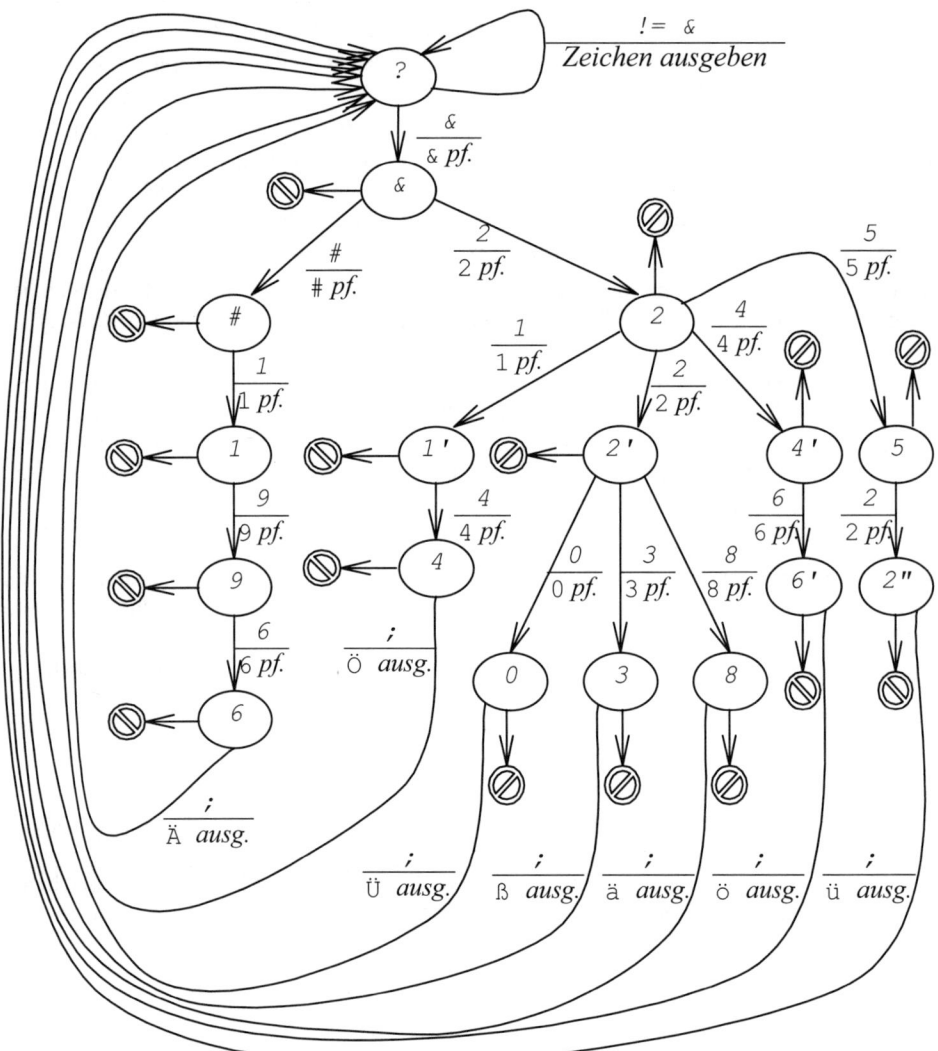

Abbildung 12.7-2: Filterautomat für Escape-Sequenzen in HTML-Dateien

13 Vektoren

13.1 Abgeleitete Typen in C, Übersicht

Wir haben bisher ganzzahlige und Gleitpunkt-Basistypen in **C** kennengelernt. In diesem und folgenden Kapiteln werden weitere, benutzerdefinierte Typen eingeführt, die sich aus den Basistypen ableiten lassen. Unsere bisher aktuelle Deklarationssyntax erweitert sich wie in der Abbildung 13.1-1 sichtbar.

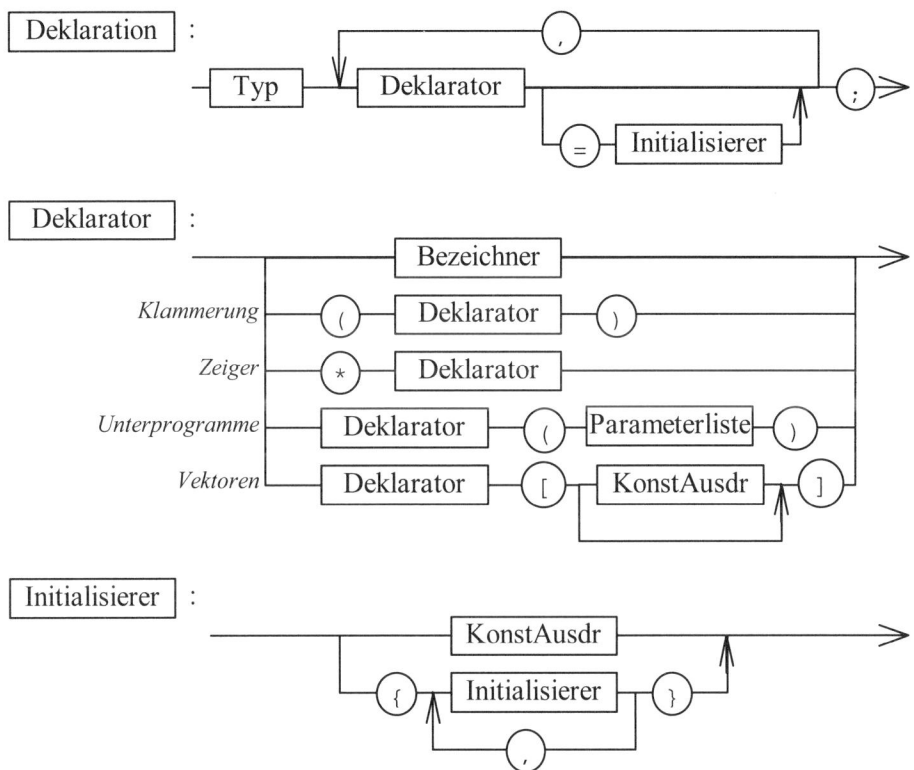

Abbildung 13.1-1: Erweiterung der Deklarationssyntax

Es finden sich neben der bisher bekannten Möglichkeit, eine einfache Variable zu deklarieren, verschiedene weitere Pfade. Im vorliegenden Kapitel interessieren uns vor allem Vektoren. Später werden Unterprogramme und Zeiger eingeführt. Zur Bildung von komplexen Typen durch ineinander-Schachtelung der Deklarationsvarianten, siehe Abschnitt 13.3.

13.2   Eindimensionale Vektoren

Kein professionelles C-Programm kommt ohne Vektoren aus. Oft benötigt man viele Variablen gleichen Typs, die man in Laufschleifen bearbeiten will oder man hat einen Algorithmus, der erst zur Laufzeit berechnet, auf welche Variable jeweils zugegriffen werden soll.

Beispiel: Ein Wort wird (noch ohne Benutzung von Vektoren) eingelesen und rückwärts
            ausgegeben

```
char c1, c2, c3, c4;
scanf("%c",&c1); scanf("%c", &c2); scanf("%c", &c3);
scanf("%c", &c4);
printf("%c", c4); printf("%c", c3); printf("%c", c2);
printf("%c", c1);
```

Für lange Eingaben wird das Programm sehr lang. Was ist, wenn man vorher nicht weiß, wie lange das einzugebende Wort wird? Wir kennen schon die Lösung: Zeichenketten. Das sind Anordnungen von chars, lauter Komponenten gleichen Typs, also Vektoren. Im Englischen werden solche „Aufreihungen" auch Arrays genannt.

Damit lässt sich das obige Beispiel z. B. so schreiben:

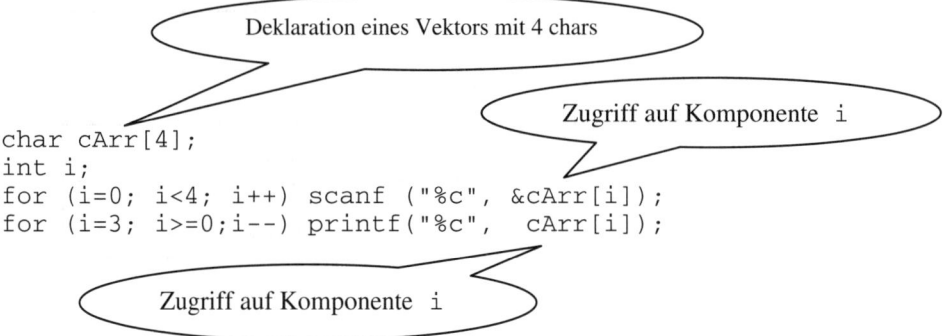

```
char cArr[4];
int i;
for (i=0; i<4; i++) scanf ("%c", &cArr[i]);
for (i=3; i>=0;i--) printf("%c",  cArr[i]);
```

13.2.1   Deklarationssyntax

Die Abbildung 13.2-1 zeigt den einfachsten Weg durch die Möglichkeiten des Syntaxdiagramms in Abbildung 13.1-1. Deklariert wird hier ein eindimensionaler Vektor von Komponenten, die alle den angegebenen Basistyp haben. In [...] wird die gewünschte Komponentenzahl spezifiziert. Falls die Komponenten mit Werten vorbelegt werden sollen, gibt man diese in {...} durch Kommas getrennt an.

Beispiel:
```
char acV[3] = {'a', 'b', 'c' };  /* array of 3 chars */
```

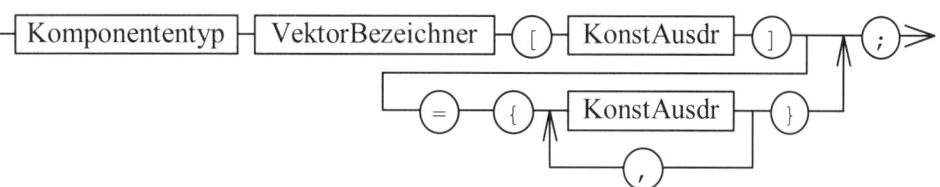

Abbildung 13.2-1: Vektordeklaration mit Angabe des Vektor-Bezeichners

Es gelten folgende Nebenbedingungen

- Die Anzahl der Komponenten muss eine natürliche Zahl sein.

- Die Komponenten werden von 0 bis `Komponentenanzahl-1` numeriert

- Die Obergrenze hängt von der jeweiligen Entwicklungsumgebung und evtl. noch von der Art der benutzten Adressierung ab. Typische Obergrenzen sind 32767 oder 65535 (Indizierung mit 16-Bit-Wort, mit bzw. ohne Benutzung des höchstwertigen Bits)

C bietet auch etwas Komfort für die Deklaration von Vektoren:

1. bei Vorbelegung muss die Zahl der Komponenten nicht angegeben werden, z. B.
   ```
   char acV[ ] = {'a', 'b', 'c' }; /* entspricht acV[3]... */
   ```
2. Unterstützung der Vorbelegung für Zeichenketten, z. B.
   ```
   char szV[ ] = "abc";
   ```

Bei der Vorbelegung von Zeichenketten wird automatisch ein abschließendes `'\0'`-Zeichen eingefügt. Die Anzahl der Vektorkomponenten wird passend gesetzt. Die Deklaration `char szV[ ] = "abc";` entspricht also genau
```
char szV[4] = {'a', 'b', 'c', '\0' };
```

13.2.2   Zugriff auf Ganz- und Komponenten-Variable

Die **Ganz-Variable** erhält man bei Angabe des Vektorbezeichners.
Beispiel:
```
char cArr [4]; printf("%d", sizeof(cArr)); /* druckt 4 */
```

Auf die **Komponentenvariablen** greift man zu, indem man hinter den Bezeichner der Ganz-Variablen in [...] die Nummer der gewünschten Komponente schreibt:

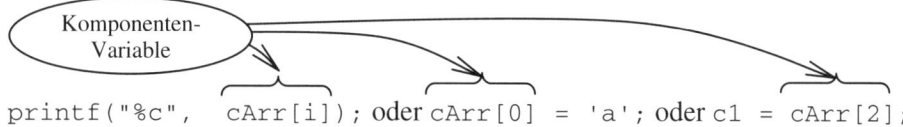

```
printf("%c",  cArr[i]); oder cArr[0] = 'a'; oder c1 = cArr[2];
```

Wenn wir von den Deklarationen aus dem vorigen Abschnitt ausgehen, gibt es die in Tabelle 13.2-1 angegebenen Ganz- und Komponentenvariablen. Die Spalte „Ausdruck" gibt an, wie man den Zugriff auf die betreffende Variable in einem Ausdruck schreibt.

Deklarationen:

```
char acV[] = {'a', 'b', 'c' };      /* array of 3 chars */
char szV[ ] = "abc";                /* string "abc" */
```

Tabelle 13.2-1:   *Beispiel: Ganz- und Komponenten-Variable*

Aus druck	Ganzvariable oder Komponente	Typ	Wert	size- of
acV	Ganzvariable	Vektor mit [3] char–Komponenten	{'a','b','c'}	3
acV[0]	Komponentenv.	char	'a'	1
acV[1]	Komponentenv.	char	'b'	1
acV[2]	Komponentenv.	char	'c'	1
szV	Ganzvariable	Vektor mit [4] char–Komponenten	"abc"≡ {'a','b','c','\0'}	4
szV[0]	Komponentenv.	char	'a'	1
szV[1]	Komponentenv.	char	'b'	1
szV[2]	Komponentenv.	char	'c'	1
szV[3]	Komponentenv.	char	'\0'	1

Über die Lage der Ganz-/Komponenten-Variablen zueinander im Speicher werden wir im Abschnitt „Zeiger" näheres erfahren.

Das folgende Beispiel zeigt eine Einfüge-/ Verschiebe-Operation auf einem Vektor, wie sie für Sortieralgorithmen typisch ist.

Beispiel: Programm, das aus dem Wort „schar" das Wort „chars" macht

```
#include <stdio.h>
main()
{ char wort[]="schar", ch;
  int n;
  ch=wort[0];
  for(n=0; n<(strlen(wort)-1); n++)
    wort[n]=wort[n+1];
  wort[strlen(wort)-1] = ch;
  printf("%s\n", wort);
}
```

vorher: **s c h a r**

nachher: **c h a r s**

Übung: Verpacken der Verschiebung der Buchstaben und des Anhängens des jeweils vorher ersten in eine weitere Schleife, so dass beides zweimal durchgeführt wird (schar→harsc).

13.3 Zur Deklarations-Syntax in C

In **C** können neue Typen nicht nur von Basistypen abgeleitet werden, sondern auch von bereits abgeleiteten Typen. Das Spektrum der Möglichkeiten wird durch Abbildung 13.1-1 beschrieben. Durch die Verschachtelung können beliebig komplexe Typen aufgebaut werden. Damit der Compiler bei der Benutzung von Variablen solcher Typen in *Ausdrücken* den richtigen Code erzeugen kann, muss er den Typ „mitrechnen". Das ist vergleichbar mit der Physik, wo man die Benennungen von Größen neben ihrem Wert mitführt.

Beispiel: Typen von Teilausdrücken

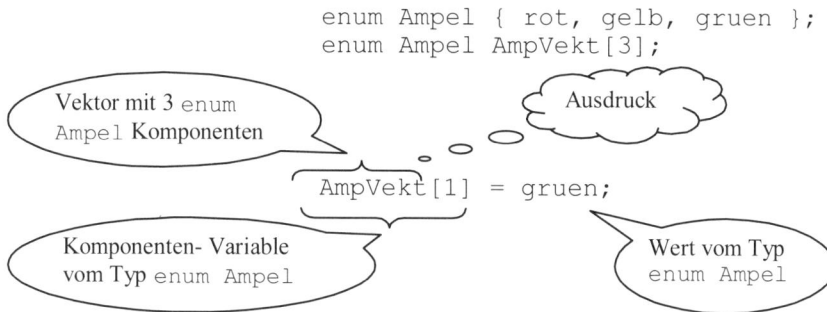

Dieses „Mitrechnen" der Typen benutzt **C** auch für die Schreibweise von *Deklarationen*. Die Operatoren im Ausdruck (im Beispiel hier: **[...]**) werden auch als **Deklarations-Operatoren** angegeben. Man beginnt beim Bezeichner, der in der Deklaration eingeführt wird und wendet die Deklarations-Operatoren an. Zum Schluss erhält man den Typ, der in der Deklaration angegeben ist. Dabei gelten ähnliche Vorrangregelungen wie in gewöhnlichen Ausdrücken (Operator-Prioritäten, Klammerung).

Das Beispiel `enum Ampel AmpVekt[3];` liest sich also wie in Abbildung 13.3-1. Von der deklarierten Variablen kann man eine von drei Komponenten auswählen, man erhält dann eine Größe vom Typ `enum Ampel`. Eine Komponente lässt sich nur aus einem Vektor auswählen. `AmpVekt` ist also ein Vektor von Komponenten des Typs `enum Ampel`.

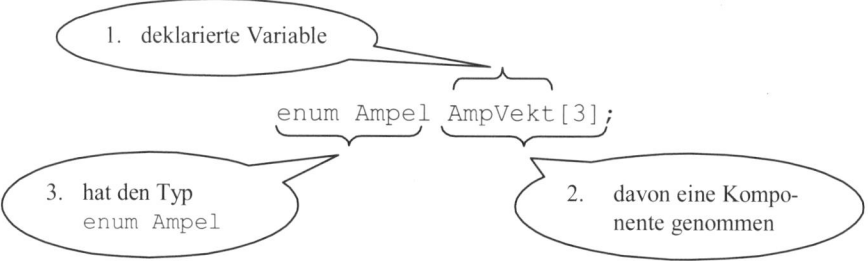

Abbildung 13.3-1: Beispiel: Interpretation der Deklarationssysntax in C

13.4   Mehrdimensionale Vektoren

Für Tabellen oder Matrizen genügen eindimensionale Vektoren nicht.

Tabelle   Matrix

Name	Tel
Aicher	4711
Bauer	0815
Lachner	12345

$$\begin{pmatrix} 13.2 & 5.6 & 22.7 \\ 1.0 & 0.2 & 0.9 \\ 0.0 & 2.0 & 1.1 \end{pmatrix}$$

In der Vertikalen sind die Komponenten gleich, d.h. die Voraussetzungen für einen Vektor sind gegeben. Aber was ist der Basistyp? Im Beispiel der Tabelle kommt man auf einen heterogenen Verbund (Zeichenkette, Zahl). Diesen Fall werden wir im Abschnitt über Strukturen (`struct`) behandeln. Gegenstand des vorliegenden Abschnitts sind Matrizen.

Im Fall der Matrix sind auch die Komponenten innerhalb einer Zeile von gleichem Typ, d.h. auch in den Zeilen sind die Voraussetzungen für einen Vektor gegeben. Wir können also für die Matrix aus dem Beispiel deklarieren: `double Matrix[3][3];`

Die Deklaration liest sich, wie in Abbildung 13.4-1 angegeben.

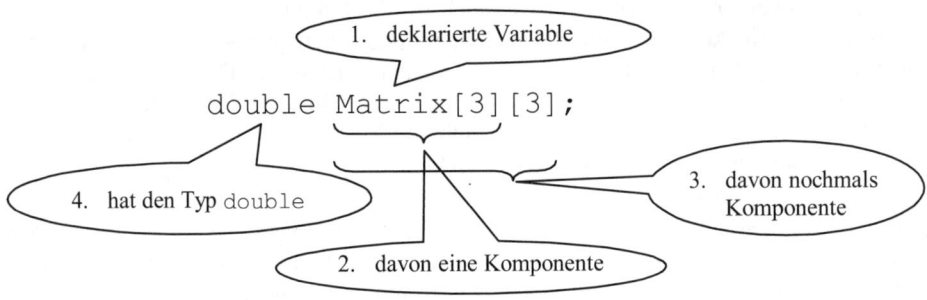

Abbildung 13.4-1: Beispiel: Deklarationssyntax zweidimensionaler Matrizen

Der Typ der Ganzvariablen `Matrix` ist demnach

„Vektor von 3 Komponenten, die jeweils Vektoren von 3 `double`s sind".

Entsprechend geschachtelt sieht die Initliste aus: Für jede Komponente von `Matrix` ist ein Element in {...} enthalten, das seinerseits wieder eine Liste {...} ist.

```
double Matrix[3][3] = {{ 13.2,   5.6, 22.7},
                       {  1.0,   0.2,  0.9},
                       {  0.0,   2.0,  1.1}
                      };
```

> Die Zählung für die erste Komponentenanzahl würde der Compiler auch automatisch durchführen, alle weiteren müssen angegeben werden.

Zugriffe auf mehrdimensionale Vektoren funktionieren analog zum eindimensionalen Fall: für alle Indexpositionen wird ein Wert angegeben

im Beispiel:

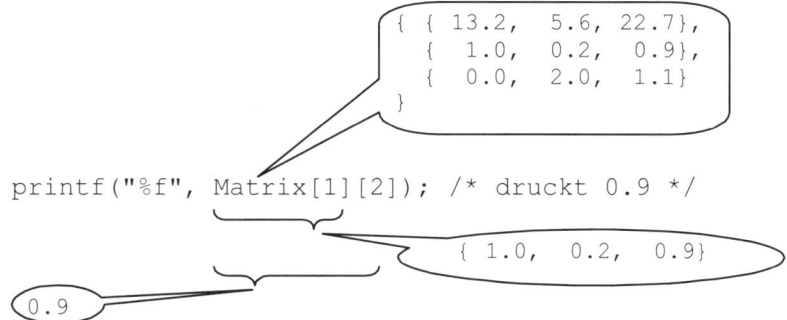

```
{ { 13.2,   5.6, 22.7},
  {  1.0,   0.2,  0.9},
  {  0.0,   2.0,  1.1}
}
```

```
printf("%f", Matrix[1][2]); /* druckt 0.9 */
```

```
{ 1.0,   0.2,   0.9}
```

```
0.9
```

Beispielprogramm: Multiplikation einer 3x3 Matrix mit einem Vektor

```c
#include <stdio.h>

main()
{ double      v[3]    =   {  1.0,   2.0,   3.0},
             res[3];
  double Matrix[3][3] = { { 13.2,   5.6, 22.7},
                          {  1.0,   0.2,  0.9},
                          {  0.0,   2.0,  1.1}
                        };
  int z, s;
  for (z=0; z<3; z++)
  { res[z]=0.0;
    for (s=0; s<3; s++)
      res[z] += v[s]*Matrix[z][s];
  }
  for(z=0; z<3; z++)
    printf("%f\n", res[z]);
}
```

Bisher wurde in diesem Kapitel gelernt:

- dass sich in **C** aus Basistypen weitere Typen ableiten lassen
- was eindimensionale Vektoren sind
- wie die Deklarationssyntax aussieht
- wieviele Komponenten es gibt und wie diese nummeriert sind
- wie auf Ganz- und Komponenten-Variable zugegriffen werden kann
- wie komplexe Deklarationen interpretiert werden
- wie mit mehrdimensionalen Vektoren gearbeitet wird

In den folgenden Kapiteln werden Vektoren für die Lösung von linearen Gleichungssystemen und in Sortieralgorithmen angewendet.

13.5   Fragen

1. Skalarprodukt
   Ergänzen Sie das folgende Programm, so dass es die zwei Vektoren einliest und das Skalarprodukt berechnet und ausgibt.

$$\textit{Formel für das} \atop \textit{Skalarprodukt} \atop \textit{zweier Vektoren:} \quad \begin{pmatrix} x_1 \\ \vdots \\ x_N \end{pmatrix} \begin{pmatrix} y_1 \\ \vdots \\ y_N \end{pmatrix} = \sum_{i=1}^{N} x_i y_i$$

```
#include <stdio.h>

main()
{ long int vl1[3], vl2[3], lScalp, i;
   /* Einlesen von vl1 und vl2 */



   /* Skalarprodukt lScalp berechnen */



   /* Ergebnis ausgeben */


}
```

2. Deklaration von Vektoren
a) Deklarieren Sie einen Vektor v1, der drei ganze Zahlen (ohne Vorzeichenbehandlung) aufnehmen kann, sowie einen Vektor v2, der drei Zeichenketten zu je maximal 6 Zeichen (inklusive ' \0 ') aufnehmen kann.

Deklaration von v1	

Deklaration von v2	

b) Wie sehen die Deklarationen aus, wenn v1 mit den Werten einer Enumeration und v2 mit drei Zeichenketten für die Ampelfarben vorbelegt wird?

Deklaration von v1 mit Vorbelegung	`enum Ampel { rot, gelb, gruen };`
Deklaration von v2 mit Vorbelegung	`/* mit Zeichenketten für Ampelfarben vorbelegen */`

c) Piktogramm ausgeben

Ergänzen Sie das Programmfragment, so dass es das Piktogramm (als Text) um 90° nach rechts gedreht ausgibt (also einen ↓ aus Sternchen).

```
int z, s;
  char Pikto[5][10] = { "        *   ",
                        "         *  ",
                        "**********",
                        "         *  ",
                        "        *   " };
  /* Ausgabe gedreht: 10 Zeilen a 5 Zeichen */
```

13.6 Aufgaben

a) Minimumsuche

Es ist ein Programm zu schreiben, das das Minimale Element eines Vektors sucht und zählt, wie oft dieser Wert auftritt. Dazu ist ein geeigneter Vektor von ganzen Zahlen zu deklarieren. In einer Schleife sollen die Werte der Komponentenvariablen eingelesen werden. Am Ende ist auszugeben, welcher Wert minimal war und wie oft er aufgetreten ist.

b) Tankfüllstand

Gegeben ist ein unregelmäßig geformter Tank, an dessen unterem Ende ein Drucksensor angebracht ist. Durch den Sensor kann die Höhe des Flüssigkeitsstandes im Tank bestimmt werden. Um aus dem Füllstand die Füllmenge zu erhalten, wird in einer Tabelle nachgesehen.

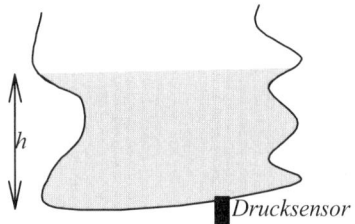

Drucksensor

Es ist ein Programm zu schreiben, das zu einem Füllstand die Füllmenge berechnet. Dazu wird erst die Füllstandstabelle t eingelesen. Dabei handelt es sich um einen Vektor von Zahlen. Die n-te Komponente des Vektors gibt die Füllmenge m bei einer Höhe von n cm an. Anschließend soll das Programm in einer Schleife jeweils eine Höhe h einlesen und dazu die Füllmenge ausgeben.

In einer zweiten Fassung sollen auch nichtganzzahlige Höhen h behandelt werden. Dazu ist zwischen den beiden Einträgen i und j, zwischen deren Komponentennummern der Wert h liegt, linear zu interpolieren.

Formel:

$$m = t[i] + \frac{t[j] - t[i]}{j - i}(h - i)$$

c) Kryptographie

Ein simples Verfahren zur Verschlüsselung funktioniert so: Gegeben sind ein Text und ein Schlüssel (zwei Zeichenketten). Beide werden Zeichenweise miteinander durch exklusives Oder verknüpft. Ist der Schlüssel kürzer als der Text, so wird er einfach noch einmal durchlaufen. Damit die verschlüsselte Zeichenkette wieder als Text behandelt werden kann (keine Steuerzeichen wie Zeilenvorschub, Seitenvorschub etc.), soll das exklusive Oder mit einer geeigneten Maske auf die niederwertigen 4 Bit beschränkt werden.

Es ist ein Programm zu schreiben, das eine Zeichenkette als Schlüssel einliest. Anschließend soll in einer Schleife jeweils eine Zeichenkette als Klartext eingelesen und verschlüsselt ausgegeben werden.

Test: zweimaliges Verschlüsseln muss wieder die original-Zeichenkette liefern!

d) Matrixmultiplikation

Es ist ein Programm zu schreiben, das zwei NxN-Matrizen einliest und ihr Produkt ausgibt. N soll per #define einstellbar sein.

Testmatrizen:

$$\begin{pmatrix} 1 & 0 & 1 \\ 2 & -1 & 0 \\ -3 & 2 & 2 \end{pmatrix} \begin{pmatrix} 2 & -2 & -1 \\ 4 & -5 & -2 \\ -1 & 2 & 1 \end{pmatrix} = \begin{pmatrix} 1 & 0 & 0 \\ 0 & 1 & 0 \\ 0 & 0 & 1 \end{pmatrix}$$

14 Algorithmen: Sortierverfahren, Zufallszahlen

Professionelle Programmierer schreiben Sortierprogramme kaum selbst. Man verwendet Bibliotheken, die die benötigte Ordnung der Datensätze herstellen. Trotzdem sind Sortierverfahren aus mehreren Gründen für Programmierkurse unverzichtbar

–   Sortierverfahren bilden die Grundlage für verschiedenste Algorithmen, deshalb sind sie als Hintergrundwissen für die Technik des Programmierens wichtig

–   An Sortierverfahren lassen sich Performance-Unterschiede verschiedener Algorithmen bei gleicher Funktion drastisch demonstrieren

–   An Sortieralgorithmen lässt sich die Kombination einer Reihe von Eigenschaften der Programmiersprache (z. B. Vektoren, Laufschleifen, Verzweigungen etc.) auf einfache Weise zeigen

Die Auswahl der hier vorgestellten Sortierverfahren ist daher auch eher an didaktischen Zielsetzungen ausgerichtet, weniger an der Absicht, die professionellsten Sortierverfahren zu vermitteln.

Sortierverfahren und Zufallszahlen haben eines gemeinsam: es geht um den Begriff der Ordnung. Während in Sortierverfahren Datensätze so arrangiert werden, dass sie in einer gewünschten Ordnung stehen, scheinen Zufallszahlen chaotisch zu entstehen (oder nur fast chaotisch, siehe Kapitel 14.2.2). Die Bedeutung von Zufallszahlen geht über „didaktisches Spielmaterial" (z. B. Lottozahlen) weit hinaus: sie bilden die Grundlage vieler Simulationsprogramme.

14.1   Sortieren

Beim Sortieren werden Datensätze in eine gewünschte Ordnung gebracht. Den für die Ordnung relevanten Teil von Datensätzen nennt man Schlüssel. In einer Telefonliste ist z. B. jedes Name/ Nummer-Paar ein Datensatz, wovon der Name der Schlüssel ist. Der nicht-Schlüssel-Teil eines Datensatzes kann auch leer sein – für Sortieralgorithmen spielt dies höchstens hinsichtlich der Laufzeit eine Rolle.

Wie man Datensätze in C behandelt, wird im Abschnitt über structs gezeigt. Im vorliegenden Abschnitt werden wir mit Datensätzen arbeiten, die nur aus einem Schlüssel bestehen. Wir benutzen als Schlüssel jeweils Zahlen oder Zeichenketten.

Man unterscheidet *interne* Sortierverfahren, bei denen das Programm alle Daten in Variablen im Arbeitsspeicher parat hat, und *externe* Sortierverfahren, bei denen sich die Daten in Dateien auf einem Datenträger befinden. Die hier vorgestellten Verfahren sind eher für interne Sortierung anwendbar.

14.1.1 Bubblesort

Dieses Verfahren hat ausschließlich Bedeutung für Programmierkurse, da seine Performance – verglichen mit besseren Verfahren – katastrophal ist. Dafür lässt es sich aber sehr einfach programmieren.

Algorithmus:

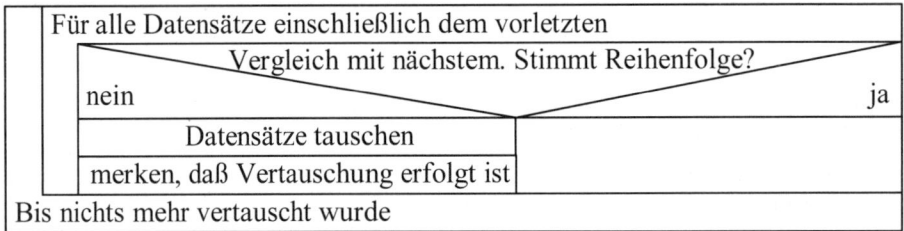

14.1.2 Sortieren durch Auswahl

Auswahl-Sort ist eines der häufig angewandten Standard-Sortierverfahren. Es hat Ähnlichkeiten mit dem Bubble-Sort, ist aber wesentlich effizienter. Der Algorithmus arbeitet mit zwei ineinandergeschachtelten Schleifen. Im j-ten Schritt der äußeren Schleife wird das j-te Element des Vektors in einer inneren Schleife über k mit allen folgenden Elementen verglichen. Es wird jeweils das j-te mit dem k-ten Element getauscht, wenn das k-te kleiner ist, so dass am Ende der inneren Schleife das Minimum der verglichenen Elemente an der j-ten Stelle steht. Wenn die äußere Schleife durchgelaufen ist gilt also, dass jede Vektorkomponente kleiner oder gleich allen folgenden Komponenten ist – d.h. der Vektor ist aufsteigend sortiert.

Algorithmus:

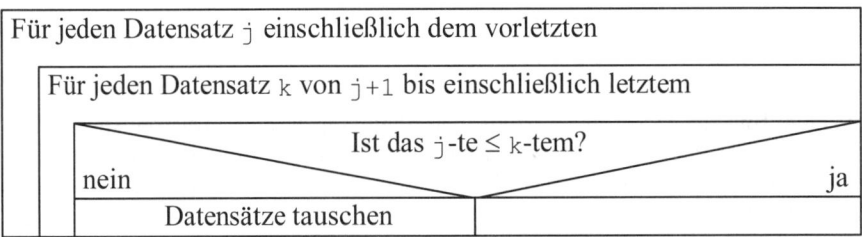

```
#include <stdio.h>                        // Beispielprogramm
#define N 6

void main()
{ int j, k, t, vek[N] = { 3, 1, 14, 7, 5, 1 };

   for(j=0; j<(N-1); j++)
     for(k=j+1; k<N; k++)
     { if(vek[j]>vek[k])          /*    Tauschbedingung       */
        {       t = vek[j];       /*    Tauschen der Elemente */
          vek[j] = vek[k];
          vek[k] = t;
        }
     }
   for(j=0; j<N; j++) printf("%d\n", vek[j]);   /* Ausgabe */
}
```

14.1.3   Bucket Sort

Bucket heißt Eimer. Man benutzt das Verfahren, wenn man sehr viel mehr Datensätze als vorkommende Schlüsselwerte hat. Für jeden der möglichen Schlüsselwerte bildet man einen „Eimer". Dann geht man an den Datensätzen entlang und „wirft" jeden Datensatz in den zugehörigen Eimer. In der dritten Phase erzeugt man die sortierte Folge von Datensätzen, indem man die Eimer in aufsteigender Reihenfolge „ausleert".

Die Eimer werden durch Komponenten eines Vektors nachgebildet. Das Einwerfen von Datensätzen entspricht (wir sortieren hier nur Zahlen) dem Hochzählen der zugehörigen Komponente des Eimer-Vektors. Zum Schlüsselwert i gehört die i-te Komponente des Eimer-Vektors. Das Ausleeren der i-ten Komponente entspricht dem Anhängen von n Werten i an den Ausgabe-Vektor der sortierten Zahlen. n ist dabei das Zählergebnis, das in der i-ten Komponente des Eimer-Vektors steht. Um Platz zu sparen, kann man als Ausgabe-Vektor auch wieder den Vektor benutzen, in dem ursprünglich die zu sortierenden Zahlen standen. Diese werden von der Komponente 0 an beginnend, zum Ende des Vektors hin überschrieben.

Algorithmus:

Für jeden Eimer `j`
Inhalt des Eimers auf `0` setzen
Für jede Komponente `j` des zu sortierenden Vektors `vek`
Eimer mit der Nummer `vek[j]-1` um 1 hochzählen
Für jeden Eimer `j`
Sooft, wie der Inhalt `Eimer[j]` angibt
`j+1` an den Vektor `vek` anhängen
Für jede Komponente `j` des zu sortierenden Vektors `vek`
Komponente ausgeben

Beispielprogramm:

```
#include <stdio.h>

#define N 20
#define E 3

void main()
{ int j, k, t=0,
      vek[N] = { 1, 2, 2, 1, 1, 3, 3, 3, 2, 1,
                 1, 2, 3, 3, 3, 3, 1, 2, 3, 3  },
      Eimer[E];

  for(j=0; j<E; j++) Eimer[j] = 0;   /* Eimer leer beginnen */

  for(j=0; j<N; j++) Eimer[vek[j]-1]++; /*Eimer hochzaehlen*/

  for(j=0; j<E; j++) /* Eimer ausleeren */
    for(k=0; k<Eimer[j]; k++) /* k Elemente an vek haengen */
      vek[t++] = j+1;

  for(j=0; j<N; j++) printf("%d\n", vek[j]);     /* Ausgabe */
}
```

14.2   Zufallszahlen

Mit `#include <stdlib.h>` sind aus der Standardbibliothek verfügbar:

`int `**`rand`**`(void);`	liefert eine Zufallszahl Typ `int` zwischen 0 und RAND_MAX
RAND_MAX	Konstante: Maximalwert, den `rand()` liefern kann
`void `**`srand`**`(unsigned);`	Initialisiert den Zufallszahlengenerator

Wenn man z. B. 6 Zufallszahlen aus dem Bereich 1-49 haben will, dann kann man programmieren:

```
#include <stdio.h>                              zwischen 1 und 49
#include <stdlib.h>
void main()           zwischen 0 und 48
{ int i;
  for(i=0; i<6; i++) printf("%d\n", rand()%49+1);
}
        zwischen 1 und RAND_MAX
```

Als Lottoprogramm hätte es den Nachteil, dass es immer die gleichen Zufallszahlen liefert[1]. Die Zahlen sind nämlich nicht zufällig entstanden. „Zufalls-…" bedeutet hier eher, dass die Zahlenfolgen, die man mit `rand()` bekommt, bestimmte statistische Anforderungen erfüllen (vgl. Abschnitt 14.2.2). Im Beispiel hier könnte man abhelfen, indem man den Zufalls-

---

[1]   Ein weiteres Problem ist, daß das Programm keine Rücksicht darauf nimmt, dass man bei Lotto jede der getippten Zahlen nur einmal verwenden kann. Vgl. die Aufgabe zu diesem Problem.

zahlengenerator mit der Funktion `srand(n);` initialisiert. Wenn man jedesmal einen anderen Wert `n` angibt, bekommt man jeweils eine andere Folge. Deshalb wird dafür meist die Systemzeit benutzt (vgl. Kapitel „Standardbibliothek").

14.2.1 Ein Simulator

Wir stellen uns eine Fertigungszelle vor, die automatisch Automobilteile bearbeitet. Sie entnimmt einem Magazin an ihrem Eingang jeweils ein Rohteil, das dann gemäß der Nummer, die auf dem betreffenden Magazinkorb steht, bearbeitet wird.

Wenn wir wissen wollen, wie groß das Magazin sein muss, brauchen wir nur die Fertigung einige Zeit lang zu beobachten.

Das Prinzip eincs Simulationsprogramms ist, dass man im Rechner ein Modell der realen Situation von einem Programm „animieren" lässt. Man beobachtet dann das Modell und schließt aus dem Ergebnis auf die Realität.

Das Modell für unser Fertigungszelle könnte z. B. so aussehen

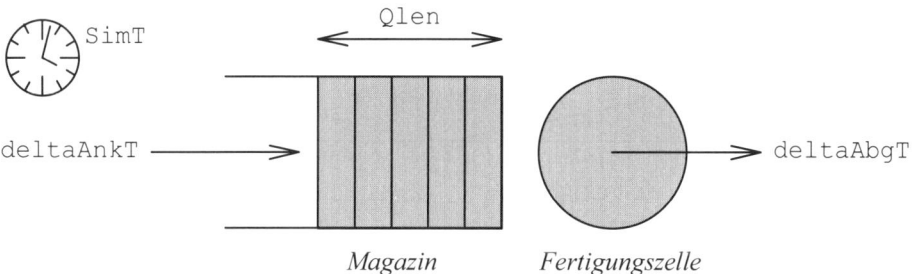

Magazin   Fertigungszelle

real	Nachbildung
Beobachtungszeitpunkt	Wert der Variablen `SimT` [sec]
Zeitspanne bis zur nächsten Rohteilankunft	Zufallszahl `deltaAnkT`, mögliche Werte: 0 bis `MAXANKT`
Eintreffzeitpunkt des nächsten Rohteils	Wert der Variablen `AnkT` [sec]
Zeitspanne bis die Fertigung des nächsten Teiles beendet ist	Zufallszahl `deltaAbgT`, mögliche Werte: 0 bis `MAXABGT`
Beendigungszeitpunkt der Fertigung des nächsten Teiles	Wert der Variablen `AbgT` [sec]
Anzahl der Rohteile im Magazin	Wert der Variablen `Qlen` [sec]

Um den zeitlichen Verlauf nachzubilden, wird jeweils bestimmt, wie lange es dauert, bis das nächste Teil ankommt bzw. bis das nächste fertige Teil die Zelle verlässt. Dazu wird jeweils eine Zufallszahl erzeugt. Wenn der Zeitpunkt des nächsten Ankunfts- oder Abgangs-Ereignisses gekommen ist, wird

- der Füllstand des Magazins auf Stand gebracht und der Zeitpunkt des nächsten gleichartigen Ereignisses bestimmt.

- das Ereignis im einfachsten Fall zusammen mit seinem Zeitpunkt und dem aktuellen Systemzustand für die Beobachtung protokolliert.

Damit man nicht so lange warten muss, wie das in Echtzeit dauert, stellt man die „Simulationsuhr", d.h. die Variable SimT einfach auf den Zeitpunkt des Ereignisses vor, das als nächstes erreicht werden wird, sobald das aktuell erreichte bearbeitet ist.

Algorithmus, erste Fassung [2]:

`SimT = 0;`	Simulationszeitpunkt 0 für den Start
`Qlen = 1;`	Anfangseinstellung Magazinfüllstand auf 1 Teil
`deltaAnkT = rand()%MAXANKT;` `deltaAbgT = rand()%MAXABGT;`	Zeitspanne bis erste Ankunft würfeln Zeitspanne bis erster Abgang würfeln
`AnkT = deltaAnkT;` `AbgT = deltaAbgT;`	ersten Akunftszeitpunkt eintragen ersten Abgangszeitpunkt eintragen
`while(SimT<MAXSIMT)`	simulieren, bis maximale Simulationszeit erreicht

kommt als nächstes eine Ankunft oder ein Abgang?	
`if(AnkT<AbgT)`	
wahr	falsch
`printf("Ankunft: ");` `SimT = AnkT;` Zeit aktualisieren `Qlen +=1;` Magazin aktualis.	`printf("Abgang : ");` `SimT = AbgT;` Zeit aktualisieren `Qlen -=1;` Magazin aktualis.

Nächste Ankunft bestimmen+eintragen
`deltaAnkT = rand()%MAXANKT;`
`AnkT = SimT + deltaAnkT;`
	Nächsten Abgang bestimmen&eintragen
	`deltaAbgT = rand()%MAXABGT;`
	`AbgT = SimT + deltaAbgT;`

`printf("SimT=%ld[sec], Qlen=%ld\n", SimT, Qlen);` Protokoll	

Protokollbeispiel für `MAXANKT==120`**[sec] und** `MAXABGT==120`**[sec]:**

```
...
Ankunft: SimT=342[sec], Qlen=4
Abgang : SimT=366[sec], Qlen=3
Ankunft: SimT=408[sec], Qlen=4
Ankunft: SimT=428[sec], Qlen=5
Abgang : SimT=449[sec], Qlen=4
...
```

---

[2]   Der hier gezeigte Algorithmus ist noch nicht ganz vollständig, s. 14.4 Aufgaben

14.2.2   Zufallszahlen mit bestimmten Eigenschaften

Wir untersuchen die Zufallszahlen für die Ankunft im Magazin etwas genauer.

14.2.2.1   Gleich verteilte Zufallszahlen

Zur Erzeugung der Zufallszahlen haben wir den Ausdruck

```
deltaAnkT = rand()%MAXANKT
```

verwendet. Wenn wir den Bereich 0 bis MAXANKT-1, in dem alle deltaAnkT liegen, in gleich große Intervalle teilen und für sehr viele Zahlen auftragen, in welches Intervall wieviele gefallen sind, dann sehen wir ein Bild wie in Abbildung 14.2-1. Die Beschriftung der x-Achse bezieht sich immer auf den rechten Rand des Intervalls.

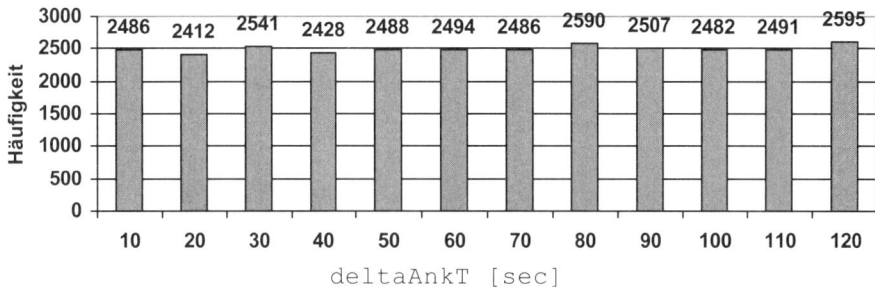

Abbildung 14.2-1: Histogramm einer Folge gleich verteilter Zufallszahlen

Gezeigt ist das Ergebnis von 30000 Versuchen mit der obigen Formel für MAXANKT==120.

Es gibt Beispiele, wo gleich verteilte Zufallszahlen sich nicht für ein Simulationsmodell eignen. Wir werden zwei andere Verteilungen kennen lernen.

14.2.2.2   Exponentiell verteilte Zufallszahlen

Wenn wir die Warteschlange vor einem Geldautomaten mit dem gleichen Simulator wie oben untersuchen wollen, dann bräuchten wir Zufallszahlen, die der folgenden Beobachtung entsprechen:

> Die meisten Leute sind nach sehr kurzer Zeit fertig. Es gibt aber seltene „Ausreißer", die viel länger dauern.

In diesem Fall nimmt man oft exponentiell verteilte Zufallszahlen. Der einzige Parameter, den man für die Exponentialverteilung einstellen kann, ist der Mittelwert μ, den die Folge der Zufallszahlen haben soll. Exponentiell verteilte Zufallszahlen erzeugt man z. B. mit

Hilfe des folgenden Ausdrucks aus den gleich verteilten, die der Generator rand() liefert[3]:

```
deltaAnkT = -(log(1-((double)rand()/RAND_MAX)))*mue
```

Die Abbildung 14.2-2 zeigt das Ergebnis von 30000 Versuchen mit der obigen Formel für den Mittelwert mue == 60 [sec]. Man sieht, dass der Anteil der Kunden, die 6 min am Geldautomaten brauchen, sehr gering ist, aber nicht 0.

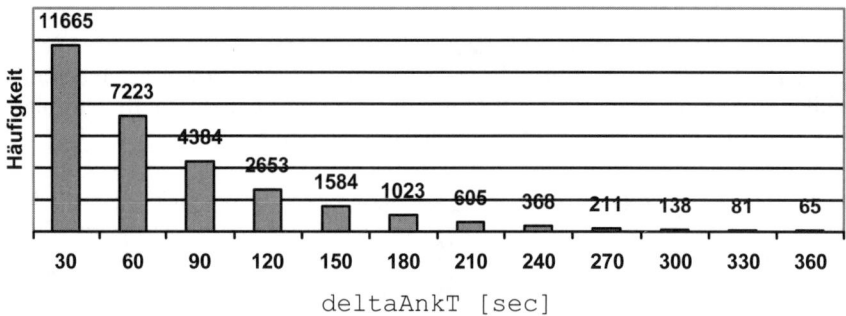

Abbildung 14.2-2: Histogramm einer Folge exponentiell verteilter Zufallszahlen

14.2.2.3 Normal verteilte Zufallszahlen

Szene: Oktoberfest in München. Wir wollen den Einschank-Pegelstand von Maßkrügen durch Zufallszahlen modellieren. Ein Festwirt, dessen Einschank-Verhalten man durch gleich verteilte oder exponentiell verteilte Zufallszahlen beschreiben könnte, würde wahrscheinlich nicht lange überleben.

Für solche Fälle passt die Normalverteilung, die mit dem Namen Gauß verbunden ist. Einstellbar sind zwei Parameter: der Mittelwert μ und die Standardabweichung σ. σ ist ein Maß dafür, wie stark die Zufallszahlenfolge um den Mittelwert μ streut.

---

[3] Leider ist hier nicht der Platz, näher darauf einzugehen, wie man aus gleich verteilten Zufallszahlen zu anderen Verteilungsfunktionen kommt. Immerhin können die Formeln für die Exponentialverteilung und für die Normalverteilung weiter unten als „Rezept" benutzt werden.

Normal verteilte Zufallszahlen erzeugt man z. B. mit Hilfe des folgenden Programmausschnitts aus den gleich verteilten, die der Generator `rand()` liefert:

```
#define PI 3.14159265
double d1, d2, Pegel;
...
d1=((double)rand())/RAND_MAX;
d2=((double)rand())/RAND_MAX;
Pegel = mue + sigma*(sqrt(-2.0*log(d1))*cos(2.0*PI*d2));
```

– mue ist der gewünschte Mittelwert. Für das Beispiel wurde 160 eingesetzt

– sigma ist die Standardabweichung durch die bestimmt wird, wie breit die Glockenkurve wird. Für das Beispiel wurde 20 eingesetzt

Die Abbildung 14.2-3 zeigt das Ergebnis von 30000 Versuchen mit der obigen Formel.

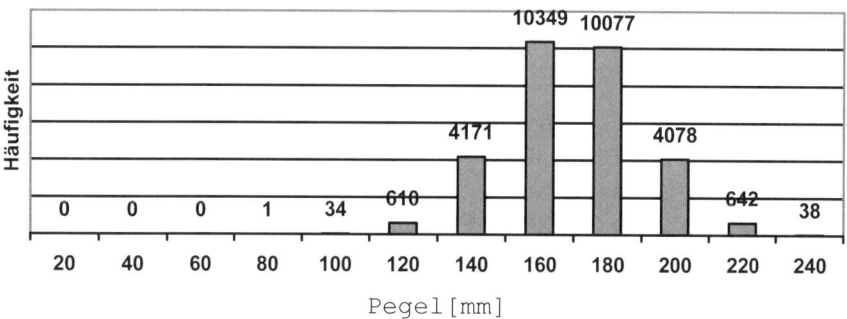

Abbildung 14.2-3: Histogramm einer Folge normal verteilter Zufallszahlen

Größen, die in der Natur vorkommen, lassen sich oft durch eine Normalverteilung modellieren. Beispiele hierfür sind etwa das Gewicht von Samenkörnern aus einer Saatgutprobe, die Länge von Füßen Erwachsener oder die Belastbarkeit von Holzbalken einer bestimmten Form.

14.3   Fragen

1. Sortieren durch Auswahl

   a) Ergänzen Sie das angegebene Programmfragment, so dass der Algorithmus „Sortieren durch Auswahl" realisiert wird.

```
#include <stdio.h>
#define N 6

main()
{ int j, k, t, vek[N] = { 3, 1, 14, 7, 5, 1 };

   for(j= ;            ;     )
     for(k=   ;    ;     )
     { if(       <     )              /* Tauschbedingung */
       { t =       ;             /* Tauschen der Elemente */
             =      ;
             = t;
       }
     }

   for(j=0; j<N; j++) printf("%d\n", vek[j]);
}
```

   b) Zu sortieren ist ein Vektor mit 5000 ganzen Zahlen zwischen 1 und 100. Kreuzen Sie an, was für die Geschwindigkeit der Sortierverfahren zutrifft:

	am schnellsten	mittel	am langsamsten
Auswahlsort			
Bucketsort			
Bubblesort			

2. Kunden nach Anfangsbuchstaben

   Kunden sollen nach dem Anfangsbuchstaben ihres Namens Bearbeitern zugeordnet werden. Dazu wird erst einmal gezählt, wieviele Kunden auf welchen Buchstaben entfallen. Nehmen Sie an, dass im Vektor Namen die Namen der Kunden bereits eingelesen wurden. Definieren Sie einen geeigneten Zähl-Vektor, initialisieren Sie diesen passend und geben Sie die Zählschleife an.

`char Namen[1000][24];`	Deklaration des Vektors mit den Namen der Kunden
	geeigneter Zähl-Vektor
	Initialisierung des Zähl-Vektors
	Zählschleife über Namen (Kundennamen seien bereits eingelesen)

3. Verteilungen

Wir haben gleich verteilte, normal verteilte und exponentialverteilte Zufallszahlenfolgen kennen gelernt.

a) Geben Sie jeweils die charakteristische Form des Histogramms (Skizze) und die einstellbaren Parameter der Verteilung an

Verteilung	charakteristisches Histogramm	einstellbare Parameter
Gleich-		
Normal-		
Exponential-		

b) Entscheiden Sie: Für welches Beispiel passt welche Art von Verteilung? (*G* für gleich verteilt, *N* für normal verteilt, *E* für exponentialverteilt)

Werfen einer Münze		Einschank-Pegel von Maßkrügen		Ziehen einer Zahl im Lotto	
Körner pro Kilo Weizen		Gewürfelte Augenzahl		Gewicht von Kiefernzapfen	
Bearbeitungsdauer am Bankschalter		Kopfumfang Erwachsener		Lebensdauer von Glühbirnen	

14.4   Aufgaben

1. Performanz von Sortieralgorithmen

Schreiben Sie ein Programm, das hintereinander 6 Phasen durchführt:
– Erzeugung von 5000 Zufallszahlen zwischen 1 und 100 in einen Vektor

– Sortierung des Vektors mit Bubble-Sort

– Erzeugung von 5000 neuen Zufallszahlen zwischen 1 und 100 in den Vektor

– Sortierung des Vektors mit Auswahl-Sort

– Erzeugung von 5000 neuen Zufallszahlen zwischen 1 und 100 in den Vektor

– Sortierung des Vektors mit Bucket-Sort

Testen Sie das Programm, bis die Sortierläufe funktionieren.

Messen Sie jetzt die Zeiten der einzelnen Sortiergänge, indem Sie jedes Paar Erzeugung/ Sortierung mit einer Schleife hinreichend oft ausführen lassen, so dass Sie die Zeiten mit dem Sekundenzeiger Ihrer Uhr aufnehmen können. Messen Sie auf gleiche

Weise die Zeit für das Ziehen der Zufallszahlen alleine. Ermitteln Sie die netto-Sortierzeiten.

Achtung: Ein/ Ausgaben in den gemessenen Schleifen verfälschen das Bild! E/A sollte deshalb außerhalb der Schleifen erfolgen.

Phase	N	Zeit[s]	Zeit minus Zufallszah-len[s]	Zeit netto[s]/ N
Zufallszahlen zie-hen			0	
Bubblesort				
Bucketsort				
Auswahlsort				

2. Lexikalische oder numerische Ordnung

   Es ist ein Programm zu schreiben, das 10 Zahlen mit `scanf("%d", ... );` in einen Vektor einliest und diese Zahlen anschließend sortiert wieder ausgibt.

   Anschließend sollen 10 weitere maximal dreistellige Zahlen in einen Vektor eingelesen werden, der wie folgt definiert ist: `char StrZahl[10][4];`

   Diese Zahlen sind mit `scanf("%s", ... );` einzulesen, also als Text. Der Vergleich zweier Zahlen für den Sortiervorgang kann in diesem Fall mit `strcmp(`$Zahl_1$, $Zahl_2$`)` erfolgen, wobei für $Zahl_1$ und $Zahl_2$ jeweils ein geeigneter Ausdruck einzusetzen ist.

   Ermitteln Sie durch zwei Testläufe mit der jeweils gleichen Zahlenfolge, worin sich die erste (numerische) von der zweiten (lexikografischen) Ordnung unterscheidet.

3. Lottozahlen

   Das unvollständige Lottoprogramm

```
#include <stdio.h>
#include <stdlib.h>
main()
{ int i; for(i=0; i<6; i++) printf("%d\n", rand()%49+1); }
```

   soll dazu gebracht werden, „richtige" Lottozahlen auszugeben. Deklarieren Sie dazu einen Zähler für die bereits ausgegebenen Lottozahlen sowie einen Vektor, in dem die bereits ausgegebenen Lottozahlen gespeichert werden. Wenn eine neue Zufallszahl gezogen ist, soll erst in diesem Vektor nachgesehen werden, ob die gleiche Zahl „zufällig" schon einmal ausgegeben wurde. In diesem Fall wird die erneute Ausgabe unterdrückt. Falls es sich aber um eine neue Zahl handelt, soll die Zahl

   – ausgegeben werden

   – als ausgegeben mitgezählt werden

   – in den Vektor der ausgegebenen Zahlen aufgenommen werden (erste Position hinter den bereits enthaltenen Zahlen, verwenden Sie den Zähler zur Indizierung des Vektors)

4. Simulator

a) Führen Sie einen Testlauf mit dem in 14.2.1 eingeführten Simulator durch. Es zeigt sich, dass negative Schlangenlängen Qlen im Magazin auftreten. Dies rührt daher, dass der Simulator nicht berücksichtigt, dass das Magazin leer sein könnte, wenn ein Teil fertig bearbeitet ist. Ebensowenig wird berücksichtigt, dass ein Magazin einen maximalen Füllstand hat, der nicht überschritten werden kann.

Ergänzen Sie den Simulator durch folgende Maßnahmen:

Im Zweig Ankunft:

- „nächste Ankunft bestimmen und eintragen" unter die Bedingung stellen, dass das Magazin einen vorgegebenen Maximalfüllstand noch nicht erreicht hat (Qlen<MAXQLEN).

- ein Flag fKeineAnkunft wird auf 1 gesetzt, falls keine neue Ankunft eingetragen wurde, sonst auf 0.

- wenn keine Ankunft eingetragen werden konnte, wird der Zeitpunkt der nächsten Ankunft auf die größte darstellbare Zahl gesetzt (Konstante passend zum Datentyp von AnkT im Online-Help suchen)

- das Flag fKeinAbgang prüfen. Falls 1, dann zusätzlich einen Abgang bestimmen und eintragen.

- das Flag fKeinAbgang auf 0 setzen

Im Zweig Abgang:

- analoge Änderungen zum Ankunfts-Zweig – die Bedingung ist hier Qlen≥0

Der Test sollte jetzt zeigen, dass der Simulator korrekt abläuft.

b) Wie groß muss das Magazin sein, wenn im Mittel alle 80 Sekunden ein Teil ankommt und alle 60 Sekunden ein Teil fertig wird? Legen Sie eine Exponentialverteilung für deltaAnkT und deltaAbgT zu Grunde.

c) Wie groß muss das Magazin sein, wenn die Mittelwerte für Ankunft und Abgang gleich gewählt werden?

5. Histogramm

a) Es ist ein Programm zu schreiben, das die Histogramme für drei Folgen von jeweils 10000 Zufallszahlen aufzeichnet

- eine gleich verteilte Folge $1 \leq x \leq 1000$
  (Formel: x = (rand()%1000)+1)

- eine exponentialverteilte Folge mit Mittelwert $\mu = 400$
  (Formel: x = -(log(1-((double)rand()/RAND_MAX)))*mue)

- eine normal verteilte Folge mit $\mu = 700$ und $\sigma = 50$

  (Formel: d1=((double)rand())/RAND_MAX;

             d2=((double)rand())/RAND_MAX;

             x = mue + sigma * sqrt(-2.0*log(d1))

                          * cos(2.0*PI*d2);

Dazu sind drei Vektoren mit jeweils 25 Komponenten zu definieren. Jede Komponente dient als Häufigkeitszähler für Zufallszahlen, die in das zugehörige Intervall der Breite 40 gefallen sind. Z. B. in der dritten Komponente (mit dem Index 2) wird also gezählt, wieviele von den 10000 Zufallszahlen einen Wert x mit $80 \leq x \leq 119$ hatten.

Anschließend sind die Häufigkeiten als Zahlen auszugeben.

b) Die ermittelten Häufigkeiten sind als Balken anzuzeigen. Jedes Histogramm wird dazu als Folge von 25 Zeilen mit `printf(...)` ausgegeben. In jede Zeile werden entsprechend der Häufigkeit h eine Anzahl f*h Buchstaben x gedruckt. Nachdem in eine Zeile gerade 80 Zeichen passen und für die Maximal im Vektor vorkommende Häufigkeit h_{max} gerade eine Zeile voll x-en gedruckt werden soll, ergibt sich ein Faktor $f = 80/h_{max}$.

6. Gefälschte Stichprobe

Eine Großbäckerei, die im Verdacht steht, zu kleine Brötchen zu backen, wird kontrolliert. Sie muss eine Stichprobe von 1000 Brötchen abliefern, die gewogen werden. Es stellt sich heraus, dass der Mittelwert des Brötchengewichts korrekterweise über 50g liegt. Die Bäckerei hat aber listigerweise die Brötchen vorher gewogen und alle zu leichten aussortiert. Kann man dies an Hand des Aussehens der Häufigkeitsverteilung nachweisen?

Ändern Sie das Programm aus der letzten Aufgabe ab, so dass es das Histogramm zu einer Normalverteilung mit $\mu = 50$ und $\sigma = 15$ als Balken ausgibt. Die Breite der Intervalle soll 4 betragen.

Simulieren Sie den Aussortiervorgang der Bäckerei dadurch, dass sie eine Zufallszahl nur unter der Bedingung berücksichtigen, dass sie größer als 50 ist.

Welche Form hat jetzt das Histogramm?

15 Algorithmen: Lineare Gleichungssysteme

Viele technische Probleme lassen sich durch lineare Gleichungssysteme $Ax = b$ beschreiben.

A ist eine Matrix, x und b sind Vektoren:

$$\begin{pmatrix} a_{11} & \cdots & a_{1N} \\ \vdots & \ddots & \vdots \\ a_{N1} & \cdots & a_{NN} \end{pmatrix} \begin{pmatrix} x_1 \\ \vdots \\ x_N \end{pmatrix} = \begin{pmatrix} b_1 \\ \vdots \\ b_N \end{pmatrix}$$

Ausgeschrieben ergeben sich N Gleichungen mit den N Unbekannten $x_1 \ldots x_N$

$$\begin{aligned} a_{11}x_1 + a_{12}x_2 + \cdots + a_{1N}x_N &= b_1 \\ a_{21}x_1 + a_{22}x_2 + \cdots + a_{2N}x_N &= b_2 \\ \vdots \quad\quad \vdots \quad \vdots \quad\quad\quad \vdots \quad\quad \vdots \quad \vdots \quad\quad\quad \vdots \quad \vdots \\ a_{N1}x_1 + a_{N2}x_2 + \cdots + a_{NN}x_N &= b_N \end{aligned}$$

Die Aufgabe ist, Werte x_i, $1 \leq i \leq N$, zu finden, die alle Gleichungen erfüllen.

Für Lineare Gleichungssysteme gibt es eine Reihe von Lösungsmethoden. Sogar manche nichtlineare Probleme werden deshalb mit verschiedenen Verfahren (z. B. durch die Taylor-Reihenentwicklung) „linearisiert", d.h. durch ein lineares Gleichungssystem angenähert, um Lösbarkeit zu erreichen.

Für die numerische Lösung von linearen Gleichungssystemen unterscheidet man direkte Verfahren, Iterationsverfahren und Verfahren für Systeme mit speziellen Eigenschaften. Ein sehr einfaches direktes Verfahren ist die Gaußsche Elimination.

15.1 Die Gauß-Elimination

Wir nehmen im Folgenden an, dass das Gleichungssystem eine eindeutige Lösung besitzt und dass die Koeffizienten a_{ii} auf der Hauptdiagonalen verschieden von Null sind.

Das Verfahren beruht auf der Tatsache, dass man ein Gleichungssystem mit gleicher Lösung erhält, wenn man das Vielfache einer Zeile zu einer anderen Zeile addiert.

Das Gaußsche Verfahren arbeitet in zwei Phasen:

1. **Elimination**:

   Durch Systematische Addition der Vielfachen von Zeilen auf andere kann man erreichen, dass alle Koeffizienten a_{ij} mit $j < i$, unterhalb der Hauptdiagonalen zu Null werden.

   Addiert man im obigen System das f-fache der ersten Zeile auf die zweite mit

   $$f = -\frac{a_{21}}{a_{11}}, \text{ dann erhält man als neue zweite Zeile}$$

   $$\left(a_{21} + \frac{-a_{21}}{a_{11}} a_{11}\right) x_1 + \left(a_{22} + \frac{-a_{21}}{a_{11}} a_{12}\right) x_2 + \cdots$$

   $$\cdots + \left(a_{2N} + \frac{-a_{21}}{a_{11}} a_{1N}\right) x_N = b_2 + \frac{-a_{21}}{a_{11}} b_1$$

   Wenn man die Koeffizienten der neuen Zeile mit a'_{ij} bezeichnet und die neue rechte Seite

   mit b'_2, dann hat man $0x_1 + a'_{22}x_2 + \cdots + a'_{2N}x_N = b'_2$

   Analog verfährt man mit den Zeilen $3\ldots N$, bis man alle Koeffizienten unter a_{11} 0 gesetzt hat. Ebenso verfährt man mit der zweiten Spalte für die Koeffizienten unterhalb a_{22}., bis man schließlich ein System in Dreiecksform erhält.

   $$\begin{pmatrix} a_{11} & a_{12} & \cdots & a_{1N} \\ 0 & a'_{22} & \cdots & a'_{2N} \\ \vdots & 0 & \ddots & \vdots \\ 0 & 0 & \cdots & a'_{NN} \end{pmatrix} \begin{pmatrix} x_1 \\ x_2 \\ \vdots \\ x_N \end{pmatrix} = \begin{pmatrix} b_1 \\ b'_2 \\ \vdots \\ b'_N \end{pmatrix}$$

2. **Rücksubstitution**:

   Aus der letzten Zeile kann man x_N berechnen: $x_N = \dfrac{b'_N}{a'_{NN}}$. Mit bekanntem x_N erhält

   man x_{N-1} durch Einsetzen in die N-1-te Zeile: $x_{N-1} = \dfrac{b'_{N-1} - a'_{N-1\,N} x_N}{a'_{N-1\,N-1}}$ und so

   weiter, bis man x_1 berechnet hat.

   Allgemein ist $x_i = \dfrac{\left(b'_i - \displaystyle\sum_{j=i+1}^{N} a'_{ij} x_j\right)}{a'_{ii}}$

15.2   Algorithmus

Für alle Zeilen i, $1 \leq i \leq N$	/* Koeffizienten und rechte Seite einlesen */
Für alle Spalten j, $1 \leq j \leq N$	
lies den Koeffizienten a_{ij} ein	
Lies rechte Seite b_i ein	
Für alle Zeilen i, $1 \leq i \leq N-1$	/* Eliminations- Phase */
Für alle Folge- Zeilen k, $i+1 \leq k \leq N$	/* k- te Gleichung */
Faktor $f = a_{ki}/a_{ii}$	
Für alle Spalten j, $i+1 \leq j \leq N$	/* Koeffizienten ungleich 0 */
$a_{kj} = a_{kj} - f * a_{ij}$	/* vorderster Koeffizient wird 0 */
$b_k = b_k - f * b_i$	/* rechte Seite */
Für alle Zeilen i, $N \geq i \geq 1$	/* Rücksubstitutions- Phase */
Für alle Spalten rechts der Diagonale, $i+1 \leq j \leq N$	
$b_i = b_i - a_{ij} * x_j$	/* in b_i akkumulieren */
$x_i = b_i / a_{ii}$	/* x berechnen */
Für alle x_i, $1 \geq i \geq N$	/* Ausgabe des Ergebnisses */
Ausgabe von x_i	

15.3   Programm

```
#include <stdio.h>
#define N 3
void main()
{ int i, j, k;  double f, a[N][N], b[N], x[N];
  for(i=1; i<=N; i++)                           /* Einlesen */
  { for(j=1; j<=N; j++) scanf("%lg", &a[i-1][j-1]);
    scanf("%lg", &b[i-1]);
  }
  for(i=1; i<=(N-1); i++)                        /* Elimination */
  { for(k=i+1; k<=N; k++)
    { f = a[k-1][i-1] / a[i-1][i-1];
      for(j=i+1; j<=N; j++) a[k-1][j-1] -= f*a[i-1][j-1];
      b[k-1] -= f*b[i-1];
    }
  }
  for(i=N; i>=1; i--)                            /* Ruecksubstitution */
  { for(j=i+1; j<=N; j++) b[i-1] -= a[i-1][j-1] * x[j-1];
    x[i-1] = b[i-1] / a[i-1][i-1];
  }
  for(i=1; i<=N; i++)                            /* Ergebnis-Ausgabe */
    printf("x%d = %g\n", i, x[i-1]);
}
```

15.4   Aufgaben

Wir haben angenommen, dass die Koeffizienten a_{ii} auf der Hauptdiagonalen verschieden von Null sind. Man kann den gegebenen Algorithmus so erweitern, dass er auch ohne diese Annahme arbeitet.

1. Fügen Sie in das gegebene Programm einen Abschnitt vor der Elimination ein, der die Zeilen der Matrix so vertauscht, dass keines der a_{ii} Null ist.

   Größere Genauigkeit des Verfahrens kann man erreichen, wenn man die Zeilen so anordnet, dass die Beträge der a_{ii} möglichst groß sind.

2. Erweitern Sie den Zeilentausch so, dass – beginnend ab $i=1$ – jeweils die Zeile k auf Position i getauscht wird, für die $|a_{ki}|$ für $i < k \leq N$ maximal ist. Mit anderen Worten: die Zeile, die in der i-ten Spalte den maximalen Betrag des Koeffizienten liefert, kommt auf Position i. Benutzen Sie dazu einen Algorithmus, der analog zum Auswahlsort arbeitet.

16   Pointer

16.1   Übersicht

Pointer, auch Zeiger genannt, sind interne Hilfsgrößen – ihre Werte haben also außerhalb des laufenden Programms keine Bedeutung. Ursprünglich wurde durch Pointer versucht, dem Programmierer in **C** möglichst direkten Durchgriff auf die Funktion des Prozessors d.h. das Rechnen mit Adressen zu verschaffen.

Heute steht eher die Effizienz der Software-Erstellung im Vordergrund, weniger die (oft geringen) Performancesteigerungen, die man durch trickreiche Programmierung mit Pointern gewinnen kann. Trotzdem kommt man auch heute beim Schreiben von **C**-Programmen nicht ohne Pointer aus. Man verwendet sie hauptsächlich zu folgenden Zwecken:

– Übergabe von Variablen zwischen Unterprogramm und aufrufendem Programm
  Das haben wir z. B. mit scanf("%d", &n); schon benutzt. Nähere Erläuterung vgl. Kapitel „Unterprogramme"

– Zugriff auf dynamische Variable
  Im Abschnitt 16.4 werden wir kennen lernen, wie man Variable benutzen kann, die erst zur Laufzeit des Programms angelegt werden. Statt Namen benutzt man für diese Variablen Pointer zum Zugriff.

– Wahlfreier Direkt-Zugriff auf Daten
  Im Anwendungsbeispiel (vgl. Abschnitt unten) wird über Pointer wahlfrei auf Zeichenketten innerhalb einer Folge zugegriffen, ohne dass die Vorgänger durchgegangen werden müssen. Im Kapitel „Structs und komplexe Datenstrukturen") wird gezeigt, wie man zur Laufzeit des Programms Variablen dynamisch anlegen und mit Pointern verketten kann.

16.2   Programmierung mit Pointern

16.2.1   Funktionsprinzip

Wir kennen Variablen, die vor Benutzung deklariert werden, und dabei einen Namen erhalten. Der Name wird angegeben, um den Wert zu ändern oder den gespeicherten Wert der Variablen in einen Ausdruck zu holen. Pointer bieten einen alternativen Zugriffsweg – in Fällen, wo man Variablen ohne Namen hat (dynamische Variablen, s. unten) sogar den einzigen Zugriffsweg.

Beispiel:

`int *pi;`	Deklariert eine Pointervariable Namens `pi`, die auf eine beliebige Integervariable verweisen kann.
`int i;` `i = 13;`	`i` ist eine normale `int`-Variable, zunächst ohne Bezug zum Pointer `pi`
`pi = &i;`	Nach der Zuweisung verweist `pi` auf `i`. `i` wird jetzt Bezugsvariable von `pi` genannt. `&` ist ein einstelliger Operator, der die Adresse von `i` bildet

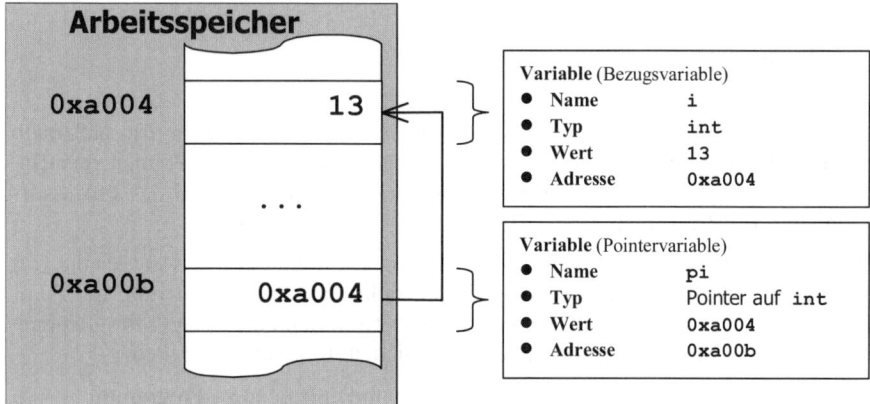

Abbildung 16.2-1 Zeigervariable und Bezugsvariable im Speicher

`i` und `pi` sind zwei verschiedene Variable, auf die man unabhängig zugreifen kann:

```
printf("%d",  i); /* Ausgabe: 13     */
printf("%p", pi); /* Ausgabe: 0xa004 */
```

Aber es gibt jetzt auch einen zweiten Weg, um auf den Wert von **i** zuzugreifen: über den Pointer **pi,** z. B.

```
printf("%d", *pi); /* Ausgabe: 13     */
```

> `*` bedeutet: "nimm nicht pi, sondern die Variable, auf die pi verweist"

`*` ist der einstellige **Dereferenzierungsoperator**. Die Anwendung auf das Pointer-Argument besteht darin, dass über die Adresse auf den Wert aus der Bezugsvariablen zugegriffen wird.

Beispiele:

```
Schreibzugriff über pi:    *pi = 17;             /* jetzt ist i==17 */
Lesezugriff auf i:         printf("%d",  i); /* Ausgabe:      17 */
Lesezugriff über pi:       printf("%d", *pi); /* Ausgabe:      17 */
```

16.2.2 Syntax

Im einfachsten Fall steht für den Deklarator der Bezeichner einer Pointer-Variablen und die Initialisierung (L-WertAusdruck s. unten) entfällt.

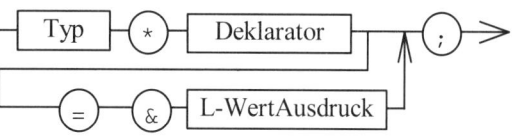

Abbildung 16.2-2 Deklaration von Zeigervariablen

Zu beachten ist, dass der Operator * in zwei verschiedenen Varianten auftritt:

* innerhalb von Deklarationen als **Deklarationsoperator**, wie z. B. in Abbildung 16.2-2 und

* innerhalb von Ausdrücken als **Dereferenzierungsoperator**, der zum Zugriff auf die Bezugsvariable statt der Zeigervariablen führt

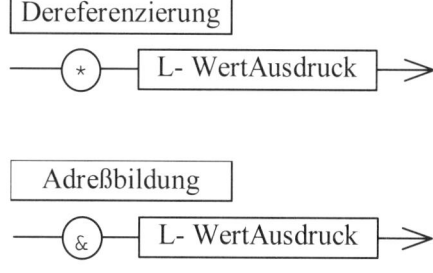

Der **Adreßbildungsoperator** & unterscheidet sich syntaktisch vom bitweisen & dadurch, dass er nur ein Argument hat. Er kann sowohl in Ausdrücken, als auch in Deklarationen zur Initialisierung von Pointer-Variablen benutzt werden.

L-WertAusdruck bezeichnet eine Variable im Speicher, wie sie auf der linken Seite (L-...) einer Wertzuweisung benutzt werden kann.

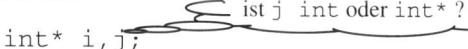

Achtung, Fehlermöglichkeit: `int* i,j;`

---

* wird als **Deklarationsoperator** auf den Bezeichner angewendet, vor dem er steht.

    `j` ist vom Typ `int`, *nicht* `int*` !

Zur Vermeidung von Fehldeutungen schreibt man besser: `int *i, j;`

16.2.3 Zugriff auf Pointer oder Bezugsvariable

Das folgende Testprogramm (Abbildung 16.2-3) demonstriert, wie man wahlweise auf die Pointer-Variable oder die Bezugsvariable zugreifen kann. Es wird gezeigt, wie man zwei int-Variablen vertauschen kann, indem man die Werte der Variablen austauscht oder indem man über Pointer zugreift und bei unveränderten int-Variablen die Pointer vertauscht. Letzterer „Trick" wird im Anwendungsbeispiel unten gebraucht.

Demoprogramm: „Vertauschung von Pointern"

```#include <stdio.h>```
```main()```
```{int iX = 1, iY = 2, iHilfs;```
	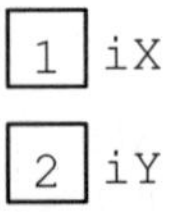 ☐1 iX
	
	☐2 iY

``` int *piZ1 , *piZ2 , *piHilfs;```	die benötigten `int*` Pointer

☠
```piZ1 = iX; /* Fehler */```
	falsch, denn `piZ1` ist vom Typ `int*` und `iX` vom Typ `int`. Meldung:
	```'int *' differs in levels of```
	```indirection from 'int '```

```piZ1 = &iX;``` ```piZ2 = &iY;```	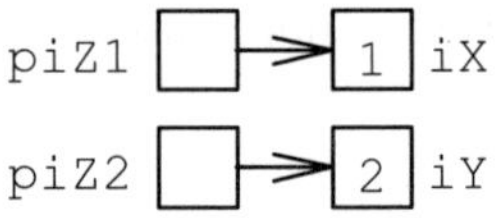
``` printf("%d %d\n", *piZ1, iX);``` ``` printf("%d %d\n", *piZ2, iY);```	Ausgabe: 1 1 Ausgabe: 2 2

```iHilfs = iX;```
```iX   = iY;```
```iY   = iHilfs;```
	Die Werte von `iX` und `iY` werden unter Benutzung der Hilfsgröße `iHilfs` vertauscht. Ähnlich funktioniert der Tausch der Werte der Pointer unten. 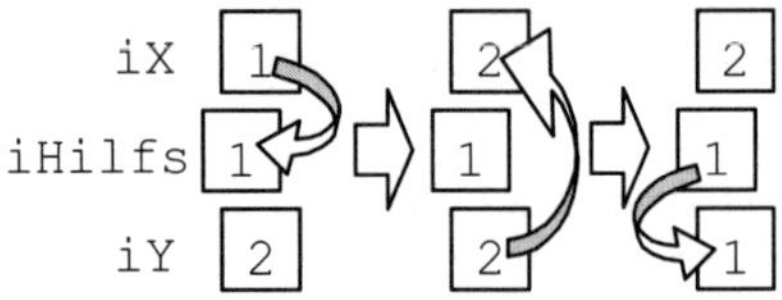

``` printf("%d %d\n", *piZ1, iX);``` ``` printf("%d %d\n", *piZ2, iY);```	Ausgabe: 2 2 Ausgabe: 1 1

```piHilfs = piZ1;```
```piZ1   = piZ2;```
```piZ2   = piHilfs;```
	Die Werte von `piZ1` und `piZ2` werden unter Benutzung der Hilfsgröße `piHilfs` vertauscht. 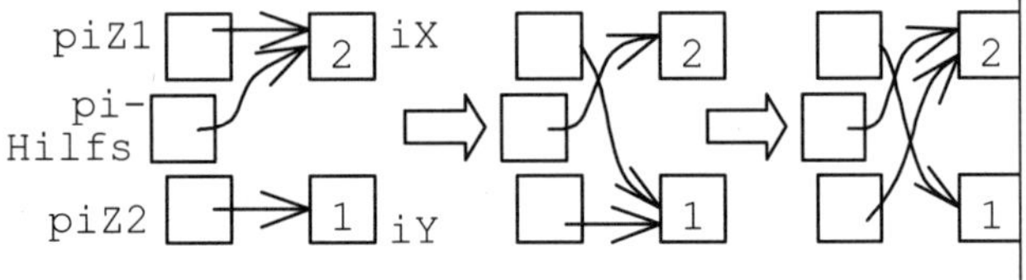

```   printf("%d %d\n", *piZ1,```
```iX);```
```   printf("%d %d\n", *piZ2,```
```iY);```
	Ausgabe: **1 2**
	Ausgabe: **2 1**

```}```	

Abbildung 16.2-3: Vertauschungen: Zeiger- oder Bezugs-Variable

16.2.4   Pointer ohne Bezugsvariable, Nullpointer, void*

Wohin zeigt eigentlich ein **nicht initialisierter Zeiger**?

```
int *pi;
*pi = 4711;
```

Absturz!

Beim Zugriff über Pointer wird davon ausgegangen, dass der Pointer eine Adresse enthält, die auf eine zugreifbare Variable (L-Value) verweist. Wenn das nicht der Fall ist (im Beispiel: noch nicht initialisierter Pointer), erfolgt oft ein Absturz weil die CPU eine Zugriffsverletzung feststellt, das Programm also auf Speicher zugreifen wollte, auf den es nicht zugreifen darf.

Man kann einen Pointer auch auf einen definierten Wert mit der Bedeutung setzen:

> *„keine gültige Adresse; Pointer hat momentan keine Bezugsvariable”*

Unterprogramme, die Zeiger als Ergebnis liefern, machen davon oft Gebrauch. In **C** wird dafür der Wert 0 verwendet – daher heißt so ein Wert auch **Nullpointer**.

in `stdio.h` ist die Präprozessor-Definition `#define NULL 0` enthalten, weswegen man statt der Zahl 0 auch NULL als Wert für den Nullpointer schreiben kann.

Beispiel:
```
#include <stdio.h>

main()
{ char Zeile[64];
  while (gets(Zeile)!=NULL) //solange noch nicht EOF
    printf("%s\n", Zeile);
}
```
gets(...) liefert als Ergebnis den Zeiger auf die gelesene Zeichenkette (hier Zeile), falls etwas gelesen werden konnte. Wenn das „Ende der Eingabe” bereits erreicht war, wird der Nullpointer geliefert. End of file (EOF) kann man über Tastatur eingeben, indem man z. B. strg Z tippt. Wenn Dateien gelesen werden(fgets(...), vgl. Kapitel „Dateien”) wird der Nullpointer geliefert, wenn die Datei zu Ende war.

> **Zeiger sind nicht einfach Adressen;**
> **der Typ der Bezugsvariablen ist Bestandteil des Zeigertyps**

Beispiel:
```
double d; int *pi; pi = &d; /* ist nicht erlaubt */
```
Der Compiler muss die Typen „mitrechnen”, um korrekten Code für die Zugriffe erzeugen zu können (vgl. Abschnitt „Pointerarithmetik”).

Besonderheiten:

- void* ist ein Pointertyp mit der Bedeutung „Pointer auf unbekannten Bezugsvariablentyp”

- bei Bedarf führt der Compiler folgende **automatische Typ-Umwandlungen** aus:
  - 0 kann einem Pointer jeden Typs zugewiesen werden (wird automatisch angepasst)
  - jeder Pointertyp kann als `void*` benutzt werden (wird automatisch angepasst)

`void*` wird vor allem für Unterprogramme benutzt, die Speicherblöcke verwalten, die erst nachträglich zu Variablen eines bestimmten Typs zugeordnet werden (s. unten, `malloc (...)`, `free (...)`).

16.3   Pointer und Vektoren

In **C** lassen sich die Datentypen beliebig verschachteln. Damit kann man z. B. Pointer auf Vektoren oder auch Vektoren von Pointern deklarieren. Aber im Gegensatz zu anderen höheren Programmiersprachen besteht in **C** eine noch darüber hinausgehende Verwandtschaft zwischen Vektoren und Pointern.

16.3.1   Vektoren und Pointer-Arithmetik

In **C** werden die Werte von Vektoren fortlaufend, lückenlos gespeichert. Wenn also z. B. auf eine Komponente von

```
int anZ[] = { 3, 1, 14, 7, 5, 1 };
```
zugegriffen werden soll, etwa in

```
printf("%d", anZ[i]);
```
dann muss der Compiler Code erzeugen, der auf die Anfangsadresse des Vektors `anZ` die Anzahl der Bytes addiert, die vor der gewünschten Komponente Nummer `i` liegen.

Da die Numerierung der Komponenten mit 0 beginnt, berechnet sich die Adresse der Komponente `i`:

(Adresse von `anZ`) + (`i` mal Komponentengröße)

Diese Art von Adressrechnung hat natürlich Verwandtschaft zu Rechnungen, die man mit Pointern machen kann. In **C** ist es sogar so, dass die Zugriffe auf Vektorkomponenten mit Hilfe von Pointern von Anfang an bewußt unterstützt wurde – man könnte sogar sagen, dass es die ursprünglichere Schreibweise war.

In **C** geht man davon aus, dass jeder Pointer auch auf eine Vektorkomponente zeigen könnte. Diese Vorstellung wird durch zwei Eigenschaften der Sprache besonders unterstützt.

1. Einen Pointer auf **die erste** Komponente eines gegebenen Vektors zu setzen wird unterstützt, indem man z. B. schreiben darf

```
int *pi, anZ[] =     { 3, 1, 14, 7, 5, 1 };
pi = anZ; /* zeigt jetzt auf erste Komponente */
printf("%d", *pi);    /* 3 */
```
Eigentlich hätte man statt `int *pi = anZ;` schreiben müssen:
```
int *pi = &anZ[0];
```

Bei Bedarf wird ein Vektorbezeichner in C *automatisch* in einen Pointer auf die erste Komponente umgewandelt

2. Einen Pointer um **n** Komponenten eines gegebenen Vektors weiterzusetzen wird unterstützt, indem die Operationen **+** und **−** für Pointer speziell definiert sind und die Größe der Bezugsvariablen berücksichtigen.

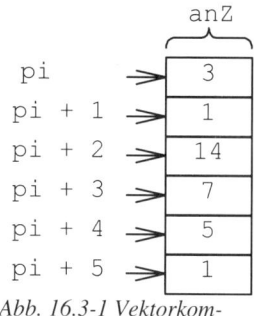

Mit `pi = anZ;` erhält man die Situation wie im Bild. Wenn `printf("%p", pi);` als Adresse der Bezugsvariablen z. B. `0xa004` ausgibt, dann druckt `printf("%p", pi+1);` nicht `0xa005`, sondern `0xa004 + sizeof(Typ der Bezugsvariablen)` in diesem Fall `0xa004 + 4`, also `0xa008`, wenn man `sizeof(int)` mit 4 annimmt.

Abb. 16.3-1 Vektorkomponenten und Zeiger

 Wenn man auf Pointer ganze Zahlen addiert oder subtrahiert, wird die Größe der Bezugsvariablen berücksichtigt

16.3.2 Vektorzugriff in Pointerschreibweise

Wegen der im vorigen Abschnitt eingeführten Eigenschaften der Sprache **C**, sind die folgenden Programmstücke äquivalent:

Zugriff auf Komponente mit Index 2 in Vektorschreibweise	`int anZ[] = { 3, 1, 14, 7, 5, 1 };` `printf("%d", anZ[2]); /*14*/`

Zugriff über eine Pointer-Variable, die auf den Anfang des Vektors gesetzt wurde und auf die vor der Dereferenzierung per Pointerarithmetik 2 addiert wurde	`int anZ[] = { 3, 1, 14, 7, 5, 1 };`
	`int *pi;`
	`pi = anZ;`
	`printf("%d", *(pi+2));/*14*/`

Zugriff über einen Pointer-Ausdruck, der in drei Schritten ausgewertet wird: Wandlung von anZ in Pointer auf erste Komponente von anZ, Addition einer 2 per Pointerarithmetik und Dereferenzierung	`int anZ[] = {3,1,14,7,5,1};` `printf("%d", *(anZ+2));/*14*/`

Es ist sogar allgemein so, dass in **C** die Vektorschreibweise nur eine Abkürzung für die Pointerschreibweise ist.

*(a+b)   ist äquivalent zu **a[b]**

Wenn einer der Ausdrücke a oder b ganzzahlig, der andere ein Pointer ist.

Die Äquivalenz der Schreibweisen führt dazu, dass ähnlich arbeitende Programme in **C** sehr verschieden aussehen können.

Beispiel: Kopieren einer Zeichenkette aus einem Vektor in einen anderen

1. PASCAL-Stil

   Benutzt wird nur Vektor-Schreibweise, keine Operatoren mit „Nebenwirkung"

   ```
   char q[]="Zeichenkette", z[13];
   int i; char ch;
   i=0;
   do
   { ch=q[i]; z[i]=ch;
     i=i+1;
   } while (ch != '\0');
   ```

2. „sanfter" **C**-Stil

   Benutzt wird die Vektor-Schreibweise und die „Nebenwirkung" des Zuweisungs-Operators, der auf Ausdrucks-Ebene und auch auf den Werten von Variablen im Speicher arbeitet.

   ```
   char q[]="Zeichenkette", z[13];
   int i;
   i=0;
   while ((z[i]=q[i]) != '\0') i++;
   ```

3. C-„Hackerstil"

   Benutzt wird die Pointer-Schreibweise, die „Nebenwirkungen" des Zuweisungs-Operators und der Inkrement-Operatoren **++** zusammen mit der Pointer-Arithmetik. Benutzt wird ferner die Tatsache, dass der abschließende `'\0'`-char als ganzzahliger Typ auch als Wahrheitswert interpretiert werden kann, was zum Abbruch der Schleife benutzt wird. Schließlich ist der gesamte Code der Laufschleife in den Bedingungsausdruck gerutscht, so dass die eigentliche Anweisung in der *while*-Schleife leer bleibt.

   ```
   char q[]="Zeichenkette", z[13], *pq=q, *pz=z;
   while (*pz++=*pq++) ;
   ```
   leere Anweisung

16.3.3   Vektoren von Pointern, Pointer auf Vektoren

16.3.3.1   Pointer auf Vektoren

Die Deklaration verschachtelter Datentypen ist kompliziert. Man kann die Verwandtschaft von Pointern und Vektoren zur Vereinfachung nutzen. Sehr häufig findet man das bei Vektoren von *chars*, also bei Zeichenketten.

Beispiel: Pointer auf Zeichenkette

Die Vertauschung der Zeiger statt der Werte aus Kapitel „Zugriff auf Pointer oder Bezugsvariable" müßte man für Zeichenketten etwa so schreiben.

```
char sX[] = "Eins", sY[] = "Zwei", sHilfs[5];
```

Pointer auf
Vektor von
chars

```
char (*psZ1)[5] = &sX , (*psZ2)[5] = &sY, (*psHilfs)[5];
```

```
/* Tausch durch umkopieren der Strings */
  strcpy(sHilfs, sX);
  strcpy(sX, sY);
  strcpy(sY, sHilfs);
  printf("%s %s\n", sX, sY); /* Zwei Eins */
/* Tausch durch Austausch der Pointer */
  psHilfs = psZ1;
```

Dereferenzieren nötig

```
  psZ1    = psZ2;
  psZ2    = psHilfs;
  printf("%s %s\n", *psZ1, *psZ2); /* Eins Zwei */
```

Wenn man die beiden Eigenschaften aus Abschnitt „Vektoren und Pointer-Arithmetik"
benutzt, kann man das Programm vereinfachen. Es genügt, Zeiger auf das erste Zeichen
einer Zeichenkette zu haben; durch die Pointer-Arithmetik ist das so gut, als ob man einen
Zeiger hätte, der die ganze Zeichenkette als Bezugsvariable hat.

```
char sX[] = "Eins",   sY[] = "Zwei", sHilfs[5];
```

```
char *psZ1 = sX , *psZ2 = sY, *psHilfs;
```

automatische Um-
wandlung von Vektor
von chars in Pointer
auf ersten char

```
/* Tausch durch umkopieren    der Strings */
  strcpy(sHilfs, sX);
```

Pointer auf char

```
  strcpy(sX, sY);
  strcpy(sY, sHilfs);
  printf("%s %s\n", sX, sY); /* Zwei Eins */
/* Tausch durch Austausch der Pointer */
  psHilfs = psZ1;
```

Dereferenzieren **nicht**
nötig, ist schon Typ
char*

```
  psZ1    = psZ2;
  psZ2    = psHilfs;
  printf("%s %s\n", psZ1, psZ2); /* Eins Zwei */
```

16.3.3.2   Vektoren von Pointern

Im letzten Abschnitt wurden **Zeiger auf Vektoren** deklariert. Es wurde gezeigt, wie sich
das meist zu „Zeiger auf Komponententyp" vereinfachen lässt. Häufig werden aber auch
Vektoren von Pointern auf Zeichenketten benötigt. Wie deklariert man einen **Vektor von
Zeigern**?

Beispiele:

Pointer auf Vektor von chars	`char (*pvc)[5];`	pvc ist eine Größe, auf die folgende Deklarationsoperatoren angewendet werden 1. Dereferenzierung (pvc ist also Zeiger) 2. Vektorkomponenten-Auswahl (pvc zeigt also auf einen Vektor Das Ergebnis ist ein `char`, also ist pvc ein Pointer auf einen Vektor von `chars` wie im letzten Abschnitt benutzt
Vektor von Pointern auf `char`	`char *(vpc[5]);`	vpc ist eine Größe, auf die folgende Deklarationsoperatoren angewendet werden 1. Vektorkomponenten-Auswahl (vpc ist also ein Vektor 2. Dereferenzierung, (eine Komponente ist also ein Zeiger) Das Ergebnis ist ein `char`, also ist vpc ein Vektor von Pointern auf `char`.

Grafisch lässt sich der Unterschied zwischen pvc und vpc so darstellen:

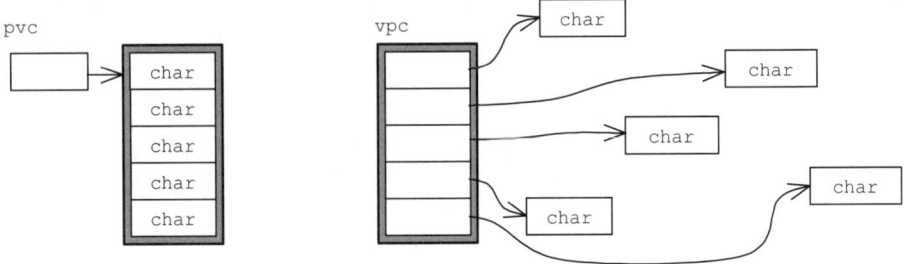

Abbildung 16.3-2: Pointer auf Vektor/ Vektor von Pointern

Ein `char`, auf den einer der Pointer aus dem Vektor vpc zeigt, könnte dann seinerseits als erste Komponente eines `char`-Vektors interpretiert werden (vgl. Kapitel „Vektoren und Pointerarithmetik"). Damit entsteht folgendes Bild:

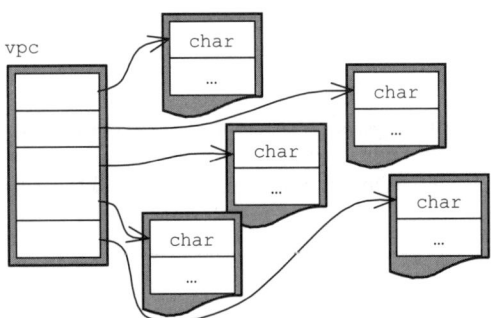

Abbildung 16.3-3: `char*` als Pointer auf Vektor interpretiert

Man kann jetzt über vpc auf Zeichenketten zugreifen, z. B.:

```
char *(vpc[5]) = {"Null", "K1", "Zwo", "3", "vier" };
vpc[1] = "Kla"; vpc[2] = vpc[4];
printf("%s %s\n", vpc[1], vpc[2]); /* Kla vier */
```

16.4   Dynamische Variable mit malloc und free

Wenn man ein Programm zu schreiben hätte, das eine Telefonliste verwaltet, dann müsste man einen Vektor für die Einträge deklarieren. Dabei gibt es folgendes Dilemma:

- macht man den Vektor zu klein, dann beschweren sich die **Benutzer, die große** Listen zu verwalten haben darüber, dass nicht alle Einträge hineinpassen

- macht man den Vektor zu groß, dann beschweren sich die Benutzer, die kleine Listen haben, über den großen Platzbedarf des Programms

Lösung: man legt nicht vorab den ganzen Platz per Deklaration von char-Vektoren an, sondern belegt den Platz erst dann, wenn er gebraucht wird.

Die vollständige Lösung werden wir in Kapitel „Structs und komplexe Datenstrukturen/ Listen" sehen. Hier begnügen wir uns (mangels structs) mit einer Teillösung:

Der Platz für die eigentlichen Zeichenketten wird erst bei Bedarf angelegt. Es wird aber ein Vektor mit Pointern auf char statisch – d.h. vorab, bevor das Programm läuft – deklariert[1].

In **C**-Programmen unterscheidet man verschiedene Speicherbereiche:

Statische Daten bekommen bei der Deklaration

- einen Bezeichner

- einen Platz zugeteilt, der während der gesamten Ausführungszeit unverändert reserviert bleibt.

Stack ist ein Speicherbereich, der jeweils bei einem Unterprogramm-Aufruf mit den Parametern und lokalen Variablen des Unterprogramms gefüllt wird. Bei der Rückkehr aus dem Unterprogramm wird der zuletzt belegte Bereich wieder freigegeben (vgl. Kapitel „Unterprogramme"). In vielen Umgebungen kann man die Stack-Größe als Parameter beim Binden angeben.

Programm-Code
statische Daten
Stack (für Unterp.)
Heap (dynamische Daten)

Abbildung 16.4-1 Speicherbereiche eines C-Programms

Heap ist ein Speicherbereich für Daten, die erst zur Laufzeit des Programms bei Bedarf angelegt werden. In vielen Umgebungen kann man die Heap-Größe als Parameter beim Binden angeben. Wieviel Platz im Heap frei ist, hängt von seiner Anfangsgröße ab, und davon, wieviel zur Laufzeit reserviert – und wieder freigegeben wurde.

---

[1]   Im Kap. „Structs und komplexe Datenstrukturen/ Listen" werden wir auch noch vermeiden, dass ein statische Vektor benötigt wird

Aus dem Kapitel „Standardbibliothek" kennen wir die Aufrufe zum Reservieren und Freigeben eines Bereichs auf dem Heap:

Include	Aufruf	Argument/ Rückgabewert/ Beschreibung
`stdlib.h`	`p=malloc(n);`	Reserviert einen Speicherbereich von n Bytes. s. Kapitel „Pointer" `int n` Gewünschte Größe des Speicherblocks `void *p` Ergebnis: Zeiger auf reservierten Bereich (Nullpointer, falls nicht genügend Platz vorhanden).
`stdlib.h`	`free(p);`	Gibt einen mit `malloc` reservierten Speicherbereich frei. s. Kapitel „Pointer" `void *p` Zeiger auf freizugebenden Bereich (aus früher erfolgtem `malloc`- Aufruf)

Demoprogramm:

`#include <stdio.h>`
`#include <stdlib.h>`
`#include <string.h>`
	Includes für `printf, malloc/ free` und `strlen`

`main()` `{ char puffer[128], *pch;`	pch zur Aufnahme des Pointers, den `malloc` liefern wird
`  scanf("%s", puffer);`	Einlesen einer Zeile nach `puffer`
`pch=(char*)malloc(strlen(puffer)+1);`	`malloc` reserviert Speicherbereich
`  strcpy(pch, puffer);`	kopiert aus `puffer` in neuen Bereich
`  printf("%s\n", pch);`	Ausgabe der Kopie
`  free (pch);` `}`	`free` gibt den Speicherbereich zur Wiederverwendung frei

Fehler! Es ist nicht möglich, durch die Bearbeitung von Feldfunktionen Objekte zu erstellen.

Abbildung 16.4-2 Auswertung des `malloc`*-Ausdrucks*

Beispiel: Telefonliste

Zwei Vereinfachungen werden getroffen:

- Die Anzahl der Einträge wird vorher durch die Komponentenzahl des Vektors von Pointern auf die Namen festgelegt

- Es werden nur die Namen gespeichert und nicht die Nummern (**beides zusammen** würde man in einer `struct` vereinigen, die erst später eingeführt wird)

`#include <stdio.h>`
`#include <stdlib.h>`
`#include <string.h>`
	Includes für `printf`,
	`malloc`/`free` und
	`strlen`

`#define MAX 128` `#define BUFLEN 64`	maximale Anzahl der möglichen Einträge und Länge des Zeilenpuffers (=maximale Namenslänge)
`main()` `{ char puffer[BUFLEN]="";`	`puffer` ist nur einmal vorhanden und wird in der Schleife immer wieder durch die Eingabe von Tastatur überschrieben
`char  *namen[MAX];`	Vektor für die Zeiger auf die Namen.
`int i=0, j=0, fStop=0;`	Schleifenzähler und Merker, ob schon "stop" eingegeben wurde
`while ((!fStop)&&(i<MAX))`	solange noch nicht "stop" und noch Platz im Vektor
`{ scanf("%s", puffer);`	Name in `puffer` einlesen
`fStop=strcmp(puffer,` `          "stop")==0;`	Merker setzen, ob Eingabe gleich "stop" war
`if (!fStop)`	falls nicht,
`{ namen[i]=(char*)malloc` `     (strlen(puffer)+1);`	Platz für eingegebene Zeichenkette im Heap anlegen und Zeiger darauf nach `namen`, Komponente `i`
`strcpy(namen[i], puffer);`	Eingabe in den Heap kopieren
`i++;`	`i` ist immer der Index der nächsten freien Vektorkomponente für die Eingabe eines neuen Namens
`}` `}`	Ende der Einleseschleife

`for(j=0; j<i; j++)`
`   printf("%s\n", namen[j]);`
`}`
	Zum Test wird die Liste der eingegebenen Namen jetzt ausgegeben

16.5 Auswahl-Sort durch Zeigervertauschung

Die Bestandteile zu diesem Anwendungsbeispiel sind an verschiedenen Stellen eingeführt worden

- Deklaration von Pointern im vorliegenden Kapitel
- Vektor mit Zeigern auf die zu sortierenden Zeichenketten in „Vektoren von Pointern"
- Verwendung eines immer wieder benutzten Puffers für die Eingabe in „dynamische Variable mit `malloc` und `free`"
- Dynamische Variable für die zu sortierenden Zeichenketten in „dynamische Variable mit `malloc` und `free`"
- Auswahl-Sortieralgorithmus aus Kapitel „Sortierverfahren"
- Vertauschung von Pointern, statt der Bezugsvariablen in "Zugriff auf Pointer oder Bezugsvariable"

```
main()
{ char puffer[BUFLEN]="";        /*      nur einmal vorhanden */
  char *namen[MAX];              /*   pro Eintrag ein Pointer */
  int i=0, j=0, k=0, fStop=0;    /*      Zaehlgroessen, Merker */
  char  *pch;                    /*  Hilfszeiger z. tauschen */
  while ((!fStop)&&(i<MAX))      /* Schleife: Namen einlesen */
  { scanf("%s", puffer);
    fStop = strcmp(puffer, "stop")==0;
    if (!fStop)
    { namen[i] = (char*)malloc (strlen(puffer)+1);
      strcpy(namen[i], puffer);
      i++;
    }
  }
  /* Doppel-Schleife:              Sortieren mit Auswahlsort */
  for(j=0; j<(i-1); j++)
    for(k=j+1; k<i; k++)
  { if(strcmp(namen[j], namen[k])>0) /*   Tauschbedingung */
    { pch = namen[j];
      namen[j] = namen[k];             /*    Tauschen Zeiger */
      namen[k] = pch;
    }
  }
  for(j=0; j<i; j++)                    /*    Ausgabe sortiert */
      printf("%s\n", namen[j]);         /*       je ein Name */
  for(j=0; j<i; j++) free (namen[j]);   /*    Heap freigeben */
}
```

16.6   Pointer und `const`

Beim Zugriff über Zeiger-Variablen sind jeweils zwei Orte im Speicher betroffen: die Zeiger-Variable und die Bezugs-Variable. Bei der Deklaration von Zeigern gibt es entsprechend zwei Möglichkeiten, den Typ-Qualifizierer `const` zu verwenden:

1. Zeiger-Variable durch `const` vor Veränderungen schützen

Beispiel:

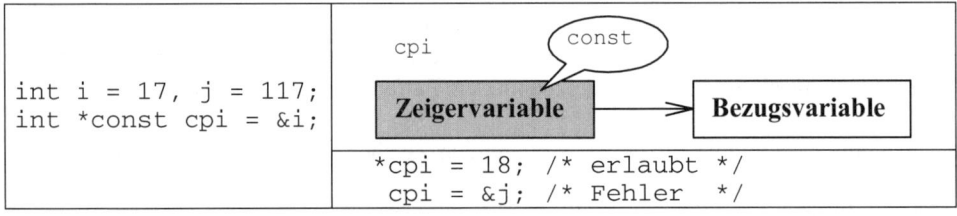

Die Zeigervariable kann nicht verändert werden, d.h. sie ist eine Konstante.

2. Bezugs-Variable durch *const* vor Veränderungen schützen

Beispiel:

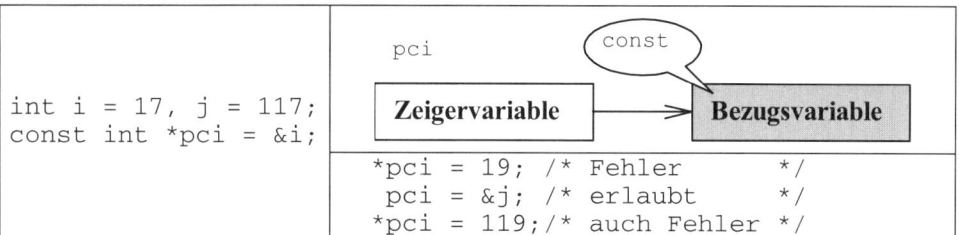

```
int i = 17, j = 117;
const int *pci = &i;
```

| pci | const |
| Zeigervariable | ⟹ Bezugsvariable |

```
*pci = 19;  /* Fehler       */
 pci = &j;  /* erlaubt       */
*pci = 119;/* auch Fehler */
```

Die Bezugsvariable kann nicht auf dem Weg der Dereferenzierung des Zeigers verändert werden. Damit wird aber die Bezugsvariable noch nicht zu einer Konstanten, denn es ist nichts über andere Wege des Zugriffs festgelegt.

Erlaubt sind im letzteren Beispiel: `i = 19;   j = 119;`

const-Deklarationen im Zusammenhang mit Zeigern macht man hauptsächlich, weil man sich Vorteile für die Fehlersuche verspricht:

Wo der Compiler Zugriffe ausschließt braucht man nicht mit Fehlern zu rechnen, d.h. nicht nach fehlerhaften Zugriffen im Programm zu suchen.

16.7   Fragen

1. Falsch oder richtig?

Gegeben sind die folgenden Deklarationen

`char buf[] = "Zeichenkette", *pCh; int i;`

Geben Sie zu den folgenden Programmstücken an, was sie ausgeben bzw. warum sie falsch sind

Programmstück	Ausgabe bzw. Fehlergrund
`for(i=0; i<strlen(buf); i++)` `    printf("%c", buf[i]);`	
`for(; *buf!='\0'; buf++)` `    printf("%c", *buf);`	
`for(pCh=buf; *pCh; pCh++)` `    printf("%c", *pCh);`	

2. Umschreiben in Pointer-Schreibweise

Das angegebene Programmstück dreht Zeichenketten um. Schreiben Sie es in Pointer-
schreibweise um!

```
char buf[] = "Zeichenketten", c; int i, j, len;
   len = strlen(buf);
   for(i=0, j=len-1; i<j; i++, j--)
   {
     c        = buf[i];
     buf[i]   = buf[j];
     buf[j]   = c;
   }
```

In Pointer-Schreibweise:

```
char buf[] = "Zeichenketten", c; int i, j, len;
```

3. Umschreiben in Vektorschreibweise

Das angegebene Programmstück wandelt in einer Zeichenkette enthaltene Großbuchstaben in Kleinbuchstaben um. Schreiben Sie es in Vektorschreibweise um!

```
char buf[] = "GrOsSkLeInBuChStAbEn", *pCh;
   for(pCh=buf; *pCh; pCh++)
      if((*pCh>='A')&&(*pCh<='Z')) *pCh |= 0x20;
   printf("%s\n", buf);
```

In Vektorschreibweise:

```
char buf[] = "GrOsSkLeInBuChStAbEn", *pCh;
```

4. Was wird ausgegeben?

Im Folgenden wird angenommen, dass ein Pointer 32 Bit benötigt. Geben Sie an, was
das Programm ausgibt. Folgende Deklarationen sind vorausgesetzt:

```
char *(vpc[5]) = { "Drehmeissel", "Fraese", "Bohrer" };
char    buf[]  =    "Span";
char  (*pvc)[5] = &buf;
char  *pc       =  buf;
```

Programmstück	Ausgabe
`printf("%d %d\n", sizeof(pvc), sizeof(pc));`	
`printf("%d %d\n", sizeof(vpc), sizeof(buf));`	
`printf("%s %s\n", vpc[2], buf);`	
`printf("%s %s\n", *pvc, pc);`	
`printf("%c %c\n", *vpc[1], *buf);`	
`printf("%c %c\n", (*pvc)[1], *pc);`	

16.8   Aufgaben

1. Gleiche Zeichenketten zählen

   Schreiben Sie ein Programm, das eine Folge von maximal `128` Zeilen einliest (mit `gets(…)`). Wenn `stop` eingegeben wurde, soll die Folge wieder ausgegeben werden. Mehrfach eingegebene Zeilen sollen nur einmal ausgegeben werden – dafür soll vor jeder Zeile die Anzahl stehen, wie oft diese Zeile in der Eingabe enthalten war.

   Deklarieren Sie einen Vektor von Pointern auf Zeichen, einen Zählvektor und einen Puffer für eine Eingabezeile. Beim Einlesen wird getestet, ob die Zeichenkette schon im Pointer-Vektor eingetragen ist. Falls ja, wird die Zählvektor-Komponente mit dem entsprechenden Index hochgezählt. Für neue Zeichenketten soll auf dem Heap Platz reserviert werden. Anschließend wird der Puffer dorthin kopiert und ein Zeiger darauf in den Pointer-Vektor eingetragen.

17 Unterprogramme

Im Kapitel über Kontrollstrukturen haben wir ein Programm zur Bestimmung von Nullstellen von Funktionen gesehen. Wir stellen uns vor, dass das Programm zur Nullstellenbestimmung so abgeändert werden soll, dass es statt für die Funktion $f(x) = x - E \sin x - M$

nunmehr eine Nullstelle von $f(x) = 4x^3 - 5x^2 + 1$ bestimmt[1].

Dabei werden Sie auf das Problem gestoßen sein, alle Stellen in dem Programm zu identifizieren, an denen *f(x)* und *f'(x)* vorkommen und diese entsprechend zu ändern. Dazu müssen Sie noch einmal genau verstehen, wie das Programm arbeitet. Möglicherweise übersehen Sie auch beim ersten Durchgang eine der Stellen, die zu ändern sind. Es kommt nämlich *f(x)* insgesamt dreimal in dem Programm vor, *f'(x)* dagegen nur einmal. Sie müssen dann auch dreimal das neue *f(x)* kodieren, was relativ aufwendig ist, da es in **C** ja keinen Operator für das Potenzieren gibt.

In diesem Kapitel werden wir sehen, wie man diese Probleme von vornherein vermeidet, in dem man Unterprogramme (auch Funktionen genannt) verwendet. Wir hätten dann für *f(x)* und *f'(x)* je ein Unterprogramm geschrieben und diese nach den #define-Anweisungen in das Programm eingefügt:

```
double f(double x)
{
   return x - E*sin(x) - M;
}
```
Unterprogramm zur Berechnung von *f(x)*

```
double fstr(double x)
{
   return 1. - E*cos(x);
}
```
Zweites Unterprogramm zur Berechnung von *f'(x)*

Diese Unterprogramme können dann nach Bedarf aufgerufen werden:

```
do{
        xi = xi - f(xi)/fstr(xi);
        ++it;
   }while((ABS(f(xi)) > EPS) && (it < MAX_SCHRITTE));
```
Der aktuelle Wert von xi wird hier an die Unterprogramme übergeben

---

[1] Bevor Sie weiter lesen, sollten Sie die Änderung tatsächlich durchführen.

```
if (it >= MAX_SCHRITTE) printf("Mangelnde Konvergenz!\n");
else{
printf("Nullstelle bei %lf mit %d Iterationen.\n", xi, it);
printf("Genauigkeit: %le", f(xi));
}
```

Die geforderten Änderungen sind dann viel einfacher durchzuführen und beschränken sich auf das Ändern von zwei Programmzeilen in den Unterprogrammen f und fstr. Außerdem wird das Programm viel übersichtlicher und kann sowohl von anderen Programmierern leichter verstanden werden, als auch vom Autor selbst, wenn er das Programm nach längerer Zeit wieder ansieht. Unterprogramme sind also **das** Mittel zur Strukturierung von Programmen und werden von professionellen Programmierern sehr intensiv eingesetzt. Weitere Informationen und Beispiele dazu finden sich in Kap. „Grafikausgabe/ Professionelle Programmiertechniken/ Programmstruktur". Als Minimal- Regeln für den Einsatz von Unterprogrammen sollte man verinnerlichen:

1. Jede Aufgabe, die mehr als einmal benötigt wird, sollte von einem Unterprogramm erledigt werden.

2. Kein Stück Programm sollte länger sein als eine Seite, die sich noch als Ganzes überblicken lässt. Wird diese Grenze überschritten, so sollte das betreffende Programmstück in Unterprogramme zerlegt werden.

In der Programmiersprache C werden keine verschiedenen Typen von Unterprogrammen unterschieden, wir sprechen daher statt von Unterprogrammen meist von Funktionen[2]. Eine Funktion haben wir bisher immer schon geschrieben und zwar die Funktion main(). Diese Funktion stellt das Hauptprogramm dar. Sie wird vom Betriebssystem aufgerufen. Die genaue Syntax zum Erstellen von Unterprogrammen wollen wir uns nun ansehen. Im Struktogramm wird ein Unterprogramm folgendermaßen dargestellt:

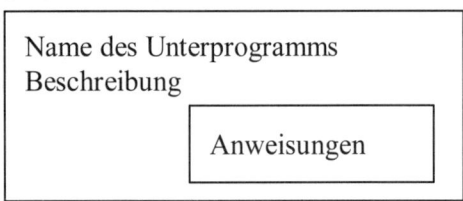

17.1   Syntax

Das folgende Syntaxdiagramm fasst die Regeln zusammen, nach denen schon die obigen Beispiele gebildet wurden[3]:

---

[2]   Dagegen werden beispielsweise in Pascal und Basic Funktionen (function) und Prozeduren (procedure/sub) unterschieden.

[3]   In diesem Syntaxdiagramm kann man einfachstenfalls „Funktionsbezeichner" statt „Funktionsdeklarator" einsetzen. Vgl. dazu Sytaxdiagramme am Beginn des Kapitels „Vektoren".

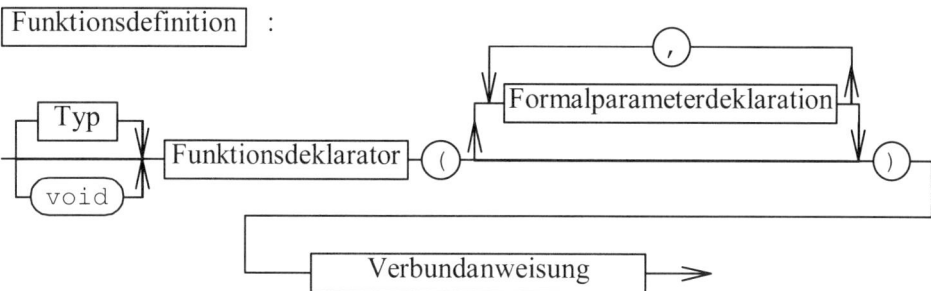

Jede Funktion erhält einen Namen, den sog. Funktionsbezeichner, der den in C gültigen Regeln für Bezeichner genügen muss. Nach dem Funktionsbezeichner folgt in Klammern eine Liste von formalen Parametern, die jeweils einen eigenen Bezeichner erhalten. Die runden Klammern müssen in jedem Fall gesetzt werden, auch wenn die Liste leer sein sollte.

Die Definition von Funktionen kann in C nicht innerhalb von Verbundanweisungen erfolgen. Eine Schachtelung von Unterprogrammen, wie etwa in Pascal, ist in C nicht möglich!

Die formalen Parameter dienen der Kommunikation mit dem Unterprogramm. Beim Aufruf der Funktion muss für jeden *formalen* Parameter ein *aktueller* Parameter angegeben werden, dessen Wert dann in der Funktion zur Verfügung steht. Die Angabe der formalen Parameter erfolgt ähnlich wie die Definition von Variablen[4]:

Anders als bei der Variablendefinition muss hier für jeden Parameter erneut ein Typ angegeben werden. mehrere Paare von Typ/Parameterdeklaratoren werden durch Kommata voneinander getrennt.

Jede Funktion kann einen Wert zurückliefern. Der Typ dieses Rückgabewerts wird vor dem Funktionsbezeichner angegeben. Im Beispiel oben haben wir das bereits benutzt:

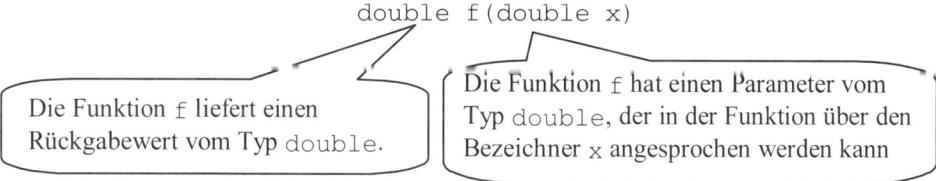

Dem Syntaxdiagramm entnehmen wir aber auch noch, dass vor dem Funktionsbezeichner das Schlüsselwort `void` angegeben werden kann. Das englische Wort "void" bedeutet im Deutschen "leer", was anzeigt, dass die Funktion keinen Rückgabewert liefert.

Beim Erstellen eines Programms haben wir bisher schon `void main()` geschrieben, da die main-Funktion keinen Wert zurück liefern soll. Es gibt auch Fälle, in denen `main` einen Wert zurück liefern soll. Vergleiche dazu das Kapitel „Fortgeschrittene Themen". Nach dem Syntaxdiagramm ist es auch möglich, vor dem Funktionsbezeichner keinen Datentyp

---

[4]   Vgl. Syntaxdiagramme am Beginn des Kapitel „Vektoren". Einfachstenfalls kann man „Parameterbezeichner" für „Parameterdeklarator" einsetzen.

anzugeben. Es wird dann vom Compiler eine Warnung ausgegeben und automatisch der Typ int eingesetzt. Dies ist nicht immer wünschenswert und kann zu Verwirrungen und Fehlern führen. Deshalb sollte immer ein Typ angegeben werden.

Bis jetzt haben wir den sog. *Funktionskopf* besprochen. Nach diesem folgt eine Verbundanweisung, also eine in {...} geklammerte Folge von Anweisungen, welche bei Aufruf der Funktion ausgeführt werden.

Am Beginn der Verbundanweisung eines Unterprogramms können Variablen definiert werden, wie wir in der Funktion main schon oft praktiziert haben. Eine Verbundanweisung, die Deklarationen enthält, wird auch als *Block* bezeichnet. Die am Blockanfang definierten Variablen heißen *lokale Variablen* des Blocks.

Auf die formalen Parameter kann in der Funktion wie auf lokale Variablen zugegriffen werden.

Wenn eine Funktion einen Wert zurückliefern soll, so muss innerhalb ihrer Verbundanweisung mindestens einmal eine Return-Anweisung stehen:

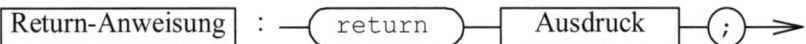

Diese Anweisung bewirkt, dass der Ausdruck ausgewertet und danach die Ausführung der Funktion beendet wird. Der Wert des Ausdrucks wird als Rückgabewert zurückgegeben. Der Typ des Ausdrucks muss daher kompatibel zum angegebenen Typ im Funktionskopf sein. Eine Funktion, die keinen Rückgabewert liefert (Typ void), kann einfach mit return; beendet werden (leerer Ausdruck). Ansonsten wird mit dem Ende der Verbundanweisung die Funktion in jedem Fall verlassen[5].

An der Aufrufstelle der Funktion f geschieht also im einleitenden Beispiel folgendes:

1. der Wert von xi wird an die Funktion
   f auf den Parameter x übergeben

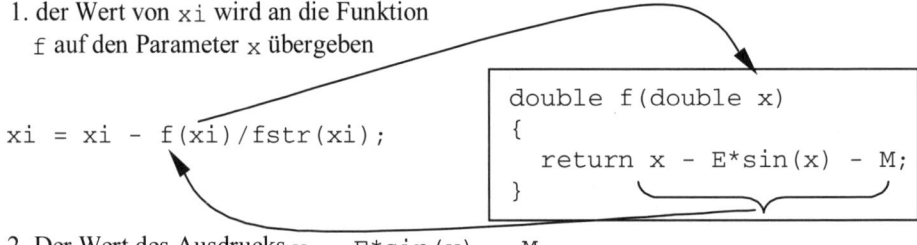

```
xi = xi - f(xi)/fstr(xi);
```

```
double f(double x)
{
    return x - E*sin(x) - M;
}
```

2. Der Wert des Ausdrucks x - E*sin(x) - M
   wird als Wert von f(xi) zurück gegeben

Beim Aufruf einer Funktion muss sich der Programmierer also keine Gedanken mehr darüber machen, wie das Unterprogramm die geforderte Funktionalität bereitstellt. Deutlich wird dies am Beispiel der bereits vorhandenen Standardfunktionen. Wir haben in dem Beispiel eine Funktion zur Berechnung der Winkelfunktion *sin(x)* benutzt und sind dabei davon ausgegangen, dass diese Funktion das gewünschte Ergebnis liefert. Wir mussten uns nicht darum kümmern, auf welche Weise in dieser Funktion die Berechnung des Sinus durchgeführt wird (Reihenentwicklung, Tabellen,...). Gleiches gilt für die Funktionen

---

[5]   Wird eine Funktion, die einen Rückgabewert liefern soll, ohne Return-Anweisung verlassen, so gibt der Compiler lediglich eine Warnung aus. Diese Warnung sollte sehr ernst genommen werden, da der Rückgabewert in diesem Fall undefiniert ist.

`printf()` und `scanf()`. Der Leser möge sich hierzu die 1. Aufgabe zu diesem Kapitel ansehen. Wichtig ist in jedem Fall, beim Funktionsaufruf zu beachten:

 Die Aktualparameter müssen mit den Formalparametern in **Anzahl**, **Typ** und **Reihenfolge** übereinstimmen.

17.2 Der Parametermechanismus

Wir wollen uns nun im Detail ansehen, wie die Übergabe von Parametern an ein Unterprogramm vor sich geht. Dazu betrachten wir ein einfaches Modell eines Rechners, das bereits im ersten Kapitel dieses Buches eingeführt wurde. Hier werden nur die Teile wiederholt, die zum Verständnis des Parametermechanismus wesentlich sind.

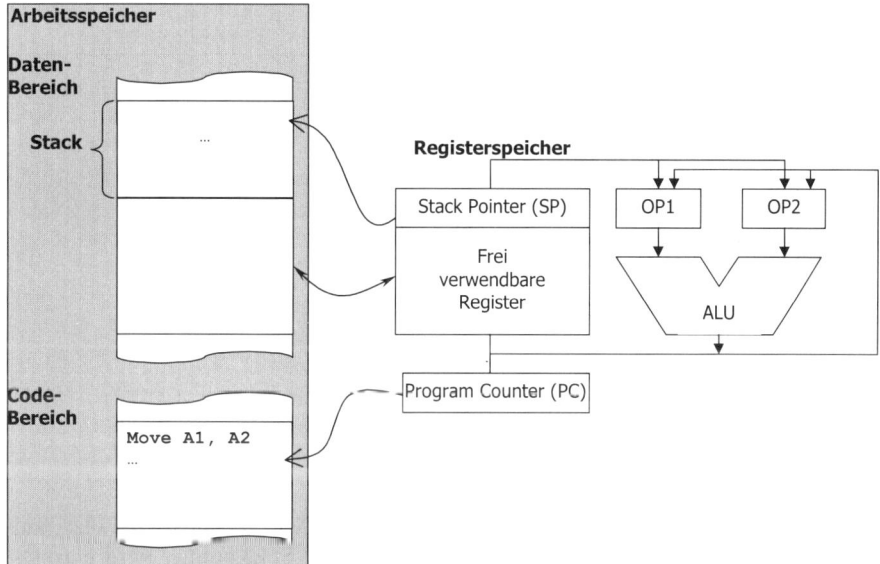

Abbildung 17.2-1: Prozessormodell zur Veranschaulichung des Parametermechanismus

Der Arbeitsspeicher ist in seiner üblichen Aufteilung dargestellt: der Codebereich ist der Teil des Speichers, in dem sich die Maschinenbefehle des gerade ausgeführten Programms befinden (Code-Bereich). Das Befehlszähler (PC)-Register der CPU enthält die Adresse des nächsten auszuführenden Maschinenbefehls. Der Stack Pointer (SP) gibt die nächste freie Adresse auf dem Stack an. Im Datenbereich werden Variablen gespeichert, deren Werte dann in ein Prozessorregister geladen werden können, wenn ein Zugriff erfolgen soll.

Im Beispielprogramm zur Nullstellenbestimmung liegt vor Aufruf der Funktion `f(x)` die in Abbildung 17.2-2 dargestellte Situation vor: die Variable `xi` ist im Datenbereich abgelegt[6]; im Codebereich steht der Maschinencode von `main` sowie von `f`. Im Bild wird der Code nicht durch Maschineninstruktionen dargestellt, sondern durch das Quellprogramm selbst symbolisiert.

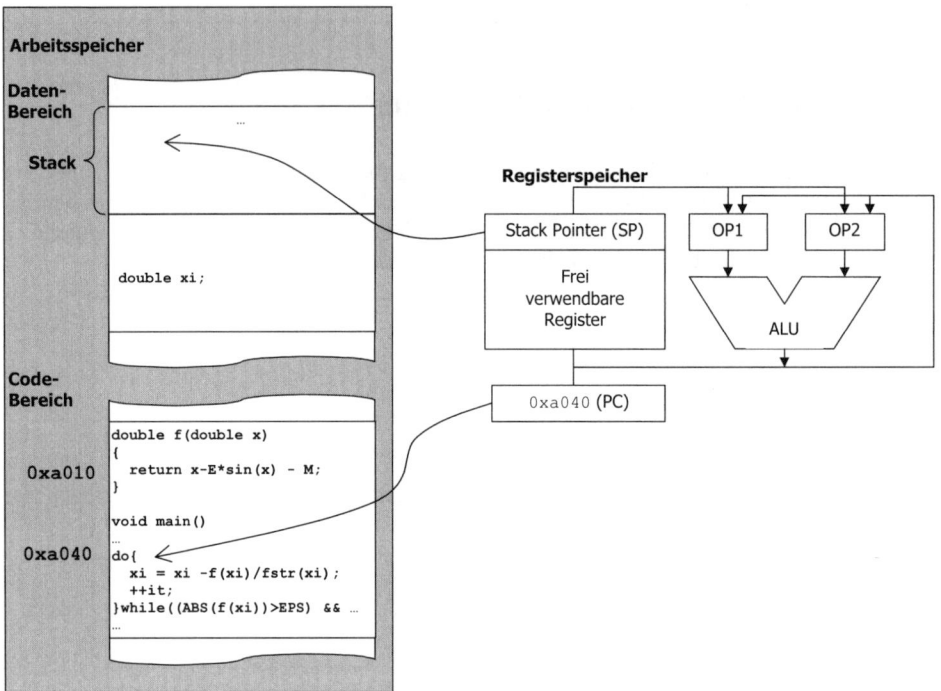

Abbildung 17.2-2: Programmausführung vor Sprung in das Unterprogramm

Beim Aufruf der Funktion `f` passiert folgendes:

1. Für alle *Formalparameter* und lokalen Variablen des Unterprogramms wird Platz auf dem Stack reserviert. Dadurch wächst der Stack, d. h. der Stackpointer wird entsprechend erhöht.

2. Kopieren der als *Aktualparameter* übergebenen Werte (hier: Wert der Variablen `xi`) in den Speicherbereich der zugehörigen Formalparameter auf dem Stack (hier Formalparameter `x`).

3. Der aktuelle Wert des Program Counter wird auf den Stack gelegt.

4. Es folgt die eigentliche Verzweigung in das Unterprogramm, indem das Program Counter Register mit der Adresse des ersten Maschinenbefehls des Unterprogramms geladen wird.

---

[6]   Diese Darstellung ist nicht ganz richtig, da `xi` eine sog. lokale Variable ist, die auf dem Stack angelegt wird,, was hier aber nicht wichtig ist.

Abbildung 17.2-3 zeigt die Situation nach der Verzweigung in das Unterprogramm f. Man sieht, dass die Formalparameter als lokale Variablen des Unterprogramms angesehen werden können, die mit den Werten der Aktualparameter initialisiert worden sind.

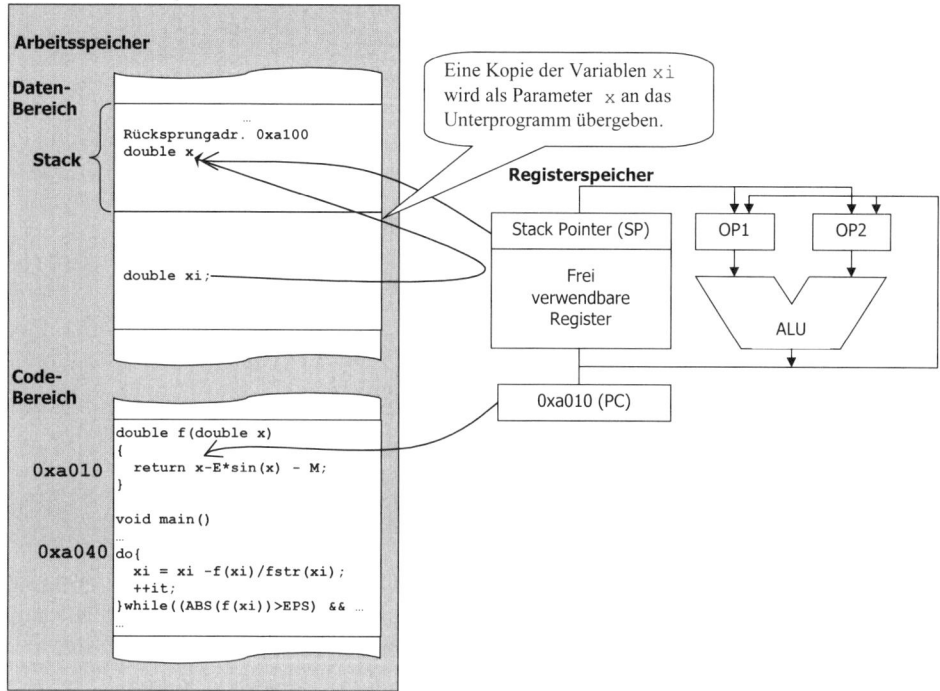

Abbildung 17.2-3: Programmausführung nach dem Sprung in das Unterprogramm

Nach Beendigung des Unterprogramms wird zunächst der Stackpointer zurückgesetzt, so dass er auf die vorher gespeicherte Rücksprungadresse zeigt. Anschließend wird die Rücksprungadresse in den Befehlszähler geladen, wodurch das Programm an der Stelle fortgesetzt wird, an der vorher der Sprung in das Unterprogramm erfolgte. Durch das Umsetzen des Stackpointers verschwinden die Formalparameter und die lokalen Variablen vom Stack[7]. Der Rückgabewert wird über eines der Prozessorregister übergeben.

17.3 Referenzparameter

Wir haben gelernt, dass einem Unterprogramm beim Aufruf Kopien der Parameter- Werte zur Verfügung gestellt werden. Welche Konsequenzen dieser Mechanismus hat, wollen wir uns jetzt noch genauer ansehen.

---

[7] Wenn auch die Bitmuster der Werte noch im Speicher stehenbleiben, bis der Platz anderweitig verwendet wird.

Bei den im vorigen Kapitel behandelten Sortierverfahren besteht eine immer wiederkehrende Aufgabe darin, zwei Werte zu vertauschen. Es liegt nahe, dafür ein Unterprogramm zu
schreiben. Der erste Ansatz dafür wäre der, eine Funktion swap() für das Vertauschen
zweier int-Werte zu schreiben und diese dann im Programm zum Sortieren (vgl. Kapitel
Sortieren durch Auswahl) wie folgt einzusetzen:

```
#include <stdio.h>
#define N 6

void swap(int a, int b)
{ int c;
  c = a;
  a = b;
  b = c;
}
```

> Erste Version der swap-
> Funktion arbeitet nicht korrekt,
> wie unten gezeigt werden wird.

```
void main()
{ int j, k, vek[N] = { 3, 1, 14, 7, 5, 1 };

  for(j=0; j<(N-1); j++)
    for(k=j+1; k<N; k++)
      if(vek[j]<vek[k])            /* Tauschbedingung */
        swap(vek[j], vek[k]); /* Tauschen der Elemente */
  for(j=0; j<N; j++) printf("%d\n", vek[j]);
}
```

Das Programm druckt: 3   1   14   7   5   1, arbeitet also nicht so wie erwünscht. Um
zu verstehen warum, müssen wir anhand des oben entwickelten Modells nachvollziehen,
was passiert. Diese Situation ist in Abbildung 17.3-1 dargestellt.

Wir stellen dazu folgendes fest:

1. Kopien der als Parameter übergebenen Werte (hier: Werte der Variablen vek[j] und
    vek[k]) werden auf den Stack gelegt.

2. Die in der Funktion swap definierte Variable c wird ebenfalls auf dem Stack angelegt.

3. Bei Beendigung der Funktion swap wird der Stackpointer zurückgesetzt, so dass er
    auf die vorher gespeicherte Rücksprungadresse zeigt, um diese in den Befehlszähler zu
    laden. Dadurch sind die Werte von a, b und c nicht mehr zugreifbar.

Die Funktion hat also die **Kopien von** vek[j] und vek[k] vertauscht und nicht
vek[j] und vek[k] selbst. Da beim Funktionsaufruf Kopien der Werte als Parameter
übergeben werden, spricht man von *Werteparametern*. Um Abhilfe zu schaffen, so dass
wirklich die Werte von vek[j] und vek[k] vertauscht werden, müssen wir mit Zeigern
arbeiten:

> Sollen in **C** von einem Unterprogramm die als Parameter übergebenen Vari-
> ablenwerte verändert werden, so sind Zeiger auf diese Variablen zu übergeben
> und im Unterprogramm entsprechend zu dereferenzieren. Diese Parameter hei-
> ßen **Referenzparameter**

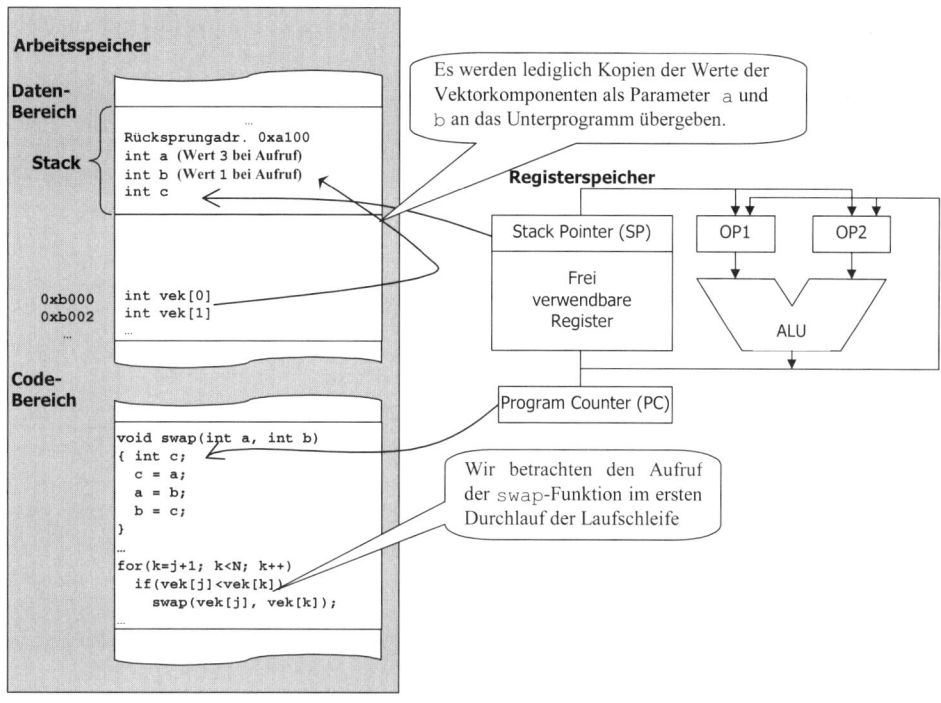

Abbildung 17.3-1: Ausführung des Sortierprogramms mit der swap-Funktion, erste Variante

Auf das obige Beispiel angewendet erhalten wir folgende zweite Version des Programms, die nun auch das Erwartete leistet (Änderungen sind fett gedruckt):

```
#include <stdio.h>
#define N 6

void swap(int *a, int *b)
{ int c;
   c = *a;
   *a = *b;
   *b = c;
}
```

Nun sind a und b Zeiger auf die zu vertauschenden Werte; sie müssen entsprechend dereferenziert werden. c ist eine normale Variable, die einen int-Wert speichern kann und darf kein Zeiger sein.

```
void main()
{ int j, k, vek[N] = { 3, 1, 14, 7, 5, 1 };

   for(j=0; j<(N-1); j++)
      for(k=j+1; k<N; k++)
         if(vek[j]<vek[k])
            swap(&vek[j], &vek[k]); /* Tauschen der Elemente */
   for(j=0; j<N; j++) printf("%d\n", vek[j]);
}
```

Beim Funktionsaufruf müssen die Adressen der zu vertauschenden Variablen gebildet werden.

Nach dem im vorigen Kapitel Gelernten könnte die Funktion swap auch folgendermaßen aufgerufen werden:

`swap(vek+j, vek+k);`   `/* Tauschen der Elemente */`

denn bei Bedarf wird der Vektorbezeichner automatisch in einen Pointer auf die erste Komponente umgewandelt. Am Rechnermodell ist dieser Vorgang in Abbildung 17.3-2 dargestellt.

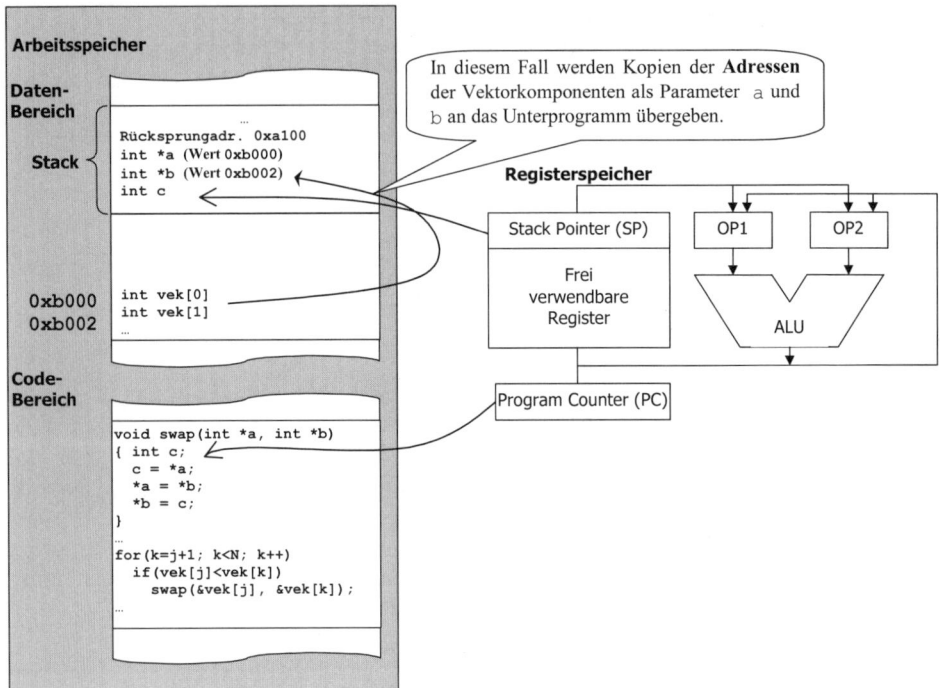

Abbildung 17.3-2: Ausführung des Sortierprogramms mit der swap-Funktion, zweite Variante

17.4   Lokale, globale und statische Variablen

In den letzten Abschnitten wurden Parameter von Unterprogrammen behandelt. Jetzt wenden wir uns den Variablen zu, die innerhalb von Funktionen definiert sind.

Wie wir gesehen haben, werden diese Variablen auf dem Stack generiert, zu dem Zeitpunkt, zu dem die Funktion aufgerufen wird. Bei Beendigung wird der für sie verwendete Speicherplatz wieder frei gegeben.

Wenn wir also Variablen innerhalb von Unterprogrammen definieren, dann hat dies mehrere Konsequenzen:

1. Die Variablen sind nur in der Funktion verfügbar, in der sie definiert wurden. Dadurch können in verschiedenen Funktionen immer wieder Variablen gleichen Namens verwendet werden, ohne dass Konflikte auftreten. Daher nennt man diese Variablen auch *lokale Variablen*.

2. Die Werte der Variablen zum Zeitpunkt des Funktionsaufrufs sind undefiniert. Die Werte sind bestimmt durch die Speicherinhalte an der Stelle des Stacks, wo Platz für die Variablen bereit gestellt wird. Eine Initialisierung der Variablen ist möglich; sie wird bei jedem Unterprogrammaufruf erneut durchgeführt:

```
void einUP()
{ int i, j=2;
  printf("%d %d\n", i, j)
}
```

Druckt für i einen unvorhersehbaren, beliebigen Wert.

Druckt für j stets den Wert 2

Ferner gehen die Werte der Variablen bei Verlassen des Unterprogramms verloren. Man kann jedoch vermeiden, dass lokale Variablen auf dem Stack generiert werden, indem man vor der Variablendefinition das Schlüsselwort `static` angibt. Dadurch werden die Variablen im normalen Datenbereich im Abschnitt für statische Daten angelegt und behalten ihren Wert zwischen aufeinanderfolgenden Aufrufen des Unterprogramms bei.

Neben der Möglichkeit, Variablen innerhalb von Funktionen zu definieren, gibt es die Alternative, Variablen im äußersten Block, also z. B. vor[8] allen Funktionen – einschließlich `main()` – zu definieren. Diese Variablen sind dann automatisch in allen folgenden Unterprogrammen verfügbar. Man nennt sie daher auch *globale Variablen*. Globale Variablen sind statisch und werden im Bereich für statische Daten angelegt, ohne dass das Schlüsselwort `static` angegeben werden muss[9]. Ist in einem Unterprogramm eine Variable gleichen Namens definiert, wie eine globale Variable, so wird die globale Variable durch die lokale verdeckt. Das wird im folgenden Bild verdeutlicht mit einer Funktion, welche die Fakultät einer ganzen Zahl berechnet:

---

[8]   Man kann auch Variablen zwischen Unterprogrammdefinitionen definieren. Diese wären dann nur für die folgenden Unterprogramme verfügbar. Dies ist aber unüblich, weil darunter die Übersichtlichkeit der Programme leiden würde.

[9]   Falls hier trotzdem `static` angegeben wird, dann hat dies eine andere Bedeutung, nämlich dass die betroffenen Bezeichner nicht außerhalb der aktuellen Übersetzungseinheit sichtbar sind.

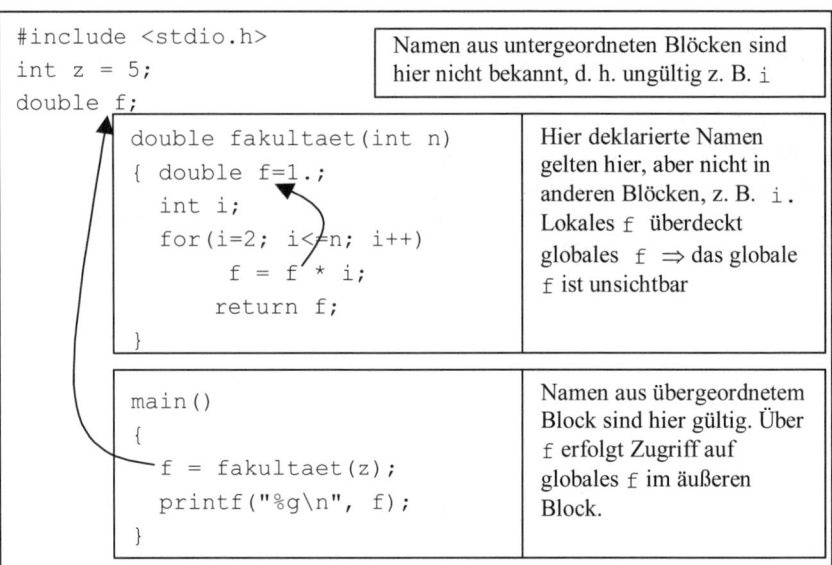

Neben der Übergabe von Parametern an Funktionen stellen globale Variablen eine weitere Möglichkeit dar, mit einem Unterprogramm zu kommunizieren. Das folgende Programm enthält ein Unterprogramm MatMult() zur Multiplikation zweier Matrizen. An dieses Unterprogramm muss sowohl die Größe der Matrizen (Dimension) als auch die Matrizen selber übergeben werden. Die Größe der Matrizen wird über die globale Variable dimens angegeben und die Matrizen selbst werden als Parameter übergeben:

```
#include <stdio.h>
#define MAXD 10
int dimens; //aktuelle Dimension

void MatMult(int m1[][MAXD], int m2[][MAXD], int m3[][MAXD])
//berechnet m3 = m1 * m2
{ int i, j, k;
  for (i=0; i<dimens; i++)
    for (j=0; j<dimens; j++){
      m3[i][j] = 0;
      for (k=0; k<dimens; k++)
        m3[i][j] += m1[i][k] * m2[k][j];
    }
}

void main()
{ int matrix1[MAXD][MAXD]={{1, 2, 3},{4, 5, 6},{7, 8, 9}},
      matrix2[][MAXD]={{9, 8, 7},{6, 5, 4},{3, 2, 1}},
      matrix3[MAXD][MAXD];
  dimens = 3;
  MatMult(matrix1, matrix2, matrix3);
  printf("%d\n", matrix3[0][0]);
}
```

Die Aktuelle Dimension wird hier angegeben

Da lokale Variablen auf dem Stack angelegt werden, kann es leicht zu einer Überschreitung des Stackbereichs im Speicher kommen, wenn große Felder als lokale Variablen in main() oder einer anderen Funktion definiert werden. Abhängig vom Betriebssystem und von der Entwicklungsumgebung, stürzt das Programm möglicherweise schon beim Laden ab und erzeugt eine Fehlermeldung. In so einem Fall sollte zuerst überprüft werden, ob ein zu großes Feld als lokale Variable vorhanden ist.

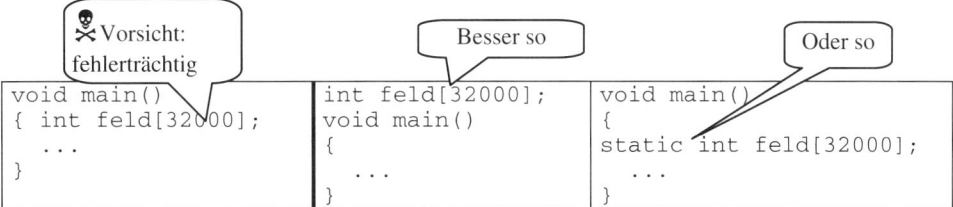

Die Verwendung globaler Variablen führt sehr leicht zu unübersichtlichen Programmen, da der Überblick verloren geht, wo und wann genau auf diese Variable zugegriffen wird. Globale Variablen dürfen daher ähnlich wie das goto nur mit äußerster Disziplin verwendet werden.

In diesem Kapitel haben wir drei Klassen von Variablen kennengelernt: statische und lokale Variablen sowie Funktionsparameter. Bereits im letzten Kapitel wurden die dynamischen Variablen vorgestellt. Deren Eigenschaften lassen sich wie folgt zusammenfassen:

	Statische Variablen	**Dynamische Variablen**	**Lokale Variablen**	**Funktions-parameter**
Definition	Äußerster Block, oder mit Schlüsselwort static	Keine	Im Unter-programm-block	Keine (nur De-klaration im Funktionskopf)
Beginn der Lebensdauer	Ab Programm-start	Mit Expliziter Platzan-forderung	Ab Unter-programm-aufruf	Ab Unter-programmaufruf
Ablagebereich	Bereich für statische Daten	Heap	Stack	Stack
Ende der Le-bensdauer	Programmende	Explizite Frei-gabe	Verlassen des Unter-programms	Verlassen des Unterprogramms

17.5 Funktionsdeklarationen, Modularisierung und Headerdateien

Es wurde bereits darauf hingewiesen, dass im Programm die Präprozessoranweisung #include <math.h> erforderlich ist, um die mathematischen Funktionen, insbesondere sin() sinnvoll nutzen zu können. Wir können einmal ausprobieren, was passiert, wenn wir dies nicht machen:

```
#include <stdio.h>
/*#include <math.h>*/
void main()
{
  printf("%f\n", sin(3.1415925 ));
}
```

#include <math.h> **bewußt auskommentiert**

Druckte in der Testumgebung:
2.847133080E+214

Wenn wir genau hinsehen, so stellen wir vielleicht noch fest, dass der Compiler eine Warnung ausgibt in der Art *"Call to function 'sin' with no prototype"*. Dies bedeutet, dass wir die Funktion sin aufrufen, ohne dem Compiler vorher gesagt zu haben, welche Argumente die Funktion erwartet und was für einen Typ ihr Rückgabewert hat. Der Compiler nimmt daher als Standard den Typ int an. Das Bitmuster eines int-Wertes wird dann als das einer Gleitpunktzahl interpretiert, was diesen völlig verkehrten Ausdruck liefert. Merke:

> Jedes Unterprogramm sollte vor der Verwendung definiert oder deklariert werden, ansonsten trifft der Compiler implizite Annahmen über die Typen von Argumenten und Rückgabewerten

Wie ein Unterprogramm *definiert* wird, haben wir oben gesehen. Wenn man ein Unterprogramm *deklariert*, dann gibt man nicht das komplette Unterprogramm an, sondern man sagt dem Compiler nur, welche Typen der Rückgabewert und die Parameter des andernorts definierten Unterprogramms haben. Eine Deklaration erfolgt durch Angabe des Funktionskopfes mit dem vorangestellten Schlüsselwort extern. Man spricht dabei auch von einem Prototypen der Funktion:

Funktions-Deklaration :

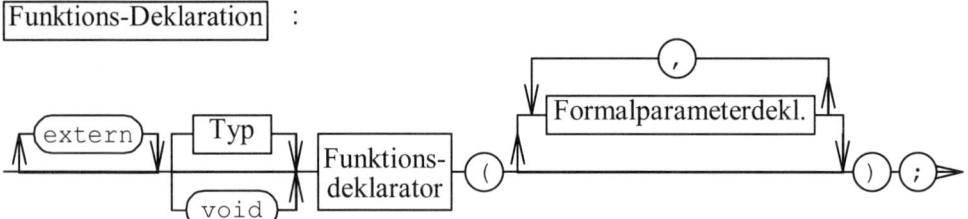

In der Datei math.h wird das so für die verfügbaren mathematischen Funktionen, also auch für sin durchgeführt. Darin kann man etwas vereinfacht folgendes finden:

```
double  sin  (double x);
```

Die Dateien mit der Endung ".h" heißen *Headerdateien*. Es gibt viele Situationen, in denen eigene Headerdateien geschrieben werden müssen. Sehr oft ist es erforderlich, ein Projekt auf mehrere Quelldateien aufzuteilen. Dies kann beispielsweise der Fall sein, wenn mehrere Programmierer gemeinsam ein Programm schreiben. Es kann dann jeder seinen Teil in eine eigene Quelldatei schreiben. Die verschiedenen Quelldateien werden dann getrennt übersetzt und anschließend vom Linker zusammen gebunden. Man nennt diese Vorgehensweise auch *Modularisierung* der Software. Die einzelnen Quellprogramme heißen Module.

Auch ein einzelner Programmierer kann Unterprogramme, die er für verschiedene Projekte benötigt in eine eigene Quelldatei auslagern und zu jedem Projekt hinzufügen. Etwaige Änderungen beschränken sich dann auf eine einzige zentrale Stelle. Bei großen Projekten beschleunigt diese Vorgehensweise auch die zum Übersetzen benötigte Zeit, da nach einer Änderung lediglich die von der Änderung betroffenen Quelldateien neu übersetzt werden müssen.

Angenommen, wir wollen das eingangs erwähnte Programm zur Nullstellenbestimmung einer Funktion in zwei Quelldateien aufteilen. In einem ersten Schritt würden wir folgende zwei Quelldateien erhalten:

1. Quelldatei `ffstr.c`	2. Quelldatei `newton.c`

``
#include <math.h>
 	
#define PI 3.1415926
#define E 0.2
#define M (PI/8.)
 	
double f(double x)
{ return x-E*sin(x)-M;
}
 	
double fstr(double x)
{ return 1. -
E*cos(x);
}
``
	``
	#include <stdio.h>
	#define PI 3.1415926
	#define EPS 1.E-10
	#define MAX_SCHRITTE 100
	#define ABS(x) (((x)>0)?(x):-(x))
	
	void main()
	{ double xi;
	   int it = 0;
	   xi = PI/4;
	   do{
	        xi = xi - f(xi)/fstr(xi);
	        ++it;
	   }while((ABS(f(xi)) > EPS) &&
	        (it < MAX_SCHRITTE));
	   if (it >= MAX_SCHRITTE)
	     printf("Mangelnde Konver-
	genz\n");
	   else{printf("Nullstelle bei %lf
	mit
	        %d Iterationen.\n", xi,
	it);
	     printf("Genauigkeit:
	%le",f(xi));
	   }
	}
	``

Die Datei `newton.c` enthält den allgemeinen Teil der Nullstellenbestimmung und `ffstr.c` die spezielle Funktion und deren Ableitung. Soll eine Nullstelle einer anderen Funktion bestimmt werden, so ist lediglich in `ffstr.c` zu ändern. Da in der Datei `newton.c` keine Prototypen für die Funktionen `f()` und `fstr()` angegeben sind, liefern diese Funktionen wiederum unerwartete Ergebnisse. Ferner sehen wir, dass die `#define`-Anweisungen umständlich auf beide Dateien aufgeteilt werden mussten. Etwa wird `PI` in beiden Modulen benötigt, andere defines in jeweils nur einem. Abhilfe schafft hier eine eigene Headerdatei, in der sowohl die Prototypen, als auch alle Anweisungen für den Präprozessor zusammen gefasst werden. Diese Headerdatei muss dann in jedem der beiden Module inkludiert werden.

Werden mehrere Headerdateien verwendet, so besteht die Gefahr, dass ein `#include` für eine bestimmte Headerdatei mehrfach vorkommt, also die Datei mehrfach vom Compiler gelesen wird. Ebenso könnte ein Zirkelbezug auftreten, in dem bestimmte Headerdateien endlos immer wieder eingelesen würden. Dem begegnet man durch die Einführung spezifischer symbolischer Konstanten (Siehe Kapitel über den Präprozessor) und lässt die Headerdatei nur dann zu Ende einlesen, wenn das entsprechende Symbol noch nicht definiert wurde. Dieser Schutz gegen Mehrfachinklusion findet auch in allen Standard-Headerdateien Verwendung. Wir schreiben also für jedes Modul eine eigene Headerdatei:

```
/* Headerdatei ffstr.h */
#ifndef _FFSTR_
#define _FFSTR_
#include <stdio.h>
#include <math.h>

#define PI 3.1415926
#define E 0.2                    /* Vorgegebener Wert für E */
#define M (PI/8.)                /* Vorgegebener Wert für M */

double f(double x);
double fstr(double x);
#endif
```

> Wenn das Symbol _FFSTR_ noch nicht definiert ist, so wird der Rest der Datei gelesen. Dort wird zuallererst das Symbol _FFSTR_ definiert. Ansonsten wird gleich zum #endif verzweigt.

> Das #endif schließt die #ifndef-Anweisung vom Programmanfang ab.

Die Headerdatei für das Modul, welches das Newton-Verfahren enthält sieht so aus:

```
/* Headerdatei newton.h */
#ifndef _NEWTON_
#define _NEWTON_
#include <stdio.h>
#include <math.h>

#define PI 3.1415926
#define EPS 1.E-10          /* Genauigkeitsschranke */
#define MAX_SCHRITTE 100 /* Nothalt, mangelnde Konvergenz */
#define ABS(x) (((x)>0) ? (x) : -(x))
#endif
```

Die Programmteile in den Quelldateien ffstr.c und newton.c sehen dann folgendermaßen aus:

1. Quelldatei **ffstr.c**	2. Quelldatei **newton.c**

`#include "ffstr.h"`
`double f(double x)`
`{`
`   return x - E * sin(x) - M;`
`}`
 	
`double fstr(double x)`
`{`
` return 1. - E*cos(x);`
`}`
	`#include "newton.h"`
	`#include "ffstr.h"`
	`void main()`
	`{ double xi;`
	`  int it = 0;`
	`  it = 0;`
	`  xi = PI/4;`
	`  do{`
	`    ...`
	`  }`
	`}`

> Zuerst werden die Headerdateien includiert.

Als zusammenfassende Regel können wir aufstellen:

In eine Headerdatei gehören:
- Sicherung gegen Mehrfachinklusion
- Funktionsprototypen
- Defines, Includes und Makros für den Präprozessor

- Typdefinitionen
- Deklaration globaler Daten (gekennzeichnet mit `extern`), keine Datendefinitionen

17.6   Fragen

1. Überlegen Sie genau, warum die lokale Variable c in der swap-Funktion kein Zeiger sein darf in der Form int *c;…;c = a;…

17.7   Aufgaben

1. Um sich einen Eindruck zu machen, welche Arbeit dem Programmierer von einer simpel anmutenden Funktion, wie etwa der Funktion `printf()` abgenommen wird, soll eine Funktion `void printdez(int d){…}` geschrieben werden, welche die als Parameter übergebene Zahl d korrekt als Dezimalzahl am Bildschirm ausgibt. Dabei darf lediglich die Funktion `putchar()` zur Ausgabe jeweils eines einzelnen Zeichens verwendet werden.

2. Was druckt das folgende Programm aus?

```
#include <stdio.h>
int a, b, c, d;
void p(int *c)
{ int b, e;
  a=11; b=12; *c=13; d=14; e=15;
  printf(" in  p: abcde=%3d %3d %3d %3d %3d",a,b,*c,d,e);
}
main()
{
  a=1; b=2; c=3; d=4;
  printf("vor  p: abcde=%3d %3d %3d %3d\n",a,b,c,d);
  p(&d);
  printf("nach p: abcde=%3d %3d %3d %3d\n",a,b,c,d);
}
```

3. Die Funktion func1 soll für den Parameter x den Wert $\sin(x) + \cos(x)$ berechnen und zurückgeben. Ergänzen Sie die Funktion an den mit "…" gekennzeichneten Stellen:

```
... func1(...)
{
  ...
}
```

4. Folgendes Makro berechnet den Absolutbetrag einer Zahl:

```
ABS(X)  ((X)>0 ? (X) : -(X))
```

Schreiben Sie analog eine Funktion gleichen Namens, die den Absolutbetrag für `double`-Werte berechnet. Gefragt ist also im Gegensatz zur Vorlage kein Makro, sondern eine Funktion[10]!

5. Folgende Funktion `findemax` sucht den maximal vorkommenden Wert im durch `vek` übergebenen Vektor (mit `anz` Elementen) und gibt diesen zurück. Ergänzen Sie die Funktion entsprechend.

```
int findemax(int *v, int anz)
{
// Hier ergänzen
}
```

6. Schreiben Sie eine Funktion `skalp` die als Parameter zwei Zeiger `v1` und `v2` auf Vektoren vom Typ `double` erhält sowie die Länge der Vektoren. Sie soll das Skalarprodukt derVektoren[11] bilden und zurückgeben.

---

[10] An dieser Stelle ist gut zu erkennen, dass Makros im Gegensatz zu Funktionen nicht typgebunden sind. Mit diesem Makro lässt sich der Betrag von ganzen Zahlen ebenso bilden, wie der von Gleitpunktzahlen, was mit einer einzelnen Funktion in **C** nicht möglich ist.

[11] Zur Erinnerung: das Skalarprodukt zweier n- dimensionaler Vektoren v und w ist $\displaystyle\sum_{i=1}^{n} v_i w_i$

18 Algorithmen: Grafikausgabe

Grafikausgabe läuft im Endeffekt immer auf den Aufruf einiger Grafikprimitive hinaus: Linien, Flächen, Pixelbilder oder Grafik-Text. Aber die zur Verfügung stehende Software-Umgebung ist mehrschichtig und man hat oft die Wahl zwischen verschiedenen Schnittstellen.

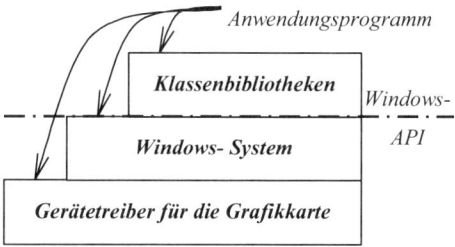

Wenn Dialoge wie der nebenstehende zu realisieren sind, wird man kaum ohne eine Klassenbibliothek arbeiten wollen, um sich die vielen Details vom Aufblenden des Fensters bis hin zur Verwaltung der Eingaben zu ersparen.

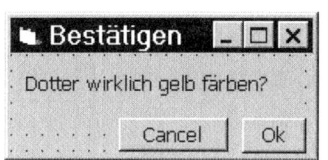

Für kleine Programme ist es oft bequem, eine Schnittstelle ohne den Ballast eines ausgewachsenen Window-Systems zu verwenden. Borland's BGI-Schnittstelle basiert auf einem Grafiktreiber. Man kann es unter DOS, ohne Windows benutzen.

Weil uns zwar einfache Grafikprimitive genügen, es aber am PC zu umständlich ist, immer für den Test von Grafikprogrammen DOS zu booten, ist für uns für die mittlere Schicht von Interesse. API bedeutet Application Programming Interface; es handelt sich also um eine Programmierschnittstelle für Windows-Anwendungen. Entsprechend reichhaltig ist die API für MS-Windows: einige hundert Funktionen, mit denen alle Möglichkeiten einer Window-Anwendung ansprechbar sind (nachzulesen z. B. in [Simon 1997]).

18.1 Programmpaket für Grafikausgaben

Damit für die Übungsaufgaben die Möglichkeit besteht, einfache Grafiken auszugeben, ohne die Windows-API im einzelnen zu kennen, ist als **Material zu diesem Buch** ein kleines Programmpaket verfügbar. Es benutzt als Applikationsprogramm das Windows-API. Wenn wir Grafikausgaben programmieren wollen, dann passen wir einfach die Paint-Routine aus diesem Programmpaket an und übersetzen das Paket neu.

Die folgenden Dateien gehören dazu: BoGraf.c MsGraf.c Graf.h Paint.c

Zuerst erstellt man sich ein Verzeichnis, in das die benötigten Dateien kopiert werden. `BoGraf.c` ist für Borland-C++ Umgebungen, `MsGraf.c` für Microsoft Visual C++ Umgebungen vorgesehen – man braucht also nur eine der beiden Dateien.

Um ein Programm zu erzeugen, das Grafikausgaben in ein Fenster macht, muss man zuerst ein Projekt einrichten, das die nebenstehenden Einträge enthält. `Graf.h` wird nicht in das Projekt eingefügt – durch die `#include`-Direktive wird es automatisch in die Übersetzung einbezogen.

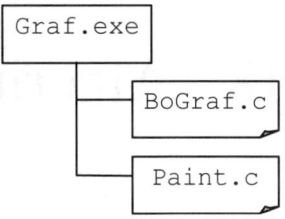

Die Deklarationen und Anweisungen des zu erstellenden Programms fügt man in die Funktion `Paint(...) {... }`ein (statt wie gewohnt in `main() { ... }`).

`Paint.c` enthält ein Beispielprogramm, das nur angepasst werden muss:

```c
#include "Graf.h"

void Paint(int xl, int yo, int xr, int yu)
{
                                    /* Zeichnet Text      */
  Text(50, 50, "Das ist die Zeichenfläche");
  Line(xl, yo, xr, yu);             /* Zeichnet Linie     */
  LineCol(255, 10, 50);             /* Setzt Linienfarbe  */
  Elli(50, 50, xr-50, yu-50);       /* Zeichnet Ellipse   */
  LineCol(0, 0, 255);               /* Setzt Linienfarbe  */
  Rect(100, 100, xr-100, yu-100);   /*Zeichnet Rechteck   */
}
```

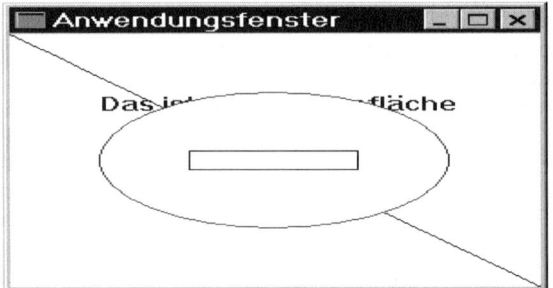

Wie nebenstehend sollte das Fenster aussehen, wenn das Projekt übersetzt wurde und `Graf.exe` gestartet ist. Der Text und die Diagonale sollten schwarz, die Ellipse rot und das Rechteck blau erscheinen.

Die Funktion `Paint` wird bei jeder Veränderung des Fensters aufgerufen, so dass die Grafik „mitläuft", wenn die Größe des Fensters geändert wird.

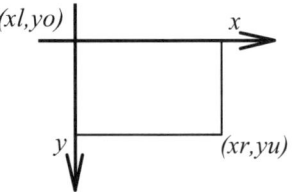

Innerhalb von `Paint` stehen die Parameter `xl`, `xr`, `yo` und `yu` zur Verfügung, die vor jedem Durchlauf aktualisiert werden.

`xl` und `xr` geben die x-Werte der linken bzw. rechten Grenze des Zeichenbereichs im Fenster an, `yo` und `yu` die y-Werte der oberen bzw. unteren Grenze.

Das verwendete Koordinatensystem ist geräteabhängig (insbesondere von der eingestellten Auflösung der Grafikkarte). Die Orientierung der y-Achse ist nach unten. Die Einheit ist Pixel.

Die beiden ersten Parameter der Funktion Text geben die x- und y-Koordinaten des auszugebenden Textes an. Als dritter Parameter ist die Zeichenkette anzugeben.

Line zeichnet eine Strecke vom Punkt, dessen x- und y-Koordinaten mit den beiden ersten Parametern gegeben sind zu dem Punkt, der durch die beiden letzten Parameter gegeben ist.

Wie bei Line werden auch beim Aufruf von Elli zwei Koordinatenpaare angegeben. Hier bedeuten sie den linken oberen und rechten unteren Eckpunkt des umfassenden Rechtecks der zu zeichnenden achsenparallelen Ellipse.

Rect wird ähnlich parametriert wie Elli. Gezeichnet wird hier aber das angegebene Rechteck selbst.

Die Funktion LineCol wird mit drei Argumenten aufgerufen. Die drei Parameter geben die Rot-, Grün- und Blau-Anteile der gewünschten Farbe an. Der Wertebereich der Farbanteile ist 0 (Farbe nicht enthalten) bis 255 (Farbkanone voll aufgedreht).

Im Beispielprogramm wird mit
LineCol (0, 0, 255);
also ein Blauton eingestellt, weswegen
das nachfolgend gezeichnete Rechteck
blau erscheint.

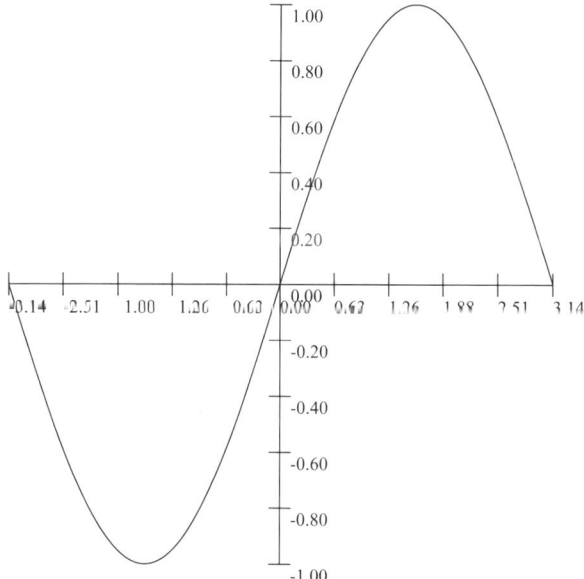

Abbildung 18.1-1 Sinuskurve, mit dem Grafikpaket gezeichnet

18.2   Kurven zeichnen

Wie man eine Sinus-Kurve mit Achsenkreuz und Beschriftung zeichnen kann, zeigt das
Programm in Tabelle 18.2-1. Der Punkt ist, dass die Kurve durch Strecken angenähert wird.
Im Beispiel sind 500 in x-Richtung äquidistante Stützpunkte der Sinus-Kurve durch gerade
Strecken verbunden.

Tabelle 18.2-1 Paint-Routine für die Sinuskurve

`#include "Graf.h"` `#include <math.h>`	math wegen Sinus
`float pi=3.14;`	π
`void Paint(int xl, int yo,` `            int xr, int yu)`	wie oben beschrieben
`{ char besch[64]; int i;`	Zeichenkette für Achsenbeschriftung und Zählvariable
`  float w=(xr-xl), h=(yu-yo), x, y;` `  float xAlt, yAlt;`	w(idth) und h(eight) des Fensters, in das gemalt wird
`  Line(xl, h/2, xr, h/2);`	Linie für X-Achse

`  for(x=xl, i=0; x<=xr; x+=w/10,`
 `i++)`
 `  { Line(x, h/2-h/50, x, h/2+h/50);`
	Achsenteilung horizontal, Schritte: 1/10 Fensterbreite

`    sprintf(besch, "%4.2f",`
 `                -pi+i*2*pi/10);`
 `    Text(xl+x, h/2+h/50, besch);`
 `  }`
	Zahl für Beschriftung in Zeichenkette besch ausgeben und diesen Text dann zeichnen (Interndarstellung geht nicht!)

`  Line(w/2, yo, w/2, yu);`
 `  for(y=yu, i=0; y>=yo; y-=h/10,`
 `i++)`
 `  { Line(w/2-w/50, yu-y,`
 `         w/2+w/50, yu-y);`
 `    sprintf(besch, "%4.2f",`
 `                -1+i*2.0/10);`
 `    Text(w/2+w/50, y, besch);`
 `  }`
	Zeichnen der Y-Achse mit Teilung und Beschriftung analog zur X-Achse.
	 Zu beachten ist, dass die Y-Achse des Koordinatensystems im Fenster nach unten orientiert ist.

`  xAlt=xl;` `  yAlt = yu-(sin(xAlt)*h/2 + h/2);`	Anfangspunkt als den zuletzt erreichten Punkt der Kurve merken

`  for(x=xl+w/500, i=1; x<=xr;`
 `                x+=w/500,`
 `i++)`
	Schleife wie bei Achsenteilung, aber 500 Stützpunkte

`  { y = yu-(sin(-pi+i*2*pi/500)*` `         h/2 + h/2);`	y-Wert für Stützpunkt (Orientierung d. y-Achse n. unten!)
`    Line(xAlt, yAlt, x, y);`	Strecke vom letzten Punkt der Kurve zum aktuellen
`    xAlt=x; yAlt=y;` `  }`	aktuellen Punkt als den zuletzt erreichten merken
`}`	

18.3   Programmiertechniken: Funktion als Argument

Zusätzlich zu `sin` soll jetzt eine abklingende Schwingung geplottet werden. Die Kurve ist durch die nebenstehende Formel gegeben.

$$\frac{\sin(7x)}{e^{1.5+x/2}}$$

Naheliegend wäre es, die Formel durch eine **C**-Funktion zu realisieren, die x als Parameter bekommt und y als zugehörigen Rückgabewert liefert:

```
double Abkl(double x) { return sin(7*x)/exp(1.5+x/2); }
```

Jetzt muss noch im Paint-Programm ein Abschnitt eingefügt werden, der die neue Kurve plottet. Er sieht ähnlich aus, wie der Abschnitt für Sinus, nur muss `sin(...)` durch den entsprechenden Aufruf von `Abkl(...)` ersetzt werden.

Eleganter ist es, eine Routine `PlotFunc` zu realisieren, die beliebige Kurven zeichnen kann. Diese Routine wird zweimal aufgerufen: einmal mit `sin`, das zweite Mal mit `Abkl` als Argument.

```
void PlotFunc(double Func(double),
              float xl, float yo,
              float xr, float yu)
{ float w=(xr-xl), h=(yu-yo), x, y;
  double xAlt, yAlt, i;
  xAlt=xl; yAlt=yu-(Func(xAlt)*h/2 + h/2);
  for(x=xl+w/500, i=1; x<=xr; x+=w/500, i++)
  { y = yu-(Func(-pi+i*2*pi/500)*h/2 + h/2);
    Line(xAlt, yAlt, x, y);
    xAlt=x; yAlt=y;
  }
}
```

Das Funktionsargument wird durch den Formalparameter `double  Func(double)` vereinbart. Beim Aufruf von `PlotFunc` gibt man einfach den Funktionsnamen, z. B. `sin` oder `Abkl` an. Bei der Ausführung wird die Funktion als Adresse übergeben. Über diese Adresse kann ein Aufruf wie z. B. in

       `y = yu-(Func(-pi+i*2*pi/500)*h/2 + h/2);` ausgeführt werden.

Die Abbildung 18.3-1 zeigt das Resultat der beiden Aufrufe

```
        PlotFunc(sin,  xl, yo, xr, yu);
        PlotFunc(Abkl, xl, yo, xr, yu);
```
von `PlotFunc`

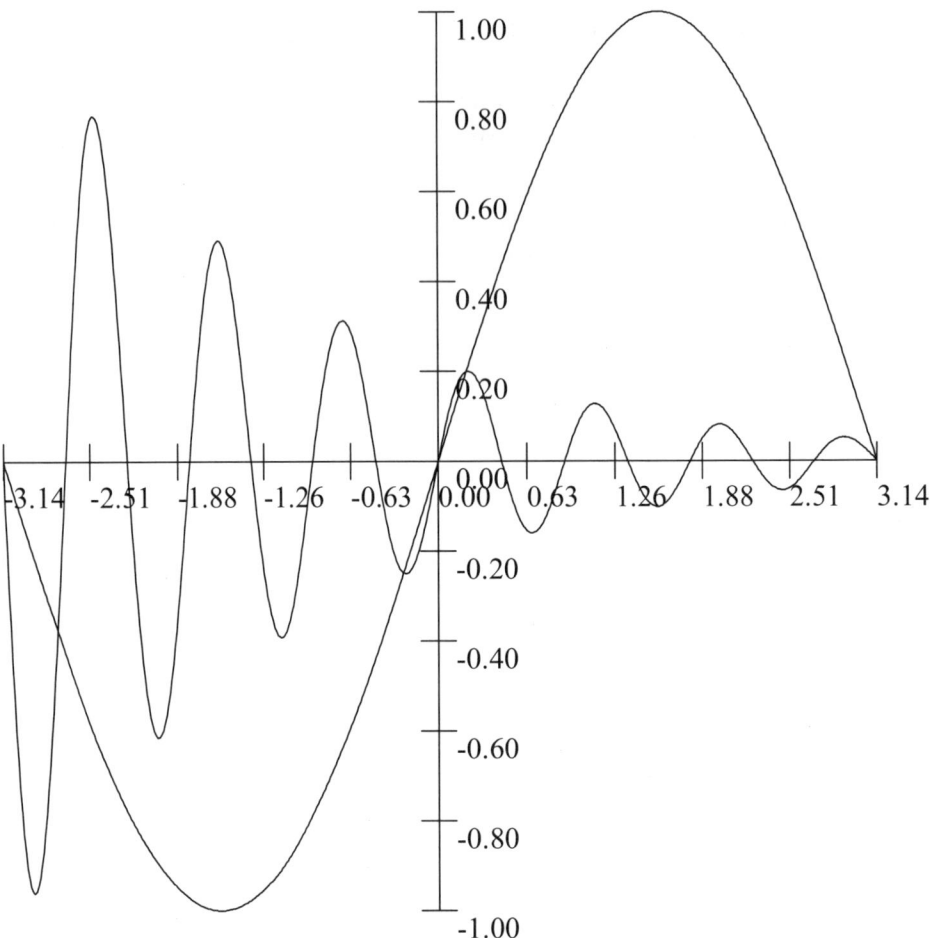

Abbildung 18.3-1: Plot zweier Funktionsargumente sin *und* Abk1

18.4   Aufgabe

Zur Verfügung steht eine include-Datei Brd.h, in der ein zweidimensionales Array mit dem Umriss von Deutschland in Form von ca. 450 Koordinatenpaaren deklariert ist.

Schreiben Sie ein Programm, das die Umrisse der Bundesrepublik fenstergroß ausgibt. Die x-Koordinaten des interessierenden Ausschnitts liegen zwischen 6 und 15, die y-Koordinaten zwischen 47 und 55.

18.5 Koordinatentransformationen

Wie in den Beispielen Sinuskurve und `PlotFunc` zu sehen ist, müssen bei jeder Grafikausgabe zwei Größen berücksichtigt werden:

– **Weltkoordinaten**
 die eigentlichen Koordinaten des auszugebenden Grafikelements – in unseren Beispielen aus der „Welt" der Trigonometrie. Der Bereich der Weltkoordinaten reicht für die
 Sinuskurve und für `PlotFunc` von *(-π, -1)* bis *(π, 1)*. Ein Weltkoordinaten- Bereich
 gibt das Rechteck an, in dem die interessierenden Teile der auszugebenden Grafik liegen – unabhängig vom Ausgabegerät (in unserem Fall unabhängig von der Größe des
 Fensters, in das ausgegeben werden soll).

– **Gerätekoordinaten**
 die Koordinaten, die für die Ausgabeaufrufe (z. B. `Line(...)`, `Text(...)` oder `El-
 li(...)`) benutzt werden müssen, damit das Grafikelement an die passende Stelle auf
 dem Ausgabegerät (bzw. Fenster) gezeichnet wird.

In den obigen Beispielen sind die Berechnungen gemischt. Die x-Koordinaten der Stützpunkte werden in Gerätekoordinaten durchgezählt:
```
for(x=xl+w/500, i=1; x<=xr; x+=w/500, i++) …
```
Die y-Koordinaten entstehen als Werte von `sin(...)` naturgemäß in Weltkoordinaten. Sie
müssen vor der Ausgabe umgerechnet werden:
```
y = yu-(sin(-pi+i*2*pi/500)* h/2 + h/2);
```
Für Probleme, die komplexer sind, als unsere Beispiele für Grafikausgaben, geht man sys-
tematischer vor:

– man rechnet ausschließlich in Weltkoordinaten

– erst unmittelbar vor der Ausgabe wird in Gerätekoordinaten transformiert

Die unten folgenden Abbil-
dungen zeigen den **Weltkoor-
dinatenbereich**, der transformiert werden soll

und den **Gerätekoordinaten-
bereich**, auf den zu transfor-
mieren ist

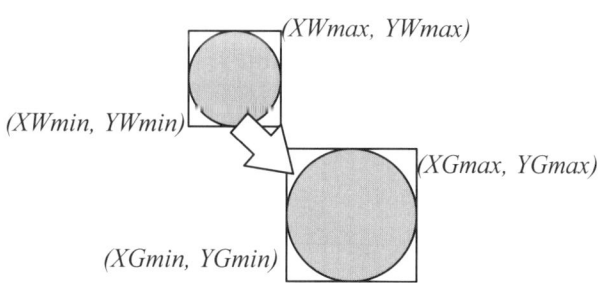

Die Transformation von Weltkoordinaten in Gerätekoordinaten erfolgt in vier Schritten.

Schritt 1

Der interessierende
Ausschnitt wird so
verschoben, dass der
Ursprung des Aus-
schnitts im Weltko-
ordinaten-Ursprung
zu liegen kommt

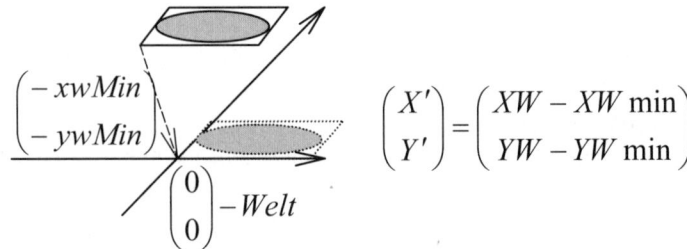

$$\begin{pmatrix} X' \\ Y' \end{pmatrix} = \begin{pmatrix} XW - XW\min \\ YW - YW\min \end{pmatrix}$$

Schritt 2

Der Ausschnitt wird
so skaliert, dass er
sich zwischen (0,0)
und (1,1) erstreckt

$$\begin{pmatrix} X'' \\ Y'' \end{pmatrix} = \begin{pmatrix} \dfrac{X'}{XW\max - XW\min} \\ \dfrac{Y'}{YW\max - YW\min} \end{pmatrix}$$

Schritt 3

Der Ausschnitt wird
so skaliert, dass er die
Größe des Geräteko-
ordinatenbereichs
einnimmt

$$\begin{pmatrix} XG' \\ YG' \end{pmatrix} = \begin{pmatrix} X''(XG\max - XG\min) \\ Y''(YG\max - YG\min) \end{pmatrix}$$

Schritt 4

Der Ausschnitt wird
so verschoben, dass
sein Ursprung an die
beabsichtigte Stelle in
der Ausgabe zu lie-
gen kommt

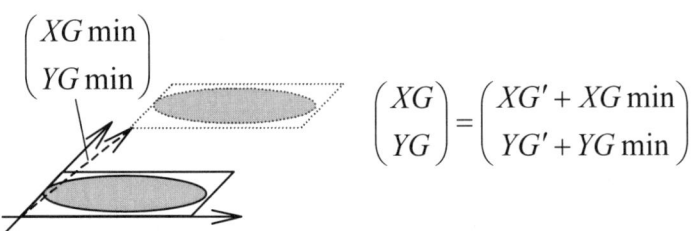

$$\begin{pmatrix} XG \\ YG \end{pmatrix} = \begin{pmatrix} XG' + XG\min \\ YG' + YG\min \end{pmatrix}$$

Aus diesen vier Schritten resultiert die Formel

Koordinaten-
trans-
formation

$$\begin{pmatrix} XG \\ YG \end{pmatrix} = \begin{pmatrix} \dfrac{(XW - XW\min)(XG\max - XG\min)}{(XW\max - XW\min)} + XG\min \\ \dfrac{(YW - YW\min)(YG\max - YG\min)}{(YW\max - YW\min)} + YG\min \end{pmatrix}$$

18.6   Aufgabe

Schreiben Sie ein Programm, das in jedem der vier Quadranten des Ausgabefensters eine andere Funktion ausgibt:

1. $\sin(x)$ $-\pi \leq x \leq \pi$

2. $\cos(x)$ $-\pi \leq x \leq \pi$

3. x^2 $-3 \leq x \leq 3$

4. $\sin(x^2)$ $-5 \leq x \leq 5$

In der vorausgegangenen Aufgabe hatten Sie einen Umriss in einer Landkarte gezeichnet. Die Weltkoordinaten dieses Umrisses mussten dazu in die Gerätekoordinaten des Fensters transformiert werden. Konnten Sie die Koordinatentransformation aus der vorigen Aufgabe für das Zeichnen der vier Funktionen in der vorliegenden Aufgabe verwenden?

Falls nicht, warum nicht?

18.7   Professionelle Programmiertechniken am Beispiel Koordinatentransformation

Im Unterschied zu unserem Übungsbetrieb hat ein professioneller Programmierer damit zu rechnen, dass er einige Zeit später wieder einmal mit seinem Programm konfrontiert wird. Er muss seine Programme warten und pflegen und er will existierende Software für neue Aufgaben benutzen.

Die offensichtlichsten Unterschiede zwischen unseren Übungsprogrammen und professioneller Software rühren daher, dass der Profi Vorsorge trifft für die erneute Bearbeitung seiner Programme. Insbesondere sind es zwei Bereiche, die in dieser Hinsicht besonders zu beachten sind:

- Lesbarkeit und Verständlichkeit des Programms
- saubere Strukturierung und Wiederverwendbarkeit

Wenn man eine umfassende Darstellung über Programmierstile sucht, sind die Bücher von Knuth (z. B. [Knuth 1975]) eine berühmte Fundgrube. Hier sollen einige Tips genügen, wie man häufige Anfänger-Probleme vermeiden kann.

18.7.1 Namensgebung und Bezeichner

Aus einer Bearbeitung der Aufgabe mit den Umrissen der Bundesrepublik stammt der folgende Programmausschnitt:

Beispiel:
Schlechte Namensgebung

```
...
a = (x1-x0)/(x3-x2);
b = (y1-y0)/(y3-y2);
c = -x2; d = -y2;
e = x0; f = y0;
x = (k1+c)*a + e;
y = (k2+d)*b + f;
...
```

Schwierig zu beantworten sind in diesem Beispiel etwa die folgenden drei Fragen[1]
- was bedeutet die Größe f?
- welchen Typ hat x (int, float, double ...?)
- wie würde die X-Koordinate für die Welt-Mitte heißen?

Die Lesbarkeit von Programmen hängt stark von der Namensgebung für Variablen, Konstanten und Unterprogramme ab. Wir sind diesem Sachverhalt schon einmal im Abschnitt über Aufzählungstypen (enum) begegnet.

Damit man mit derlei Fragen keine Probleme hat, verfolgen professionelle Namenskonventionen folgende Zielsetzungen

---

Zielsetzungen für die Vergabe von Namen

- an jedem Namen soll sofort das Bildungsgesetz für alle anderen erkennbar sein

- der Name soll Information über die Bedeutung/ Nutzung der Größe enthalten

- am Namen soll der Typ der Größe erkenntlich sein

Eine Namenskonvention bei Microsoft, die man sehr häufig in der Umgebung von Windows-Programmen findet, soll hier kurz skizziert werden. Sie geht auf Charles Simonyi zurück und wird als „ungarische Notation" bezeichnet. Inzwischen gibt es davon verschiedene Varianten, von denen einige häufige Ausprägungen im Folgenden dargestellt sind.

Variablennamen

setzen sich aus drei Teilen zusammen, von denen mindesten eines nichtleer sein muss.

Beispiel:

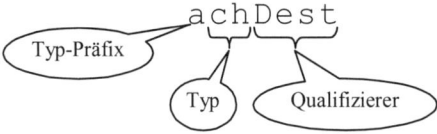

Typ-Präfix und Typ werden mit Kleinbuchstaben geschrieben. Jedes Teilwort des Qualifizierers beginnt mit einem Großbuchstaben. Qualifizierer kann man frei wählen – es gibt jedoch für Standard- Fälle auch Standard-Qualifizierer.

Das Beispiel achDest bedeutet „Array of characters als Ziel einer Operation"

---

[1] Vergleichen Sie dazu das Beispielprogramm in Kap. 18.7.3 und stellen Sie sich analoge Fragen!

Tabelle 18.7-1 Bestandteile von Variablennamen in der ungarischen Notation

Typ-Präfixe		Typen		Qualifizierer	
u	unsigned	f, b	flag, bool	Xxx	frei wählbar
l	long	n	ganze Zahl	T	temporäre Größe
c	count of	s	short	Sav	Rett-Größe
a	array of	i	index	Prev	Vorgänger
p	pointer to	ch, c	char	Next	Nachfolger
		sz	string (zero terminated)	Src	Quelle
		ft	float	Dest	Ziel
		dft, d	double	Nil	leer
		fn	function	Cur	aktuelle(-r,-s)
				Max	maximale(-r,-s)
				Mac	aktuelles Max
				First	erste(-r,-s)
				Last	letzte(-r,-s)

Unterprogrammnamen

beginnen mit einem Großbuchstaben. Wenn die Namen Verben enthalten, dann steht das Verb in Grundform hinter dem Objekt, das betroffen ist (also z. B. FensterLoeschen(…) falsch ist: LoescheFenster(…)).

Beispiel: void FunctionPlot (double fn(double));

Namen von Konstanten, Marken, Typen

Bestehen nur aus Großbuchstaben. Die optische Gliederung wird durch Unterstrich zwischen den Worten erreicht. Der Abkürzungsgrad ist höher als bei Unterprogramm-Bezeichnern oder Variablennamen.

18.7.2   Programmstruktur

Ebenfalls aus einer Bearbeitung der Aufgabe mit den Umrissen der Bundesrepublik stammt
der folgende Programmausschnitt. Offensichtlich wird hier eine Koordinatentransformation
durchgeführt:

schlechtes Beispiel:
Wiederverwendbarkeit *nicht* gewährleistet

Angenommen, $sin(x)$ soll im unteren, rechten Quadranten gezeichnet werden.[2]

```
...
xg0 = ( gh/9*Brd[i][0]-6 )+90);
yg0 = (-gh/8*Brd[i][1]-47)+h);
for (i=1; i<452; i++)
{ xg = ( gh/9*Brd[i][0]-6 )+90);
  yg = (-gh/8*Brd[i][1]-47)+h);
...
```

– Wie kann man nebenstehende Transformation dafür anwenden?

– was sind spezielle Elemente aus der Brd-Aufgabe?

– wie passt man die Transformation an den unteren, rechten Quadranten an?

Um derlei Probleme zu vermeiden, verfolgen Profis unter anderem folgende Zielsetzungen
für die Strukturierung ihrer Programme:

Zielsetzungen, um Wiederverwendbarkeit von Programmen zu erreichen

– die Lösung jedes (Teil-) Problems im Programm soll so allgemein sein, dass sie auch
  für andere Fälle brauchbar ist

– jede allgemeine (Teil-) Lösung soll sauber von der speziellen Programmumgebung
  getrennt sein, in der sie verwendet wird

– man soll nicht wissen müssen, wie eine Lösung implementiert ist, sondern nur, wie man
  sie anwendet

18.7.3   Beispielprogramm: Koordinatentransformation

Das folgende Beispielprogramm implementiert die Welt-Geräte-Koordinatentransforma-
tion. Es soll als Beispiel demonstrieren, wie sich die oben genannten Zielsetzungen für
Namensgebung und Programmstruktur praktisch umsetzen lassen.

Es besteht aus einer include-Datei `wgxf.h` und der Implementierung in `wgxf.c`. Auf
Klartextkommentar wurde absichtlich verzichtet, um Lesbarkeitseigenschaften zu demonstrieren.

---

[2] Vergleichen Sie dazu das Beispielprogramm in Kap. 18.7.3 und stellen Sie sich analoge Fragen!

Include-Datei `wgxf.h`

```
#ifndef __WGXF__
#define __WGXF__

extern void WGXfSet(double dXWmin, double dYWmin,
                    double dXWmax, double dYWmax,
                    double dXGmin, double dYGmin,
                    double dXGmax, double dYGmax);

extern void WGXf(double  dXW, double  dYW,
                 int    *pnXG, int    *pnYG);
#endif
```

Implementierung in `wgxf.c`

```
#include "wgxf.h"

#include <math.h>

static double dXFakt , dYFakt;
static double dXWOffs, dYWOffs;
static double dXGOffs, dYGOffs;

void WGXfSet(double dXWmin, double dYWmin,
             double dXWmax, double dYWmax,
             double dXGmin, double dYGmin,
             double dXGmax, double dYGmax)
{ dXFakt = (dXGmax-dXGmin)/(dXWmax-dXWmin);
  dYFakt = (dYGmax-dYGmin)/(dYWmax-dYWmin);
  dXWOffs = -dXWmin; dYWOffs = -dYWmin;
  dXGOffs =  dXGmin; dYGOffs =  dYGmin;
}

void WGXf(double dXW, double dYW, int *pnXG, int *pnYG)
{ double dXG, dYG;
  dXG = (dXW+dXWOffs)*dXFakt + dXGOffs;
  dYG = (dYW+dYWOffs)*dYFakt + dYGOffs;
  *pnXG = (int)floor(dXG + 0.5); // runden
  *pnYG = (int)floor(dYG + 0.5); // runden
}
```

Mit Hilfe dieses Programmpakets würde das Beispiel mit der Sinuskurve so aussehen:

```c\n#include "Graf.h"\n#include <math.h>\n#include "wgxf.h"\n```	zusätzlich `wgxf.h`; damit sind `WGXfSet` und `WGXf` deklariert
```c\nfloat pi=3.14;\n\nvoid Paint(int xl, int yo,\n int xr, int yu)\n{ char besch[64];\n```	unverändert
```c\nint nXG, nYG, nXGAlt, nYGAlt;\n```	Variablen für die Gerätekoordinaten
```c\ndouble dXW, dYW;\n```	Variablen für die Weltkoordinaten
```c\nWGXfSet(-pi, -1.0,\n pi, 1.0,\n (float)xl,(float)yu,\n (float)xr,(float)yo);\n```	Einstellen der Koordinatentransformation auf den Welt-und Geräte-Bereich
...	Zeichnen der Achsen (s. Aufg. unten)
```c\nWGXf(-pi,0.0,&nXGAlt,&nYGAlt);\n```	Anfangspunkt merken
```c\nfor(dXW=-pi;dXW<=pi;dXW+=pi/250.0)\n { WGXf(dXW, sin(dXW), &nXG, &nYG);\n Line(nXGAlt,nYGAlt, nXG, nYG);\n nXGAlt=nXG; nYGAlt=nYG;\n }\n}\n```	Schleife nur über Weltkoordinaten Erst unmittelbar vor der Ausgabe wird in Gerätekoordinaten transformiert

18.8   Aufgaben

1. Schreiben Sie noch einmal ein Programm, das in jedem der vier Quadranten des Ausgabefensters eine andere Funktion ausgibt:

Quadrant 2:	$\cos(x)$	$-\pi \leq x \leq \pi$	Quadrant 1:	$\sin(x)$	$-\pi \leq x \leq \pi$
Quadrant 3:	x^2	$-3 \leq x \leq 3$	Quadrant 4:	$\sin(x^2)$	$-5 \leq x \leq 5$

   Benutzen Sie jetzt dazu das Koordinatentransformations-Paket `wgxf.c` und `wgxf.h`. Stellen Sie für jede Funktion den geeigneten Weltkoordinaten-Bereich und einen Quadranten des Fensters als Gerätekoordinaten-Bereich ein.

   Hinweis: `yu` für `dYGmin` und `yo` für `dYGmax` einsetzen, sonst stehen die Funktionen auf dem Kopf. Wenn dabei `dYGmin > dYGmax`, dann spiegelt das wider, dass die y-Achse im Gerätekoordinatensystem nach unten orientiert ist.

2. Erarbeiten Sie eine Lösung für das Zeichnen von Koordinatenachsen in Kurvenbilder die den Zielsetzungen für die Wiederverwendbarkeit aus Kapitel 18.7.2 genügt.

3. Wenden Sie Ihre Lösung für das Zeichnen von Koordinatenachsen auf die Aufgabe mit den vier Kurven in vier Quadranten an.

19 Dateien

Dateien sind uns schon begegnet: Die Quellprogramme schreiben wir z. B. in Dateien, deren Namen mit ".c" enden. Diese Dateien können wir lesen und ihren Inhalt sinnvoll mit einem Editor bearbeiten. Man nennt diese Art von Dateien auch Textdateien. Nach dem Übersetzen und dem Binden steht das ausführbare Programm in einer Datei mit der Endung ".exe" zur Verfügung. Ausführbare Programme enthalten lediglich Verwaltungsdaten und Anweisungen für den Prozessor. Sie lassen sich nicht mehr sinnvoll mit einem Texteditor bearbeiten. Diese Art von Dateien nennt man Binärdateien.

Dateien werden unter anderem für folgende Aufgaben verwendet:

- Zur dauerhaften Aufbewahrung und Archivierung von Information (z. B. Quellprogramme)

- Zum Speichern ausführbarer Programme

- Zum Informationsaustausch

- Als Konfigurationsdateien für Anwendungen (z. B. ini-Dateien bei Windows)

Im Unterschied zum flüchtigen RAM-Speicher werden Daten in Dateien dauerhaft, auch über das Ausschalten des Rechners hinaus, gespeichert.

Es ist also praktisch und wichtig, von einem C-Programm auf Dateien zugreifen zu können.

Für jedes Betriebssystem gibt es normalerweise Programme, mit denen man den Inhalt von Dateien ansehen kann. Man kann sich dabei jedes Byte als hexadezimale Zahl darstellen lassen. Ebenso wird versucht, die Daten als Zeichen nach z. B. dem ASCII-Zeichensatz darzustellen. Dies kann für den Inhalt einer Datei, die ein ausführbares Programm enthält, etwa folgendermaßen aussehen:

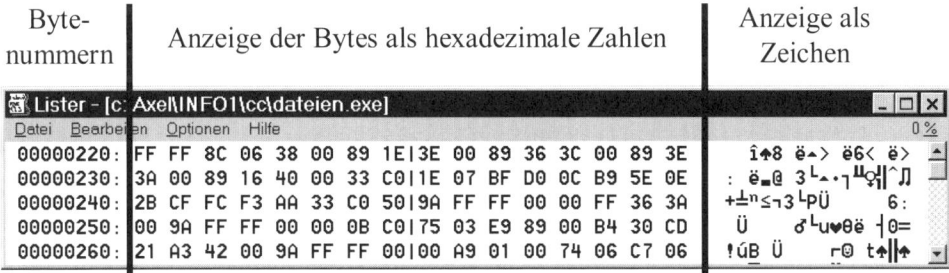

Byte-nummern	Anzeige der Bytes als hexadezimale Zahlen	Anzeige als Zeichen

Hierbei ist es meist Zufall, wenn in der Datei Daten stehen, die sinnvolle Zeichen repräsentieren.

Wir wollen uns nun dem Zugriff auf Dateien aus einem Programm heraus zuwenden:

19.1   Der Datentyp `FILE`

Die folgenden Angaben können rezeptartig zum Öffnen von Dateien verwendet werden:

1. Um auf Dateien zugreifen zu können, wird in `stdio.h` der Datentyp `FILE` zur Verfügung gestellt. Was sich hinter diesem Typ verbirgt muss uns hier nicht interessieren. Aber `#include <stdio.h>` ist unbedingt erforderlich.

2. Es muss eine Variable vom Typ „Zeiger auf `FILE`" definiert werden: `FILE *pdatei;`

3. Mit der Funktion `fopen()` wird die Verbindung zwischen dieser Variablen und einer Datei hergestellt. Damit ist es möglich, direkt vom Programm auf die Datei zuzugreifen (sog. High-Level Dateizugriff).

   `FILE *fopen(const char *filename, const char *mode);`

Dabei ist `filename` ein Zeiger auf die Zeichenkette, welche den Dateinamen enthält. Wenn sich die Datei im aktuellen Verzeichnis befindet (das, von dem aus das Programm gestartet wurde), so reicht es aus, deren Namen anzugeben. Ansonsten ist eine absolute oder relative Pfadangabe erforderlich. Dabei ist Vorsicht geboten, da in einer Zeichenkette das Zeichen `'\'` als Steuerzeichen interpretiert wird. Soll ein \ in der Zeichenkette vorkommen, so ist `'\\'` einzufügen[1]:

> `"c:\\informatik\\ausgabe.txt"`

☞   statt `"c:\informatik\ausgabe.txt"`.

Ferner ist `mode` ein Zeiger auf eine Zeichenkette die angibt, wie die Datei zu öffnen ist:

`"r"`	Eine bereits existierende Datei zum Lesen öffnen.
`"w"`	Eine neue Datei zum Schreiben öffnen. Existiert die Datei bereits, so geht ihr Inhalt verloren.
`"a"`	Eine bestehende Datei zum Schreiben am Dateiende (append) öffnen. Existiert die Datei noch nicht, so wird sie neu erzeugt.
`"r+"`, `"w+"`	Eine Datei zum Lesen und Schreiben öffnen. Zwischen Lese- und Schreibvorgängen ist der Dateizeiger mit der Funktion `fseek()` zu setzen (siehe Kapitel über die Standardbibliothek)

Der Rückgabewert der Funktion `fopen()` ist vom Typ Zeiger auf `FILE`. Im Fehlerfall liefert `fopen()` den `NULL`-Zeiger. Daher empfiehlt sich eine Fehlerfabfrage.

Folgende Fehlerursachen kommen in Betracht:

- Der Dateiname enthält eine Pfadangabe zu einem nicht existierenden Verzeichnis.
- Datei soll zum Schreiben geöffnet werden und Sie besitzen keine Schreibrechte
- Datei soll zum Schreiben geöffnet werden, aber die Festplatte ist voll
- Datei soll zum Lesen geöffnet werden, aber die Datei existiert nicht

---

[1]   Das Zeichen \ ist das Trennzeichen für Pfade bei Windows-Umgebunden. Auf Unix-Plattformen wird / benutzt; z. B.: `/user/informatik/ausgabe.txt`.

- Datei soll zum Lesen geöffnet werden und Sie besitzen keine Leserechte

Wird die Datei nicht mehr benötigt, so schließt man sie mit `fclose(pdatei);`

19.2 Formatierte Ein-/Ausgabe

19.2.1 Formatierte Ausgabe mit `fprintf()`

Die Funktion `fprintf()` für formatierte Ausgabe arbeitet analog `printf()`, mit der Ausnahme, dass ein Zeiger auf `FILE` als erster Parameter mit angegeben werden muss:

`fprintf(`*dateizeiger*`, formatstring, Argumente)`

Die Ausgabe erfolgt nun nicht mehr auf den Bildschirm, sondern in die Datei. Die Umwandlung des Zeichens "neue Zeile" ('\n') in die für die Externdarstellung erforderlichen zwei Zeichen für "Wagenrücklauf" und "neue Zeile" (engl.: carriage return/line feed) erfolgt automatisch.

Beispielprogramm für die formatierte Ausgabe mit `fprintf`:

`#include <stdio.h>`
`#include <stdlib.h>`
`void main()`
	Includes für `FILE`, `fprintf`, `fclose` und `exit`

`{ int i, anZ[] = {3, 1, 14, 7, 65,`
`1};`
`   FILE *pdatei;`
	`pdatei` zur Aufnahme des Rückgabewertes von `fopen`

`   pdatei = fopen("ausgabe.txt", "w");`	Datei `ausgabe.txt` zum Schreiben öffnen

`   if (pdatei==NULL){ printf("Fehler`
`        beim Oeffnen der Datei\n");`
`    exit(-1);`
`   }`
	Fehlerabfrage: wenn `fopen` den `NULL`-Zeiger geliefert hat, ist etwas schief gelaufen. Das Programm wird mit `exit` beendet.

`   for(i=0; i<6; i++)` `      fprintf(pdatei, "%d\n", anZ[i]);`	Andernfalls werden 6 Werte in die Datei geschrieben.
`   fclose(pdatei);` `}`	Schließlich wird die Datei wieder geschlossen.

Mit dem Dateilister betrachtet, sieht die damit erzeugte Datei folgendermaßen aus:

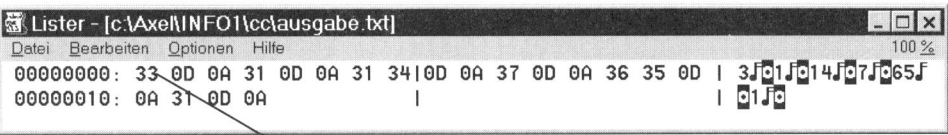

ASCII-Code des Zeichens '3', gefolgt von der Sequenz für "neue Zeile", usw.

Man kann sagen, dass diese Datei die "Interndarstellung der Externdarstellung" der geschriebenen Daten enthält. Die Größe der Datei `ausgabe.txt` beträgt 20 Byte (insgesamt acht Zeichen und 6 mal je zwei Byte für den Zeilenwechsel).

Weitere Funktionen für die formatierte Ausgabe auf Datei finden sich im Kapitel über die Standardbibliothek.

19.2.2 Formatierte Eingabe mit `fscanf()`

Wie `fprintf()` eine Erweiterung der `printf()`-Funktion ist, so ist `fscanf()` eine Erweiterung der bereits bekannten `scanf()`-Funktion. Auch hier ist eine Variable vom Typ Zeiger auf `FILE` als erstes Argument zusätzlich anzugeben.

Wenn bekannt ist, wie viele Daten in der Datei stehen, so lässt sich das Einlesen ganz analog gestalten wie das Ausgeben. Was aber, wenn dies nicht von vorne herein fest steht? Das Betriebssystem meldet deshalb dem Programm, ob das Dateiende bereits erreicht ist. Diese Information kann benutzt werden, um das Einlesen zu beenden.

Um zu prüfen, ob die Datei bereits vollständig gelesen wurde, verwendet man den Rückgabewert der Funktion `fscanf()`:

- Anzahl der erfolgreich gelesenen Formatelemente, wenn das Dateiende noch nicht erreicht ist.

- Der in `stdio.h` durch die symbolische Konstante EOF definierten Wert sonst. EOF steht für **End-Of-File** (deutsch: Dateiende) und hat meistens den Wert -1.

Beispielprogramm für die formatierte Eingabe:

`#include <stdio.h>`
`#include <stdlib.h>`
`void main()`
`{ int wert;`
`  FILE *pdatei;`
	Includes für *FILE* (Datentyp), *fopen*, *fscanf* (Funktionen) und *EOF* (symbolische Konstante)

`  if((pdatei=fopen("ausgabe.txt",`
`               "r"))==NULL){`
`    printf("Fehler beim Oeffnen der Da-`
`tei\n");`
`    exit(-1);`
`  }`
	Zuweisung und Fehlerabfrage sind hier gleich verbunden.

`  while(fscanf(pdatei,"%d", &wert)!=EOF)`
`    printf("%d\n", wert);`
`  fclose(pdatei);`
`}`
	Nur wenn nicht das Dateiende erreicht wurde, kann die weitere Verarbeitung durchgeführt werden.

19.2.3 Weitere Funktionen für das formatierte Einlesen von Datei:

- `fgetc` liest ein Zeichen aus einer Datei:

  `int fgetc(FILE *stream);`

`fgetc` liefert bei fehlerfreier Ausführung den Zeichencode des gelesenen Zeichens nach der verwendeten Codetabelle. Bei Erreichen des Dateiendes oder im Fehlerfall wird der Wert `EOF` zurück geliefert.

- `fgets` liest einen String aus einer Datei:
  `char *fgets(char *s, int n, FILE *stream);`
  Der Lesevorgang wird beendet, wenn n-1 Zeichen gelesen wurden, oder wenn das Zeichen „Neue Zeile" ('\n') gelesen wird.

19.3 Standarddateien

Es gibt drei Standarddateien, die stets geöffnet sind. Über diese kann auf die Standardein- und -Ausgabegeräte zugegriffen werden, also in der Regel Tastatur und Bildschirm. Diese drei Standarddateien sind:

`stdin`	Standardeingabe, normalerweise mit Tastatur verbunden
`stdout`	Standardusgabe, normalerweise mit dem Bilschirm verbunden
`stderr`	Standard für Ausgabe von Fehlermeldungen, normalerweise auch mit dem Bilschirm verbunden

Die Funktion `printf()` benutzt implizit die Datei `stdout` und `scanf()` benutzt `stdin`. D.h. die Schreibweise `printf("%d\n", i)` ist äquivalent zu `fprintf(stdout, "%d\n", i)`. Der Unterschied zwischen `stdout` und `stderr` ist der, dass `stdout` beim Aufruf des Programms von der Kommandozeile aus in eine Datei umgelenkt werden kann mit dem Aufruf `prog.exe > ausgabe.txt`. Die Ausgaben, die im Programm mit `printf()` erfolgen dann statt auf dem Bildschirm in die Datei `ausgabe.txt`. Damit Fehlermeldungen trotzdem dem Anwender am Bildschirm angezeigt werden, kann die Datei `stderr` verwendet werden, die nicht mit umgeleitet wird.

Mit der Standarddatei `stdin` kann das Einlesen von Zeichenketten verbessert werden. Bei der Verwendung von `scanf("%s", str)` wird nicht überprüft, ob die Zeichenkette `str` lang genung ist, um die Eingabe aufzunehmen. Schlimmstenfalls werden die eingegebenen Daten irgendwo im Speicher abgelegt, wo sie nicht hingehören. Abhilfe schafft hier die Verwendung der Funktion `fgets()` mit der Standardeingabe: `fgets(str, n, stdin)`.

19.4 Binäre Ein-/Ausgabe

Bei binärer Ein- und Ausgabe auf Dateien werden die Daten nicht in „lesbare" Form gebracht, sondern die Interndarstellung der Speicherinhalte wird direkt (byteweise) in die Datei übertragen. Binäres Schreiben einer `long`-Variablen benötigt also stets 4 Byte Speicherplatz, wogegen der erforderliche Speicherplatz bei formatierter Ausgabe von der Größenordnung der Zahl bzw. vom Format abhängt.

`fwrite` schreibt eine angegebene Anzahl von Datenelementen gleicher Größe in eine Datei. Übergeben werden muss:

1. Zeiger auf das erste Datenelement. Da nicht von vorne herein klar ist, welche Daten geschrieben werden sollen, wird hier ein Zeiger auf `void` übergeben. Der Zeiger auf die aktuell zu schreibenden Daten kann problemlos in einen solchen gewandelt werden.

2. Die Größe eines einzelnen Datenelements. Hierzu gibt es den vordefinierten Typ `size_t`, der normalerweise ein vorzeichenloser Ganzzahltyp ist. Ermittelt wird die Größe normalerweise mit dem `sizeof`-Operator.

3. Die Anzahl der zu schreibenden Datenelemente

4. Die Ausgabedatei als Zeiger auf `FILE`.

```
size_t fwrite(const void *pt, size_t size, size_t n,FILE *f);
```

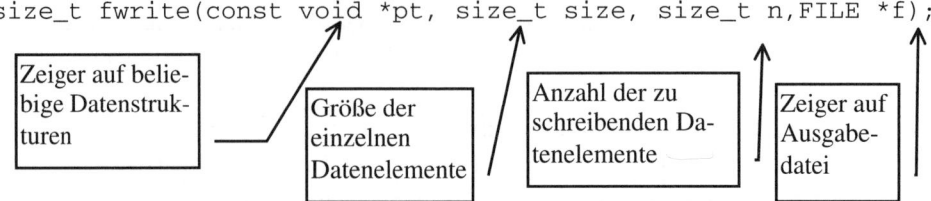

| Zeiger auf beliebige Datenstrukturen | Größe der einzelnen Datenelemente | Anzahl der zu schreibenden Datenelemente | Zeiger auf Ausgabedatei |

Die auszugebenden Daten müssen also zusammenhängend im Speicher stehen. Dies ist bei Vektoren stets der Fall, ebenso wie bei Speicherplatz, der durch einen einzelnen `malloc()`-Aufruf zur Verfügung gestellt wurde.

Beispielprogramm für binäres Schreiben:

```#include <stdio.h>``` `#include <stdlib.h>` `void main()`	
```{ int anZ[] = { 3, 1, 14, 7, 65, 1 };``` `   FILE *pdatei;` `   char dateiname[] = "ausgabe.bin";` `   pdatei = fopen(dateiname, "w");` `   if (pdatei==NULL){` `      printf("Fehler beim Oeffnen` `                der Datei\n");` `      exit(-1);` `   }`	Der Name der Ausgabedatei wird diesmal über eine Zeichenkettenvariable angegeben.
``` fwrite((void *)anZ,``` `       sizeof(int), 6, pdatei);`	Der Vektor *anZ* wird auf einmal komplett geschrieben: 6 Elemente der Größe *sizeof(int)*.
``` fclose(pdatei);``` `}`	

Mit dem Dateilister betrachtet, sieht die erzeugte Datei diesmal folgendermaßen aus:

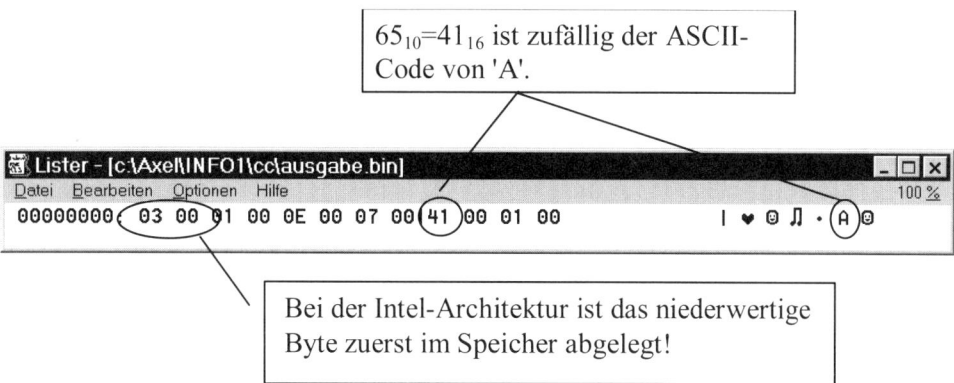

$65_{10}=41_{16}$ ist zufällig der ASCII-Code von 'A'.

Bei der Intel-Architektur ist das niederwertige Byte zuerst im Speicher abgelegt!

Die Größe der Datei `ausgabe.bin` gemessen in Byte ist $6 * \texttt{sizeof(int)}$.

Die Funktion

```
int fread(void *ptr, size_t size, size_t n, FILE *stream)
```

ist die zu `fwrite` gehörige analoge Einlesefunktion. Ihr Rückgabewert ist die Anzahl der tatsächlich gelesenen Bytes. Diese Zahl kann kleiner sein, als die Zahl der zu lesenden Bytes, wenn das Dateiende vorzeitig erreicht wurde.

19.5 Aufgaben

1. Warum dürfen bei formatierter Ausgabe die Werte nicht ohne Trennzeichen (' ', '\t' oder '\n') hintereinander geschrieben werden, bei binärer Ausgabe hingegen schon?

2. Schreiben Sie mit einem Texteditor eine Datei, die eine größere Anzahl von verschiedenen Namen enthält, jeder in einer eigenen Zeile.

   a) Es ist ein Programm zu schreiben, das in einer Schleife je einem Namen aus der Datei in einen Puffer einliest und ihn dann mit `printf` am Bildschirm ausgibt.

   b) Deklarieren Sie in Ihrem Programm einen hinreichend großen Vektor von Zeigern auf `char`. Kopieren Sie jeden Namen nach dem einlesen in eine dynamisch angelegte Variable und tragen Sie den Pointer in eine geeignete Komponente des Vektors ein. Testen durch Ausgabe aller Namen nach Erreichen von EOF der Datei.

   c) Schieben Sie zwischen dem Ende des Einlesens und der Ausgabe der Namen eine Sortierphase ein, in der per Auswahl-Sort mit Vertauschung der Zeiger gearbeitet wird.

20 Structs und komplexe Datenstrukturen

20.1 Strukturen mit `struct`

Bisher haben wir die Basistypen `char`, `int`, `float` usw. kennen gelernt. Ferner haben wir gesehen, wie man Felder anlegt, also die Zusammenfassung mehrerer Elemente des gleichen Typs zu einer Einheit. In der Datenverarbeitung müssen sehr oft logisch zusammen gehörende Elemente unterschiedlichen Typs gemeinsam verwaltet werden. Um unterschiedliche Komponenten zu einer Einheit zusammenzufassen, gibt es in C die Möglichkeit, Datenstrukturen, sog. `structs` zu erstellen. Als Anwendung wollen wir in diesem Kapitel ein Programm erstellen, das eine kleine chemische Fabrik simuliert. Im einfachsten Fall gibt es in dieser Fabrik Tanks, zwischen denen Stoffe hin und her gepumpt werden. Wir werden dies zuerst mit nur zwei Tanks vormachen. In Abbildung 20.1-1 ist ein Bild der laufenden Simulation zu sehen. Es werden die Funktionen aus dem Kapitel über Grafikausgabe verwendet.

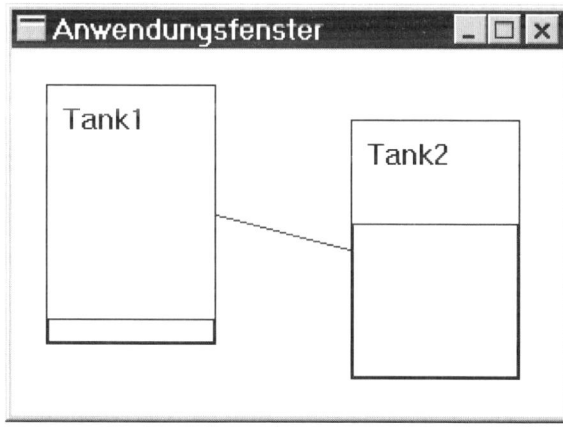

Abbildung 20.1-1: Simulation einer einfachen chemischen Fabrik.

Solche Simulationen werden in der Praxis sehr häufig eingesetzt, da sich große technische Anlagen damit bereits während der Planungsphase beurteilen lassen, ohne dass die Anlage selbst gebaut werden muss. Es gibt große Programmpakete eigens zur Simulation großer technischer Anlagen.

Zuerst bilden wir eine Datenstruktur, die alle zur Beschreibung eines Tanks erforderlichen Daten enthält, wie etwa Bezeichnung, Koordinaten und Größe für die Darstellung am Bildschirm, die Aufnahmekapazität oder den aktuellen Füllstand:

```
struct Kessel { int xKoord, yKoord;
                int hoehe, breite;
                double Kapazitaet, Fuellstand;
                char name[20];
              };
```

Dies ist die Deklaration eines neuen Datentyps namens `struct Kessel`. Nach der Typdeklaration können Variablen dieses Typs erzeugt werden. Für unsere Anwendung benötigen wir zwei Variablen des Typs `struct Kessel`, die wir bei ihrer Definition gleich vorbelegen können:

```
struct Kessel Kessel1={20, 20, 150, 100, 100., 50., "Tank1"};
struct Kessel Kessel2={200, 40, 150, 100, 150., 50.,"Tank2"};
```

| Typangabe | Variablen- bezeichner | Vorbelegung |

Jede dieser Variable besitzt nun alle in der Typdeklaration angegebenen Komponenten, die im Speicher wie folgt angelegt sind:

Name	Typ	Wert	Adresse
xKoord	int	20	0xa004
yKoord	int	20	0xa006
hoehe	int	150	0xa008
breite	int	100	0xa00a
Kapazitaet	double	100.	0xa00c
Fuellstand	double	50.	0xa014
name	char[20]	"Tank1"	0xa01C

Insgesamt belegt eine Variable des Typs `struct Kessel` also mindestens 36 Bytes[1]. Wir wollen uns nun noch das Syntaxdiagramm für die Strukturdeklaration ansehen[2]:

---

[1] Um Speicherplatz besser verwalten zu können, kann der Compiler in einer struct Leerbytes einfügen, sodass die tatsächliche Größe einer Struktur größer sein kann, als die Summe der Größen ihrer Komponenten.

[2] Im einfachsten Fall ist der Variablendeklarator ein Bezeichner (vgl. Syntaxdiagramm im Abschnitt „Vektoren – abgeleitete Typen in **C**"). Ferner ist einfachstenfalls der Komponentendeklarator ein Bezeichner.

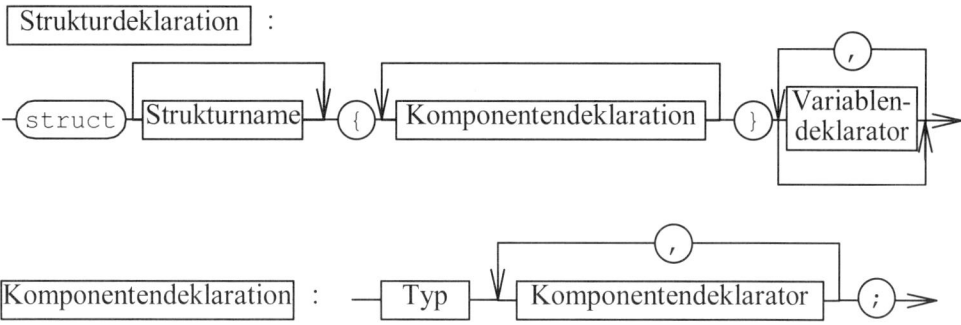

Darin enthalten ist sowohl eine Typdeklaration, also der Bauplan für die Datenstruktur, als auch die Möglichkeit, Variablen zu erzeugen, die nach diesem Bauplan erstellt sind. Wie aus dem Syntaxdiagramm zu ersehen ist, muss weder Strukturname angegeben werden, noch müssen Variablen definiert werden. Es gibt vier Möglichkeiten, diese zu kombinieren:

1. Es wird wie im obigen Beispiel nur der Strukturname angegeben: `struct Kessel {...};` damit ist ein neuer Datentyp eingeführt und es lassen sich anschließend Variablen dieses Typs definieren.

2. Es wird sowohl Strukturname als auch eine Variablen angegeben: `struct Kessel {...}Kessel1={...};`

3. Es wird kein Strukturname angegeben, aber Variablen definiert: `struct {...} Kessel1={...};` In diesem Fall können anschließend keine weiteren Variablen dieses Typs definiert werden. Variablen dieses Typs können auch nicht an Funktionen übergeben werden.

4. Es wird weder Strukturname noch Variablen angegeben. Diese Variante ist sinnlos.

Der Zugriff auf die einzelnen Komponenten einer Struktur erfolgt gemäß folgendem Syntaxdiagramm:

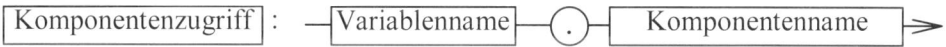

Beispiel:

Bildschirmdarstellung eines Kessels unter Verwendung der Funktion `Rect`:

```
Rect(Kessel1.xKoord, Kessel1.yKoord, Kessel1.xKoord +
     Kessel1.breite, Kessel1.yKoord+Kessel1.hoehe);
```

Da wir mehrere Kessel zu zeichnen haben, ist es umständlich für jeden Kessel diesen Aufruf zu schreiben. Außerdem wollen wir ja noch den Füllstand anzeigen und eine Beschriftung am Kessel anbringen. Dazu schreiben wir am besten eine Funktion. Dabei machen wir uns die Eigenschaft zu Nutze, dass Strukturen für Zuweisungen und zur Übergabe an Funktionen als ganzes behandelt werden. Zur Übergabe an eine Funktion wird die Struktur komplett auf den Stack kopiert[3].

```
void ZeichneKessel(struct Kessel K)
{int yFuell;
 LineCol(0, 0, 0);      //Zeichenfarbe schwarz
```

---

[3]   Dies ist oft ein großer Aufwand, der durch die Übergabe von Zeigern vermieden werden kann.

```
Rect(K.xKoord, K.yKoord, K.xKoord+K.breite,
     K.yKoord+K.hoehe);
Text(K.xKoord+TEXTOFFSET, K.yKoord+TEXTOFFSET, K.name);
LineCol(0, 0, 255);  //Zeichenfarbe blau
yFuell = K.hoehe - (int)(K.Fuellstand*K.hoehe/K.Kapazitaet);
Rect(K.xKoord+1, K.yKoord+yFuell, K.xKoord+K.breite-1,
     K.yKoord+K.hoehe-1);
}
```

20.2   Zeiger auf Strukturen

Oft werden auch Zeiger auf Strukturen benötigt, etwa bei der Übergabe an Funktionen als Referenzparameter. Zur Vervollständigung unserer Simulation einer chemischen Fabrik benötigen wir beispielsweise eine Funktion, die das Umfüllen einer bestimmten Menge aus einem Tank in einen anderen übernimmt. Der Prototyp der Funktion könnte so aussehen:

```
void Umfuellen(struct Kessel *Quelle, struct Kessel *Ziel,
               double Menge);
```

Beim Dereferenzieren der Zeiger `Quelle` und `Ziel` innerhalb der Funktion `Umfuellen`, ist zu beachten, dass '.' eine höhere Priorität hat als '*'. Wir müssen also schreiben:

```
(*Quelle).Fuellstand -= Menge;
```

Diese etwas umständliche Schreibweise kann übersichtlich abgekürzt werden durch Verwendung des "Pfeiloperators" '->':

Auf das Beispiel angewendet bedeutet dies:

```
Quelle->Fuellstand -= Menge;
```

Insgesamt sieht die Funktion dann so aus:

```
void Umfuellen(struct Kessel *Quelle, struct Kessel *Ziel,
double Menge)
{ Menge =
    (Menge<=Quelle->Fuellstand) ? Menge : Quelle->Fuellstand;
  Quelle->Fuellstand -= Menge;
  Ziel->Fuellstand += Menge;
}
```

Aufpassen, dass nicht mehr umgefüllt wird, als im Quellbehälter enthalten ist!

20.3   Anwendungsbeispiel: Komplexe Zahlen

Als Anwendungsbeispiel wollen wir noch die Darstellung komplexer Zahlen ansehen. Komplexe Zahlen hätten wir vor diesem Kapitel durch zweielementige Vektoren darstellen können:

```
#define RE 0
#define IM 1
...
double c1[2] = {1, 2}, c2[2] = {3, 4};
c1[RE] += c2[RE];
c1[IM] += c2[IM];
```

Eleganter ist die Verwendung von Strukturen:

`#include <stdio.h>`
 	
`struct complex {double re, im;} ;`
	Die Struktur besteht aus zwei Elementen vom Typ `double`. **Achtung:** dies ist kein Vektor!

`struct complex Add(struct complex c1,`
`                 struct complex c2)`
`{ struct complex h;`
`  h.re = c1.re+c2.re;`
`  h.im = c1.im+c2.im;`
`  return h;`
`}`
	Sowohl Parameter als auch Rückgabewert der Funktion Add sind vom Typ `struct complex`.

`void main()`
`{ struct complex a={1,2}, b={3,4}, c;`
`  c = Add(a, b);`
`  printf("%lf %lf\n", c.re, c.im);`
`}`
	Der Rückgabewert der Funktion Add wird der Variablen c zugewiesen.

Natürlich lassen sich auch Vektoren von solchen Strukturen bilden:

```
struct complex cvek[10];
for (i=0; i<10; i++) cvek[i].re = cvek[i].im = 0;
```

Dabei ist `cvek` ein Vektor mit zehn Elementen vom Typ `struct complex`.

20.4 Listen

Mit strukturierten Datentypen, wie wir sie eben kennen gelernt haben, lassen sich Strukturen zur effizienten und dynamischen Verwaltung von Daten aufbauen. Stellen wir uns beispielsweise vor, wir müssten ein Programm zur Verwaltung von Aufträgen schreiben, die in einer Fabrik eintreffen. Aufträge kommen nacheinander herein und haben eine bestimmte Priorität. Das bedeutet, dass Aufträge mit höherer Priorität vorrangig vor solchen bearbeitet werden müssen, die zwar früher eingetroffen sind, aber eine niedrigere Priorität besitzen. Die eintreffenden Aufträge müssen gespeichert werden und sollten stets ihrer Priorität nach sortiert sein. Das Problem ist, dass nicht bekannt ist, wie viele Aufträge zu verwalten sein werden. Ein ähnliches Problem ist uns beim Erstellen der Telefonliste im Kapitel über Pointer schon einmal begegnet. Wir haben dort gesehen, dass es nicht ratsam ist, ein Feld mit fester Größe zur Speicherung zu verwenden, denn dann müsste eine maximale Zahl zu speichernder Aufträge vorgegeben werden, was nicht möglich ist und irgendwann in der Zukunft zu Problemen führen kann. Im Kapitel über Pointer haben wir die Feldgröße dynamisch festgelegt. Hier lernen wir die elegantere Lösung kennen, die darin besteht, Datenstrukturen zu Listen zu verketten. Dabei kann für jedes neue Listenelement der erforderliche Speicherplatz nach Bedarf (dynamisch) zur Verfügung gestellt werden.

Beispiel:

Wir betrachten Elemente, in denen jeweils die relevanten Informationen für einen Auftrag enthalten sind. Zur Vereinfachung nehmen wir an, dass für jeden Auftrag lediglich dessen Priorität als ganze Zahl gespeichert wird. Die Listenelemente können wir uns dann anschaulich folgendermaßen vorstellen:

Information des Listenelements (hier: Auftragsdaten, wie Priorität etc.)	Zeiger auf nachfolgendes Element

Die Deklaration der entsprechenden Struktur sieht folgendermaßen aus:

```
struct ListElem { int Prio;
          struct ListElem *next;
          };
```

> next ist wieder Zeiger auf ein Element vom Typ struct ListElem

Beim Aufbau der verketteten Liste können die einzelnen Listenelemente gleich nach einem bestimmten Ordnungskriterium (hier: sinkende Priorität) hintereinander gehängt werden:

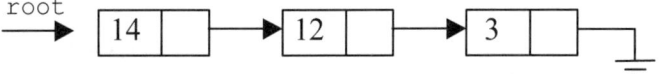

Das Symbol für elektrische Masse am Ende des letzten Elements deutet dabei den NULL-Zeiger an, der das Ende der Liste anzeigt.

Da jedes Element auf seinen Nachfolger zeigt, kann die ganze Liste an einem einzigen Zeiger hängen. Dieser Zeiger ist der Ursprung der Liste, oder auf englisch root:

```
struct ListElem *root; /* root wird globale Variable */
```

Zeiger auf Listenelemente sind Zeiger auf Strukturvariable. Daher gelten natürlich auch die Aussagen aus Abschnitt 20.2. Wenn wir also z. B. auf die Priorität des ersten Listenelements zugreifen wollen, benutzen wir den Pfeiloperator:

```
root->Prio = ...
```

Wenn die Liste aufgebaut ist, so können in einer Schleife alle Elemente durchgegangen werden, wie in folgendem Programmfragment, am Beispiel der Ausgabe der Prioritäten aller Aufträge, gezeigt wird:

`struct ListElem *Tail = root;`
`...`
`...`
	Der Zeiger `Tail` (Schwanz) wird benötigt, um an der Liste entlang zu gehen.

`while (Tail != NULL){`
`  printf("%d\n", Tail->Prio);`
`  Tail = Tail->next;`
`}`
	`Tail` kann so lange auf das jeweils nächste Element gesetzt werden, bis das Listenende erreicht ist. Den NULL-Zeiger zu dereferenzieren, würde zu einem Laufzeitfehler führen.

Als nächstes wollen wir ansehen, wie ein neuer Auftrag in die Liste eingefügt wird. Wir nehmen jetzt an, dass die Liste so aufgebaut wird, dass die Elemente der Priorität nach geordnet sind. Dann gibt immer das erste Element der Liste den nächsten zu bearbeitenden Auftrag an. Man nennt diesen Vorgang auch „Sortieren durch Einfügen".

Für einen neuen Auftrag wird zuerst eine neue Datenstruktur angelegt. Die Funktion `malloc()` ist uns bereits aus dem Abschnitt Dynamische Variable des Kapitels über Pointer bekannt. Für ein neues Listenelement können wir Speicherplatz mit folgendem Ausdruck dynamisch erzeugen:

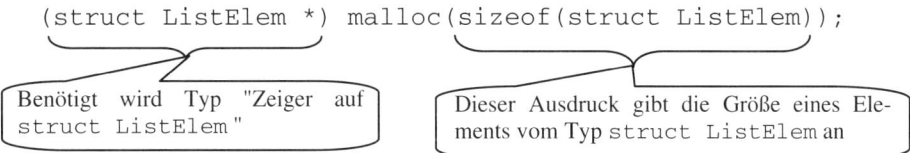

```
(struct ListElem *) malloc(sizeof(struct ListElem));
```

Benötigt wird Typ "Zeiger auf struct ListElem"

Dieser Ausdruck gibt die Größe eines Elements vom Typ struct ListElem an

Die Größe des benötigten Speicherbereichs wird (in Byte) als Parameter `size` übergeben. Die Adresse des ersten belegten Bytes wird zurückgegeben. Da die `malloc`-Funktion nicht weiß, welchen Typ die Daten besitzen, die an diesem Speicherplatz abgelegt werden sollen, ist der Rückgabewert vom Typ "Zeiger auf `void`". Der Typ dieses Zeigers wird anschließend durch explizite Typumwandlung (casting) in den benötigten Typ gewandelt (siehe Kapitel Pointer, Abschnitt dynamische Variable). Hier sehen wir eine Anwendung für den Datentyp `void`. Wenn kein Speicherbereich ausreichender Größe zur Verfügung steht, dann ist der Rückgabewert der `NULL`-Zeiger.

Zur Erzeugung einer Struktur für einen neuen Auftrag, verwenden wir folgende Funktion:

`struct ListElem *AuftragErzeugen()`	Der `return`-Wert der Funktion ist vom Typ "Zeiger auf `struct ListElem`"

`{ struct ListElem *AuftragNeu;`
`  AuftragNeu = (struct ListElem *)`
`  malloc(sizeof(struct ListElem));`
	Mit der `malloc`-Funktion wird Platz für ein Element vom Typ `struct ListElem` bereit gestellt. Der Zeiger wird in einen Zeiger auf `struct ListElem` gewandelt.

`if(AuftragNeu == NULL)`
`  {  printf("Speicher voll\n");`
`     exit(1);`
`  }`
	Programmabbruch mit `exit(1)`, wenn Speicher voll, d. h. wenn `malloc` den `NULL`-Zeiger geliefert hat.

`  AuftragNeu->next = NULL;` `  AuftragNeu->Prio = 0;`	Vorbelegung des neuen Elements
`return AuftragNeu;` `}`	Die Adresse des neu erzeugten Elements wird zurückgegeben.

Diese Funktion liefert uns einen Zeiger auf einen neuen Auftrag, der mit Priorität 0 vorbelegt ist und kein nachfolgendes Element besitzt:

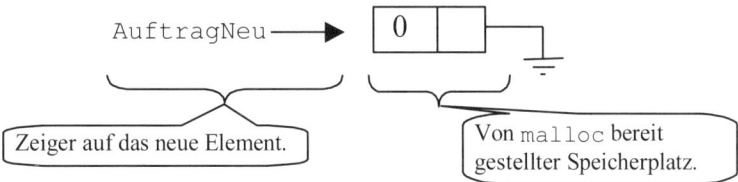

Zeiger auf das neue Element.

Von `malloc` bereit gestellter Speicherplatz.

In dieses Element ist dann die Priorität des neuen Auftrags entsprechend einzutragen. Um das neue Element einzufügen, wird ein weiterer Zeiger verwendet, der so lange von einem Element zum Nächsten bewegt wird, bis die Stelle gefunden ist, an der das neue Element einzufügen ist. Der Zeiger heißt im Beispiel `Tail`, als Abkürzung für Rest der Liste ("Schwanz").

Ist die passende Stelle gefunden, so wird das neue Element durch ändern von zwei Zeigern eingefügt:

Vorher:

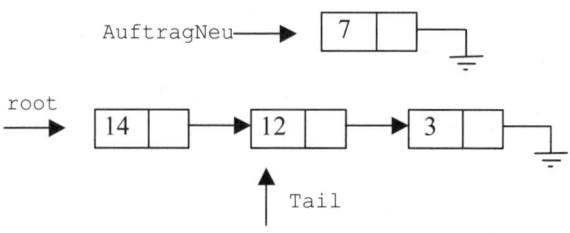

Nachher:

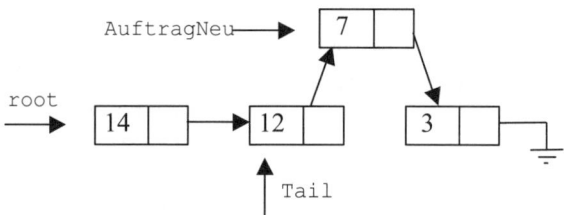

Für diesen Vorgang schreiben wir eine Funktion:

`void  InsertElem(struct  ListElem` `                  *AuftragNeu)`	Ein Zeiger auf das neue Element wird übergeben.
`struct ListElem *Tail = root;`	Mit dem Zeiger `Tail` wird an der Liste entlang gegangen.

`if(Tail==NULL ||`
`   AuftragNeu->Prio >`
`   Tail->Prio)`
`   {`
`      root = AuftragNeu;`
`      AuftragNeu->next = Tail;`
`   }`
	Wenn `AuftragNeu` das Erste Element werden muss, dann ist globale Variable `root` zu ändern. Es ist daher wichtig, zuerst `Tail==NULL` abzufragen. Nur wenn diese Bedingung nicht erfüllt wäre, dürfte `Tail->wert` geprüft werden!

`else{`
`   while((Tail->next!=NULL) &&`
`         (Tail->next->Prio >`
`          AuftragNeu->Prio))`
`         Tail = Tail->next;`
	Element suchen, nach dem `Auftrag-Neu` einzuhängen ist. Wichtig ist, dass hier zuerst die Abfrage (`Tail->next != NULL`) durchgeführt wird. Liefert diese Abfrage "falsch", so wird der Wert von `Tail->next` nicht mehr geprüft, was auch nicht zulässig wäre, falls `Tail->next` der NULL-Zeiger wäre.

| ```
    AuftragNeu->next = Tail-
>next;
    Tail->next = AuftragNeu;
    }
}
``` | AuftragNeu nach Tail einhängen. Die Reihenfolge ist dabei wichtig: alten Wert von Tail->next vor dem Überschreiben retten |

Besondere Beachtung verdient nochmal die Abfrage

> `if(Tail==NULL || AuftragNeu->Prio > Tail->Prio)`

Wenn gleich zu Anfang, nach der Initialisierung `Tail = root`, gilt `Tail==NULL`, dann heißt das, dass die Liste noch leer ist. Wenn andererseits `AuftragNeu->Prio > Tail->Prio`, dann ist das neue Element am Anfang der Liste vor dem ersten Element einzuhängen:

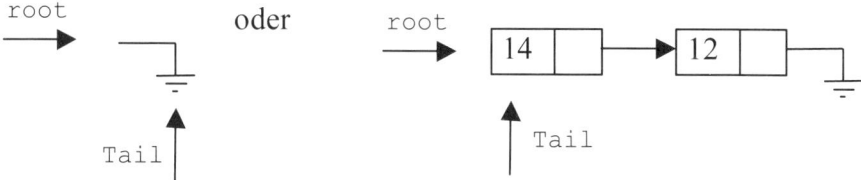

Diese Abfrage wird zuerst durchgeführt. Ist das Ergebnis wahr, so ist das Ergebnis der logischen ODER-Verknüpfung wahr, unabhängig vom Wahrheitsgehalt des zweiten Teils der Aussage `AuftragNeu->Prio > Tail->Prio`. Nur wenn `Tail` ≠ NULL werden `Tail` und `root` dereferenziert und deren Prioritäten verglichen.

20.5   Exkurs: Rekursive Funktionen

Rekursive Funktionen sind solche, die einen Aufruf von sich selbst enthalten. Listen können elegant mit rekursiven Funktionen durchgegangen werden, was wir am Beispiel einer Funktion zum Ausgeben der Werte der eben aufgebauten Liste ansehen und dazu das obige Beispiel zum Ausgeben der Elemente der Liste abwandeln:

| ```
void PrintElems
      (struct ListElem * Tail)
``` | Für den Parameter Tail wird beim Aufruf von PrintElems der root-Zeiger übergeben. |
| ```
{
  if (Tail != NULL){
      printf("%d\n", Tail->Prio);
``` | Ausgabe und Weitergehen an der Liste darf nur erfolgen, wenn Tail ≠ NULL. |
| ```
      PrintElems(Tail->next);
  }
}
``` | Hier wird PrintElems selbst wieder aufgerufen. Als Parameter wird ein Zeiger auf das nächste Element übergeben. |

20.6   Aufgaben

1. Schreiben Sie eine Funktion ZeichneVerbindung(...), welche die Verbindung zwischen zwei Kesseln zeichnet. Dazu kann einfach eine Linie zwischen den Mittelpunkten der Kessel gezeichnet werden. Die Funktion ist aufzurufen, bevor die Kessel gezeichnet werden, damit die Anteile der Verbindungslinie, die in einen der Kessel hinein ragen von den Rechtecken überdeckt werden.

2. Schreiben Sie eine Funktion, die zu einer komplexen Zahl ihre konjugiert Komplexe berechnet. Verwenden Sie dazu die in 20.3 eingeführte Datenstruktur.

3. Ein Programm für die Mitgliederverwaltung eines Vereins benötigt eine Datenstruktur zur Aufnahme der Mitgliedsdaten.

   a) Deklarieren Sie eine Datenstruktur `mitglied`, die folgende Daten aufnehmen kann:
   - Vorname
   - Nachname
   - Geburtsdatum
   - Straße
   - Hausnummer
   - Postleitzahl
   - Wohnort

   b) Definieren Sie dann folgendes:
   - eine Variable vom Typ `mitglied`
   - einen Vektor mit 10 Elementen vom Typ `mitglied`
   - eine Variable vom Typ Zeiger auf Datenstruktur `mitglied`

21 Algorithmen: Graphentheorie

21.1 Problemstellung

Wir betrachten in diesem Kapitel die Problemstellung, einen günstigen Weg zwischen zwei Orten zu finden. Dazu muss zuerst geklärt werden, was günstig heißt. Günstig kann sowohl kurz im Sinne geringer Entfernung bedeuten, um etwa beim Ausfahren von Waren eine kurze Strecke mit möglichst geringem Benzinverbrauch zu benutzen. Andererseits kann günstig auch schnell im Sinne von kurzer Fahrzeit bedeuten. Der Falk-Verlag stellt im Internet ein Programm zur Verfügung, mit dem sich günstige Wege zwischen zwei Orten ermitteln lassen[1]. Am Beispiel einer Verbindung von Kirchheim bei München nach Triftern in Niederbayern sind die Ergebnisse in Abbildung 21.1-1 und

Abbildung 21.1-2 dargestellt. Es ist zu erkennen, dass der kürzeste Weg nicht der schnellste sein muss.

Abbildung 21.1-1: Ein nach kürzester Fahrzeit optimierter Weg (123 km, 1:43 h)

---

[1] Unter `http://www.falk-verlag.de/go_citymap.html`

Abbildung 21.1-2: Ein nach kürzester Strecke optimierter Weg (112 km, 1:48 h)

In der Praxis tritt eine Vielzahl derartiger Probleme auf, bei denen nicht das rein numerische Rechnen im Vordergrund steht, sondern Elemente, die zueinander in Beziehung stehen. Im Beispiel sind die Elemente die Orte und die Beziehung zwischen zwei Orten A und B ist die Art ihrer Verbindung. Derartige Probleme treten im Ingenieurbereich etwa dort auf, wo Straßennetze optimal auszulegen, Materialflüsse zu optimieren, oder Bauteile in elektrischen Schaltungen zu verdrahten sind.

Wir befassen uns in diesem Kapitel mit dem Finden von kürzesten Wegen, einem Spezialfall aus einer Familie von Algorithmen, die zur Lösung der oben genannten Probleme sehr gut geeignet sind. Um Wege zwischen allen Orten in Deutschland bestimmen zu können, muss eine geeignete Abstraktion gefunden werden, durch die wir die Landkarte ersetzen können. Wir können etwa die Orte als Punkte zeichnen und die Straßen dazwischen als Verbindungslinien, an die wir Entfernungen oder Fahrzeiten schreiben. Letztere hängen von der auf der jeweiligen Straße fahrbaren Geschwindigkeit ab, weshalb wir uns hier auf Entfernungen beschränken. Das könnte – etwas vereinfacht und nicht maßstäblich – aussehen, wie in Abbildung 21.1-3 angedeutet.

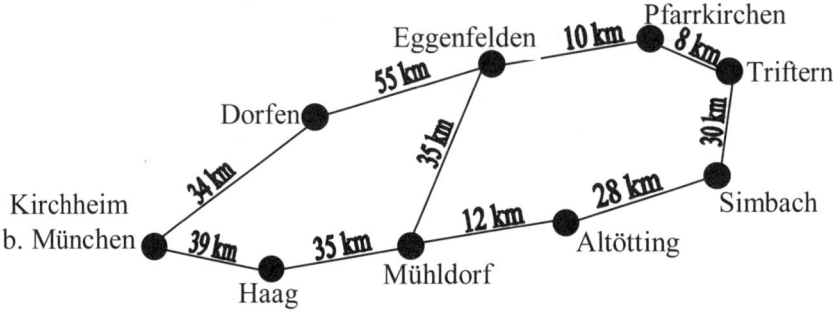

Abbildung 21.1-3: Darstellung des Straßennetzes durch einen ungerichteten Graphen (vereinfacht)

Was so gezeichnet wurde, ist eine Relation, die jeweils zwei Elementen einer Menge von Orten genau dann zueinander in Beziehung setzt, wenn es eine Straße zwischen ihnen gibt.

Mathematisch werden solche Relationen, die über das Verhältnis zweier Elemente zueinander etwas aussagen, auch *Graphen* genannt. Wir können das abstrakt so formulieren:

Ein mathematisches Gebilde $G=(V, A)$, bestehend aus zwei Mengen V und A heißt Graph, wenn

1. V eine endliche, nichtleere Menge von Knoten (englisch: Vertices) ist

2. A eine Menge von Kanten ist, die entweder gerichtet (Pfeil, englisch: Arc) oder ungerichtet (Kante, englisch: Edge) sind:

Ungerichteter Graph: A ist eine Menge von *zweielementigen Mengen* über V:

$$A = \left\{ (v_1, v_2) \mid v_1, v_2 \in V \wedge v_1 \text{ und } v_2 \text{ sind verbunden} \right\}$$

> Zweielementige Teilmengen der Knotenmenge V. Die Reihenfolge spielt somit keine Rolle, also $\{v_1, v_2\} = \{v_2, v_1\}$.

Gerichteter Graph: A ist eine Menge von *Paaren* aus V:

$$A = \left\{ \{v_1, v_2\} \mid v_1, v_2 \in V \wedge \text{ es führt ein Pfeil von } v_1 \text{ nach } v_2 \right\}$$

> Paare von Elementen der Knotenmenge V. Die Reihenfolge ist von Bedeutung, also $(v_1, v_2) \neq (v_2, v_1)$.

Gerichtete Graphen werden verwendet, wenn die Richtung von Bedeutung ist, etwa wenn es im Straßennetz Einbahnstraßen gibt, oder wenn der Strom nur in einer Richtung fließen kann. Ungerichtete Graphen zeichnen wir wie in Abbildung 21.1-3 mit einfachen Verbindungslinien zwischen den Knoten und gerichtete Graphen mit Pfeilen. Beispiele dafür finden sich in Abbildung 21.1-4.

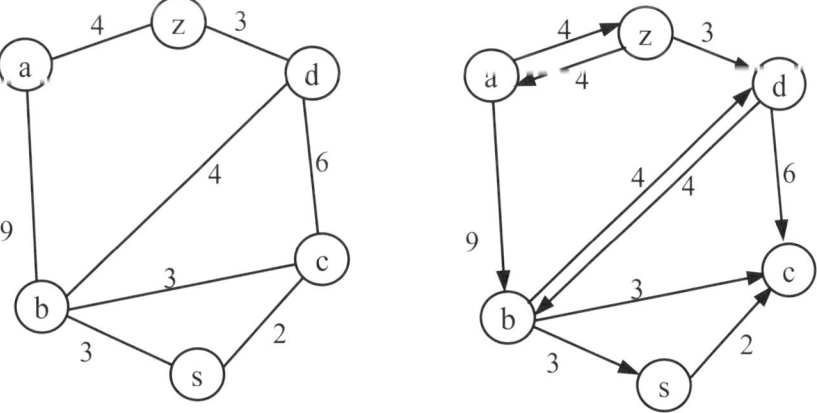

Abbildung 21.1-4: Beispiele eines ungerichteten und eines gerichteten Graphen

21.2   Darstellung von Graphen durch Matrizen

Wir wenden uns der Frage zu, wie man Graphen durch Datenstrukturen darstellen kann, um sie dann im Computer zu verarbeiten. Wir beschränken uns hier auf die Darstellung von Graphen durch Matrizen[2]. Diese Matrizen lassen sich günstig in zweidimensionalen Feldern speichern. Dabei ist die Knotenmenge geeignet auf den Zahlenbereich $0...N$ abzubilden, sodass das Feld in der in **C** üblichen Weise indiziert werden kann. Üblicherweise werden die Knoten von 0 beginnend numeriert, womit die Verwendung der Nummer direkt als Index möglich ist.

Es lässt sich zu jedem Graphen eine Matrix erstellen, die angibt, welche Knoten verbunden sind, die sog. *Adjazenzmatrix*. Die Elemente m_{ij} der Adjazenzmatrix M zu einem Graphen können nur die Werte 1 (es existiert die Verbindung von Knoten i nach Knoten j) oder 0 (die Verbindung von i nach j existiert nicht) annehmen. Dabei sind die Indizes i und j Elemente der Knotenmenge V. Die Adjazenzmatrix eines ungerichteten Graphen ist also symmetrisch, d. h. $m_{ij} = m_{ji}$, da keine Richtung der Verbindungen angegeben ist. Dagegen ist die Adjazenzmatrix eines gerichteten Graphen im Allgemeinen unsymmetrisch. Die Adjazenzmatrizen der Graphen aus Abbildung 21.1-4 sehen also folgendermaßen aus:

<table>
<tr><td colspan="2">Ungerichteter Graph</td><td colspan="2">Gerichteter Graph</td></tr>
</table>

$$
M = \begin{array}{c} a \\ b \\ c \\ d \\ s \\ z \end{array}
\begin{pmatrix}
0 & 1 & 0 & 0 & 0 & 1 \\
1 & 0 & 1 & 1 & 1 & 0 \\
0 & 1 & 0 & 1 & 1 & 0 \\
0 & 1 & 1 & 0 & 0 & 1 \\
0 & 1 & 1 & 0 & 0 & 0 \\
1 & 0 & 0 & 1 & 0 & 0
\end{pmatrix}
\qquad
M = \begin{array}{c} a \\ b \\ c \\ d \\ s \\ z \end{array}
\begin{pmatrix}
0 & 1 & 0 & 0 & 0 & 1 \\
0 & 0 & 1 & 1 & 1 & 0 \\
0 & 0 & 0 & 0 & 0 & 0 \\
0 & 1 & 1 & 0 & 0 & 0 \\
0 & 0 & 1 & 0 & 0 & 0 \\
1 & 0 & 0 & 1 & 0 & 0
\end{pmatrix}
$$

Sind zusätzliche Angaben für die Knoten und Kanten gefordert, so lassen sich diese auch in Vektoren oder zweidimensionalen Feldern entsprechenden Typs speichern, etwa Ortsnamen an den Knoten oder Entfernungen an den Kanten. Im speziellen Fall, dass direkte Entfernungen zwischen zwei Knoten an der sie verbindenden Kante angegeben werden, entstehen sog. Distanzmatrizen. Besteht kein direkter Weg zwischen zwei Knoten, so wird die direkte Distanz zwischen ihnen auf unendlich gesetzt. Die Distanzmatrix D gibt gleichzeitig die Konnektivität des Graphen an, denn $d_{ij} < \infty$ bedeutet die Existenz einer Kante bzw. eines Pfeils im Graphen von i nach j.

---

[2]   In der Literatur lassen andere effizientere, aber auch kompliziertere Datenstrukturen zur Darstellung von Graphen finden, z. B. in [Knuth 1993].

Ungerichteter Graph

$$D = \begin{pmatrix} a & \infty & 9 & \infty & \infty & \infty & 4 \\ b & 9 & \infty & 3 & 4 & 3 & \infty \\ c & \infty & 3 & \infty & 6 & 2 & \infty \\ d & \infty & 4 & 6 & \infty & \infty & 3 \\ s & \infty & 3 & 2 & \infty & \infty & \infty \\ z & 4 & \infty & \infty & 3 & \infty & \infty \end{pmatrix}$$

Gerichteter Graph

$$D = \begin{pmatrix} a & \infty & 9 & \infty & \infty & \infty & 4 \\ b & \infty & \infty & 3 & 4 & 3 & \infty \\ c & \infty & \infty & \infty & \infty & \infty & \infty \\ d & \infty & 4 & 6 & \infty & \infty & \infty \\ s & \infty & \infty & 2 & \infty & \infty & \infty \\ z & 4 & \infty & \infty & 3 & \infty & \infty \end{pmatrix}$$

Direkt umgesetzt in **C**-Datenstrukturen könnte die Distanzmatrix des ungerichteten Graphen aus Abbildung 21.1-4 wie im folgenden Programmfragment aussehen. Da der Wert unendlich nicht gespeichert werden kann, wird der größte darstellbare `unsigned long` Wert für unendlich verwendet. Diesen Wert muss man allerdingsnicht auswendig wissen und auch nicht ausrechnen, sondern es gibt die Headerdatei `limits.h`, in der alle Extremwerte der Standard-Datentypen zur Verfügung gestellt werden. Der größte unsigned long Wert heißt dort `ULONG_MAX`. Es muss dann sicher gestellt werden, dass dieser Wert nicht als Entfernung im Graphen vorkommt. Im folgenden Programmfragment dient die symbolische Konstante `MAXD` dazu, den Speicherplatz für insgesamt maximal 50 Knoten zu dimensionieren. Der Wert der Variablen `dimens` gibt die tatsächliche Anzahl der Knoten des Graphen an:

```c
#include <limits.h>   //Include-Datei für ULONG_MAX
#define MAXD 50             /* max. Anzahl Knoten des Graphen */
unsigned long d_mat[MAXD][MAXD] = {
{ULONG_MAX,9,           ULONG_MAX,ULONG_MAX,ULONG_MAX,4           },
{9,           ULONG_MAX,3,           4,           3,           ULONG_MAX},
{ULONG_MAX,3,           ULONG_MAX,6,           2,           ULONG_MAX},
{ULONG_MAX,4,           6,           ULONG_MAX,ULONG_MAX,3           },
{ULONG_MAX,3,           2,           ULONG_MAX,ULONG_MAX,ULONG_MAX},
{4,           ULONG_MAX,ULONG_MAX,3,           ULONG_MAX,ULONG_MAX}
};
unsigned long dimens = 6;  /* Anzahl der Knoten des Graphen */
```

21.3   Der Algorithmus von Dijkstra

Ein Algorithmus zum Finden kürzester Wege in Graphen wurde 1959 von dem Mathematiker E. W. Dijkstra angegeben. Gegeben ist ein ungerichteter Graph mit nicht-negativen Entfernungen zwischen den Knoten. Ferner sind ein Startknoten s sowie ein Zielknoten z gegeben, zwischen denen der kürzest mögliche Weg zu finden ist. Der Algorithmus untersucht alle Knoten des Graphen und markiert sie. Neben der Distanzmatrix sind noch weitere Informationen zu speichern und zwar für jeden Knoten i:

- Ob der Knoten bereits markiert wurde: *mark(i)*

- Den Vorgänger des Knotens auf dem Weg *vor(i)*

- Kürzeste bekannte Distanz des Knotens zum Startknoten *s: dist(i)*

Unten z. B. zusammen gefasst, als (√, t, 5)

Diese Informationen können jeweils in einem eindimensionalen Feld gespeichert werden. Für den Eintrag, ob ein Knoten bereits markiert wurde, ist ein ganzzahliger Typ geeignet, wobei wie bei den Wahrheitswerten 1 bedeutet, dass der entsprechende Knoten bereits markiert wurde, und der Wert 0, dass die Markierung noch nicht erfolgt ist. Für das Programm bedeutet dies, dass folgende Daten benötigt werden:

```
unsigned long dist[MAXD], vor[MAXD], mark[MAXD];
```

Anfangs sind alle Knoten unmarkiert. Zuerst wird nur der Startknoten *s* markiert und es wird ihm die Distanz 0 zugeordnet (Länge des kürzesten Weges von *s* zu sich selbst). Den anderen Knoten wird anfangs – zunächst temporär – als Wert für *dist* ihre Entfernung zu s zugewiesen, falls es eine direkte Verbindung zu s gibt, ansonsten der Wert ∞.

Dann wird in einer Schleife von den noch unmarkierten Knoten jeweils der Knoten *u* mit der kürzesten temporär zugewiesenen Distanz markiert, womit dessen Distanz als kürzest mögliche Distanz zu *s* festgestellt ist. Für alle Nachbarn *v* dieses Knotens wird überprüft, ob die Distanz von *s* über *u* nach *v* kürzer ist, als die bisher bei *v* eingetragene temporäre Distanz. Falls dies der Fall ist, so wird diese kürzere Distanz als neue temporäre Distanz gespeichert.

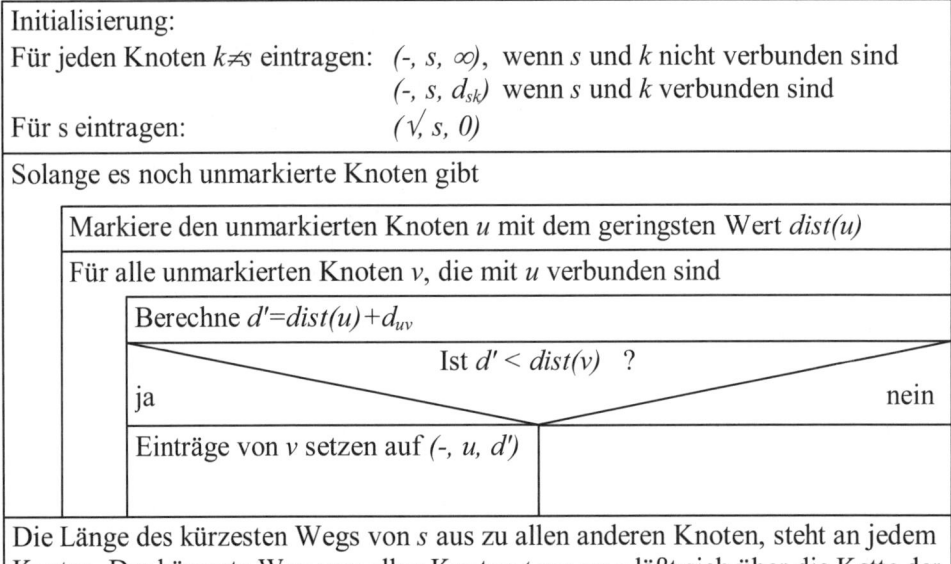

Die Länge des kürzesten Wegs von *s* aus zu allen anderen Knoten, steht an jedem Knoten. Der kürzeste Weg von allen Knoten *t* aus zu *s* läßt sich über die Kette der Vorgänger zurückverfolgen.

Wir wollen diesen Algorithmus im Detail am Beispiel nachvollziehen.

Nach der Initialisierung ist lediglich s markiert (im Bild mit dickem Rand gezeichnet) und es sind folgende Werte für *mark(i)*, *dist(i)* und *vor(i)* (oben (√, t, d)) gespeichert:

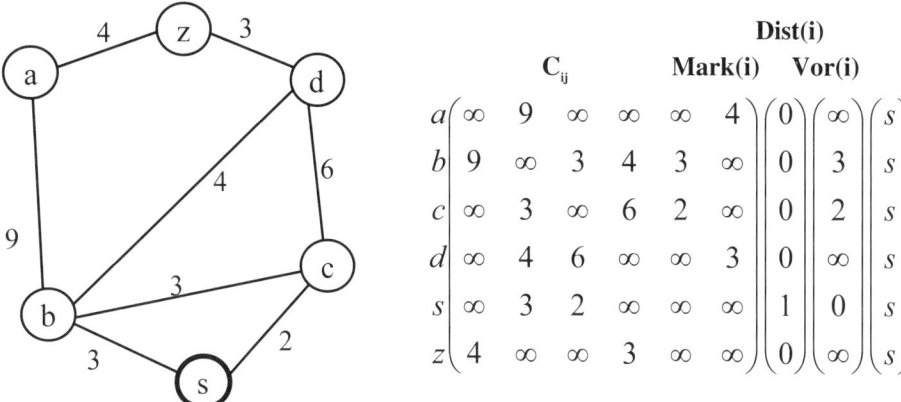

Der unmarkierte Knoten *u* mit der geringsten Distanz ist nun der Knoten c. Der Knoten d erhält die Distanz 6, d. h. es ist ein Weg von s nach d mit der Entfernung 6 gefunden. Der Wert *dist(b)* wird nicht verändert, da der direkte Weg von s nach b kürzer ist, als der von s über c nach b:

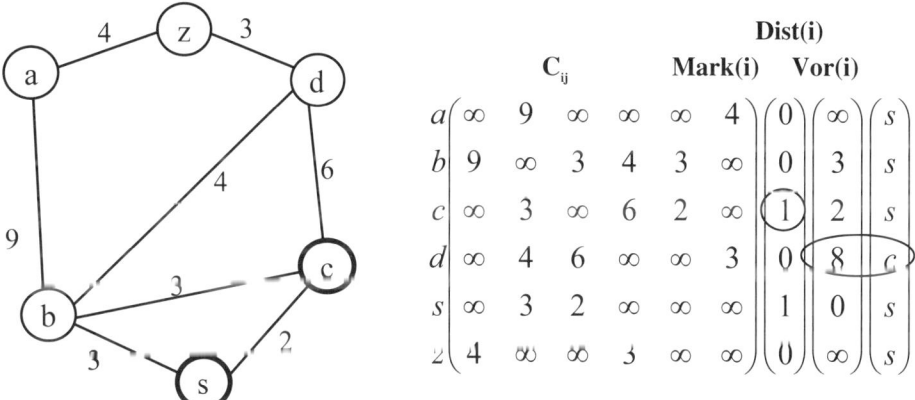

Im nächsten Schritt wird zunächst b markiert. Beim Prüfen der unmarkierten Nachbarn von b stellt sich heraus, dass der Weg von s über b nach d kürzer ist, als der von s über c nach d. Daher wird *dist(d)* auf den neu bestimmten kleineren Wert 7 gesetzt und als Vorgänger b eingetragen. Auch zu a wird ein Weg gefunden:

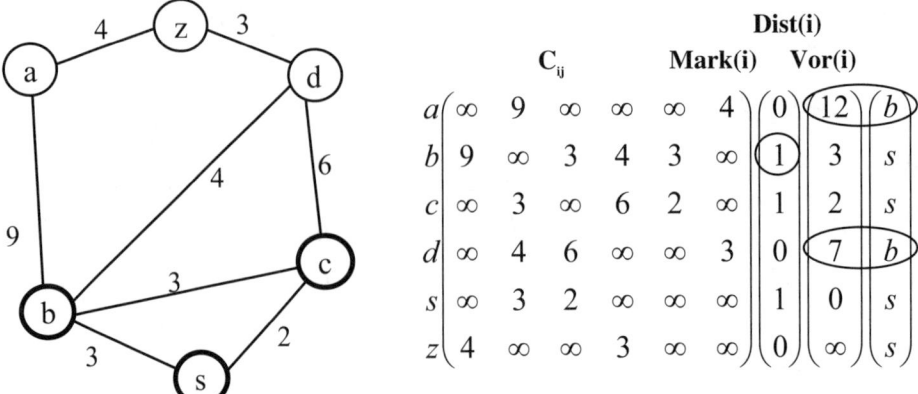

C_{ij}						Mark(i)	Dist(i)	Vor(i)
a	∞	9	∞	∞	∞	4	0	12	b
b	9	∞	3	4	3	∞	1	3	s
c	∞	3	∞	6	2	∞	1	2	s
d	∞	4	6	∞	∞	3	0	7	b
s	∞	3	2	∞	∞	∞	1	0	s
z	4	∞	∞	3	∞	∞	0	∞	s

Im folgenden Schritt wird d markiert und ein Weg zu z gefunden (dieser muss noch nicht notwendigerweise der kürzest mögliche sein):

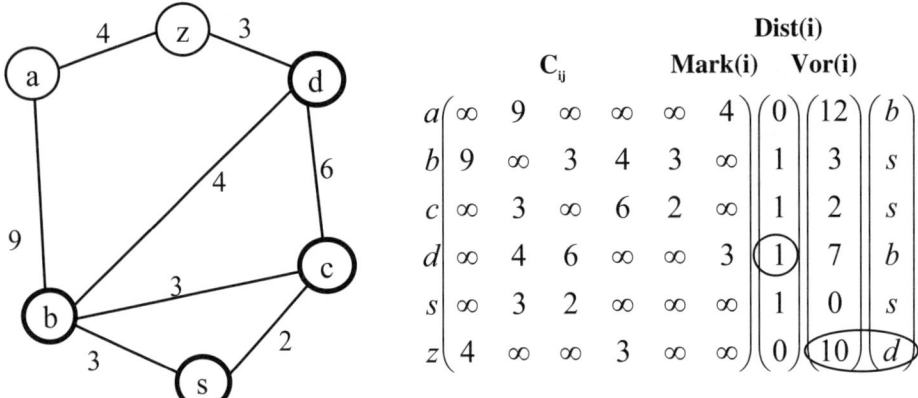

C_{ij}						Mark(i)	Dist(i)	Vor(i)
a	∞	9	∞	∞	∞	4	0	12	b
b	9	∞	3	4	3	∞	1	3	s
c	∞	3	∞	6	2	∞	1	2	s
d	∞	4	6	∞	∞	3	1	7	b
s	∞	3	2	∞	∞	∞	1	0	s
z	4	∞	∞	3	∞	∞	0	10	d

Als nächstes wird z markiert, aber es gibt sonst keine Änderungen:

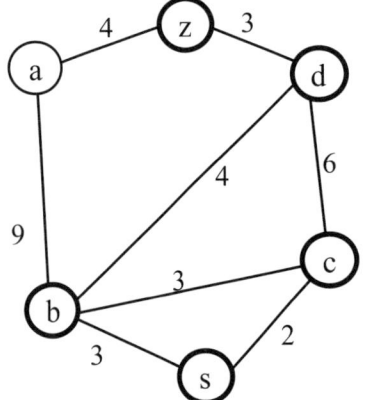

C_{ij}						Mark(i)	Dist(i)	Vor(i)
a	∞	9	∞	∞	∞	4	0	12	b
b	9	∞	3	4	3	∞	1	3	s
c	∞	3	∞	6	2	∞	1	2	s
d	∞	4	6	∞	∞	3	1	7	b
s	∞	3	2	∞	∞	∞	1	0	s
z	4	∞	∞	3	∞	∞	1	10	d

Als letzter Knoten wird a markiert:

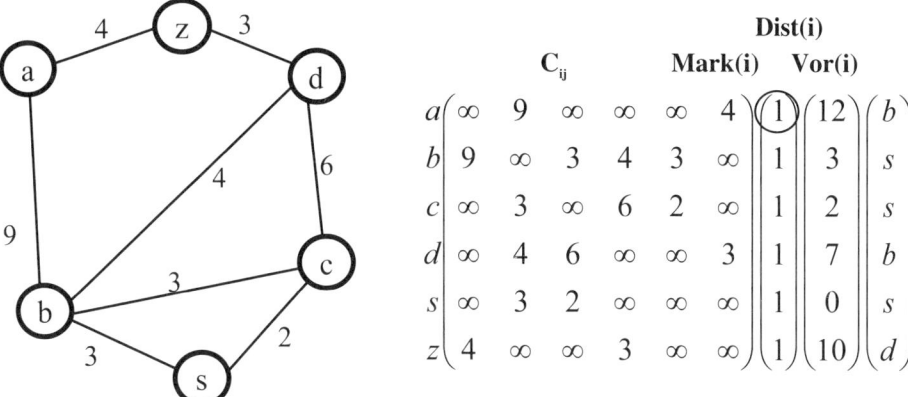

Der Weg kann nun durch Rückverfolgen der Vorgänger *vor(i)* von z aus angegeben werden. In unserem Beispiel von z zuerst nach d, dann über b zu s:

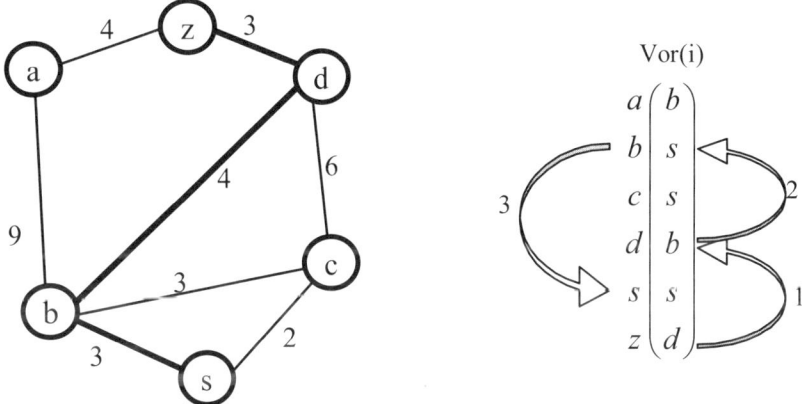

Damit sind indirekt kürzeste Wege von allen Knoten zu s bestimmt. Wäre wirklich nur der kürzeste Weg von s nach z erforderlich, so könnte der Algorithmus auch abgebrochen werden, sobald z markiert ist.

Um den Algorithmus in ein **C**-Programm umzusetzen, sind einige Funktionen erforderlich, von denen wir eine noch im Detail ansehen wollen. Zuerst eine Funktion, die einen unmarkierten Knoten mit minimalem Wert für *dist(i)* bestimmt:

```
unsigned long findemin(unsigned long *mark,
                       unsigned long *dist, unsigned long dimens)
{ unsigned long i;
  unsigned long min;   /* Zum Merken der minimalen Distanz */
  unsigned long merk;  /* zum Merken der Knotennummer mit
                          minimaler Distanz */

  min = ULONG_MAX;
  merk = ULONG_MAX;

  for (i=0; i<dimens; i++) {
    if (mark[i] == 0 && dist[i] < min) {
      min  = dist[i];
      merk = i;
    }
  }
  return merk;
}
```

> Vorbelegen der minimalen Distanz mit dem maximal möglichen und der Knotennummer mit einem unmöglichen Wert

> Knoten mit geringerer Distanz gefunden: speichern

21.4   Fragen

1. Wie lassen sich elektrische Widerstands-Netzwerke auf Graphen abbilden? Was sind die Kanten, was die Knoten?

21.5   Aufgaben

1. Zeichnen Sie den Graphen, der durch die im folgenden Programmfragment definierte Distanzmatrix d_mat repräsentiert wird. Geben Sie die Distanzen an den Kanten an.

```
#define MAXD 50          /* max. Anzahl Knoten des Graphen */
unsigned long d_mat[MAXD][MAXD] = {
  {ULONG_MAX,12,         ULONG_MAX,ULONG_MAX,ULONG_MAX,10         },
  {12,         ULONG_MAX,1,         ULONG_MAX,ULONG_MAX,ULONG_MAX},
  {ULONG_MAX,1,          ULONG_MAX,11,        ULONG_MAX,ULONG_MAX},
  {ULONG_MAX,ULONG_MAX,11,         ULONG_MAX,13,        ULONG_MAX},
  {ULONG_MAX,ULONG_MAX,ULONG_MAX,13,         ULONG_MAX,9         },
  {10,         ULONG_MAX,ULONG_MAX,ULONG_MAX, 9, ULONG_MAX       }
};
```

2. Vervollständigen Sie das Programm, das den Dijkstra-Algorithmus realisiert.

22 Algorithmen: Interpretative Implementierung von Automaten

Interpreter sind Programme, die einen bestimmten „Anweisungsvorrat" beherrschen. Die Anweisungen für einen Interpreter liegen als Daten vor. In unserem Fall handelt es sich um die Beschreibung der Transitionen, die bei Aktivitäten des Automaten zu durchlaufen sind.

Wenn man einen Interpreter dazu bringen will, sich auf bestimmte Art zu verhalten, dann passt man nicht die Anweisungen des Programms an, sondern die Daten.

Generell gilt als Daumenregel:

- direkte Implementierungen sind schneller (Faktor 10-100) als interpretative
- interpretative Implementierungen sind flexibler anpassbar (nur ein paar Daten sind zu ändern)
- Interpreter-Programme sind komplizierter als direkte Implementierungen

---

Im vorliegenden Abschnitt sind fast alle Elemente aus **C** bereits bekannt, die man für die Realisierung eines Interpreters benötigt. Insbesondere sind wir in der Lage, Transitionen als `structs` darzustellen, einen Vektor davon zu deklarieren und diesen mit Initialwerten zu versehen.

Was wir noch nicht kennen, ist die Möglichkeit, Eingabe- und Aktions-Unterprogramme in den `struct`-Variablen für die Transitionen abzuspeichern. Der folgende Abschnitt liefert die nötige Theorie dazu.

22.1 Programmiertechniken: Pointer auf Funktionen

Im Kapitel „Algorithmen: Grafikausgabe" haben wir bereits kennen gelernt, wie man Unterprogramme als Parameter übergeben kann. Diese Möglichkeit lässt sich verallgemeinern.

Die Bezeichner von Funktionen werden in **C** als „Zeiger auf Funktion" behandelt. Intern wird die Adresse des Maschinencodes abgelegt.

Dies lässt sich natürlich nicht nur mit Formalparametern ausnutzen, wie im Kapitel „Grafikausgabe", sondern auch mit normalen Zeigervariablen:

```
#include <stdio.h>
```

> f und g sind Funktionen, die int als Parameter haben und keinen Rückgabewert liefern

```
void f(int i) { printf("f(%d) aufgerufen\n", i); }
void g(int i) { printf("g(%d) aufgerufen\n", i); }

void main()
{
```

> Zeiger auf Funktion, die int als Parameter hat und keinen Rückgabewert liefert

```
   void (*ForG)(int);

   ForG = f; ForG(1);   /* Ausgabe: f(1) aufgerufen */
   ForG = g; ForG(2);   /* Ausgabe: g(2) aufgerufen */

}
```

Die Variable `ForG` wird als Pointer auf eine Funktion deklariert.

Die Klammerung in `void (*ForG)(int);` ist unbedingt erforderlich, denn sonst würde die Zeile als Prototyp einer Funktion interpretiert, die einen Zeiger auf `void` als Rückgabewert liefert.

Die Wertzuweisungen `ForG = f;` bzw. `ForG = g;` legen die Adresse der betreffenden Funktion als Wert in `ForG` ab. In den Anweisungen `ForG(1);` bzw. `ForG(2);` kann man die Klammern `(1)` bzw. `(2)` als „Anwendung des Aufrufoperators auf einen Funktionszeiger" deuten. Eine ähnliche Deutung wäre übrigens auch ohne explizite Zeigervariable, also bei `f(1);` oder `g(2);` naheliegend.

Mit einer Funktion lassen sich zwei Dinge tun:
– Aufruf der Funktion

– Benutzung der Adresse als Aktualparameter oder für eine Wertzuweisung an eine Zeigervariable

Daher ist es sinnlos, Funktionszeiger zu dereferenzieren. Die Compiler ignorieren daher den Dereferenzierungsoperator und behandeln `ForG` gleichwertig zu `*ForG` gleichwertig zu `**ForG` ... als Zeiger auf Funktion.

22.2   Schema zur Umsetzung in Programme

Ebenso, wie für die direkte, kann man auch für die interpretative Implementierung von Automaten ein Schema angeben, wie man von einem Automaten (Z, z_0, E, A, T) zu einem Programm kommt. Der folgende Kasten enthält dieses Schema als Übersicht. Die einzelnen Punkte werden anschließend an Hand des Verkaufsautomaten-Beispiels erläutert. Das vollständige Programm findet sich in Kapitel 22.3.

Tabelle 22.2-1: Schema zur Umsetzung eines Automaten in ein interpretatives Programm

a)	es wird ein `enum`-Typ deklariert, der alle Zustände $z \in Z$ enthält
b)	für jede Eingabemöglichkeit $e \in E$ wird eine Funktion realisiert, die testet, ob die betreffende Eingabe vorliegt und die in diesem Fall 1 liefert, sonst 0
c)	jede Ausgabe oder Aktion $a \in A$ wird als Funktion realisiert
d)	es wird ein `stuct`-Typ `AutoTabEintr` deklariert, der geeignet ist für die Aufnahme einer Transition (z_a, e, a, z_f)
e)	es wird ein Vektor `AutoTab` deklariert, der für jede Transition $t \in T$ eine Komponente des `stuct`-Typs `AutoTabEintr` enthält. Die Komponenten werden mit dem Ausgangszustand, der Eingabetestfunktion, der Aktionsroutine und dem Folgezustand der zugehörigen Transition initialisiert.
f)	es wird eine Variable `AktZust` definiert, die als Wert jeweils den gerade eingenommenen aktuellen Zustand aufnehmen soll. Diese Variable wird mit dem Ausgangszustand initialisiert
g)	in einer Schleife werden folgende Schritte wiederholt.
	- es wird eine Eingabe e gelesen
	- Zu e wird eine passende Transition in `AutoTab` gesucht, d.h. eine, deren Ausgangszustand mit dem gerade eingenommenen Zustand übereinstimmt und deren Eingabetestfunktion, angewandt auf e, eine 1 liefert.
	- Diese Transition wird ausgeführt, d.h. die Aktionsroutine wird aufgerufen und der Folgezustand als gerade eingenommener Zustand in `AktZust` vermerkt.

a) Für das Verkaufsautomaten-Beispiel könnte der Aufzählungstyp so aussehen:
```
enum Zustand {Ausgangszustand,        MuenzeEingeworfen,
              RueckgabeGefordert, SchubladeGezogen   };
```
b) Der Automat macht die Eingaben mit `ch=toupper(getch());` (vgl. Kapitel „Algorithmen: Automaten"). Möglich sind die Eingaben der Buchstaben M, L, D, A und Z. Daher werden die folgenden fünf Eingabe-Testfunktionen benötigt
```
int M(char ch) { return ch=='M'; }
int L(char ch) { return ch=='L'; }
int D(char ch) { return ch=='D'; }
int A(char ch) { return ch=='A'; }
int Z(char ch) { return ch=='Z'; }
```
c) Die Ausgaben bzw. Aktionen des Automaten sind in Kapitel „Algorithmen: Automaten" beschrieben. Sie werden durch die folgenden Funktionen realisiert:
```
void NoOp() {}; /* No Operation, keine Ausgabe */
void Sa()   {printf("Riegel Schub Auf\n");              }
void SzAa() {printf("Riegel Schub Zu/Auswurf Auf\n");}
void Ka()   {printf("Riegel Kasse Auf\n");             }
void Az()   {printf("Riegel Auswurf Zu\n");            }
void SzKz() {printf("Riegel Schub Zu/Kasse Zu\n");     }
```

d) Ausgangs- und Folge-Zustand werden in Z1 bzw. Z2 gespeichert. Für die Eingabetest- und Aktions-Routinen sind die Pointer auf Funktion `EventProc` bzw. `ActionProc` vorgesehen:

```
struct AutoTabEintr { enum Zustand Z1;
                      int         (*EventProc) (char ch);
                      void        (*ActionProc)();
                      enum Zustand Z2;
};
```

e) Der Vektor `AutoTab` enthält die Automatentafel. Die Dimension ergibt sich aus der Anzahl der angegebenen Initialwerte. Jeder Initialwert ist seinerseits eine durch { ... } geklammerte Folge von Werten, die jeweils einen `AutoTabEintr` initialisieren.
Jede Zeile stellt eine Transition dar. Die erste und die letzte Spalte enthalten den Ausgangs- bzw. den Folgezustand. Die einbuchstabigen Bezeichner in Spalte 2 geben die Eingabetest-Funktion an und die Bezeichner der Spalte 3 eine Aktionsroutine.

```
struct AutoTabEintr AutoTab[] = {
   {Ausgangszustand,     M, Sa,    MuenzeEingeworfen },
   {Ausgangszustand,     L, NoOp,  Ausgangszustand   },
   {Ausgangszustand,     D, NoOp,  Ausgangszustand   },
   {MuenzeEingeworfen,   D, SzAa,  RueckgabeGefordert},
   {MuenzeEingeworfen,   A, Ka,    SchubladeGezogen  },
   {MuenzeEingeworfen,   L, NoOp,  MuenzeEingeworfen },
   {RueckgabeGefordert,  L, Az,    Ausgangszustand   },
   {SchubladeGezogen,    Z, SzKz,  Ausgangszustand   },
   {SchubladeGezogen,    L, NoOp,  SchubladeGezogen  },
   {SchubladeGezogen,    D, NoOp,  SchubladeGezogen  }
};
```

f) Die Deklaration zu f) ist `enum Zustand AktZust=Ausgangszustand;`

g) Die Suche nach einer passenden Transition geschieht in der Schleife

```
for (i=0;i<AutoTabAnz;i++)
   { if((AutoTab[i].Z1==AktZust)  &&
        (AutoTab[i].EventProc(ch))    )
     { AutoTab[i].ActionProc();
       AktZust=AutoTab[i].Z2;
       break; }
   }
```

Mit `AutoTab[i].EventProc(ch)` wird die Eingabetest-Funktion aufgerufen. Bei Anwendung der Transition wird mit `AutoTab[i].ActionProc();` die zugehörige Aktionsroutine aufgerufen. Der Folgezustand wird durch die Zuweisung `Akt-Zust=AutoTab[i].Z2;` als aktuell eingenommener Zustand gesetzt.

22.3   Beispielprogramm

Das Programm ist nach dem oben dargestellten Schema erzeugt, d.h. es ist interpretativ realisiert. Es entspricht im Verhalten genau dem Programm, das im Kapitel „Algorithmen:

Automaten" nach der Methode der direkten Implementierung entwickelt wurde. Ein Anwender der Programme würde keinen Unterschied merken.

```c
#include <stdio.h>
#include <conio.h>//  wenn Borland
#include <ctype.h>
#include <stdlib.h>
#include <string.h>

enum Zustand {Ausgangszustand,     MuenzeEingeworfen,
              RueckgabeGefordert, SchubladeGezogen  };

int M(char ch) { return ch=='M'; } /* Eingabetestfunktionen*/
int L(char ch) { return ch=='L'; }
int D(char ch) { return ch=='D'; }
int A(char ch) { return ch=='A'; }
int Z(char ch) { return ch=='Z'; }

struct AutoTabEintr { enum Zustand Z1;
                      int        (*EventProc) (char ch);
                      void       (*ActionProc)();
                      enum Zustand Z2;
};

void NoOp() {}; /* Aktionsroutinen */
void Sa()   {printf("Riegel Schub Auf\n");              }
void SzAa() {printf("Riegel Schub Zu/Auswurf Auf\n");}
void Ka()   {printf("Riegel Kasse Auf\n");             }
void Az()   {printf("Riegel Auswurf Zu\n");            }
void SzKz() {printf("Riegel Schub Zu/Kasse Zu\n");     }

struct AutoTabEintr AutoTab[] = {
  {Ausgangszustand,     M, Sa,   MuenzeEingeworfen },
  {Ausgangszustand,     L, NoOp, Ausgangszustand    },
  {Ausgangszustand,     D, NoOp, Ausgangszustand    },
  {MuenzeEingeworfen,   D, SzAa, RueckgabeGefordert},
  {MuenzeEingeworfen,   A, Ka,   SchubladeGezogen   },
  {MuenzeEingeworfen,   L, NoOp, MuenzeEingeworfen  },
  {RueckgabeGefordert,  L, Az,   Ausgangszustand    },
  {SchubladeGezogen,    Z, SzKz, Ausgangszustand    },
  {SchubladeGezogen,    L, NoOp, SchubladeGezogen   },
  {SchubladeGezogen,    D, NoOp, SchubladeGezogen   }
};

const int AutoTabAnz=sizeof(AutoTab)/
                    sizeof(struct AutoTabEintr);

void main()
{ int i; char ch;
  enum Zustand AktZust=Ausgangszustand;
```

```
while (1)
{ ch=toupper(getch());
  for (i=0;i<AutoTabAnz;i++)
  { if((AutoTab[i].Z1==AktZust)  &&
      (AutoTab[i].EventProc(ch))   )
    { AutoTab[i].ActionProc();
      AktZust=AutoTab[i].Z2;
      break; }
  }
  if (i==AutoTabAnz) {printf("Eingabefehler %d", ch); }
}
}
```

22.4   Fragen

Geben Sie das Profil für die direkte und für die interpretative Implementierung von endlichen Automaten an (markieren des zutreffenden Feldes, verbinden zu einer Zickzack-Profillinie):

Gesichtspunkt	direkte Implementierung		interpretative Implement.	
	niedrig	hoch	niedrig	hoch
Code-Umfang bei großen Automaten				
Daten-Umfang bei großen Automaten				
Flexibilität bei Anpassungen				
Ausführungs-Geschwindigkeit				
Kompliziertheit der Programm-Anweisungen				
Kompliziertheit der Daten-Deklarationen				

22.5   Aufgaben

22.5.1   Erzeugung eines Paritätsbits

Die Abbildung zeigt einen Automaten, der jeweils sieben Dualziffern liest und wieder ausgibt. Am
Ende einer Siebener-Sequenz wird
eine zusätzliche Prüfziffer ausgegeben. Die Prüfziffer wird so gebildet, dass die acht Ziffern zusammen eine gerade Anzahl von
Einsen enthalten.

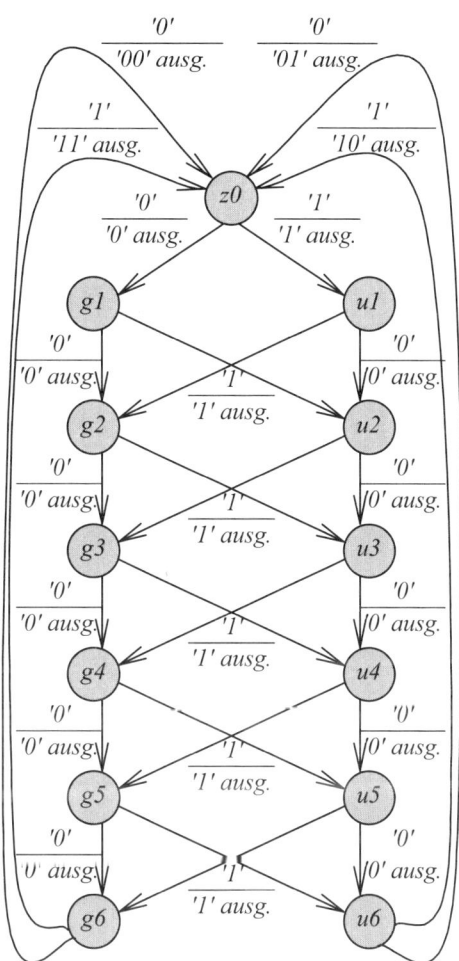

a)   Überzeugen Sie sich an Hand der
     Folgen 1111111 und 0101010
     von der Funktion des Automa-
     ten! Geben Sie die Folge der ein-
     genommenen Zustände an und
     die Ausgegebenen Ziffern.

b)   Ändern Sie das oben angegebene
     Beispielprogramm für den Ver-
     kaufsautomaten so ab, dass der
     Automat für die Erzeugung des
     Paritätsbits realisiert wird!

22.5.2   Escape-Sequenz-Filter interpretativ

In Kapitel „Algorithmen: Automaten, zustandsorientierte Programme" ist ein Filter-
Automat angegeben, der aus HTML-Dateien die Ersatzdarstellungen für die deutschen
nationalen Sonderzeichen *äöü* und *ß* erkennt und durch diese Zeichen selbst ersetzt. Imple-
mentieren Sie den Automaten nach obigem Schema interpretativ. Vergleichen Sie den Um-
fang des Programms mit der direkten Realisierung!

23 Fortgeschrittene Themen

In diesem Kapitel werden verschiedene komplexere Themen behandelt, die in den vorausgegangenen Abschnitten keinen Platz gefunden haben.

23.1 Typumwandlungen

Aus dem Kapitel über Datentypen nahe dem Anfang des **C**-Teils in diesem Buch stammen die folgenden Programmzeilen:

```
int    Anz;              // Stückzahl
double EzPreis;          // Einzelpreis
double GesPreis;         // Gesamtpreis
...
GesPreis = (EzPreis  * Anz);
...
```

Dabei ist `EzPreis` eine Variable vom Typ `double` und `Anz` eine Variable des Typs `int`. Daher stellt sich die Frage, wie die Rechnung durchgeführt wird: ganzzahlig (etwa am PC mit den universellen CPU-Registern eax, ebx usw.) oder als Gleitpunktrechnung (in der floating point unit (FPU))? In jedem Fall muss der Typ eines der Operanden angepasst werden – aber welcher?

In **C** gibt es einen Satz von Regeln, die bestimmen, wie der Compiler automatische Typumwandlungen durchführt. Dabei gibt es verschiedene Anlässe, die den Compiler dazu bringen, eine Umwandlung zu versuchen. Und es gibt verschiedene Arten von Typumwandlungen

Darin unterscheidet sich **C** stark von Sprachen wie PASCAL, wo nach Möglichkeit automatische Umwandlungen vermieden werden, um den Programmierer nicht zu verwirren.

23.1.1 Anlässe von Typumwandlungen

Es folgt eine Tabelle die angibt, welche Anlässe in **C** zu automatischen Typumwandlungen führen und welches jeweils der Zieltyp der Wandlung ist. Diese Regeln werden dann zur Demonstration auf ein kleines Testprogramm angewendet.

*Tabelle 23.1-1: Automatische Typumwandlungen in **C***

Anlass	Art der Typumwandlung
Übergabe von Werten an Unterprogramme	Anpassung an Formalparameter-Typ laut Deklaration
Rückgabe von Werten aus Unterprogrammen	Anpassung an Funktionswert-Typ laut Deklaration
Wertzuweisung	Anpassung an Typ der linken Seite der Wertzuweisung
Anwendung von Operatoren auf verschiedentypige Operanden	Anpassung an den „stärkeren" Typ gemäß Hierarchie der arithmetischen Typen (s. unten)
explizite Anweisung (*Typ*) *Ausdruck*	Anpassung an den angegebenen Typ

Das folgende kleine Testprogramm demonstriert die fünf Anlässe für automatische Typumwandlungen in **C**[1].

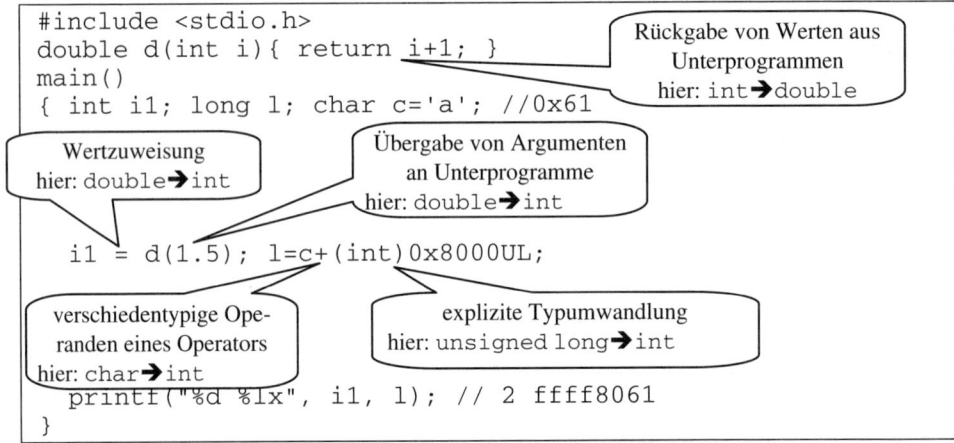

Abbildung 23.1-1 Testprogramm „Alptraum des PASCAL-Programmierers"

23.1.2   Art der Typumwandlungen

23.1.2.1   Umwandlung von Zahlen

Im Beispiel
...
```
GesPreis = (EzPreis * Anz);
```
...
am Anfang des Kapitels wird ein Operator (hier *) auf verschiedentypige Operanden angewendet (hier `double` und `int`). Die Angleichung der Typen erfolgt so, dass durch die Typumwandlung möglichst wenig Information verlorengeht. Dazu wird die Hierarchie der arithmetischen Typen berücksichtigt und der schwächere Typ (dessen Interndarstellung weniger oder höchstens gleich viele Bits enthält) wird auf den stärkeren Typ „aufgeweitet".

Diese Aufweitung muss natürlich so erfolgen, dass der Zahlenwert erhalten bleibt. Für die ganzzahligen Werte in Komplementdarstellung ist die Regel daher:

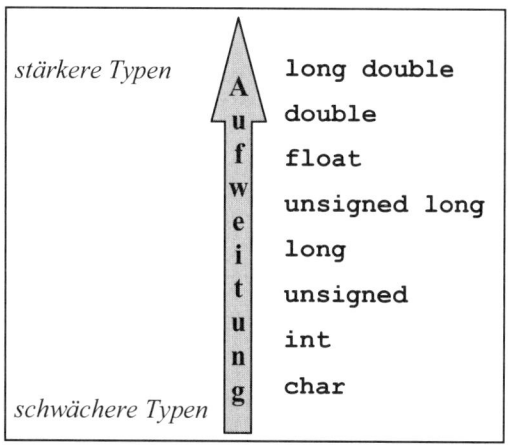

Abbildung 23.1-2: Hierarchie arithmetischer Typen

signed (ganzzahlige Typen mit Vorzeichen)	☞	Aufweitung mit dem **Vorzeichenbit** (sign extend)
unsigned (vorzeichenlose ganzzahlige Typen)	☞	Aufweitung mit **0** (zero extend)

Dazu folgendes Zahlenbeispiel. Will man etwa das Bitmuster $1111\ 1100_2$ eines char-Wertes (das entspricht dem ISO 8859-1-Code 252_{10} für 'ü') auf `long` aufweiten, dann muss zwischen `char` (mit Vorzeichen) und `unsigned char` unterschieden werden.

Fall 1, `signed`:   Vorzeichenbits

$1111\ 1100_2$ ist als negative Zweikomplement-Darstellung zu interpretieren. Durch Rückkomplementierung gewinnen wir -100_2 oder -4_{10}.

Nach der Aufweitung auf `long` mit Vorzeichenbit entsteht $1111\ 1111\ 1111\ 1111\ 1111\ 1111\ 1111\ 1100_2$. Durch Rückkomplementierung gewinnen wir auch in diesem Fall -100_2 oder -4_{10}. Der Wert ist also bei der Aufweitung erhalten geblieben.

Fall 2, `unsigned`:

$1111\ 1100_2$ ist als positive Zahl zu interpretieren, entspricht also dem Wert 252_{10}. Als Wert ohne Vorzeichen wird mit 0 aufgeweitet:

$0000\ 0000\ 0000\ 0000\ 0000\ 0000\ 1111\ 1100_2$. Diese Zahl hat natürlich auch den Wert 252_{10}, d.h. der Wert ist bei der Aufweitung erhalten geblieben.

Diese beiden Fälle werden in folgendem kleinen Testprogramm demonstriert:

```
#include <stdio.h>
main()
{ char ch='ü'; unsigned char uch='ü';     // 'ü'==0xfc==252
  long l; unsigned long ul;

  l=ch; ul=ch;
  printf("%lx %lx\n", l, ul);             // fffffffc fffffffc

  l=uch; ul=uch;
  printf("%lx %lx\n", l, ul);             //       fc       fc

  printf(" ch==252:%d\n",  ch==0xfc);     //  ch==252:0
  printf("uch==252:%d\n", uch==0xfc);     // uch==252:1
}
```

Für die Vergleiche mit `0xfc` in den beiden letzten `printf(…)`-Anweisungen muss man sich vergegenwärtigen, dass `0xfc` die Schreibweise für eine int-Literalkonstante ist, deren Wert in 32Bit-Umgebungen gegeben ist durch das Bitmuster $0000\ 0000\ 0000\ 0000\ 0000\ 0000\ 1111\ 1100_2$.

`ch==0xfc` vergleicht dieses Bitmuster mit der Aufweitung von `ch` gemäß Fall 1, also mit $1111\ 1111\ 1111\ 1111\ 1111\ 1111\ 1111\ 1100_2$ was den Wert 0 (falsch) ergibt.

`uch==0xfc` vergleicht dieses Bitmuster mit der Aufweitung von `uch` gemäß Fall 2, also mit $0000\ 0000\ 0000\ 0000\ 0000\ 0000\ 1111\ 1100_2$ was den Wert 1 (wahr) ergibt.

23.1.2.2   Wandlung Zwischen Zeigertypen

Nullpointer

0 kann als Pointer jeden Typs verwendet werden (wird automatisch angepasst).

Ein Beispiel dazu aus dem Pointer-Kapitel war

```
    while (gets(Zeile)!=0) …
```

Der Pointertyp `void*`

`void*` ist ein Pointertyp mit der Bedeutung „Pointer auf unbekannten Bezugsvariablentyp"[2]

Jeder Pointertyp kann als `void*` benutzt werden; er wird dann automatisch angepasst.

In der anderen Richtung – also wo ein `void*` -Pointer gegeben ist und ein Pointer irgendeines anderen Typs benötigt wird – muss durch explizite Wandlung (Typecast) angepasst werden.

---

[2] Vergleiche hierzu auch Kap. „Pointer"

void* wird häufig für Unterprogramme benutzt, die Speicherblöcke verwalten, die erst nachträglich zu Variablen eines bestimmten Typs zugeordnet werden (z. B. *(…),* *free (…)*).

Ein Beispiel für diesen Gebrauch von *void** aus dem Pointer-Kapitel war

```
pch = (char*)malloc(strlen(puffer)+1);
```

Vektortypen und Pointer

In **C** geht man davon aus, dass jeder Pointer auch auf eine Vektorkomponente zeigen könnte. Diese Vorstellung wird in der Programmiersprache besonders unterstützt.[3]

Zwei Motive für diese Sichtweise sind insbesondere

- die Übergabe von Vektoren als Adresse an Unterprogramme
- die enge Verwandtschaft zwischen Pointer-Arithmetik und Vektoren in **C**

In **C** werden daher Vektortypen bei Bedarf automatisch in Pointer auf die erste Komponente gewandelt.

Ein Beispiel aus dem Pointer-Kapitel für diese automatische Wandlung war

```
char sX[] = "Eins",    sY[] = "Zwei", sHilfs[5];
...
strcpy(sHilfs, sX);
...
```

Dabei ist die Funktion *strcpy* in *string.h* deklariert[4] als

```
char *strcpy(char *dest, char *src);
```

23.1.2.3   Standardisierte Interndarstellungen

Zentraleinheiten arbeiten heute in der Regel mit Registern, die mehr Bits enthalten, als für die Typen *char*, *short* oder *float* (Gleitpunkteinheit) benötigt werden. Oft gehen Berechnungen schneller, wenn Operanden mit genauer Registerbreite verarbeitet werden.

C-Compiler arbeiten daher oft so, dass Zwischenergebnisse, für die der Programmierer keine Vorgaben gemacht hat, automatisch zu dem *int* bzw. *double*-Typ aufgeweitet werden, die am besten zu den Maschinenregistern passen.

Betroffen sind hier insbesondere Zwischenergebnisse während der Auswertung von Ausdrücken sowie Parameter für Unterprogramme, zu denen kein Prototyp angegeben wurde.

Typisch ist, dass alle Gleitpunkttypen mindestens als *double* und alle ganzzahligen Typen mindestens als *int* verarbeitet und übergeben werden.

---

[3] Vgl. dazu die ausführliche Darstellung in Kap. „Pointer und Vektoren"
[4] etwas vereinfacht

23.2   Union-Typen

Oft werden Daten völlig verschiedenen Arten von Zugriffen unterzogen. Wir betrachten als Beispiel die Daten zu einem Kessel aus dem Kapitel über `structs`:

```
struct Kessel {
                int     xKoord,
                        yKoord;

                int     hoehe,
                        breite;

                double  Kapazitaet,
                        Fuellstand;

                Char    name[20];
};
```

```
struct Kessel Kessel1;
```

Etwa mit `Kessel1.xKoord = 20;` oder `Kessel1.Kapazitaet = 100.;` wird auf Komponenten des Datentyps `struct Kessel` zugegriffen.

Anders sieht die Situation aus, wenn man zusätzlich z. B. Programmteile zur Speicherverwaltung oder für Datenfernübertragung benutzt. Solche Pakete sind i.A. unabhängig von bestimmten Datentypen der Anwendung geschrieben. Oft betrachten sie die Daten als Vektoren von Bytes oder `ints`, analog zu folgendem Aufruf (vgl. Kapitel Dateien für Binärausgabe).

```
    for(i=0;i<sizeof(VektorVariable);i++)
        fwrite(&VektorVariable[i], 1, 1, pdatei);
```

In C gibt es mit `unions` eine Möglichkeit, mehrere verschiedene Sichten auf Daten in einer Deklaration anzugeben und nach Belieben eine davon für Zugriffe zu benutzen.

Wir sehen uns dies an einem Beispielprogramm an, das die Variable `Kessel1` durch Zugriff auf die Kessel-Komponenten vorbelegt. Anschließend werden die Bytes von `Kessel1` mit `fwrite` binär ausgegeben. Für die Binärausgabe wird die Variable als Vektor von `unsigned chars` betrachtet.

Es wird ein Datentyp `KesselXfer` deklariert, der die beiden Sichten auf Kesselvariablen in sich vereint:

```
union KesselXfer {
        struct Kessel Kess;
        unsigned char Vekt[sizeof(struct Kessel)];
};
```

```
union KesselXfer Kessel1;
```

Bildlich dargestellt sehen die Zugriffswege auf die Variable `Kessel1` jetzt aus wie in Abbildung 23.2-1.

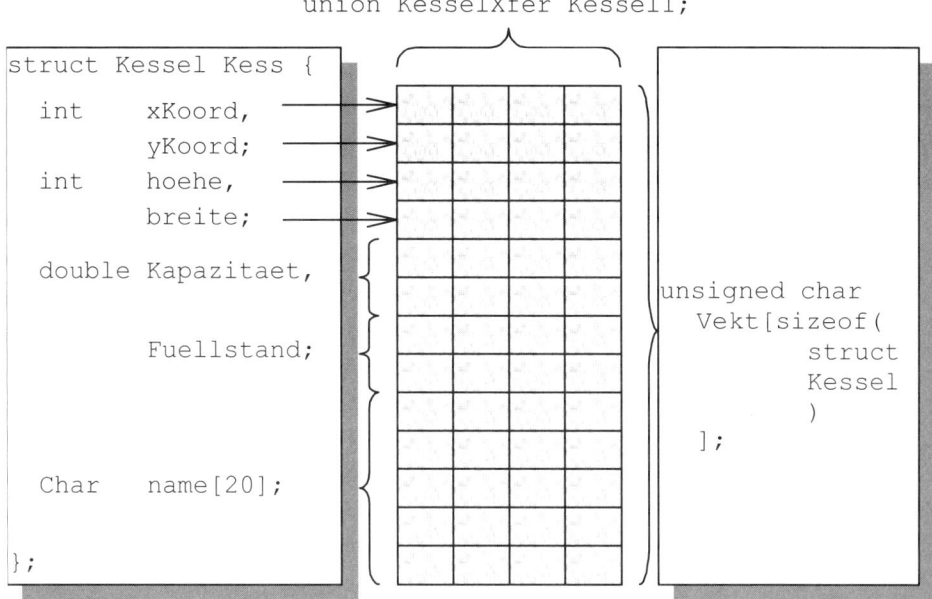

Abbildung 23.2-1 Kessel1 als struct oder Vektor von unsigned char

Die Syntax sieht für unions ähnlich aus wie bei structs:

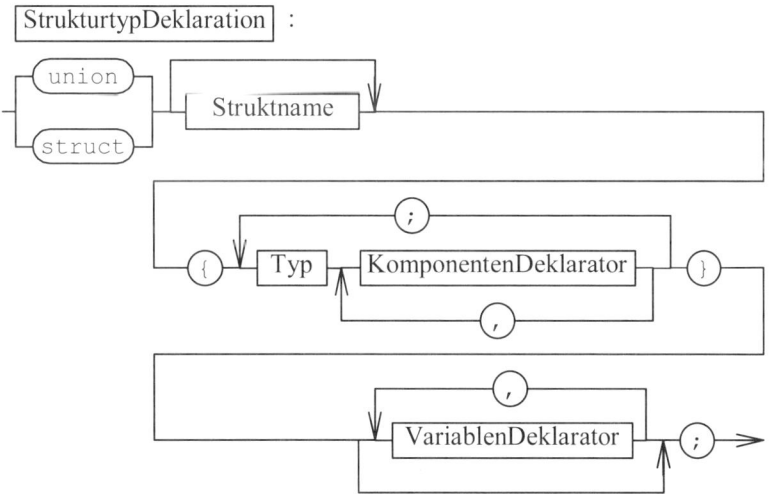

Einfachstenfalls ist der Komponenten-Deklarator ein einfacher Komponenten-Bezeichner.

Der Unterschied zwischen union- und struct-Typen besteht also tatsächlich nur darin, dass der Compiler bei structs die Plätze der Komponenten im Speicher fortlaufend anlegt, bei unions hingegen jede Komponente die gleiche Adresse bekommt.

Das folgende Listing zeigt das komplette Beispielprogramm, das zwei Kessel-Variablen durch Zugriff über die `struct`-Komponenten vorbelegt und über die Vektor-Komponente der `union` binär in eine Datei schreibt.

```
#include <stdio.h>
#include <stdlib.h>
#include <string.h>

struct Kessel {
   int xKoord, yKoord;
   int hoehe, breite;
   double Kapazitaet, Fuellstand;
   char name[20];
} ;

union KesselXfer {
   struct Kessel Kess;
   unsigned char Vekt[sizeof(struct Kessel)];
};

main()
{ FILE *pdatei; int i;
   union KesselXfer Kessel1;
   union KesselXfer Kessel2={{200,   40 , 150,
                              100, 150., 50., "Tank2"}};
   Kessel1.Kess.xKoord    = 20;
   Kessel1.Kess.yKoord    = 20;
   Kessel1.Kess.hoehe     = 150;
   Kessel1.Kess.breite    = 100;
   Kessel1.Kess.Kapazitaet = 100.;
   Kessel1.Kess.Fuellstand =  50.;
   strcpy(Kessel1.Kess.name, "Tank1");

   pdatei = fopen("ausgabe.bin", "w");
   if (pdatei==NULL){
     printf("Fehler beim Oeffnen der Datei\n");
     exit(-1);
   }

   for(i=0;i<sizeof(Kessel1.Vekt);i++)
     fwrite(&Kessel1.Vekt[i], 1, 1, pdatei);
   for(i=0;i<sizeof(Kessel2.Vekt);i++)
     fwrite(&Kessel2.Vekt[i], 1, 1, pdatei);

// Andere Möglichkeit:
//fwrite(Kessel1.Vekt, 1, sizeof(struct Kessel), pdatei);
//fwrite(Kessel2.Vekt, 1, sizeof(struct Kessel), pdatei);

fclose(pdatei);
}
```

23.3 Argumente und Rückgabewert von `main(…)`

Wenn man ein Programm von der Kommandozeile aus startet, dann geht man davon aus, dass man dem Programm Parameter mitgeben kann. In der nebenstehenden Abbildung soll z. B. das Programm `type` mit dem Parameter `xxx.txt` gestartet werden.

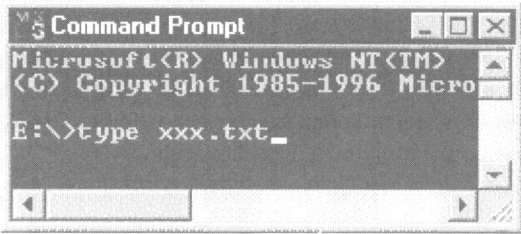

Die Absicht des Verfassers dieser Kommandozeile ist natürlich, dass `type` die Datei `xxx.txt` ausgibt.

Typischerweise könnte das Programm `type` in **C** implementiert sein. Woher erfährt es eigentlich, dass es mit dem Parameter `xxx.txt` aufgerufen wurde – d.h. welche Datei es ausgeben soll?

Kommandozeilenparameter werden an **C**-Programme als Argumente von `main.` übergeben. Statt `main()` mit leerer Parameterliste deklariert man passende Formalparameter für die Übergabe der Kommandozeilenparameter. Die vollständige

Deklaration lautet

```
int main(int argc, char *argv[]) { … }
```

Übergeben werden beim Aufruf

* `argc`
  Anzahl der Kommandozeilenparameter. Der Kommando-Name, der als erstes auf der Kommandozeile steht, wird mitgezählt. Der Wert 1 bedeutet also, dass nur der Kommandoname angegeben wurde, also kein Weiterer Parameter.

* `argv`
  Vektor von Zeigern auf char. Jeder Zeiger zeigt auf einen Kommandozeilenparameterstring. Der erste (mit dem Index 0) auf den Kommando-Namen.

Im Kapitel „Pointer" sind Vektoren von Pointern behandelt worden. Auf den Argumentvektor `argv` und das obige Beispiel `type xxx.txt` angepasst, sieht die Abbildung aus dem Pointer-Kapitel wie nebenstehend aus. Wie man sieht, erscheint der Kommandoname `type` als `argv[0]`.

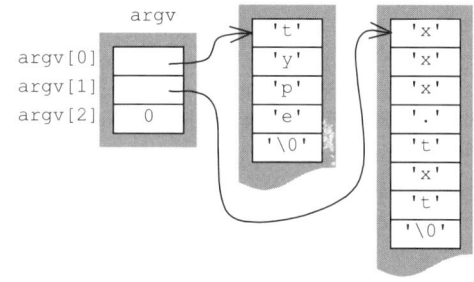

Mit der Deklaration von `argc` und `argv` kann man auf die Kommandozeilenparameter zugreifen. Z. B. könnte man in `type` die Datei `xxx.txt` öffnen:

```
FILE *pdatei;
...
pdatei = fopen(argv[1], "r");
```

Im Folgenden ist das komplette Listing eines Programms `type.c` gezeigt, mit dem man mehrere Textdateien ausgeben kann, deren Namen auf der Kommandozeile stehen müssen. Wie in DOS oder UNIX üblich, gibt das Programm auch einen Hilfe-Text aus, wenn als Argument `/?` angegeben wird.

```
#include <stdio.h>
#include <stdlib.h>
#include <string.h>
main(int argc, char *argv[])
{ FILE *pdatei; int i; char ch;
  if(argc<2 || strcmp(argv[1],"/?")==0)
  {  printf("usage: type pathname [pathnames]\n"); exit(0);  }

  for(i=1;i<argc;i++)
  { pdatei = fopen(argv[i], "r");

    if (pdatei==NULL){
       printf("Fehler beim Oeffnen der Datei %s\n", argv[i]);
       return(-1);   }
    else
    { while((ch=fgetc(pdatei))!=EOF) printf("%c", ch);
      printf("\n");
      fclose(pdatei);
    }
  }
  return 0;
}
```

Der Rückgabewert von `main` wird bei Beendigung des Programms an das Betriebssystem übergeben. Mit dessen Hilfe kann z. B. eine Shell (z. B. DOS-Box) den Exit-Status eines von ihr gestarteten Programms abfragen und entsprechend reagieren. Ein Wert ungleich 0 bedeutet meist eine Fehlermeldung. 0 bedeutet, dass das Programm mit Status ok beendet wurde.

Alternativ zum Verlassen des Hauptprogramms mit `return status;` kann man auch `exit(s);` benutzen, vgl. Kapitel "Standardbibliothek/ Starten, Beenden".

24 Literatur

[Balzert 1996]   Balzert, H.: *Lehrbuch der Software- Technik*, Spektrum Akademischer Verlag, 1996

[Hennessy 1990]   Hennessy, J. L.; Patterson, D. A.: *Rechnerarchitektur – Analyse, Entwurf, Implementierung, Bewertung*, Vieweg 1990

[Knuth 1975]   Knuth, D. E.: *The Art of Computer Programming. Vol. 3.: Sorting and Searching*, Addison Wesley, 1975

[Knuth 1993]   Knuth, D. E.: *The Stanford Graph Base*, Addison Wesley 1993

[Schmitt 1999]   Schmitt, G.: *C++-Kurs technisch orientiert*, Oldenbourg Verlag, 1999

[Simon 1997]   Simon, R. J.: *Windows NT WIN32 API Superbible,*, Waite Group Press, 1997

[TbMath 1996]   Grosche, G.; Ziegler: *Teubner -Taschenbuch der Mathematik*, Teubner, 1996

[Tischer 1997]   Tischer, M.; Jennrich, B.: *Internet intern. Technik & Programmierung*, Data Becker, 1997

Index

Die 7 Bit ASCII- Codes

	0		1		2		3		4		5		6		7	
0	NUL	0	DLE	16		32	0	48	@	64	P	80	`	96	p	112
1	SOH	1	DC1	17	!	33	1	49	A	65	Q	81	a	97	q	113
2	STX	2	DC2	18	"	34	2	50	B	66	R	82	b	98	r	114
3	ETX	3	DC3	19	#	35	3	51	C	67	S	83	c	99	s	115
4	EOT	4	DC4	20	$	36	4	52	D	68	T	84	d	100	t	116
5	ENQ	5	NAK	21	%	37	5	53	E	69	U	85	e	101	u	117
6	ACK	6	SYN	22	&	38	6	54	F	70	V	86	f	102	v	118
7	BEL	7	ETB	23	'	39	7	55	G	71	W	87	g	103	w	119
8	BS	8	CAN	24	(	40	8	56	H	72	X	88	h	104	x	120
9	HT	9	EM	25	)	41	9	57	I	73	Y	89	i	105	y	121
A	LF	10	SUB	26	*	42	:	58	J	74	Z	90	j	106	z	122
B	VT	11	ESC	27	+	43	;	59	K	75	[	91	k	107	{	123
C	FF	12	FS	28	,	44	<	60	L	76	\	92	l	108	|	124
D	CR	13	GS	29	-	45	=	61	M	77	]	93	m	109	}	125
E	SO	14	RS	30	.	46	>	62	N	78	^	94	n	110	~	126
F	SI	15	US	31	/	47	?	63	O	79	_	95	o	111	DEL	127

Die Codes 128-255 in ISO 8859-1

	8		9		A		B		C		D		E		F	
0	€	128	□	144		160	°	176	À	192	Ð	208	à	224	ð	240
1	□	129	`	145	¡	161	±	177	Á	193	Ñ	209	á	225	ñ	241
2	‚	130	'	146	¢	162	²	178	Â	194	Ò	210	â	226	ò	242
3	ƒ	131	"	147	£	163	³	179	Ã	195	Ó	211	ã	227	ó	243
4	„	132	"	148	¤	164	´	180	Ä	196	Ô	212	ä	228	ô	244
5	…	133	•	149	¥	165	µ	181	Å	197	Õ	213	å	229	õ	245
6	†	134	–	150	¦	166	¶	182	Æ	198	Ö	214	æ	230	ö	246
7	‡	135	—	151	§	167	·	183	Ç	199	×	215	ç	231	÷	247
8	ˆ	136	~	152	¨	168	¸	184	È	200	Ø	216	è	232	ø	248
9	‰	137	™	153	©	169	¹	185	É	201	Ù	217	é	233	ù	249
A	Š	138	š	154	ª	170	º	186	Ê	202	Ú	218	ê	234	ú	250
B	‹	139	›	155	«	171	»	187	Ë	203	Û	219	ë	235	û	251
C	Œ	140	œ	156	¬	172	¼	188	Ì	204	Ü	220	ì	236	ü	252
D	□	141	□	157		173	½	189	Í	205	Ý	221	í	237	ý	253
E	Ž	142	ž	158	®	174	¾	190	Î	206	Þ	222	î	238	þ	254
F	□	143	Ÿ	159	¯	175	¿	191	Ï	207	ß	223	ï	239	ÿ	255